RHÉTORIQUE

FRANÇAISE.

PARIS. — IMPRIMERIE DE FAIN, RUE RACINE, N°. 4,
PLACE DE L'ODÉON.

C.

RHÉTORIQUE

FRANÇAISE,

EXTRAITE

DES MEILLEURS AUTEURS

ANCIENS ET MODERNES.

PAR M. ANDRIEUX,

PROFESSEUR DE RHÉTORIQUE EN L'UNIVERSITÉ ROYALE DE
FRANCE, MEMBRE DE PLUSIEURS ACADÉMIES.

Sat mihi erit, si in his nostræ civitatis juventutem
aliquid profecisse intellexero.
(Ex litt. M. Hier. Vidæ ad Cremonenses.)

PARIS,

CHEZ BRUNOT-LABBE,

LIBRAIRE DE L'UNIVERSITÉ ROYALE,

QUAI DES AUGUSTINS, N°. 33.

1825.

PRÉFACE.

La nécessité d'une Rhétorique élémentaire est généralement sentie de tous ceux qui enseignent les belles-lettres dans les colléges. Il n'est point de professeur à qui l'expérience n'ait prouvé qu'un abrégé de préceptes précis, clair et méthodique, où les vrais principes de la composition seraient présentés avec simplicité et mis à la portée des esprits ordinaires, offrirait aux élèves de précieux avantages.

Depuis que je professe la rhétorique, et déjà il y a plusieurs années, je cherche un pareil livre, et jusqu'ici je l'ai cherché en vain. Les chefs qui ont gouverné successivement l'Université ont remarqué qu'il manquait à l'enseignement et manifesté le désir qu'ils avaient de voir quelqu'un se charger de le rédiger.

Ce n'est pas que nous n'ayons des Rhétoriques assez bien faites ; mais les unes, trop volumineuses, mettent le professeur dans l'impossibilité de les faire parcourir aux élèves dans l'espace d'un an ; les autres, trop approfondies et traitées d'une manière trop métaphysique, ne conviennent point à un âge incapable encore de suivre nos connaissances dans leurs derniers développemens. La plupart informes et tronquées ne renferment pas une suite de préceptes assez complète. Ceux qu'on y trouve sont si

a

vagues, si incohérens, ils paraissent si arbitraires, faute de quelques réflexions qui en rendent raison, qu'on ne peut y avoir aucune confiance; ils ne laissent dans l'esprit que doute et
incertitude, ils forment autour de nous un nuage
épais plutôt qu'un cercle de lumière.

Les Rhétoriques, même les plus estimées, ont le
défaut de porter presque toujours l'attention sur
les formes extérieures du discours. Considérant
un peu trop l'éloquence comme un art, elles
indiquent des procédés pour ainsi dire méca-
niques qui aident à le pratiquer. En général
les rhéteurs n'ont pas songé à descendre plus
avant; ils ont négligé de faire sentir la liaison
des divers mouvemens du langage avec les mouvemens correspondans de l'âme et avec toutes
les circonstances où se trouvent placés celui qui
parle et celui à qui on parle.

On peut leur reprocher de plus d'avoir copié
trop servilement les ouvrages des anciens sur
l'art oratoire, d'avoir répété pour ainsi dire mot
à mot, sans rien modifier, sans rien suppléer,
les préceptes qu'ils renferment. Ce n'est pas que
Cicéron et Quintilien laissent rien à désirer sur le
fond de la science; ces grands maîtres ont tout
dit sans doute, c'est-à-dire qu'ils ont posé toutes
les règles fondamentales de l'art de bien dire :
et ces règles, telles qu'ils les enseignent, sont
immuables, elles appartiennent à tous les temps
et à tous les lieux, parce que partout et toujours
c'est l'homme qui parle à des hommes, et que
les instrumens de l'éloquence et les moyens de
persuasion sont partout et toujours les mêmes.

Mais, ces instrumens doivent être maniés, ces moyens doivent être modifiés selon le génie, le caractère, les institutions, les mœurs et la religion des hommes auxquels on parle. Or toutes ces choses ne sont plus de nos jours ce qu'elles étaient dans l'antiquité ; les Français du dix-neuvième siècle ne ressemblent ni aux Athéniens du temps de Démosthène, ni aux Romains du temps de Cicéron. Par conséquent nos orateurs ne doivent point parler tout-à-fait comme parlaient ceux d'Athènes et de Rome. Il suit de là que les principes généraux de l'art, restant toujours les mêmes quant au fond, doivent subir des modifications dans leur application. Une Rhétorique française doit sans doute diriger sa marche d'après les grands maîtres de l'antiquité ; mais elle reste imparfaite si elle n'en est qu'une simple traduction, si elle n'offre pas des observations propres au temps où nous vivons.

Elle ne doit pas non plus, à l'imitation des traités de Cicéron et de Quintilien, ramener perpétuellement le lecteur à l'éloquence de la tribune et du barreau, comme si ces deux genres étaient les seuls qui fussent cultivés parmi nous. De nos jours d'autres genres sont en honneur ; les maîtres, dans leurs leçons, doivent les avoir tous également en vue.

Frappé de ces diverses imperfections, j'ai vu qu'un bon livre élémentaire sur la rhétorique était encore à faire. J'ai conçu l'idée du mieux ; j'ai osé entreprendre de la réaliser. Y ai-je pleinement réussi ? je n'ai pas la présomption de le croire ; mais en faisant tous mes efforts pour y parvenir, j'ai rempli ma tâche : sans doute il m'est permis d'en tirer une satisfaction indépendante du succès.

Je dois maintenant donner une idée du plan que j'ai adopté.

Dans l'exposition des principes de la rhétorique, j'ai suivi l'ordre consacré par Aristote, Cicéron et Quintilien. C'est le plus simple et celui que la nature nous indique elle-même. L'invention, la disposition, l'élocution et l'action renferment tous les élémens qui constituent l'œuvre de l'éloquence. Je n'ai pas cru devoir donner, comme quelques autres, au plan d'une rhétorique, une tournure neuve et extraordinaire, aimant mieux être vraiment utile que de paraître ingénieux.

La manière dont je devais m'y prendre pour le remplir ne m'a pas coûté non plus de longues réflexions. Elle m'a été enseignée par deux maîtres dont l'autorité a depuis long-temps force de loi dans nos écoles; Rollin et Fénélon.

« Il serait à souhaiter, dit Rollin, qu'on se » servît dans l'Université d'une rhétorique im- » primée, qui fût courte, nette, précise; qui » donnât des définitions bien exactes; qui joignît » aux préceptes quelques réflexions et quelques » exemples, et qui indiquât sur chaque matière les » beaux endroits de Cicéron, de Quintilien, de » Longin, etc... » (*Traité des études*, l. III, c. 1.)

Fénélon avait dit avant lui : « Celui qui entre- » prendrait une rhétorique devrait y rassembler » tous les plus beaux préceptes d'Aristote, de » Cicéron, de Quintilien, de Lucien, de Longin

» et des autres célèbres auteurs. Leurs textes qu'il
» citerait, seraient les ornemens du sien. En ne
» prenant que la fleur de la plus pure antiquité,
» il ferait un ouvrage, court, exquis et déli-
» cieux... » (*Lettre à l'Acad. franç.*)

Ces conseils ont été pour moi des préceptes in-
violables; ils n'ont point cessé un moment d'é-
clairer mon travail. Puissé-je avoir approché
de la perfection dont ces grands maîtres pensaient qu'un pareil ouvrage était susceptible.

J'ai lu les rhéteurs anciens, j'ai lu aussi les
rhéteurs modernes les plus estimés; persuadé
que si Fénélon les eût connus, il aurait consenti
qu'on joignît leurs textes à ceux des premiers. A
côté d'Aristote, de Cicéron, de Quintilien, de
Denys-d'Halicarnasse, de Longin, de Lucien,
j'ai cité Fénélon lui-même, Rollin, Condillac,
Montesquieu, Voltaire, Dumarsais, Marmontel,
Laharpe, H. Blair, le cardinal Maury et le *Traité
de l'art d'écrire* que M. Andrieux, de l'Académie
française, a composé pour les élèves de l'École
Polytechnique, ouvrage qui m'aurait détourné
d'entreprendre celui-ci, s'il avait reçu dans quelques-unes de ses parties, telles que l'invention
et la disposition, tout le développement que demandent les livres élémentaires de nos colléges.

Crevier est accusé, sans doute avec raison, d'a-
voir traité, dans sa Rhétorique, du genre judiciaire sans connaître ce qui lui est propre. Pour
me mettre à l'abri d'un semblable reproche, j'ai
consulté sur cette matière les Institutions oratoires à l'usage de ceux qui se destinent au barreau, par M. Delamalle.

J'ai extrait de ces auteurs tout ce que j'ai cru y voir d'excellent et de propre à remplir mes vues. Je me suis appliqué ensuite à réunir ces extraits, à les lier, à en faire un tout méthodique et régulier. Tantôt je cite mot à mot, et alors je marque les passages par des guillemets; tantôt j'abrège les textes; dans ce cas je ne fais qu'indiquer les auteurs. Quelquefois je m'approprie leurs pensées en les fondant avec les miennes. En citant les anciens je me suis servi des traductions les plus estimées, auxquelles cependant j'ai fait subir quelques changemens quand je les ai crus utiles ou nécessaires.

J'ai mis le plus grand soin à fortifier les préceptes partout ce qui est capable de leur donner du poids; je n'en ai hasardé aucun sans l'appuyer d'une autorité grave ou d'une raison tirée de la nature même. En cela j'ai suivi les exemples des anciens, d'Aristote surtout qui le premier a puisé la rhétorique dans la connaissance du cœur de l'homme. J'ai tâché de les imiter aussi sous un autre rapport. Ils ont donné aux études oratoires une direction conforme aux mœurs et aux institutions de leur temps; je devais à mon tour leur en donner une appropriée aux mœurs et aux institutions du nôtre, m'attacher à ce qui convient à nos besoins, à nos usages, à notre langue, etc..., en un mot éviter les erreurs où d'autres sont tombés faute d'avoir pris en considération ce qu'exige la différence des temps.

La distinction des matières oratoires en trois genres, le démonstratif, le délibératif, et le ju-

diciaire ne m'a pas semblé pouvoir nous convenir. En effet, comment classer dans cette division l'éloquence de la chaire? j'ai cru devoir
en adopter une nouvelle faite d'après les objets principaux auxquels nous appliquons l'éloquence, tels que ceux de la tribune, de la chaire,
du barreau, et le panégyrique; et dans tout le
cours de l'ouvrage j'ai distingué aussi exactement
que je l'ai pu les règles particulières à chacun de
ces genres. Au reste je suis loin de regarder cette
division comme complète; d'ailleurs est-il nécessaire qu'elle le soit? Est-il possible de parler
de tous les genres de discours dans un ouvrage
de la nature de celui-ci? Les matières sur lesquelles l'éloquence peut s'exercer sont si variées
et si nombreuses que vouloir les réduire en
classes, entrer dans le détail de chacune de ces
classes, en déterminer la nature, en développer
les règles, ce serait entreprendre un ouvrage
immense et vouloir réunir dans un seul traité
tout ce que peuvent renfermer d'utile une infinité de traités volumineux. Je me suis attaché à
ce qu'il y a de plus généralement en usage et je
pense qu'on ne me désapprouvera point.

Il n'est peut-être pas hors de propos d'avertir
les jeunes gens du sens qu'ils doivent attacher au
mot *genre d'éloquence* consacré dans les livres de
rhétorique. Rigoureusement parlant, l'éloquence
n'a pas de genre et ne peut point en avoir. Considérée en elle-même elle est une et simple. C'est
la faculté de bien dire, le don de subjuguer les
esprits et les cœurs : *Dos animos percellendi atque movendi.* (Cic.) L'homme éloquent l'est en

toutes matières dont il a la science. Ainsi lorsqu'on dit l'*éloquence sacrée*, l'*éloquence judiciaire*, etc..., c'est une phrase elliptique dans laquelle on sous-entend *appliquée*. C'est comme si
l'on disait l'éloquence appliquée aux choses sacrées, aux matières judiciaires, etc...

Les rhéteurs modernes ont confondu les *lieux
d'argumens* avec ce qu'on appelle *lieux communs*. Cette confusion d'idées a empêché de voir
toute l'importance de ces moyens oratoires. J'ai
tâché de relever cette méprise et de marquer
clairement la différence qu'il y a entre ces deux
sortes de *lieux*. On doit entendre par *lieux d'argumens*, des sources d'où l'on tire les preuves, et
par *lieux communs*, le développement, l'ornement, l'amplification de ces preuves. Par exemple, vous tirez argument des habitudes d'un
homme pour lui imputer un fait qui rentre dans
ces mêmes habitudes. Vous faites la description
de cette habitude, vous en peignez l'empire avec
force. Le *lieu de l'argument* est l'habitude d'où résulte la présomption de l'action imputée; le *lieu
commun* est la peinture de l'empire qu'exerce
l'habitude en général.

Cette différence est clairement indiquée par
Cicéron (*De inv. Rh.*, l. II, n. 15), et par Quintilien. (L. II, c. 4.) Elle suffit, par la lumière
qu'elle répand sur cette matière, pour dissiper
le préjugé généralement reçu que parler des
lieux en rhétorique est une chose à peu près in-
différente. Est-il raisonnable de n'attacher aucun prix à une méthode qui nous apprend à découvrir les moyens de preuves et de conviction

dont une cause est susceptible et à les développer avec énergie? Quoi! ces idées générales
qu'on appelle *lieux* et qu'on peut employer dans
toute sorte de sujets seraient inutiles à connaître? Qu'est-ce donc que le fruit de l'étude, sinon une moisson d'idées qui, recueillies dans
l'entendement et conservées dans la mémoire,
se reproduisent au besoin et en engendrent de
nouvelles? Sans cette première culture, l'esprit
même le plus naturellement disposé à devenir
riche et fertile, le sera-t-il de son propre fonds?
il fécondera bien les germes, mais il faut qu'il
les ait reçus; et c'est surtout dans une ample ré-
colte d'idées générales que consiste sa richesse.

D'ailleurs, puisque les meilleurs esprits de
l'antiquité ont fait cas de cette méthode, puisque
Cicéron l'estimait assez lui-même pour en avoir
fait son étude, on a beau dire qu'elle ne peut
produire aucun résultat utile; ce que Cicéron
ne croyait pas indifférent pour lui-même, je ne
puis le croire inutile pour nos élèves.

La dialectique et l'éloquence ont une affinité
palpable. Les anciens ne les séparaient jamais;
ils regardaient la première comme la base de
l'autre; Cicéron la considère ainsi en plusieurs
endroits de ses ouvrages. En effet, il faut que
l'éloquence s'appuie d'abord sur la raison; et
nul ne parviendra jamais à bien parler ni à bien
écrire, si avant tout il n'a appris à bien penser,
à bien raisonner : *Dicere benè nemo potest nisi
qui prudenter intelligit; quare qui eloquentiæ veræ
dat operam, dat prudentiæ.* (Cic. , *de clar.
Orat.*, n. 23.)

Cette liaison intime qui existe naturellement entre ces deux arts, m'a déterminé à joindre aux préceptes de rhétorique les règles de la logique. J'ai fait connaître les différentes formes de raisonnement dont on a coutume de faire usage en parlant et en écrivant; et j'y ai joint des exemples qui font voir comment la rhétorique les développe, les exprime et y répand ses couleurs. Comme la logique est ici destinée à diriger les élèves dans l'étude des belles-lettres, à former leur discernement et leur goût, je n'ai eu en vue que cette fin dans les applications que j'ai faites des principes du raisonnement.

La première règle de l'éloquence en tout genre est de parler comme il convient aux choses, aux personnes, aux temps et aux lieux. Négliger de traiter ce point fondamental ou n'en parler que superficiellement, c'est manquer à ce qu'il y a de plus essentiel en rhétorique. Pour éviter une omission si grave, j'ai parlé au long des *bienséances* et des *précautions* oratoires. Je crois en avoir dit tout ce qui peut être enseigné dans un livre; car l'usage du monde en apprend plus à cet égard que les préceptes.

D'ailleurs les bienséances oratoires ne sont autre chose que les bienséances sociales transportées dans le discours. L'homme qui dans le commerce de la société connaît ce qui convient dans les manières et dans les propos, qui est attentif à ne jamais manquer aux égards réciproques que les hommes se doivent, qui porte la délicatesse jusqu'à s'oublier lui-même en certaines occasions pour se sacrifier à l'agrément ou à l'avantage des autres, ne manquera jamais aux bienséances lorsqu'il sera obligé de parler en public.

Toutes les rhétoriques parlent de la réfutation; elles disent que l'orateur, pour assurer l'effet de ses preuves, doit chercher à détruire les raisonnemens dont son adversaire fait arme contre lui; mais elles négligent trop de faire connaître en quoi un argument peut pécher, et comment on doit s'y prendre pour le battre en ruine. Il m'a semblé qu'il était à propos, en traitant de cette partie du discours, d'exposer les faux raisonnemens où les hommes tombent le plus souvent; j'ai en conséquence fait l'énumération des principaux sophismes, pour apprendre aux jeunes gens à qui nous destinons ces élémens, à les reconnaître dans les discours des autres, et à les éviter eux-mêmes.

Les notions sur le style ne m'ont point paru avoir été données encore avec la précision et la clarté convenables. On a énuméré les qualités que le style peut ou doit avoir, sans établir la différence qui distingue les qualités accidentelles de celles qui doivent être invariables; sans faire sentir quelles sont celles qui conviennent à chaque genre, sans montrer celles qu'on doit préférer en cas de concurrence.

La théorie de la phrase et de la période n'a pas été exposée dans les autres rhétoriques d'une manière assez complète; cependant elle est d'une importance incontestable. Les phrases et les périodes sont les élémens de toute production de l'esprit; et il ne peut y avoir d'ouvrage bien

écrit qu'à condition que chaque phrase en particulier sera bien faite.

Les figures n'y sont pas présentées sous leur
vrai jour ; et la manière dont on doit les employer
n'est pas suffisamment éclaircie.

Les défauts du style n'y sont pas assez détaillés.
Il est vrai qu'en faisant connaître les qualités
d'un bon style on en indique les vices ; mais
cette manière est trop implicite ; quand il s'agit
de principes, tout ce qu'on dit doit être clair et
précis ; il faut entrer dans les détails. Les généralités peuvent donner de fausses idées et induire
en erreur.

L'action, cette partie si importante de l'éloquence, ne doit pas être oubliée dans une rhétorique. J'aurais cru laisser mon ouvrage imparfait si je l'eusse passée sous silence. En la traitant avec tout le soin qu'elle exige, je me suis
proposé un double but ; d'abord d'apprendre
aux jeunes gens comment on doit parler en public ; et en second lieu de les former à la lecture
à haute voix. Le talent de lire avec grâce, avec
goût, avec intérêt ; l'art de donner à ce qu'on lit
le ton de la nature et de la vérité, sont un mérite
précieux qu'on ne doit pas négliger dans l'éducation des jeunes gens.

De quelque nature que soit un ouvrage, l'auteur a nécessairement mis en œuvre tous les ressorts qui peuvent agir fortement sur l'esprit.
Il a déployé dans l'enchaînement de ses idées et
dans la manière de les exprimer, les ornements
les tours et les termes capables de leur donner
toute la force, toute la grâce, toute la douceur

dont elles sont susceptibles; il n'a rien négligé pour convaincre, pour plaire et pour toucher. Il faut que la personne chargée d'en faire la lecture, prenne en quelque sorte la place de l'auteur, qu'il saisisse son intention, qu'il produise l'impression qu'il a voulu faire naître. Quelle idée donne de son éducation un élève qui s'en acquitte avec cette timidité, cet embarras, cette monotonie qui détruisent le charme des pensées les plus délicates, et déparent le style le plus brillant et le plus harmonieux?

Voilà ce que j'ai fait pour rendre cette rhétorique moins imparfaite que celles qui existent et pour faciliter à nos jeunes élèves l'étude des règles de l'art de bien dire. Cet art n'est pas facile; Démosthène, Cicéron et les maîtres les plus célèbres en étaient persuadés. Mais s'ils considèrent la gloire qui en revient et les fruits qu'on en recueille, ce qui leur en coûtera de peines et de travail pour s'y rendre habiles se changera en plaisir.

L'éloquence est devenue l'un des ressorts de nos institutions politiques. Elle peut conduire aux premiers honneurs du pouvoir et de la tribune.

Chaque jour plus nécessaire, elle sera à l'avenir l'instrument de l'ambition, de la gloire et du bien public. L'art de la parole est chez nous une puissance, comme il l'était chez les Grecs et chez les Romains; s'il est secondé par des sentimens généreux, s'il est consacré à la défense de la patrie, l'orateur acquiert une gloire immortelle et se place au rang des plus grands hommes. Cette noble carrière est ouverte à tous les Français ; il n'en est point qui, par ses talens et son mérite ne puisse être appelé à la tribune nationale. Mais pour se rendre digne d'une telle mission, il faut joindre à des affections vertueuses, à des intentions pures, les études nécessaires, l'instruction requise pour raisonner avec justesse, s'exprimer avec aisance et donner de la force à la vérité.

Il était digne de notre auguste monarque, héritier de Louis XIV et comme lui protecteur des arts et des lettres, d'ouvrir, en donnant à notre siècle un nouvel ordre politique, cette belle carrière à l'éloquence, et de préparer ainsi dans l'avenir des occasions au génie français. Cette gloire ne pouvait appartenir qu'au royal auteur de ces institutions qui doivent affermir à jamais la glorieuse durée du trône et commencer une ère nouvelle de félicité et de grandeur pour la nation.

L'université de France a été chargée par ce roi législateur du soin de préparer la jeunesse française aux grandes destinées qui l'attendent. De jour en jour elle se montre plus digne d'une si haute mission. Dans ses écoles, elle nourrit du pur lait des bonnes doctrines une génération de jeunes élèves qui s'élanceront un jour à la tribune de l'une ou de l'autre chambre, et y feront entendre une éloquence animée par la passion du bien public et l'amour de l'auguste dynastie de nos rois. C'est ce que garantit au prince et à la patrie le génie de l'illustre chef qui préside aux destinées de l'instruction publique, et dont les talens et les vertus réalisent si bien la

définition que les anciens donnaient de l'orateur :
Vir probus dicendi peritus.

J'ai eu l'ambition de contribuer, autant que
me le permettent mes faibles moyens, à produire
des résultats si désirables et si désirés de tous les
gens de bien. On retrouvera à chaque page de ce
cours l'intention bien prononcée de ramener les
jeunes gens à la vertu en les appelant a l'étude et
à l'admiration du beau et du vrai ; de leur prouver qu'il ne peut y avoir ni génie ni sensibilité
sans vertu, comme il n'y a rien de solide ni de
profitable dans le talent sans la conduite et les
mœurs. On reconnaîtra pareillement que mon
dessein a été de n'offrir à l'esprit de la jeunesse
que des doctrines littéraires épurées, et de lui
ouvrir des sources exquises où dans un âge plus
mûr elle pourra puiser une nourriture plus solide et plus substantielle : car je dois cet avis
aux jeunes gens ; le livre que je leur offre aujourd'hui ne saurait les dispenser de lire et méditer plus tard les ouvrages dont celui-ci n'est
qu'un extrait. Ceux d'entre eux qui se dévouent
aux nobles exercices de l'éloquence doivent,
après leur cours de rhétorique, en reprendre et
en approfondir l'étude dans les écrits des grands
maîtres que j'ai cités. Je ne crains pas d'avancer
que nul ne deviendra jamais grand orateur, s'il
n'a soin de remplir son esprit de tout ce qu'ils
ont pensé de plus sage et dit de plus exquis sur
la pratique d'un art qu'ils connaissaient si bien
et dont ils nous ont laissé de si admirables chefs-
d'œuvre.

Toutefois, en recommandant si fortement l'étude des règles, je ne prétends pas qu'elle suffise pour élever quelqu'un aux honneurs de l'éloquence. Un heureux naturel vaut sans doute mieux que l'art, mais pourtant il ne saurait s'en passer ; tous les grands maîtres l'ont pensé : « *Ce sont deux choses*, dit Horace, *qui ont besoin du secours l'une de l'autre et qui doivent s'unir étroitement.*

. . . . *Alterius sic*
Altera poscit opem res et conjurat amicè.

(*De Art. Poet.*)

» Celui qui manque d'art, selon Quintilien, » dit tout ce qu'il sait : au lieu qu'un habile ora- » teur dit précisément ce qu'il doit dire. » (L. I, c. 12.) Eh ! qui pourrait contester l'utilité des règles de l'art ? puisque, comme l'a très-judicieusement observé un philosophe, *c'est l'imperfection de la nature qui a été l'origine de l'art.*

(Vauvenargue.)

Je serai amplement dédommagé de mon travail, si les peines que je me suis données peuvent en épargner à la jeunesse, à l'éducation de laquelle j'ai l'honneur de concourir ; si je suis assez heureux pour leur inspirer un plus grand amour pour les lettres. Quel meilleur emploi des loisirs des premières années de la vie ! Les lettres sont comme toutes les choses grandes et pures , comme la justice, comme la vertu ; elles ont le privilége d'élever l'âme et de la calmer ; elles inspirent à la fois l'enthousiasme et la paix ; elles sont toujours une source de bonheur, et souvent un asile contre l'adversité.

RHÉTORIQUE

FRANÇAISE.

NOTIONS PRÉLIMINAIRES.

L'ÉLOQUENCE nous apparaît sous tant de formes différentes, qu'au premier abord il semble difficile de la définir.

Tantôt elle réside dans quelques mots : Scipion est accusé par les tribuns du peuple d'avoir vendu la paix au roi de Syrie. *Romains*, s'écrie-t-il, *à pareil jour je vainquis Annibal et je soumis Carthage; allons au Capitole en rendre grâces aux dieux.* (Aul.-Gel.) Le peuple, à ces mots, abandonne l'accusateur, et suit en foule le héros. *Dérar est mort!* s'écriaient les Arabes éperdus de frayeur d'avoir vu tomber leur général. *Qu'importe que Dérar soit mort*, leur dit Rasi, l'un de leurs capitaines, *Dieu est vivant et vous regarde*; et il les ramène au combat. C'est l'éloquence d'inspiration.

Tantôt repoussant toute espèce d'artifice, sans autre parure que sa propre force, elle n'est, pour ainsi dire, que le langage de la passion : c'est celle de l'homme dans l'enfance des sociétés, ou de l'homme civilisé, mais sans instruction ; ce fut celle des pre-

I

miers Romains, qui n'eurent long-temps qu'un idiome rude et sévère comme leurs mœurs. Émus par une idée salutaire à la patrie, ou indignés à l'aspect du crime, ils exprimaient vivement, pour satisfaire au besoin de leur âme, la pensée qui les agitait. Ainsi parla Brutus lorsqu'il fonda la liberté publique, ainsi parla cet illustre aveugle, lorsque, rejetant les propositions de Pyrrhus triomphant, il releva le courage abattu des Romains, et empêcha les sénateurs d'accepter leur ignominie. (Cic., *de clar. Orat.*, n°. 53 *et seq.*) Saint Paul, dit l'abbé Fleuri, est éloquent dans son grec demi-barbare. Voilà l'éloquence naturelle.

Tantôt rassemblant tous ses moyens, elle les dirige vers un but, et les dispose pour produire un effet commun ; elle met à profit les passions humaines, les échauffe, les remue à son gré ; elle ajoute à la beauté des pensées le luxe des expressions, emprunte de la poésie ses images brillantes, ses figures hardies et presque son harmonie : c'est celle de l'homme dont l'esprit est cultivé. Ce fut celle d'Antoine et de Crassus, que Cicéron regarde comme les deux plus grands orateurs de Rome. (*De clar. Orat.*, n°ˢ. 139 et 140.) C'est par cette éloquence que Cicéron amène le peuple romain à renoncer au partage des terres, que Démosthène soulève les Athéniens contre Philippe, que Massillon produit tant d'effet dans son admirable sermon sur le petit nombre des élus. C'est l'éloquence artificielle (1).

---

(1) Nous ne parlons pas de certaines expressions muettes, telles que le regard, la beauté, les larmes, l'attitude suppliante, etc., qui font passer à l'âme le sentiment et la pen-

Considérée sous les deux premiers points de vue, l'éloquence est un don de la nature, et n'est point soumise à des règles ; sous le dernier, elle est encore un don naturel, mais un don qui est perfectionné et fortifié par le secours de l'art : elle prend en cet état le nom d'éloquence artificielle. Mais, au fond, l'éloquence artificielle n'est que l'éloquence naturelle, éclairée et réglée dans l'usage de ses moyens.

Les anciens ont défini l'éloquence ainsi cultivée, *l'art de persuader par la parole. Dicere ad persuadendum accommodatè.* (Cic., *de Orat.*, l. I, nº. 138) (1).

La rhétorique est la théorie de cet art. Elle trace la méthode, et l'éloquence la suit ; l'une indique les sources, et l'autre y va puiser. On peut la définir : une collection de règles sur l'éloquence. La rhéto-

---

séc. Elles produisent, à la vérité, l'effet de l'éloquence, mais elles ne sont pas de l'éloquence. Celle-ci entraîne l'idée d'un effet opéré par la parole. Tel est le sentiment de La Harpe. (*Lycée*, tom. II, liv. 2.)

(1) Marmontel observe que cette définition des anciens n'embrasse pas tout le défini : « Lorsqu'on a défini l'élo- » quence *l'art de persuader*, on n'a pensé, dit-il, qu'à celle » du barreau et de la tribune. Persuader n'est pas toujours » l'intention de l'éloquence : ni celle du théâtre, ni celle » de la chaire, n'a essentiellement ni habituellement la per- » suasion pour objet. Très-souvent elle la suppose et ne » fait que s'en prévaloir. Pour donner une idée plus étendue » et plus complète de l'éloquence, je crois donc pouvoir la » définir : la faculté d'agir sur les esprits et sur les âmes par » le moyen de la parole. »

(*Élém. de litt.*, art. Éloq.)

Cette observation est fondée. Dans leur définition de l'é- loquence, les anciens n'avaient en vue que celle de la tri-

rique, selon Aristote, considère en chaque sujet ce qui est capable de persuader. (*Rhét.*, l. I, c. 2.)

Définition du discours oratoire.

Un discours dans lequel on se propose de persuader a reçu des rhéteurs le nom de *discours oratoire*. L'abbé Batteux le définit : *un discours préparé avec art pour opérer la persuasion.*

Trois moyens de persuader.

Pour venir à bout de persuader, l'orateur doit employer trois moyens : *instruire l'auditeur, lui plaire et l'émouvoir. Erit eloquens*, dit Cicéron, *is qui ità dicet ut probet, ut delectet, ut flectat.* (*Orat.*, n°. 69.) Voilà à quoi se réduit tout l'art oratoire, et les trois chefs principaux dans lesquels doivent nécessairement rentrer toutes les règles qui le constituent. Nous verrons ailleurs que ces règles ont été puisées immédiatement dans la connaissance du cœur humain.

Trois genres de causes.

Les anciens avaient divisé toutes les matières oratoires en trois genres : *le démonstratif, le délibératif et le judiciaire.* Ils les nommaient *genres de causes, genera causarum.* (QUINT., l. III, c. 4.)

Le démonstratif.

Le but du genre démonstratif était *la louange* ou *le blâme ;* ce genre embrassait les panégyriques, les

---

bune et celle du barreau, parce que ces deux genres étaient chez eux les seuls qui fussent cultivés. Rarement ils faisaient usage du panégyrique : *Laudationibus non ità multùm uti solemus.* (CIC. *de Orat.*, liv. II, n°. 341.) Nous adoptons néanmoins cette définition, par la raison que nous ne considérons ici l'éloquence que dans le discours oratoire, et que celui qui prend la parole se propose le plus souvent de porter ses semblables à une action, à une résolution, ou de les en détourner. D'ailleurs, en matière de rhétorique, il est inutile de s'attacher à la précision rigoureuse des définitions, qui n'est pas nécessaire hors des sciences exactes.

accusations de crimes contre l'état, les félicitations, les oraisons funèbres, etc.

Le genre délibératif servait à *conseiller* et à *dissuader*, et comprenait la discussion des grandes affaires portées au sénat ou devant l'assemblée du peuple.

Le délibératif.

Le genre judiciaire était consacré à *l'accusation* et à la *défense*, et employé dans la discussion des affaires privées en présence des juges qui devaient absoudre ou condamner.

Le judiciaire.

Ces trois genres n'étaient pas tellement séparés, qu'ils ne se réunissent jamais; le contraire arrivait presque dans tous les discours. On délibérait sur le choix d'un général; l'éloge de Pompée déterminait les suffrages en sa faveur. (Cic., *pro leg. Man.*) Voilà le *démonstratif* uni au *délibératif*. On prouvait qu'il fallait mettre Archias au nombre des citoyens romains, parce qu'il avait un génie qui pouvait faire honneur à l'empire. (Id., *pro Archiâ.*) Voilà le *démonstratif* uni au *judiciaire*. On donnait au discours le nom du genre qui y dominait.

Cette distinction des trois genres de causes ne doit point paraître chimérique; elle dérive non de la séparation absolue des matières oratoires, mais de la manière de les traiter. Cette manière est déterminée par l'objet principal du discours. Ainsi, l'oraison funèbre, le discours de la tribune, le plaidoyer, diffèrent dans la composition et le ton; les moyens de l'éloquence et les parties oratoires y sont modifiées par la nature du sujet. Le *quid*, le *quo loco*, le *quomodo*, n'y sont pas les mêmes.

Sur quoi est fondée leur distinction.

La division des anciens n'est pas sans mérite, et comprend assez exactement tout ce qui peut être le sujet d'un discours; mais il conviendra mieux au but

Division des matières oratoires qui nous convient le mieux. de cet ouvrage, et l'on trouvera peut-être plus utile de suivre la division naturelle des discours modernes, division prise des trois grands théâtres sur lesquels l'éloquence s'exerce aujourd'hui : *la tribune politique*, *le barreau* et *la chaire*. A ces trois genres nous joindrons l'éloquence du *panégyrique*.

Division de la rhétorique. Les anciens reconnaissaient dans l'œuvre oratoire cinq parties distinctes ; savoir : *l'invention*, *la disposition*, *l'élocution*, *la mémoire* et *l'action*. (Cic., *de inv. Rh.*, n°. 7.)

De ces cinq parties, les deux dernières n'appartiennent qu'à l'éloquence parlée, les trois premières lui sont communes avec l'éloquence écrite.

Invention, disposition, élocution. Cette division est raisonnable ; elle est bonne en tout état de cause. Il faut toujours commencer par concevoir son sujet et les matériaux qu'il comporte, c'est ce qu'on appelle *l'invention* ; il faut en disposer les parties dans un ordre naturel et judicieux, voilà *la disposition* ; il faut savoir les traiter dans un style convenable au sujet, ce qui est *l'élocution*.

Mémoire. Si l'on se prépare à parler en public, il faut en outre fixer dans sa pensée les divisions, les parties, les transitions, se rappeler même les mouvemens et quelques-unes des phrases et des expressions remarquables qu'on aura trouvées dans la méditation, *Action.* c'est l'objet de la *mémoire*. Enfin, on doit accompagner son débit des gestes et des tons de voix que comportent les pensées et les sentimens qu'on exprime, c'est *l'action*.

Nous allons voir successivement les préceptes que les maîtres de l'art ont donnés sur chacune de ces cinq parties, et ce que l'orateur tire de chacune d'elles pour *instruire*, *plaire* et *toucher*.

LIVRE PREMIER.

DE L'INVENTION.

L'INVENTION oratoire consiste dans la connaissance et dans le choix des moyens de *persuasion*.

On entend par *persuader*, porter quelqu'un à croire, le décider à faire quelque chose (1).

La persuasion s'opère par trois moyens : *instruire*, *plaire* et *toucher*. L'invention doit se porter vers ces trois objets. (CIC., *de Oratore*, l. II, n⁰. 121.)

Si les hommes étaient parfaitement raisonnables, la lumière leur suffirait, et une vérité, présentée à leur esprit avec ses preuves, obtiendrait sans peine leur acquiescement ; mais il n'en est pas ainsi. L'expérience a montré que, selon que la personne qui parle est agréable ou désagréable aux auditeurs, ses dis-

Définition de l'invention et de la persuasion.

Trois moyens de persuader.

---

(1) *Convaincre*, c'est réduire quelqu'un par des preuves évidentes ou par le raisonnement à demeurer d'accord d'une vérité ou d'un fait ; *convaincre* et *persuader* ont un sens bien différent qu'il nous importe de ne pas confondre. La conviction s'exerce sur l'entendement ; la persuasion agit sur la volonté. C'est au philosophe à me convaincre d'une vérité ; c'est à l'orateur à me persuader que je dois agir dans le sens de cette vérité vers laquelle il s'efforce de tourner mes affections.

cours sont bien ou mal reçus ; que selon que les auditeurs eux-mêmes sont prévenus de mouvemens d'a-
mour ou de haine, d'envie ou de faveur, en un
mot, de telle ou telle passion, ils portent des jugemens tout différens. C'est ce qu'Aristote a très-bien
remarqué, et il en a conclu que l'orateur doit tirer
ses moyens de persuasion des trois sources que nous
venons d'indiquer. (*Rhét.*, l. I, c. 2.)

Ils ne sont pas employés tous trois dans tous les discours. Cependant il faut observer que l'orateur n'a pas
toujours la persuasion pour objet, et que par con-
séquent il ne doit pas employer dans toute sorte de
discours les trois moyens qui la produisent.

Ce que c'est que d'instruire. *Instruire*, c'est communiquer des vérités, des connaissances qui manquaient encore. On instruit par
des pensées justes, par des raisonnemens bien enchaînés, par des preuves solides. C'est le fruit du
jugement.

Ce que c'est que de plaire. *Plaire*, c'est récréer l'esprit au moyen de certains
agrémens que l'on réunit dans le discours. On plaît
par la bonne idée que l'on donne de soi-même,
par des images vraies, agréables, touchantes, par
des ornemens choisis et bien placés, par une élégance naturelle et soutenue. C'est l'ouvrage de l'*imagination*.

Ce que c'est que de toucher. *Toucher*, c'est éveiller, exciter, augmenter et
soutenir la sensibilité des autres pour ou contre la
chose ou la personne dont on parle. On émeut par
des figures véhémentes, par des mouvemens passionnés, rapides, énergiques. C'est le produit de la *sensibilité*.

Dons naturels néces- saires à l'orateur. Le jugement, l'imagination, la sensibilité, sont
des dons naturels dont l'orateur a besoin ; mais ces
dons ne lui suffisent pas, il faut qu'il ait de plus

une provision toute faite de principes, d'idées, de connaissances de tout genre. « Pour moi, dit Horace, je ne vois pas ce que peut faire l'étude sans le génie, ni le génie sans l'étude : ce sont deux choses qui ont besoin du secours l'une de l'autre, et qui doivent s'unir étroitement. » (De Art. poet.) L'étude et le talent sont inséparables.

« Le talent de la parole, selon Cicéron, ne doit pas être un talent nu et en quelque sorte décharné, mais nourri de tout ce qui peut le fortifier, revêtu de tout ce qui peut l'embellir. Il est donc d'un bon orateur d'avoir beaucoup vu, beaucoup écouté, beaucoup lu, beaucoup réfléchi. » (De Orat., l. I, n°. 218.)

Les anciens exigent qu'autant qu'il est possible l'orateur ne soit étranger à aucune espèce de connaissances : il aurait besoin, disent-ils, de tout savoir, pour être en état de parler sur tout. On ne peut pas tout savoir, tout apprendre, et beaucoup moins de nos jours que du temps de Cicéron et de Quintilien ; car les sciences en tout genre sont bien plus avancées. Connaissances étendues nécessaires à l'orateur.

Mais le premier soin de celui qui veut, comme écrivain, se faire estimer, ou, comme orateur, fixer l'attention du public, doit être d'étendre ses connaissances et de rassembler beaucoup d'idées relatives aux différens sujets, sur lesquels les circonstances de la vie présentent l'occasion de parler ou d'écrire.

Il est aisé de sentir combien sont utiles des connaissances pour ainsi dire universelles. Tout se tient dans la nature : jamais on ne sait bien une chose quand on ne sait qu'elle seule. Les objets les plus éloignés ont des rapports réels qui souvent les rapprochent et les fondent ensemble. Ainsi, pour Utilité qu'il en retire.

parler convenablement sur une matière, il ne suffit pas de la connaître, il faut connaître encore tout ce qui peut s'y rapporter.

Des connaissances variées donnent à l'esprit plus de force, plus d'étendue; il a plus d'objets sur lesquels il peut s'exercer, dont il peut tirer des comparaisons, des argumens; le style s'embellit d'images de tout genre.

L'orateur doit approfondir son sujet. A toutes ces connaissances l'orateur doit ajouter celles du sujet qu'il veut traiter. Les ressources qu'on peut tirer de son esprit, de son cœur, des connaissances acquises, deviendraient inutiles si l'on voulait écrire ou parler sur une matière à laquelle on serait étranger. Il est nécessaire de la posséder à fond, d'en embrasser toute l'étendue. Comment mériter d'être écouté quand on parle de ce qu'on ignore ? « L'art de bien dire suppose, dans celui » qui parle, une connaissance approfondie du sujet » qu'il traite. » (Cic., *de Orat.*, l. I, n°. 48.)

De quelles sources se tirent les moyens de persuasion. Les moyens de persuasion sont tirés généralement des choses et des personnes. L'invention doit trouver dans les choses les preuves qu'elles fournissent; dans la personne de celui qui parle ce qui peut le rendre aimable; dans la personne de celui qui écoute, ce qui est capable de l'émouvoir. (Arist., *Rh.*, l. I, c. 2.)

CHAPITRE PREMIER.

Des preuves ou moyens tirés des choses.

Définition de la preuve. Tout ce qui est propre à établir une vérité, à constater un fait, porte le nom de preuve.

Les preuves sont le soutien solide de tout le dis-

cours, et par conséquent, comme s'exprime Rollin,
« la partie la plus nécessaire et la plus indispensable,
» à laquelle se rapportent toutes les autres. Car les
» expressions, les pensées, les figures et toutes les
» autres sortes d'ornemens, viennent au secours des
» preuves, et ne sont employées que pour les faire
» valoir. Elles sont au discours ce que sont au corps
» la peau et la chair, qui en font la beauté et l'agré-
» ment, mais non la force et la solidité; qui cou-
» vrent et embellissent les os et les nerfs, mais qui
» les supposent et ne peuvent en tenir lieu (*Traité*
» *des études*, tom. 2.) Il est important, sans doute,
» dit Quintilien, de s'étudier à plaire et encore plus
» à toucher; mais l'on fera l'un et l'autre avec
» bien plus de succès, lorsque l'on aura instruit et
» convaincu les auditeurs, à quoi l'on ne peut parvenir
» que par la force du raisonnement et des preuves. »
(L. 5, c. 8.)

Il est donc, avant tout, du devoir de l'orateur,
1°. de chercher les preuves dont il doit se servir;
2°. de se faciliter les moyens de les développer dans
le discours; 3°. d'apprendre comment il peut leur
donner toute la force possible.

ARTICLE PREMIER.

Sources des preuves.

Aristote dit : « Si vous louez ou blâmez, les
idées que vous aurez à consulter seront l'*honnête* et
le *honteux*; si vous conseillez ou dissuadez, l'*utile*
et le *nuisible*; si vous défendez ou accusez, le
juste et l'*injuste*. (*Rh.*, l. I, c. 3.) » Ces distinctions

n'empêchent pas que les objets des trois genres de causes ne se réunissent souvent ensemble.

Ce que c'est que
lieux
d'argumens.
Les anciens, qui voulaient tout réduire en art, en avaient fait aussi un pour l'invention oratoire. Distribuant par ordre tous les aspects intérieurs et extérieurs d'un sujet à traiter, ils prétendaient mener le génie comme par la main, et lui faire trouver tout d'un coup tous les argumens possibles dans les différentes sources où ils le conduisaient. Ils appelaient ces sources *lieux d'argumens*, *loci argumentorum.*

« J'appelle *lieux*, dit Quintilien, certaines sources
» où les argumens sont renfermés, et d'où il faut
» les tirer. *Locos appello sedes argumentorum in*
» *quibus latent, ex quibus sunt petenda.* » (L. V.,
c. X.)

Cicéron définit le *lieu*, « un siége d'argument,
» et l'argument ce qui sert de preuve à une chose
» douteuse : *licet definire, locum esse argumenti se-*
» *dem ; argumentum autem, rationem quæ rei dubiæ*
» *faciat fidem.* » (*Top.*, n°. 8.)

Ces sources d'argumens ne sont que les diverses faces sous lesquelles on peut envisager un sujet donné, ou, si l'on veut, des idées générales applicables à un très-grand nombre de sujets et qui donnent des ouvertures pour en raisonner utilement par rapport à la fin que se propose l'orateur. Par exemple, il n'y a rien dans la nature qui n'ait sa cause et ne produise quelque effet. La *cause* et l'*effet* sont des lieux d'où l'on peut tirer ce raisonnement :
« Une jeunesse vicieuse amène ordinairement une
» mort prématurée, ou une vieillesse infirme et lan-
» guissante. Qui ne voit d'après cela que, quand
» même nous ne consulterions que notre intérêt tem-

» porel, nous devons nous éloigner du vice dans la
» jeunesse ? »

Par la méthode *des lieux*, les anciens voulaient
rendre continuellement présentes à l'esprit de l'orateur toutes les idées générales qui rentrent ordinairement dans les questions particulières. Car, toute
cause, quoique d'un intérêt privé, se réfère au genre
et au principe commun des choses. (*De Orat.* l. II,
nº. 138.)

Voici comment Cicéron et Quintilien recommandent l'usage des lieux : « Avec de l'application et
» de la pratique, il suffit d'un peu de réflexion
» pour trouver toujours sous la main les argumens
» propres à la cause. Cependant il ne faut pas perdre
» de vue ces points généraux, ces *lieux* dont j'ai
» souvent parlé et qui fournissent tous les moyens
» qui se rapportent à chaque espèce de discours.
» Tout cela, qu'on le nomme art, observation ou
» pratique, consiste à bien connaître les régions dans
» lesquelles on veut chasser et aller à la découverte.
» Après que vous en aurez bien embrassé l'étendue
» par la réflexion, pour peu que vous ayez d'ha-
» bitude, rien ne vous échappera, et tout ce qui
» tient au fond du sujet se présentera de soi-même
» et viendra frapper vos yeux (*De Orat.*, l. II,
» nº. 146.) Pour bien manier les argumens, il faut
» que l'orateur ait étudié la nature de chaque chose
» et les effets qu'elle a coutume de produire. »
(QUINT., l. V, c. X.)

Il ne faut pas confondre les *lieux d'argumens*
avec ce qu'on appelle *lieux communs*. Ceux-là
sont les sources des preuves; ceux-ci en sont le développement, l'ornement, en un mot l'amplification.

Objet de la méthode des lieux.

Son usage.

Différence qu'il y a entre les lieux d'argumens et les lieux communs.

Cette différence, qui a échappé aux rhéteurs modernes, est clairement exprimée par Cicéron : « Lo- » cus communis aut certæ rei quamdam continet » amplificationem aut dubiæ..... Omnia ornamenta » elocutionis in quibus et suavitatis et gravitatis » plurimùm consistit, et omnia quæ in inventione » verborum et sententiarum aliquid habent dignitatis, in communes locos conferuntur. » (*De inv. Rh.*, l. II, n°. 15.)

Après ces observations, nous allons faire connaître les lieux, l'esprit, le caractère et la manière propres à chacun des genres d'éloquence que nous avons distingués. Il est important de s'en former une idée bien claire et bien précise; car il est impossible de réussir dans quel art que ce soit, si l'on n'en connaît bien la fin et l'objet.

§ Ier. *Éloquence de la Tribune.*

Objet de l'éloquence de la tribune. Ce genre d'éloquence a pour objet la *persuasion*. Il s'agit de faire adopter à une assemblée une résolution, de déterminer la volonté publique pour le dessein qu'on lui propose, ou de la détourner du dessein qu'elle a pris. L'orateur doit mettre en œuvre tous les moyens que la nature nous a donnés pour agir sur l'imagination, sur le cœur et sur la raison.

Elle admet les trois moyens de persuasion. Nous posons en principe général que pour persuader les hommes, il faut s'adresser à leur entendement et les convaincre. Et ce serait une grande erreur de croire que les discours prononcés à la tribune, parce qu'ils admettent un style plus déclamatoire que les autres genres de discours, aient moins besoin d'être fondés sur la saine raison. On ne doit jamais perdre de vue que la véritable éloquence repose sur la solidité de la pensée : *Est eloquentiæ sicut reliquarum rerum fundamentum sapientia.* (Cic., *Orat.*, n°. 70.)

Ou il s'agit de mener les hommes par le devoir, et alors c'est dans le principe de l'honnête et du juste que l'éloquence puise ses forces ; ou il s'agit de les déterminer par l'intérêt ; leurs passions sont alors les ressorts qu'elle fait mouvoir.

Lieux qui lui sont propres.

L'honneur, la vertu, l'orgueil national, les principes d'équité, ceux du droit naturel surtout, peuvent beaucoup sur l'esprit des peuples. Souvent on les détermine en leur présentant vivement ce qu'il y a de juste, d'honnête, de noble à faire. Souvent on les détourne d'une résolution en leur montrant qu'elle est criminelle et honteuse. Mais avouons qu'il est encore plus sûr de faire parler l'utilité publique, surtout, dit Cicéron (*de Orat.*, l. II, n°. 334), lorsqu'il est à craindre qu'en négligeant ses avantages, le peuple ne risque aussi de perdre son honneur ou sa dignité.

Lorsque l'utilité publique et la dignité sont d'accord, l'éloquence populaire a tous ses avantages. C'étaient les deux grands moyens de Démosthène en excitant les Athéniens à s'opposer à l'ambition de Philippe. Mais souvent elles sont contraires ; alors l'orateur fait valoir l'une ou l'autre, selon l'impulsion qu'il veut donner aux esprits. Il montre d'un côté richesse, puissance, accroissement de force, prospérité, etc.... ; de l'autre tout ce qui recommande les actions honnêtes et louables. (Cic., *de Orat.*, l. II, n°. 335.)

Pour traiter ainsi les affaires publiques, l'orateur doit avoir acquis une connaissance profonde du passé, du présent, et par l'un et l'autre un regard pénétrant et prolongé dans l'avenir : du passé, les exemples et les autorités, monumens de l'expérience ; du présent, la constitution de l'état, sa situation actuelle, ses relations, ses intérêts, ses ressources, ses principes de droit public; de l'avenir, les précautions, les espérances, les craintes, les obstacles, les mouvemens de la politique et ceux de la fortune à calculer et à prévoir, les révolutions à éviter, en un mot, la balance des événemens à tenir dans ses mains, et à faire pencher vers le parti qu'on se propose. Tel est l'office de l'orateur : l'impossible ou le nécessaire sont ses moyens les plus tranchans. (CIC. *De orat.*, l. II, nº. 336.)

Mais nous devons remarquer qu'un des grands moyens de persuader à la tribune, c'est de ne prendre la parole que pour prouver ce qu'on croit vrai, proposer ce qu'on croit bon, utile et honnête, ce dont on est persuadé soi-même. Jamais on ne sera éloquent, si ce qu'on dit n'est l'expression de ce qu'on éprouve : *veræ voces ab imo pectore*. (CIC.)

Usage des passions. La tribune est le théâtre qui ouvre une plus vaste carrière à l'éloquence passionnée. L'aspect d'une grande assemblée suffit pour inspirer à l'orateur de l'élévation et de la chaleur. Là, les passions s'allument aisément, et la sympathie les communique avec rapidité de l'orateur à ceux qui l'écoutent. C'est là que sont bien placées les figures hardies, la véhémence des pensées; ces expressions d'une âme fortement émue et brûlante de l'amour du bien public. Voilà ce qui caractérise l'éloquence de la tribune.

Cependant cette liberté n'est pas tout-à-fait illimitée. Il est quelques restrictions qu'il importe de bien connaître pour éviter de dangereuses méprises. Si l'orateur harangue une multitude d'hommes ignorans et grossiers, réunis dans une place publique pour délibérer sur les affaires les plus importantes de l'état, il devra principalement remuer leurs sens et leur imagination; il s'appliquera plus au mécanisme du langage qu'au choix des idées et des expressions. Mais s'il adresse la parole à une assemblée d'hommes cultivés et polis, c'est plutôt par la précision et la justesse des idées qu'il parviendra à les toucher. Sans doute quand on veut persuader on doit parler à la fois et à l'imagination et à la raison; on est bien plus assuré en faisant mouvoir ce double ressort, de produire l'effet qu'on se propose. Mais il faut s'adresser plus particulièrement à la première quand il s'agit d'entraîner le peuple, et à la seconde quand on veut déterminer une réunion d'hommes choisis.

Dans nos chambres législatives, on doit, je crois, s'exprimer comme Cicéron voulait qu'on s'exprimât dans le sénat romain, avec une dignité simple, d'un ton grave et sententieux (*De orat.*, l. II, n°. 333), et être sobre de grands mouvemens oratoires.

Au reste, la grande règle est de s'accommoder au caractère, au génie, au goût de l'auditoire à qui on s'adresse, et de prendre garde à ne pas exciter dans l'assemblée des cris de désapprobation, comme il arrive quand l'orateur fait quelque faute remarquable. (*De orat.*, l. II, n°s. 337 et 339.) C'est ce que Démosthène et Cicéron me semblent avoir l'un et l'autre merveilleusement observé.

2

§ II. *Éloquence de la Chaire.*

Objet
de l'éloquence
de la
chaire.

L'éloquence de la chaire se propose principalement, d'inspirer, d'émouvoir, de porter les hommes à devenir meilleurs.

Elle
doit émouvoir
plutôt
qu'instruire.

Dans les discours de ce genre l'art du dialecticien est peu de chose. C'est moins sur la raison que sur l'âme qu'il faut agir. Ce n'est pas que le prédicateur ne puisse instruire et raisonner; nous avons dit que la persuasion n'est fondée que sur la conviction; mais il ne doit pas oublier que tout ce qui demande une logique déliée et suivie est peu propre à l'éloquence sacrée. Ce n'est pas pour discuter une question obscure qu'il monte en chaire, ce n'est pas pour éclaircir quelque point contesté, ni pour donner aux hommes quelques connaissances nouvelles. Dans un auditoire chrétien les incrédules sont en si petit nombre, que ce n'est pas la peine de les y attaquer. Il vaut mieux supposer, comme cela est vraisemblable, qu'on parle à des esprits déjà persuadés des vérités qu'on avance, et s'attacher à les inculquer, à les graver profondément dans le cœur. Voilà le véritable but du genre d'éloquence dont nous parlons. Si vous ne savez pas intéresser, émouvoir, on fera peu de cas de votre talent de raisonner.

Lieux
qui lui sont
propres.

Les moyens qu'emploie l'orateur de la chaire sont, les uns surnaturels, dans les rapports de l'homme à Dieu; les autres humains, dans les rapports de l'homme à l'homme et dans ses retours sur lui-même.

Un Dieu juste à qui tout est présent, et qui punit et récompense, le passage d'une âme immortelle de la vie à l'éternité; les châtimens destinés aux coupables, une source intarissable de félicité réservée aux justes; un monde qui trompe et qui passe; les générations humaines successivement englouties dans l'océan de l'éternité; Dieu qui reste et qui les attend, voilà les grands leviers de l'éloquence évangélique.

Mais le champ fertile et vaste qui lui est ouvert, c'est la morale. Il s'agit de faire non des chrétiens, mais de bons chrétiens, de parler comme l'Évangile, d'inspirer aux hommes la bonté, l'indulgence, la bienveillance mutuelle, la bienfaisance active, la tempérance, l'équité, la bonne foi, l'amour de l'ordre et de la paix; il s'agit de consoler, d'encourager les uns, de modérer, d'adoucir les autres, de resserrer le nœud de la société et de la nature, et surtout les liens de cette charité universelle qui honore tant la religion; il s'agit de rendre le vice odieux, la vertu aimable, le devoir attrayant, la condition de l'homme condamné à la peine plus douce et moins intolérable; il s'agit en un mot de faire produire à la nature le plus de biens, et d'en extirper le plus de maux qu'il est possible.

Destiné à captiver, à toucher une multitude assemblée, l'éloquence de la chaire doit employer une action véhémente et variée, être sensible, entraînante, et pour cela pleine d'images, de tableaux et de mouvemens.

Il est surtout de la plus grande importance que l'orateur croie fermement aux vérités qu'il annonce, qu'il parle le langage de ses propres sentimens et de sa propre conviction; si cette conviction est, comme on n'en peut douter, nécessaire dans les autres genres de discours publics, elle est indispensable pour ceux

L'orateur doit parler avec l'accent de la conviction.

qui doivent être prononcés en chaire. Voilà ce qui
donne aux exhortations une énergie, une ferveur
que ne peut produire le pathétique simulé.

Le sujet
d'un sermon
doit être
particulier. Un sermon est d'autant plus frappant et ordinairement plus utile, que le sujet en est plus précis et
plus particulier. Ce n'est pas que les sujets généraux,
comme l'excellence de la religion, le bonheur que
procurent des sentimens véritablement religieux, ne
soient très-convenablement placés en quelques circonstances, ni qu'il faille négliger ces grandes considérations sur la religion; mais l'impression en est
moins forte, l'instruction donnée par l'orateur est
moins directe et nécessairement moins convaincante.
D'ailleurs elles entraînent presque inévitablement
dans le sentier battu des lieux communs. L'attention
se fixe bien mieux sur quelque point particulier et
intéressant d'une grande question, vers lequel l'orateur dirige toute la force de ses argumens et de son
éloquence : par exemple, si prenant une vertu, un
vice, sous un aspect particulier, il en examine un des
principaux caractères, ou s'il en considère l'influence dans certaines situations de la vie. L'exécution, il est vrai, en est plus difficile, mais le mérite
et l'effet en sont bien plus grands.

Il doit
être intéressant
pour
l'auditoire. L'orateur doit s'efforcer de rendre ses discours
intéressans pour la classe d'hommes qui forme son
auditoire. C'est la marque la plus certaine du véritable génie de l'éloquence de la chaire. Il doit prendre
en considération, l'âge, le caractère, la condition de
ceux devant lesquels il parle. Toutes les fois que ce
qu'il dit se rapproche de la manière de sentir de ses
auditeurs, ou de la situation dans laquelle ils se trouvent, il est sûr de les intéresser; pour y parvenir, il

n'est pas d'étude plus nécessaire que celle du cœur humain et des événemens de la vie. Pénétrer dans les replis les plus cachés du cœur, montrer l'homme à l'homme, lui peindre son caractère mieux que jamais il ne l'avait vu lui-même, voilà ce qui produit un effet merveilleux.

L'Écriture-Sainte est pour lui une source inépui- *L'orateur doit étudier l'Écri-* sable de pensées et de sentimens. L'énergie et le pa- *ture-Sainte.* thétique se trouvent dans les prophètes, les allusions ingénieuses se puisent dans les livres historiques; les élévations affectives se forment des paroles des Psaumes. Les livres sapientiaux donnent des règles de conduite; les préceptes moraux et les conseils sont dans les évangiles; le fond de la religion est dans saint Paul.

Il peut puiser encore dans les pères de l'Église, *Les pères de* dont les écrits sont l'Évangile expliqué; dans les dé- *l'Église.* cisions des conciles. La vie des saints dont l'Église honore la mémoire lui fournit des exemples propres à porter à la vertu et à la piété. La philosophie humaine, pourvu qu'elle se tienne toujours soumise à l'autorité supérieure de la révélation, peut lui être utile pour le développement des oracles sacrés; mais elle ne doit jamais dominer dans ses discours, ni lui fournir la matière principale.

§ III. *Éloquence du Panégyrique.*

Le panégyrique en général est un discours à la *Définition* louange d'une personne illustre dont on préconise *du panégyrique.* les rares vertus ou les grandes actions (1).

---

(1) Nous prenons ce mot dans le sens de son étymologie,

Son objet. L'objet de l'éloge est d'élever nos esprits par la sublimité des pensées et des images, d'agrandir, d'ennoblir nos âmes par l'émotion qu'elles reçoivent des grands exemples, et par cet attendrissement si doux qu'excite en nous la magnanimité.

Il doit intéresser plutôt que prouver. Ici, comme dans le sermon, l'auditoire est instruit, convaincu avant que l'orateur commence. Captiver, fixer, attacher sur l'image de la vertu, des yeux distraits, des esprits légers, des imaginations mobiles, des caractères indécis, les forcer d'en prendre l'empreinte; tel est le genre de persuasion de l'éloquence des éloges.

Lieux qui lui sont propres. Pour louer justement quelqu'un, il faut le prendre en lui-même, et le dépouiller de tout ce qui n'est pas lui. « La naissance, la beauté, la force, la puis-
» sance, la richesse et les autres biens que dispense
» la fortune, ne méritent point par eux-mêmes,
» dit Cicéron, les louanges qui ne sont dues qu'à
» la vertu. Cependant, comme cette vertu se montre
» surtout dans l'usage modéré qu'on fait de ces biens,
» il faut parler des dons de la fortune et de la na-
» ture dans les panégyriques.

» Les vertus louables par elles-mêmes sont celles
» qui consistent dans un heureux naturel, dans la
» douceur et la bienfaisance, dans la puissance du
» génie, la grandeur et la force de l'âme.

» On entend avec plaisir louer les actions dont
» le héros n'espérait ni avantages ni récompenses. La
» vertu la plus digne de louanges est celle de ces illus-

πανηγυρέω, louer, célébrer quelqu'un; et dans celui du mot *laudatio*, employé par Cicéron pour exprimer la même idée. (*De orat.*, liv. II, n°. 541.).

» tres personnages qui se dévouent pour les autres, et
» sans aucun intérêt personnel, à toutes sortes de
» peines et de périls. On n'admire pas moins la vertu
» qui supporte l'adversité avec courage, qui ne se
» laisse pas abattre par la mauvaise fortune, et qui
» conserve de la dignité au milieu des revers.

» L'élévation aux charges publiques, les récom-
» penses accordées à la vertu, les belles actions hono-
» rées de l'approbation générale, sont de dignes sujets
» d'éloges. On ne doit pas oublier non plus les choses
» grandes, extraordinaires ou nouvelles. Mais tout
» ce qui est petit, commun ou vulgaire n'excite pas
» l'admiration et ne mérite pas de louanges. » (*De
orat.*, l. II, n°. 342 et seq.)

Selon Aristote, il faut avoir égard au lieu où l'on est, aux personnes devant qui l'on parle; car il est important de bien connaître les dispositions de l'auditeur, ses sentimens, ses mœurs, ses préjugés, afin de louer dans la personne qui fait le sujet de notre discours, les vertus qui lui plaisent le plus.

L'orateur doit avoir égard aux lieux, aux personnes.

Quintilien enseigne que, sans blesser la vérité, l'orateur peut voiler certaines taches qui se trouvent dans la vie des héros. « En louant Hercule, dit-il,
» vous excuserez ce qu'on rapporte de lui, qu'il
» quitta sa peau de lion et sa massue, pour prendre
» honteusement la quenouille et les habits d'Om-
» phale, en imputant cela, non à la passion dont il
» était épris, mais à l'état présent de sa fortune et à
» la nécessité (1). » (L. III, c. 7.)

Il doit voiler les taches de la vie de son héros.

---

(1) Voyez avec quel art Cicéron excuse les Romains qui avaient suivi le parti de Pompée contre César. *Pro Ligario*, n°. 14. *Pro Marcello*, n°. 9 et 19 ; avec quel art encore Masca-

Il est permis d'embellir les faits par des rapprochemens ou par des contrastes, mais on ne doit
jamais se livrer aux excès de la louange, moins
encore à l'impudence du mensonge : car il est absurde et même maladroit d'affecter une fausse admiration que tout le monde apprécie, et que personne
ne partage.

Une marche trop didactique serait funeste au
discours, dont elle suspendrait la marche progressive.
Le panégyriste, réduit toute la vie du héros à
certaines vertus principales ; il rassemble et rapproche les détails qui se rapportent à chacune d'elles ;
il forme par ce moyen des tableaux oratoires.

Nous connaissons parmi nous le panégyrique des
saints, l'Oraison funèbre, et l'éloge des grands hommes proposés par les Académies.

Dans le panégyrique consacré à la louange des saints,
l'orateur se propose de les honorer par l'éloge de leurs
vertus, et de nous engager nous-mêmes à les imiter. Il
ne peut remplir ce double objet qu'en joignant l'instruction au récit de ces vertus. La morale doit naître
de la narration des faits, sans l'interrompre, sans l'é-
touffer sous un amas de réflexions triviales qui se présentent assez d'elles-mêmes à tous les auditeurs. Un
juste mélange d'éloges et de morale fait la perfection
du panégyrique.

L'oraison funèbre loue les morts illustres par leur
rang, leurs vertus et leurs actions. Ce genre de dis-

---

ron et Fléchier excusent Turenne d'avoir pris part aux troubles de la fronde, et Bossuet, le prince de Condé, d'avoir
tiré l'épée contre la France. (*Orais. fun.* de Turenne et de
Condé.)

cours demande beaucoup d'élévation dans le génie, une grandeur majestueuse, qui tient un peu de la poésie. Tout doit y être plein de force et de dignité; il ne souffre rien de commun, rien de médiocre. L'orateur chrétien ne se borne pas, dans l'éloge des héros, à des fins purement humaines. Son but est de nous instruire en excitant notre admiration, et de nous faire voir qu'il n'y a pas de véritable gloire sans la religion et la vertu. C'est ainsi que Bossuet, dans l'oraison funèbre du prince de Condé, se propose de montrer que *la piété est le tout de l'homme*.

Le but des éloges que les académies ont coutume de donner pour sujet de leur prix est de louer les talens, l'esprit, les qualités du cœur de quelque homme illustre, de faire connaître les services qu'il peut avoir rendus aux arts, aux lettres ou à la société.

Éloges mis au concours par les académies.

« Dans ces éloges, dit Marmontel, on doit se
» souvenir que ce ne sont pas de froids détails, de
» longues analyses, ni des récits inanimés que de-
» mande l'académie; mais des tableaux, des mou-
» vemens, des peintures vivantes, de l'éloquence
» enfin, dont le propre est d'agir sur les esprits et
» sur les âmes. Il faut inspirer plutôt qu'instruire,
» répandre encore plus de chaleur que de lumière,
» animer la raison encore plus que l'embellir, prê-
» ter à la vérité le charme et l'intérêt du sentiment. »
(*Élém. de litt.*, art. *Orais. fun.*).

Le genre que les anciens appelaient *démonstratif* renfermait *la louange* et *le blâme*. Dans les anciennes républiques, où l'éloquence a jeté un si brillant éclat, la fonction la plus rare de l'orateur était la louange; chez nous, son emploi le moins fréquent est le blâme. Et cette différence vient de celle qui

Chez nous le blâme est plus rare que la louange.

existe entre leurs institutions politiques et les nôtres. Cependant, comme en quelques circonstances, il peut être obligé de blâmer, d'accuser, il ne doit pas ignorer la marche qu'il doit tenir. Cicéron, après avoir parlé de la manière de louer, la lui trace en ces mots : « Il est facile de voir que s'il s'agit de » blâmer, les préceptes sont les mêmes. Comme on » ne peut louer dignement les hommes de bien sans » connaître leurs vertus, il n'est pas possible non » plus de blâmer avec énergie le méchant, et de le » dévouer à la haine publique, sans être instruit » de ses vices et de ses forfaits. » (*De orat.* l. II, n°. 349.)

§ IV. *Éloquence du Barreau.*

Objet
de l'éloquence
du barreau.

Le principal objet de l'éloquence du barreau, c'est la conviction. L'orateur ne cherche pas à persuader aux juges ce qui est bon et utile ; il veut les convaincre de ce qui est juste et vrai. Par conséquent, c'est principalement à leur raison que son éloquence s'adresse.

Elle doit
prouver princi-
palement.

Ici, l'on ne peut pas, comme dans une assemblée nombreuse et composée des diverses classes de la société, employer toutes les ressources de l'art oratoire. Les passions ne s'allument pas si aisément dans le cœur des juges, qui sont ordinairement des personnes d'un âge mûr, d'un caractère grave et imposant. L'orateur est écouté plus froidement ; on le surveille, pour ainsi dire, et il s'exposerait au ridicule s'il prenait un ton véhément qui ne convient qu'à la tribune.

L'éloquence du barreau est plus limitée, plus sobre, plus modeste que celle de la tribune. Aussi *L'avocat ne doit pas imiter les anciens sans restriction.* devons-nous nous garder d'imiter en tout les harangues judiciaires de Démosthène et de Cicéron. A Athènes et à Rome, l'éloquence du barreau se rapprochait plus de celle des assemblées populaires que ne peuvent le permettre l'institution de nos tribunaux et l'état de notre législation. Ce qu'il faut étudier dans les immortels chefs-d'œuvre de ces orateurs, c'est le plan, l'économie du discours, l'art de donner au raisonnement cette progression soutenue qui opère inévitablement la conviction, les moyens insinuans qu'ils emploient pour se concilier la faveur des juges; c'est la grandeur et la noblesse des sentimens et du style, la vivacité des tours et des figures; enfin, le talent merveilleux de mettre dans tout son jour, et de faire paraître dans toute sa force le sujet qu'on traite. Mais celui qui voudrait contrefaire leur exagération, leur déclamation pompeuse, leurs efforts pour faire naître les passions, paraîtrait ridicule dans le barreau moderne.

Le principe de l'éloquence du barreau est donc *L'éloquence du barreau peut en certains cas être passionnée.* que le juge a besoin d'être éclairé, non d'être ému. Cette règle a pourtant quelques exceptions. La première, lorsqu'il s'agit d'apprécier la moralité des actions, d'en estimer l'injure, le dommage, de déterminer leur degré d'iniquité ou de malice, de décider à quel point elles sont dignes, devant la loi, de sévérité ou d'indulgence, de châtiment ou de pardon. La seconde, lorsque le droit incertain laisse, pour ainsi dire, en équilibre, la balance de la justice, et qu'il s'agit de l'incliner du côté qui mérite le plus de faveur. Dans ces causes, la loi qui n'a pu tout prévoir laisse l'homme juge de l'homme, et les faits étant du ressort du sentiment, le cœur doit les juger. Alors, l'éloquence pathétique peut avoir lieu; mais l'avocat doit éviter soigneusement des mouvemens outrés ou des secours empruntés de trop loin.

État de la cause. Le premier pas que doit faire l'orateur dans le genre judiciaire, est de bien déterminer *l'état de la cause* qu'il entreprend, et d'examiner ce qui fait pour lui, ce qui fait contre lui. (QUINT., l. III, c. IX.)

Sa définition. L'état de la cause est ce qui constitue l'essence de la contestation. On peut le définir *le point à juger* (1). Quintilien le définit : « le point principal » que l'orateur se propose d'emporter, et que le » juge doit particulièrement examiner : *status causæ* » *est id quod et orator præcipuè sibi obtinendum,* » *et judex spectandum maximè intelligit.* » C'est avec raison qu'il dit *præcipuè obtinendum.et maximè spectandum*; car, dans une cause, il peut y avoir des questions accessoires et subordonnées, préalables et préparatoires, d'un intérêt secondaire, qui ne constituent pas le point principal de la cause (2).

---

(1) Dans l'usage de notre barreau, on entend de deux manières ce qu'on appelle *l'état de la cause*, l'une a rapport à l'instruction du procès; en ce sens on dit : *mettre la cause en état*, et on sous-entend *d'être jugée*. L'autre est relative à l'état de la constestation; c'est en ce sens que nous l'entendons ici.

(2) Cicéron, au premier livre, *de inventione rhetoricâ*, n⁰ˢ. 8 et suiv., s'étend beaucoup sur l'état de la cause. Il distingue *l'état de conjecture*, *l'état de définition*, *l'état de qualification*, *l'état de translation*, etc... Il subdivise ensuite ces

L'état de la cause comprend les *questions de fait* et les *questions de droit*.

Un vol a été commis; le particulier accusé de ce vol, l'a-t-il commis ou non ? Voilà une *question de fait*.

Dans quelles circonstances la preuve par témoins peut-elle être admise, ou doit-elle être rejetée ? C'est une *question de droit*.

Il est bon de remarquer que le plus grand nombre des causes réunissent le fait et le droit. Et s'il en est dans lesquelles la discussion seule du fait soit nécessaire, c'est parce que le fait étant supposé, la loi décide le cas sans obscurité.

Nous allons voir quelle est la nature des preuves qui se rattachent à chacune de ces deux questions.

Les anciens distinguent deux sortes de moyens

---

diverses espèces d'état en d'autres qui ont moins d'étendue. Mais toutes ces distinctions, aussi multipliées que subtiles, sont peut-être plus propres à brouiller les idées qu'à les éclaircir. Nous nous abstiendrons en conséquence de les rapporter en détail. D'ailleurs Cicéron lui-même abandonne cette théorie, ouvrage de sa jeunesse, dans le traité de l'orateur. (L. II, n°s. 103 et 113.)

Quintilien, qui expose longuement les distinctions des rhéteurs sur l'état de la cause, avoue que cette doctrine lui semble superflue, reconnaissant qu'il faut laisser ces vaines subtilités à ceux qui mettent leur ambition à multiplier les noms sans nécessité : « L'orateur, dit-il, qui connaît le point litigieux, » les prétentions de la partie adverse, ses moyens, ceux que » lui-même doit employer, sait tout ce qu'il faut savoir. Or, » il n'y a personne, pour peu qu'il ait de sens et d'usage du » barreau, qui ne voie tout d'un coup ce qui fait le fonde- » ment du procès, c'est-à-dire, l'état de la cause. » (L. III, c. II.)

de prouver ; ceux qui se tirent des documens que la cause elle-même fournit, tels que les lois, les juge-mens, les actes, les témoignages, les indices ma-tériels, etc.; ceux que l'orateur crée par le raison-nement, qu'ils comprennent sous la dénomination générale d'argumens, et qui se tirent des circon-stances et de la nature des choses.

Preuves
non artificielles.

Les preuves de la première espèce sont appelées *non artificielles*, ἀτέχνους, parce qu'elles existent par elles-mêmes, indépendamment de l'art de l'ora-teur ; *quæ non excogitantur ab oratore, sed, in re positâ, ratione tractantur* : les autres artificielles

Preuves artifi-
cielles.

ἐντέχνους, parce qu'elles doivent tout à l'art; *quæ tota in disputatione et argumentatione oratoris collocata sunt.* (*De orat.*, l. II, nº. 116.)

Toutefois, Quintilien avoue que cette division manque de justesse, car il n'est pas de moyen de prouver qui ne requière l'habileté du défenseur, et il n'y en a pas qui ne soit fourni par la cause.

Nouvelle
dénomination de
ces deux
espèces de preu-
ves.

Un magistrat de nos jours, aussi distingué par son éloquence que par ses vastes connaissances dans la science des lois, en propose une plus satisfaisante qu'il tire de la nature même des preuves judiciaires (1). Il les divise en preuves *directes* ou *d'identité*, et en preuves *indirectes* ou par *l'analogie*.

Preuves
directes ou
d'identité.

Les preuves *directes* ou *d'identité* sont celles

---

(1) M. Delamalle, conseiller d'état, dans ses *Institutions oratoires à l'usage de ceux qui se destinent au barreau*, ou-vrage excellent que l'éloquence du barreau français attendait depuis long-temps comme un supplément nécessaire aux ou-vrages oratoires de Cicéron et de Quintilien. Nous y avons puisé tout ce qui a rapport à nos usages judiciaires.

qui établissent directement le fait ou le point contesté, comme une quittance prouve le paiement avec
lequel elle n'est qu'une et même chose, elles répondent aux preuves *non artificielles* des anciens.

Les preuves *indirectes* ou par *analogie* sont
celles qui n'établissent le fait que par induction d'autres faits analogues, et ne se fondent que sur des
rapports avec le point en question; ce sont celles
que les anciens nomment *artificielles*.

A la première classe appartiennent les lois, les
jugemens, les actes, les preuves écrites, les témoignages; dans la seconde, se rangent les indices, les
présomptions, les inductions en général.

1°. *Des preuves directes ou d'identité.*

Les preuves de cette espèce portent avec elles,
à la vérité, la manifestation directe et positive du
fait et du droit contesté. Mais cette manifestation
n'est pas égale dans toutes ces sortes de preuves,
et n'est pas toujours complète dans chacune d'elles;
elles sont plus ou moins directes; elles ont plus ou
moins d'identité avec le point litigieux; les termes
des lois, des jugemens, des actes et des témoignages
ne sont pas toujours assez clairs, assez directs ou
assez étendus pour exclure toute controverse. Voilà
pourquoi les preuves positives de leur nature tombent néanmoins en discussion, et ont besoin de la
puissance de l'argumentation et de l'habileté de l'o-
rateur.

Selon le conseil de Cicéron (*de Orat.*, l. II,
n°. 118), l'orateur du barreau doit, par une méditation et un examen approfondi, se rendre familier

le principe de chacune de ces preuves, pour les savoir traiter d'une manière abstraite et générale, ou singulièrement selon le temps, les hommes et les circonstances.

Des Lois.

Les lois ne font pas fonction de preuves dans toutes les causes. Dans celles où le fait seul est en question, lorsqu'il est établi, la loi prononce. Elle n'est alors appelée dans la discussion que comme conséquence.

Dans les questions de droit, la loi vient en preuve lorsqu'il s'agit de fixer le droit des personnes. Lorsque la contestation tombe sur l'effet et les conséquences des dispositions des lois, la discussion n'étant pas tranchée par un texte positif, on en recherche l'esprit, on remonte aux idées générales, l'on détermine l'application de la loi par la considération de ses motifs d'ordre naturel ou civil, qu'on va chercher dans le droit naturel, dans le droit public et dans la morale ; c'est dans ces cas que sont les grandes questions.

Des jugemens.

On peut employer comme moyens dans la plaidoirie plusieurs sortes de jugemens, les uns comme preuve, les autres comme autorité seulement.

Comme preuve, des jugemens déjà rendus entre les parties, avant qu'il fût statué sur le fond. On soutient qu'ils ont jugé la contestation ou qu'ils la préjugent.

Comme autorité, des jugemens portés dans d'autres causes entre d'autres personnes et qui décident

Marginal notes:

Quand la loi fait fonction de preuves.

Jugemens employés comme moyens.

Comme preuve.

Comme autorité.

la même question. Ceux-ci sont des exemples qui ont plus ou moins de poids selon la similitude des espèces, la dignité et la renommée des juges qui les ont prononcés, le nombre des décisions semblables. Le demandeur prouve la ressemblance des deux cas; et le défendeur tâche d'y trouver quelque dissemblance. Mais l'un et l'autre doivent observer les convenances que la dignité des tribunaux leur commande. Le respect dû à la justice, en général, veut qu'en combattant ses arrêts, ce soit toujours avec décence et avec ménagement dans les termes.

Des actes et des écrits en général.

La preuve qui résulte d'un acte ou d'un écrit est en raison de l'identité ou de la relation de cet acte ou de cet écrit avec le fait ou la convention contestée. Par exemple, une société est contractée entre plusieurs personnes avec différentes stipulations. S'il s'élève dans la suite quelque contestation sur l'exécution des conventions, le pacte primitif fera preuve plus directe et plus positive de la constitution de la société, que les actes subséquents qui ne sont que relatifs à cette société.

La preuve qui résulte d'un écrit est en raison de l'identité de cet écrit avec le fait contesté.

Ce principe, applicable à tous les genres de preuves, doit régler la manière de discuter les actes et les écrits, de les défendre ou de les attaquer. Ils peuvent être contestés sous plusieus rapports : 1°. Sous celui des formes; 2°. en ce qui concerne les termes, le sens des clauses et l'intention des parties ; 3°. dans leur sincérité et leur réalité, comme lorsqu'on prétend qu'ils sont faux, simulés ou frauduleux.

3

Des témoignages.

On place au rang des preuves directes et positives, les témoignages qui résultent de déclarations
exemptes de tout reproche, faites par des témoins
dignes de foi, et attestant précisément les faits dont
la preuve est requise. Hors ces points formels, la
matière des témoignages est pleine de suspicion, de
conjectures et d'incertitudes.

La valeur de la déclaration des témoins s'estime
par les qualités et par les circonstances qui peuvent
affecter leur véridicité et l'impartialité de leur témoignage. On fait valoir soit en attaquant, soit en
défendant, une foule de considérations que la justice
pèse dans sa balance avec le plus grand scrupule. On
examine le rang, l'éducation, la profession, la fortune, l'âge, la réputation, le caractère, les mœurs,
les relations, les attachemens, les inimitiés; on pèse
les paroles, on compare les déclarations, on apprécie le nombre et la concordance des témoignages, etc....

2°. Des preuves indirectes ou par l'analogie.

On comprend sous ce titre tout ce qui est propre
à établir l'opinion de la vérité d'un fait par les choses
relatives.

Les choses se démontrent les unes par les autres.
Celles qui ont entre elles de l'analogie sont propres
à se servir de preuves l'une à l'autre. D'où il suit que
la preuve est en raison de l'analogie, et que plus les
circonstances par lesquelles on veut faire preuves

s'éloignent du fait contesté, moins elles ont de force, et plus la question reste conjecturale.

Les preuves indirectes ne peuvent avoir lieu que sur la contestation d'un fait et non sur celle d'un droit, tous les droits ayant leur fondement dans la loi.

On voit, d'après ce que nous venons de dire, que toutes les preuves qu'emploie l'orateur du Barreau ne sont pas certaines; mais qu'il y en a de vraisemblables, ou seulement de nature à n'avoir rien qui répugne. Le plus grand nombre même, selon Quintilien, est de ces dernières : *In credibilibus pars maxima consistit argumentationis.* (L. V, c. 10) (1).

C'est à l'ordre des preuves dont nous nous occupons maintenant, que les anciens ont assigné certains *lieux, loca argumentorum,* d'où procèdent tous les argumens possibles. Nous avons déjà dit en quoi consistent ces lieux. Nous allons donner une explication de ce système, d'après Cicéron et Quintilien.

C'est à ces preuves que les anciens ont assigné certains lieux.

Il ne se présente aucune question qui ne soit relative aux *personnes* ou aux *choses.* Par conséquent, les argumens qui concernent la personne ou la chose se tirent de l'une ou de l'autre, et même de l'une et de l'autre tout ensemble.

Ces lieux sont dans les personnes ou dans les choses.

Les lieux d'où se tirent les argumens concernant la personne sont l'origine, la nation, la patrie la parenté, le sexe, l'âge, l'éducation, le tempérament, la fortune, le rang, la profession, le carac-

Lieux qui regardent la personne.

---

(1) Argumentatio est inventum ex aliquo genere rem aliquam aut probabiliter ostendens, aut necessarie demonstrans. (Cic, *de inv. Rh.*, l. I, n°. 29.)

tère, les mœurs, les habitudes, les goûts, les passions et autres attributs semblables.

La personne et la chose tout ensemble. Relativement aux choses, il faut d'abord considérer celles où les personnes sont intimement liées aux choses; ce sont les *actions*.

En toute action, on considère pourquoi, où, quand, comment et par quels moyens elles ont eu lieu. Ainsi, les argumens se tirent des motifs, du lieu, du moment de l'action, des facultés pour agir, et des moyens dont on s'est servi ou l'on a pu se servir.

La chose seulement. Enfin, dans toutes les choses de la nature ou de la valeur desquelles il s'agit, et que nous pouvons considérer en elles-mêmes et indépendamment des personnes, trois points peuvent être en question : La chose est-elle? quelle est-elle? de quelle qualité est-elle? *An sit, quid sit, quale sit.* (QUINT. l. 5, c. 10). Sur quoi les argumens se tirent des indices, du juste et de l'injuste, de la définition et de la destination de la chose, du genre ou de l'espèce, de ce qui lui est propre ou étranger, de ce qui est semblable, différent ou inconciliable, de ce qui a précédé, accompagné ou suivi; enfin, par rapprochement et comparativement, on tire argument du plus au moins, du moins au plus et de la parité.

Voilà en peu de mots toute la doctrine des lieux d'argument. Les exemples sur chacun sont faciles à imaginer. Cicéron et Quintilien en donnent qu'il eût été trop long de rapporter. (*De inv. Rh.* l. II ; *De orat.* l. II.— *Inst. orat.* l. V, c. 10.)

La doctrine des lieux n'est pas inutile. Quoique des écrivains d'une autorité grave (MM. de Port-Royal, *Art de penser*; 3e. partie, chap. 16), aient montré peu d'estime pour la méthode des lieux, nous n'en persistons pas moins à croire qu'elle est bonne à connaître, et qu'elle peut être d'une utile instruction, surtout pour les jeunes gens. Elle est propre à les guider dans le travail de la composition; elle leur apprend à envisager sous plusieurs faces la matière qu'ils traitent, les empêche d'aller chercher au loin et d'employer des preuves hors-d'œuvre et qui n'ont aucun rapport au sujet; enfin, elle réveille, elle excite leur imagination et fixe leur esprit, qui souvent ne sait à quoi s'arrêter.

Quintilien nous donne sur l'usage de cette méthode un avis aussi judicieux qu'important. « Tous les lieux, » dit-il, ne sauraient être employés dans chaque ma- » tière que l'on traite. Il ne faut pas néanmoins en » composant se faire une loi de les passer tous en » revue, et de les interroger l'un après l'autre, sur » la contribution qu'ils peuvent fournir à l'ouvrage » dont on cherche les matériaux. L'orateur doit » avant tout en avoir fait une étude approfondie, se » les être rendus familiers par la méditation et sur- » tout par l'exercice. Alors, de même que les lettres » du mot que l'on veut tracer sur le papier s'offrent » sans se faire chercher, à celui qui écrit, de même » les lieux d'argument se prêteront au service de l'o- » rateur selon le besoin de la matière (l. 5, c. 10).» Certainement cette étude préliminaire recommandée par Quintilien a son utilité, ou aucune espèce d'é- tude élémentaire n'est utile. Sans ralentir la chaleur de l'esprit, elle l'aide efficacement dans la méditation du sujet.

A ce précepte de Quintilien nous en joindrons un autre dont nous avons déjà parlé, et qui n'est pas d'une moindre importance. Pour le choix des lieux

Avis de Quintilien à ce sujet.

Autre avis non moins important.

et l'emploi des argumens dans le discours, on ne doit jamais perdre de vue le principe de l'analogie ou du rapport des choses entre elles. Ce principe est tout, puisque les choses dont on tire argument ne prouvent que par le rapport qu'elles ont avec le fait ou la vérité qu'il s'agit d'établir.

Trois des lieux dont nous parlons demandent une attention particulière, comme étant d'un grand usage dans le genre judiciaire. Ce sont les indices, les présomptions et les inductions en général.

Des indices.

On entend par indices, les signes extérieurs, les traces ou vestiges qui indiquent un fait ou l'auteur d'un fait. On en distingue de deux sortes, les indices certains, *signa necessaria*; et les indices probables, *signa non necessaria.* (QUINT.)

Un signe ne peut être certain que lorsqu'il est pris dans l'ordre invariable de la nature et qu'il n'est relatif qu'à une seule chose. Exemple : il a une cicatrice, donc il a reçu une blessure. De toutes les preuves c'est la plus absolue; mais c'est aussi la plus rare.

On n'a la plupart du temps que des probabilités sur les actions des hommes. Il importe alors d'être dirigé par des principes qui préservent autant que possible de l'erreur des apparences. Celui de l'analogie est le plus sûr et le plus naturel. Plus les choses relatives sont multipliées, plus elles participent du fait à prouver, plus les probabilités s'élèvent à la valeur d'une preuve.

Les indices matériels ont ordinairement plus de

force que les indices moraux. Un objet volé trouvé
sur une personne l'inculpe plus que l'inclination
qu'on lui connaît pour le vol.

Des Présomptions.

Le caractère propre des présomptions est de
préjuger les cas particuliers d'après les notions générales ; de juger qu'une chose est arrivée ou qu'elle
arrivera, parce que dans les circonstances données
il est naturel, il est ordinaire qu'elle arrive ; en sorte
que le plus grand nombre des hommes formerait dans
le même cas la même présomption. *Præsumptiones
inducuntur ex eo quod plerumque fit*, dit le célèbre jurisconsulte Cujas. Ainsi on présume qu'un
joueur jouera, qu'un ivrogne boira, qu'un père ne
déposera pas contre son fils, un ami contre son
ami, etc.

*Définition
des présomp-
tions.*

Les présomptions relatives aux actions des hommes se forment sur la connaissance générale du
cœur humain ; ou sur le caractère, les qualités, les
mœurs connues de ceux qu'il s'agit de juger. Tel est
le fond où l'orateur ira prendre les moyens de les
asseoir, ou de les combattre.

*Sur quoi elles
se forment.*

Des preuves par induction.

Dans l'ordre des preuves judiciaires, on entend
par induction une conséquence par laquelle on conclut d'un cas particulier à un autre cas analogue.

*Définition
de l'induction*

Ici viennent se ranger tous les lieux d'argument
sur lesquels nous nous sommes étendus, et dont on
ne peut offrir un plus juste et plus bel exemple

Exemple.

que le plaidoyer pour Milon. Toute la première partie repose sur les inductions tirées du caractère, des mœurs, de la conduite, de l'intérêt des personnes, de ce qui a précédé, accompagné et suivi l'événement, du temps, du lieu, du cortége, des détails de l'action, etc.... Ce beau modèle réunit à la sagacité dans le rapprochement des circonstances la plus grande habileté dans le développement des inductions. Et si l'on observe ce qui fait la force de l'un et de l'autre, on reconnaît que c'est l'analogie entre toutes les circonstances réunies et le point contesté, qui était de savoir lequel de Milon ou de Clodius avait été l'agresseur.

Manière d'étudier une cause judiciaire. Nous terminerons ce paragraphe en rapportant un précepte de Cicéron, sur la manière d'étudier une cause judiciaire. « Quant à moi, dit-il par la bouche » d'Antoine, j'ai pour habitude de me faire instruire » par mon client. Je lui parle tête à tête, pour qu'il » s'explique avec plus de liberté. Je lui objecte les » raisons de l'adversaire, afin qu'il déduise les sien- » nes, et qu'il m'expose tout ce qu'il peut savoir d'u- » tile à sa cause. Dès qu'il s'est retiré, je me charge » de trois rôles différens, et avec toute l'impartialité » dont je suis capable, je me mets successivement à » sa place, à celle de son adversaire, puis à celle du » juge. J'insiste sur ce qui paraît plus favorable » que défavorable à la cause ; j'écarte et je rejette » les moyens qui seraient plus nuisibles qu'utiles. » Ainsi j'emploie une partie de mon temps à préparer » la cause, et une autre à la plaider. » (*De orat.*, l. II, » n. 102.)

ARTICLE II.

De la manière de développer les preuves dans le discours.

Ce n'est pas assez d'avoir trouvé les preuves que comporte un sujet ; il faut encore, pour en faire sentir toute la valeur, les développer par le raisonnement. Ici les préceptes de la logique viennent naturellement se joindre à ceux de la rhétorique.

Liaison qu'il y a entre la rhétorique et la logique.

Il y a une liaison intime entre ces deux arts, ou plutôt elles ne sont qu'un seul et même art. Aristote dit (*Rh.*, l. I., c. 1.) qu'elles ne diffèrent qu'en ce que la dialectique serre ses raisonnemens, et que l'éloquence les étend. Rien n'est plus juste que l'idée de Zénon, qui comparait la dialectique au poing fermé et l'éloquence à la main étendue. (Cic., *Orat.*, n. 113.) C'est toujours la main, il n'y a de différence que dans la figure qu'elle prend.

L'orateur ne peut donc se passer de l'étude et de la connaissance de la dialectique. Il ne saurait trop s'appliquer à saisir avec justesse la liaison ou l'opposition des idées, à marquer avec précision le point contesté, à bien définir les termes, à bien appliquer le principe à la question, et les conséquences au principe ; à rompre les filets d'un sophisme dans lesquels se retranche l'ignorance ou s'enveloppe la mauvaise foi.

La justesse du raisonnement peut seule donner du prix et de la force, non-seulement au discours oratoire, mais même aux ouvrages où l'imagination a le plus de part. Ils manqueraient du premier de tous les mérites, si l'on n'y trouvait une suite, un enchaînement de pensées propres à satisfaire le jugement.

Justesse de raisonnement nécessaire aux écrits de toute espèce.

Sans cette justesse il n'y a ni talent, ni goût en littérature. Boileau, le poëte de la raison, a plus d'une fois répété ce précepte :

> Avant donc que d'écrire apprenez à penser,
> Tout doit tendre au bon sens. . . .
>
> (*Art Poét.*, ch. I.)

Nous allons exposer en peu de mots les premiers principes de la logique. Ce que nous en dirons suffira pour mettre les jeunes gens en état de classer leurs idées, de discerner la justesse ou la fausseté d'un raisonnement, d'ordonner la marche de leurs compositions, de réprimer sagement le luxe de leur imagination. Une philosophie solide et raisonnée leur en apprendra davantage après la rhétorique. Notre intention, en ce moment, n'est que de donner une logique applicable à l'art d'écrire et de parler ; une logique propre à diriger et à former le discernement et le goût, relativement aux matières littéraires.

Notre âme a deux facultés principales.

Notre âme, quoiqu'elle soit une substance simple, a deux facultés principales, qu'on distingue surtout par la différence de leur objet. L'une se propose le *vrai*, sur lequel elle s'exerce par la pensée : l'autre se propose le *bon*, vers lequel elle se porte par son désir et par une impulsion naturelle. La première se nomme *entendement* ou *intellect*, la seconde s'appelle *volonté*.

Entendement et volonté.

Les opérations de la volonté sont du ressort de la morale, nous en parlerons lorsque nous traiterons des passions ; celles de l'entendement appartiennent à la logique.

Opérations de l'entendement.

Nous remarquons dans notre entendement plusieurs facultés distinctes. Les objets se peignent à notre esprit sous certaines formes, c'est ce qu'on appelle avoir des *idées ;* nous comparons deux idées pour en découvrir le rapport, et cette comparaison est un *jugement ;* nous rapprochons deux jugemens pour en déduire un troisième, et alors nous *raisonnons ;* nous mettons de la liaison et de l'ordre dans nos idées, dans nos jugemens, dans nos raisonnemens, c'est ce qu'on entend par la *méthode ;* nous nous replions sur nos pensées pour les étudier, c'est la *réflexion ;* nous nous y arrêtons plus ou moins de temps, c'est l'*attention ;* elles renaissent et se ressuscitent dans notre âme, c'est la *réminiscence ;* nous nous en rappelons les circonstances et les signes, c'est la *mémoire ;* nous les composons et les étendons à notre gré, c'est l'*imagination.* Telles sont les actions différentes d'un même principe immatériel, pensant et libre. Les philosophes, pour mieux les observer et les connaître, les ont rangées par classes, leur ont donné des noms et des caractères propres ; mais, dans la réalité, elles ne sont toutes que l'âme appliquée à tel ou tel objet, d'une telle ou telle manière (1).

La logique rapporte tout ce qui regarde l'entendement à quatre modifications ou opérations principales, qui sont l'*idée*, le *jugement*, le *raisonnement* et la *méthode.*

§ Ier. De l'idée et du jugement.

L'idée est l'image sous laquelle une chose se fait sentir à l'âme ; en termes de l'école, *c'est la représentation d'une chose dans l'esprit* (2).

<small>Définition de l'idée.</small>

---

(1) Condillac, *Leçons préliminaires de la Grammaire, Cours d'études*, tom. I.

(2) C'est ce que désigne l'étymologie, car le verbe εἴδω,

Par exemple, un cercle, lors même qu'il n'est pas devant mes yeux, se peint-il dans mon esprit, j'ai l'*idée* d'un cercle. Est-ce la forme d'un triangle qui s'y dessine, j'ai l'*idée* d'un triangle.

Définition du ju-gement.

Le jugement est la comparaison de deux idées (P. R.). On peut le définir aussi une opération de l'entendement, par laquelle nous pensons qu'un objet est ou n'est pas d'une certaine manière. (Dumar-sais). (1)

Nos idées ne sont pas isolées et détachées les unes des autres, mais elles ont des rapports ou des diffé-rences. Il y en a qui s'accordent et demandent à être liées; il y en a aussi qui sont incompatibles et qui veulent être séparées.

L'idée de *cercle* et l'idée de *rondeur* se présentent-elles à mon esprit, leur affinité me paraît frappante et je ne puis me dispenser de les unir; je pense donc que *le cercle est rond*. Ai-je celles de *cercle* et de *quarré*, je les sépare aussitôt comme opposées et in-conciliables; je pense alors que *le cercle n'est pas quarré*.

Jugement affirmatif et né-gatif.

Lorsqu'on joint deux idées qui semblent faites l'une pour l'autre, le jugement est *affirmatif;* lors-qu'on en sépare deux qui se choquent et se détrui-sent, le jugement est *négatif.*

Le jugement est un acte purement mental et inté-

---

veut dire *je vois*, *je sais*. De là εἴδεα ou ἰδέα, *forme*, *espèce*, *image*, *idée.*

(1) Le mot jugement a deux significations différentes. Il se prend, tantôt pour la faculté de l'esprit qui juge, tantôt pour un acte de cette faculté. Exemples : 1°. *Cet homme a un bon jugement.* 2°. On fait par précipitation *des jugemens erronés.*

rieúr à l'âme. Si on veut le produire au dehors par la parole ou par l'écriture, la phrase qui l'exprime s'appelle *proposition*.

La *proposition* est donc un jugement énoncé.   Proposition.

Il est clair que la proposition nécessite deux termes, 1°. Celui qui représente l'objet dont on juge, on le nomme le *sujet*. 2°. Celui qui exprime ce que   Sujet. l'on en juge; on le nomme *l'attribut*.   Attribut.

On ne peut prononcer un jugement sans un troisième mot qui sert à rapprocher les deux termes; on le nomme *copule* ou *lien* : c'est le mot, *est*.   Lien.

Exemples : *la terre est ronde ; le sucre est doux.*

Ces trois mots *sujet*, *attribut*, *copule*, répondent au *substantif*, à *l'adjectif* et au *verbe* de la grammaire.

Une proposition peut être formée de deux mots : *je cours :* cela équivaut à *je suis courant.* Alors le second terme de la proposition ou l'attribut, se trouve compris dans le même mot avec la copule.

Chacun des deux termes d'une proposition, peut être composé de plusieurs mots. Exemple: *l'homme qui fait une découverte utile, est un bienfaiteur de l'humanité.*

Comme il y a des jugemens affirmatifs et néga-   Proposition tifs, il s'ensuit que les expressions de ces jugemens   affirmative et sont des propositions affirmatives ou négatives.   négative. Exemples :

1°. Proposition affirmative.

La raison du plus fort est toujours la meilleure.

2°. Proposition négative.

Aucun chemin de fleurs ne conduit à la gloire.

(LA FONTAINE.)

Qualité
des proposi-
tions.

Les propositions sont aussi *vraies* ou *fausses*, selon la vérité ou la fausseté des jugemens, c'est ce
qu'on appelle leur *qualité*.

La proposition
dans le discours
oratoire
s'appelle pé-
riode.

En considérant la proposition sous le rapport oratoire, on lui donne le nom de *période* (1), et alors
elle devient une petite portion de discours, plus ou
moins agréablement arrondie, se repliant sur elle-
même avec cadence, et présentant un sens parfait au
dernier repos. Il en sera question dans la partie de
cet ouvrage qui traitera du style.

§. II. *Du raisonnement et de la méthode.*

But de quicon-
que étudie
la logique.

C'est ici la principale partie et la véritable fin de
la logique. Le but qu'on se propose en étudiant cette
science, est de bien diriger son jugement, de marcher à pas certains, de conséquence en conséquence,
afin de parvenir à la vérité ou d'y conduire les autres.

Nécessité
de raisonner.

Resserré dans des bornes étroites, l'esprit humain
ne peut pas toujours juger de la vérité ou de la fausseté d'une proposition, par la simple considération
des idées qui la composent. Alors il a recours à une
autre idée qu'on appelle *moyenne*. Il rapproche successivement de cette idée moyenne qu'il prend pour mesure commune, chacune des deux idées qu'il veut
comparer, et il juge de la sorte si elles se conviennent ou non, et jusqu'à quel point elles se conviennent. C'est là raisonner.

Manière
de raisonner.

Si par exemple, je veux savoir moi-même ou prouver à d'autres que *Dieu doit être adoré*, je choisis
pour idée moyenne celle de *l'être tout-puissant*. En

_____

(1) Tour, circuit; de Περὶ, *autour* et de ὁδός, *chemin*.

faisant le rapprochement indiqué plus haut, il est facile de voir que l'idée de *Dieu* et celle *d'adorer*, conviennent l'une et l'autre à l'idée *d'être tout-puissant;* car Dieu est lui-même l'être tout-puissant, et l'être tout-puissaut a des droits à nos adorations et à nos hommages. Je conclus donc qu'elles ont du rapport entre elles, et par conséquent, j'affirme que *Dieu doit être adoré.*

Il est aisé de sentir que raisonner n'est autre chose que comparer nos idées les unes aux autres.

Dumarsais définit le raisonnement, une opération de l'esprit par laquelle on tire un jugement d'autres jugemens déjà connus. Cette opération suppose une comparaison préalable de deux jugemens. *Définition de raisonnement.*

Tout l'artifice du raisonnement est fondé sur une vérité sensible, évidente, qui est que, *lorsque deux choses sont égales à une troisième, elles sont égales entre elles.* *Base du raisonnement.*

De même et par suite, si deux idées prises chacune séparément et rapprochées l'une après l'autre, d'une troisième, se trouvent avoir de la convenance, de l'analogie avec cette troisième idée *moyenne*, on en conclura avec raison qu'elles ont ensemble de l'analogie et de la convenance. Si au contraire, elles n'ont nulle convenance avec l'idée moyenne, il ne sera pas possible de conclure qu'elles aient de la convenance entre elles.

Il y a deux axiomes généraux, dont l'évidence ne peut être contestée, et qu'il est bon de retenir pour mettre de la justesse dans ses raisonnemens. *Axiomes.*

1°. On ne conclut pas du particulier au général, et l'on ne peut conclure légitimement que du général au particulier.

2°. De l'acte au pouvoir la conséquence est bonne, mais non pas réciproquement. Ce qui signifie que dire, *cela est, donc cela peut être*, est bien raisonner; mais, *cela se peut, donc cela est*, n'est pas une conséquence.

Pour présenter cette matière sous le point de vue que demande notre objet, nous distinguerons deux sortes de raisonnement; l'un *logique*, l'autre *oratoire* : le premier, considéré dans la sécheresse de ses règles, dans sa facture, dans son anatomie; le second, revêtu de toutes les parures de l'éloquence. Sous cette dernière forme il prend le nom *d'amplification*.

Nous allons indiquer quelles sont les formes les plus ordinaires des raisonnemens. Cicéron n'en reconnaît que deux, le *syllogisme* et *l'induction. Omnis argumentatio aut per inductionem tractanda est, aut per ratiocinationem.* (*De inv. Rh.* l. I, n. 31.)

1°. Du syllogisme

Le syllogisme est une forme de raisonnement qui nous est donnée par la nature elle-même. Aussi fait-on sans cesse des syllogismes, comme M. Jourdain faisait de la prose sans le savoir.

Syllogisme signifie assemblage de plusieurs propositions rapprochées, comparées, prises ensemble (1). Il est en effet composé de trois propositions tellement liées, que les deux premières étant vraies, la troi-

-----

(1) Il vient des deux mots grecs Σὺν, *avec*, et λογισμός, *raisonnement.*

sième qui en découle doit l'être nécessairement. (QUINT.
l. V, c. 14.)

Les deux premières se nomment *prémisses*, c'est-à-
dire mises avant; la troisième s'appelle la *conclusion*.

La première des deux prémisses a reçu le nom de
majeure, et la seconde celui de *mineure*.

Ainsi le syllogisme est la comparaison de deux
idées, par le moyen d'une troisième qui sert de mesure commune.

Si je veux prouver que la vertu est à rechercher, *Exemples de syllogisme.*
je chercherai une troisième idée pour me servir de
terme de comparaison; je prendrai celle *du vrai
bonheur*, et je dirai :

On doit rechercher le vrai bonheur;... *majeure.* } *Prémisses.*
Or la vertu procure le vrai bonheur;.. *mineure.* }
Donc la vertu est à rechercher....... *conclusion.*

Voudrai-je prouver que la vertu procure le vrai
bonheur? je choisirai encore une troisième idée
moyenne pour servir de mesure commune entre ces
deux idées la *vertu* et le *vrai bonheur;* par exemple,
je dirai :

Ce qui donne une existence paisible, exempte de regret
et de repentir, procure le vrai bonheur;

Or la vertu donne une existence paisible, exempte de regret et de repentir;

Donc la vertu procure le vrai bonheur.

S'il s'agissait ensuite de prouver que la vertu donne
réellement cette *existence paisible*, etc...., on trouverait des idées moyennes dans les habitudes de
l'homme vertueux, dans les jouissances qu'il éprouve,
dans les craintes et les peines qu'il ignore, etc......

4

Chacune de ces idées pourrait fournir un nouveau syllogisme.

Nature de la majeure et de la conclusion. La majeure d'un syllogisme est, comme on voit, une proposition fondamentale qui ne peut souffrir de contestation. Elle renferme ordinairement un axiome de morale, de droit, de politique, ou une opinion qu'on établit comme règle. La conclusion est une proposition douteuse qu'on veut affirmer ou nier.

A quelle condition le syllogisme est concluant. C'est du rapprochement de ces deux propositions qu'on tire une conséquence qui forme le jugement. Pour que le syllogisme soit concluant, il faut que la majeure ou proposition générale contienne la conclusion, et que la mineure fasse voir que cette conclusion est contenue dans la majeure : voilà le principe fondamental.

L'argumentation toute pure n'est pas employée dans le discours oratoire. Il faut remarquer que cette manière de discourir n'est point employée dans la conversation familière ni dans les écrits, si ce n'est quelquefois dans les plaidoiries, dans les ouvrages polémiques, dans les discussions animées (QUINT., l. V, c. 14); alors l'argumentation toute pure peut ajouter de la force au discours. Hors de là elle serait contraire à l'aisance, à la liberté, à la facilité du langage et du style. Celui qui, dans le monde, raisonnerait par syllogismes, serait renvoyé aux écoles.

Pourquoi. Le syllogisme convient aux sciences exactes, à la philosophie qui n'a pour but que d'instruire, de mettre la vérité dans tout son jour, d'éclairer et de convaincre les esprits. Mais l'éloquence qui, outre cette première fin, se propose encore de plaire et de toucher, qui parle autant au cœur qu'à l'esprit, ne peut s'accommoder de la forme syllogistique. « L'é-» loquence, dit Quintilien, est de sa nature riche et

» pompeuse. Or, elle ne sera ni l'un ni l'autre, si
» nous l'enchaînons dans une multitude de syllo-
» gismes qui aient toujours même forme et même
» chute. Rampante, elle tombera dans le mépris ; con-
» trainte, elle déplaira ; trop uniforme et fatigante
» par la longueur et la sécheresse des raisonnemens,
» elle causera de l'ennui et du dégoût. Qu'elle prenne
» donc son cours, non par des sentiers étroits, mais,
» pour ainsi parler, à travers les campagnes ; non
» point comme ces eaux souterraines que l'on ren-
» ferme en des canaux, mais comme un grand fleuve
» dont le cours est toujours rapide (l. V, c. 14). »
De ces paroles, il faut conclure, non qu'il faille
bannir le syllogisme de l'éloquence dont il fait la force
et la solidité, mais seulement que la forme doit en
être ressentie sans dureté, sans sécheresse, sous les
ornemens oratoires et dans les mouvemens dont le
discours est animé.

Il est aisé de retrouver cette forme, pour peu qu'on
y fasse attention, chez les orateurs et même chez les
poëtes ; elle n'est que déguisée. Un seul argument est
quelquefois la charpente de tout un discours. *Cependant on en retrouve la forme dans le discours oratoire.*

Toute la première Philippique de Démosthène peut
se réduire à celui-ci : *Exemples.*

Une république ne doit pas se décourager quand elle a
tous les moyens de vaincre et les plus grands sujets d'espoir ; *Première Philippique.*

Or Athènes, malgré les nombreux revers que lui a fait
éprouver Philippe, n'en a pas moins tous les moyens, etc...

Donc Athènes, etc...

Un syllogisme comprend tout le discours de Cicéron pour le poëte Archias : *Plaidoyer pour le poëte Archias.*

On ne saurait disputer le nom de citoyen à un homme qui

en est réellement en possession, et qui, s'il n'en jouissait pas, devrait en être investi sur-le-champ;

Or le poëte Archias est véritablement citoyen romain, et, s'il ne l'était pas, il mériterait d'être regardé comme tel;

Donc on ne saurait lui disputer le droit de cité romaine.

Plaidoyer pour Milon. Le plaidoyer de Cicéron pour Milon roule sur trois syllogismes. La première partie se réduit à celui-ci :

Il est permis à celui dont la vie est attaquée par un assassin, de tuer celui qui l'attaque;

Or Milon n'a tué Clodius qu'en défendant sa vie attaquée et mise en danger par ce cruel ennemi;

Donc il a été permis à Milon de tuer Clodius.

L'orateur étend d'abord la première proposition; il la prouve par le droit naturel, par le droit positif, par des exemples, etc.; il descend ensuite à la seconde proposition : il examine l'équipage, la suite, les diverses circonstances du voyage de Clodius, le lieu de l'attaque, etc., et il fait voir que Clodius voulait exécuter le projet d'assassiner Milon.

A l'appui des moyens pris du droit de la défense personnelle, sur lequel vraisemblablement il ne se croyait pas assez bien affermi, il en fait venir un autre; c'est l'objet de la seconde partie.

Après avoir prouvé, autant qu'il lui a été possible, que Milon en tuant Clodius n'a fait que défendre sa propre vie, il ajoute qu'au reste il a délivré Rome d'un scélérat digne de mille morts. Il argumente de cette manière :

Celui qui délivre sa ville d'un furieux chargé de crimes, et pour qui rien n'était sacré, fait une action louable et méritoire;

Or Milon, en tuant Clodius, a délivré Rome, etc...

Donc il a fait, etc...

On aurait pu lui répondre que ce n'était pas à Milon, mais aux lois d'en faire justice. Il avait donc deux choses à prouver : l'une, que Clodius méritait la mort; l'autre, que Milon, en le tuant, avait pu justement faire l'office de la loi.

Il prouve l'une par l'accumulation des attentats que l'audace, la violence, l'impiété de Clodius lui avaient fait commettre dans Rome; c'était le plus facile. L'autre point était le côté faible, l'endroit critique et périlleux. Mais si telle était l'arrogance et l'impunité du coupable, son crédit, son pouvoir, le nombre et la force de ses complices, que, par l'effroi qu'il inspirait, il fît taire les lois et qu'il enchaînât leur action, chacun, à son égard, ne rentrait-il pas dans le droit naturel et commun de pourvoir au salut de tous ? Cicéron raisonne de la sorte :

Lorsque les lois sont impuissantes pour réprimer le crime, et que le criminel est l'ennemi commun, tout citoyen est autorisé à venir au secours des lois ;

Or c'est là ce qu'a fait Milon en tuant Clodius ;

Donc il a fait une action louable et méritoire.

Les orateurs prennent chaque prémisse en particulier, les étendent, les amplifient toutes deux ou l'une d'elles seulement, si l'autre n'a pas besoin d'être développée, étant assez claire par elle-même ; puis ils en viennent à la conclusion (1). Souvent ils présentent les trois propositions dans un ordre différent de

Comment l'orateur doit employer le syllogisme.

---

(1) Un argument ainsi développé est appelé par les rhéteurs épichérème (en grec ἐπιχειρῶ, *j'attaque, je fais des efforts.*) Cicéron donne d'excellens préceptes et de beaux exemples de ces sortes de développemens. (*De inv. Rh.* l. I, n°. 34 et seq.)

celui des logiciens. Tantôt ils placent la mineure avant la majeure, séparant l'une de l'autre par d'assez grands intervalles, et renvoyant la conclusion après de longues explications : tantôt, et c'est ce qui arrive le plus souvent, ils commencent par la conclusion qu'ils annoncent d'abord et qu'ils s'engagent de prouver. C'est au but qu'ils se proposent, à l'intérêt du moment à leur indiquer ce qui convient le mieux à cet égard. En général, pour donner au raisonnement plus de vivacité, plus de grâce et de cette légèreté que n'a point l'école, et que désire le monde, on le modifie de mille manières différentes, et ces changemens ne font que l'embellir sans l'altérer.

Exemples. L'orateur dira : « Peut-on ne pas aimer les belles-
» lettres ? Ce sont elles qui enrichissent l'esprit, qui
» adoucissent les mœurs ; ce sont elles qui polissent,
» qui perfectionnent l'humanité ; l'amour-propre et
» le bon sens suffisent. pour nous les rendre pré-
» cieuses, et nous engager à les cultiver. »

Ici la conclusion se présente la première, la mineure la seconde, et la majeure la troisième. La forme logique de ce raisonnement serait :

Il faut aimer ce qui nous rend plus parfaits ;
Or les belles-lettres nous rendent plus parfaits ;
Donc il faut aimer les belles-lettres.

Dans le plaidoyer pour Roscius d'Amérie, Cicéron prouve qu'il n'est pas vraisemblable que son client ait tué son père. Il se sert d'un syllogisme auquel la forme interrogative donne beaucoup de force :

« Quand il s'agit d'un crime aussi affreux, aussi
» atroce, aussi étrange, et dont les exemples ont été
» si rares qu'il fut toujours mis au nombre des pro-

» diges et des monstres, par quelles preuves, Éru-
» cius, ne devez-vous pas appuyer votre accusation !
» Ne faut-il pas que vous montriez dans l'accusé une
» audace extrême, des mœurs féroces, un naturel
» barbare, une vie souillée par tous les vices et par
» toutes les bassesses ; en un mot, la corruption et la
» dépravation portées à leur dernier excès ? Or vous
» n'avez rien prouvé, ni même rien allégué de cette
» nature contre l'accusé (n°. 13). »

Cicéron laisse à l'auditeur le soin de tirer la conclusion, ce qui se pratique souvent, lorsqu'elle est
claire et aisée à déduire.

Ce raisonnement se réduit à celui-ci :

Le parricide est un crime si affreux, que l'accusation doit
être fondée sur les motifs les plus solides et les preuves les
plus fortes ;

Or Caïus Érucius, accusateur de Roscius, ne présente
aucune preuve ni aucun motif qui puisse faire croire que
Roscius soit coupable de parricide ;

Donc il n'est pas vraisemblable que Roscius ait tué son
père.

Philoclès, déterminé à ne point quitter l'île de
Samos, d'où le rappelle Idoménée, représente à
Hégésippe, officier de ce prince, la félicité pure
qu'il y goûte et dont il ne peut se priver :

« Voyez-vous, lui répondit Philoclès, cette grotte
» plus propre à cacher des bêtes sauvages qu'à être
» habitée par des hommes? j'y ai goûté depuis tant
» d'années plus de douceur et de repos que dans les
» palais dorés de l'île de Crète. Les hommes ne me
» trompent plus, car je ne vois plus les hommes, et
» je n'entends plus leurs discours flatteurs et empoi-
» sonnés. Je n'ai plus besoin d'eux : mes mains en-

» durcies au travail me donnent facilement la nour-
» riture simple qui m'est nécessaire. Il ne me faut,
» comme vous voyez, qu'une étoffe légère pour me
» couvrir. N'ayant plus de besoins, jouissant d'un
» calme profond et d'une douce liberté dont la sa-
» gesse de mes livres m'apprend à faire un bon usage,
» qu'irai-je encore chercher parmi les hommes ja-
» loux, trompeurs et inconstans? Non, non, mon
» cher Hégésippe, ne m'enviez point mon bon-
» heur. »

L'épichérème se présente de lui-même.

Les hommes ne me trompent plus, je n'ai plus besoin
d'eux.

Or, n'ayant plus de besoins, je serais insensé de retourner
parmi les hommes;

Donc, etc.

(TÉLÉM. l. VI.)

Voici comment Massillon prouve aux princes qu'ils
se doivent aux peuples qu'ils gouvernent :

« Toute puissance vient de Dieu, et tout ce qui
» vient de Dieu n'est établi que pour l'utilité des
» hommes. Les grands seraient inutiles sur la terre,
» s'il ne s'y trouvait des pauvres et des malheureux.
» Ils ne doivent leur élévation qu'aux besoins pu-
» blics; et loin que les peuples soient faits pour
» eux, ils ne sont eux-mêmes tout ce qu'ils sont que
» pour les peuples. Quelle affreuse providence, si
» toute la multitude des hommes n'était placée sur
» la terre que pour servir aux plaisirs d'un petit
» nombre d'heureux qui l'habitent, et qui souvent
» ne connaissent pas le Dieu qui les comble de bien-
» faits! Si Dieu en élève quelques-uns, c'est donc
» pour être l'appui et la ressource des autres. Il se

» décharge sur eux du soin des faibles et des petits ;
» c'est par là qu'ils entrent dans l'ordre des conseils
» de sa sagesse éternelle. Tout ce qu'il y a de réel
» dans leur grandeur, c'est l'usage qu'ils en doivent
» faire pour ceux qui souffrent ; c'est le seul trait de
» distinction que Dieu ait mis en eux. Ils ne sont
» que les ministres de sa bonté et de sa providence ;
» et ils perdent le droit et le titre qui les fait grands,
» dès qu'ils ne veulent l'être que pour eux-mêmes. »

(*Sermon sur l'humanité des grands.*)

Il est aisé de réduire ce beau morceau à ce raisonnement logique :

Tout ce qui vient de Dieu est établi pour l'utilité des hommes ;
Or les grands sont établis par Dieu ;
Donc les grands, etc...

On trouve chez les poëtes mêmes le syllogisme déguisé. Boileau, en traçant le caractère de la femme plaideuse, prouve que l'infortuné mari ne doit pas même penser à la séparation :

Alcippe, tu crois donc qu'on se sépare ainsi ?
Pour sortir de chez toi sur cette offre offensante,
As-tu donc oublié qu'il faut qu'elle y consente ?
Et crois-tu qu'aisément elle puisse quitter
Le savoureux plaisir de t'y persécuter ?

(SAT. X.)

La conclusion est dans le premier vers, la majeure dans les deux vers suivans, et la mineure dans les deux derniers. On peut s'en assurer en traduisant en style de l'école l'argument poétique de cette manière :

Pour se séparer de toi il faut qu'elle y consente ;
Or elle n'y consentira jamais ;
Donc elle ne se séparera pas.

Le moucheron raisonne aussi par syllogisme, lorsque insulté il déclare la guerre au lion :

> Va-t'en, chétif insecte, excrément de la terre !
> C'est en ces mots que le lion
> Parlait un jour au moucheron.
> L'autre lui déclare la guerre :
> Penses-tu, lui dit-il, que ton titre de roi
> Me fasse peur ni me soucie?
> Un bœuf est plus puissant que toi,
> Je le mène à ma fantaisie.

(La Fontaine, liv. II, fab. IX.)

Vit-on jamais un syllogisme plus fier et plus serré?

> Un bœuf est plus puissant que toi ;
> Or je me moque d'un bœuf ;
> Donc je puis me moquer de toi (1).

Syllogisme conjonctif. Les logiciens distinguent d'autres syllogismes qu'ils nomment *conjonctifs*, parce que leur majeure est de deux membres unis par une conjonction. Ils leur imposent des noms différens, selon la nature

---

(1) Le *Conciones* offre une foule d'endroits où l'argumentation est traitée d'une manière oratoire. Nous nous contentons d'en indiquer quelques-uns :

Discours où Posthumius prouve la nullité du traité de Caudium.

Injussu populi nego quidquam... (Tit Liv. l. IX.)

Discours de Flaminius pour convaincre Nabis d'avoir violé les traités.

Quibus igitur amicitia violatur?... (Ibid. l. XXXIV.)

Discours de Valérius pour l'abrogation de la loi Oppia.

Venio nunc ad id de quo agitur... (Tit. Liv. l. XXXIV.)

On reconnaît aisément aussi un épichérème plein de justesse dans la justification d'Hippolyte en présence de son père. (Racine.)

de la conjonction qui les modifie. Ils les appellent *conditionnels*, quand ils renferment la conjonction *si*; *disjonctifs*, lorsque, par la conjonction *ou*, ils proposent comme le dilemme deux partis à choisir; *copulatifs*, quand ils contiennent la liaison *et*. Rendons-nous plus clairs par des exemples.

Conditionnel.

Disjonctif.

Copulatif.

Le syllogisme suivant est *conditionnel*:

Exemples
du syllogisme
conditionnel.

Si la matière ne peut se mouvoir d'elle-même, le premier mouvement lui a été donné par le créateur;

Or la matière ne peut se mouvoir d'elle-même;

Donc le premier mouvement, etc.

Massillon emploie la forme conditionnelle pour prouver aux grands qu'ils sont obligés de faire part de leurs richesses aux pauvres et aux malheureux:

« Si c'est Dieu seul qui vous a fait naître ce que
» vous êtes, quel a pu être son dessein en répandant
» avec tant de profusion sur vous les biens de la
» terre? A-t-il voulu vous faciliter le luxe, les pas-
» sions et les plaisirs qu'il condamne? Sont-ce des
» présens qu'il vous ait faits dans sa colère? Si cela
» est, c'est pour vous seuls qu'il vous a fait naître dans
» la prospérité et dans l'opulence; jouissez-en, à la
» bonne heure; faites-vous, si vous le pouvez, une juste
» félicité sur la terre; vivez comme si tout était fait
» pour vous; multipliez vos plaisirs; hâtez-vous de
» jouir; le temps est court; n'attendez plus rien au-
» delà que la mort et le jugement: vous avez reçu
» ici-bas votre récompense.

» Mais si, dans les desseins de Dieu, vos biens
» doivent être les ressources et les facilités de votre
» salut, il ne laisse donc des pauvres et des malheu-
» reux sur la terre que pour vous; vous leur tenez
» donc ici-bas la place de Dieu même; vous êtes, pour

» ainsi dire, leur providence visible : ils ont droit
» de vous réclamer, et de vous exposer leurs besoins ;
» vos biens sont leurs biens, et vos largesses le seul
» patrimoine que Dieu leur ait assigné sur la terre. »

(*Sermon sur l'humanité des grands.*)

Tout ce morceau se réduit à ce syllogisme :

Si Dieu ne vous a pas donné les biens que vous possédez
pour vous faciliter le luxe, les passions, les plaisirs, vous
devez les partager avec les pauvres ;

Or Dieu ne vous a pas donné tant de biens pour, etc...

Donc vous devez les partager, etc...

Cassius dit à Brutus dans la *Mort de César* :

• . . . . Si tu n'étais qu'un citoyen vulgaire,
» Je te dirais : Va, sers, sois tyran sous ton père,
» Écrase cet état que tu dois soutenir ;
» Rome aura désormais deux traîtres à punir.
» Mais je parle à Brutus, à ce puissant génie,
» A ce héros armé contre la tyrannie,
» Dont le cœur inflexible, au bien déterminé,
» Épura tout le sang que César t'a donné. »

Cet exemple et le précédent prouvent combien
cet argument a de force, combien il est imposant et
oratoire lorsqu'il est heureusement employé (1).

Nous parlerons du syllogisme *disjonctif* en expli-
quant le dilemme avec lequel il a un très-grand rapport.

Le suivant est *copulatif* :

Exemples
du syllogisme
copulatif.

Un homme ne peut être en même temps ami de Dieu et
idolâtre de son argent ;

_____

(1) Virgile nous fournit deux raisonnemens de cette espèce remarquables par leur énergie ; l'un est dans le discours
de Vénus à Jupiter, liv. X, et l'autre dans celui de Turnus
contre Drancès, liv. XI. (ÉNÉIDE.)

Or l'avare est idolâtre de l'argent ;
Donc il n'est point ami de Dieu.

Ce syllogisme peut aussi se prêter à de beaux développemens oratoires.

Il est trop aisé de voir quels peuvent être les défauts particuliers de ces sortes d'argumens, pour qu'il soit nécessaire d'en donner les détails.

De l'enthymème.

L'enthymème (1) est un syllogisme dont une des prémisses est supprimée comme trop claire et trop connue, comme étant facilement suppléée par ceux à qui l'on parle ; aussi les logiciens l'appellent-ils, par cette raison, syllogisme *tronqué*.

Définition de l'enthymème.

Il n'est composé que de deux propositions dont l'une s'appelle l'*antécédent*, et l'autre le *conséquent*. La seconde doit s'ensuivre de la première. Exemple :

Je pense........ (*antécédent.*)
Donc j'existe... (*conséquent.*)

On voit que la majeure, *tout ce qui pense existe*, est supprimée.

L'enthymème est très-bien assorti à la nature et au goût de l'éloquence ; aussi Aristote (*Rh.* l. I, c. 2.) l'a-t-il appelé le syllogisme de l'orateur : la raison en est que son laconisme prête à tout ce que nous disons de la vivacité, de la noblesse et même

Usage de l'enthymème dans le discours oratoire.

---

(1) Ἐνθυμέομαι, *je pense vivement*, de ἐν, *dans*, et de θυμὸς, *esprit*.

une certaine fierté qui fixe l'attention et l'intéresse davantage.

« La suppression d'une proposition, disent MM. de
» Port-Royal, flatte la vanité de ceux à qui l'on
» parle, en se remettant de quelque chose à leur in-
» telligence ; et en abrégeant le discours, elle le rend
» plus fort et plus vif. Il est certain, par exemple,
» que si de ce vers de la *Médée* d'Ovide, qui con-
» tient un enthymème très-élégant,

  Servare potui, perdere an possim rogas?

» on avait fait un argument en forme de cette ma-
» nière :

 Celui qui peut conserver peut perdre ;
 Or je t'ai pu conserver ;
 Donc je te pourrai perdre.

» toute la grâce en serait ôtée. La raison en est que
» comme une des principales beautés du discours est
» d'être plein de sens et de donner occasion à l'esprit
» de former une pensée plus étendue que n'est l'ex-
» pression, c'en est au contraire un des plus grands
» défauts d'être vide de sens et de renfermer peu
» de pensées, ce qui est presque inévitable dans les
» syllogismes philosophiques....... Les enthymèmes
» sont donc la manière ordinaire dont les hommes
» expriment leurs raisonnemens. » (*Art de penser*,
III⁰. partie, ch. 14.)

On trouve quelquefois dans Cicéron l'enthymème
nu et sans aucune amplification ; mais ces exemples
sont rares. Il dit dans le discours *pro lege Maniliâ* :
« Pompée réunit la connaissance de l'art militaire,
» le courage, la réputation et le bonheur ; donc
» Pompée est un grand général. »

Et dans le discours pour Rabirius : « Si c'est un
» crime que d'avoir tué Saturninus, c'en est un d'a-
» voir pris les armes contre lui ; mais si, au con-
» traire, on a eu le droit de prendre les armes contre
» lui, on a eu nécessairement le droit de le tuer. »

Bourdaloue est plein de ces enthymèmes dont la
triste nudité peut déplaire quelquefois ; aussi lui
a-t-on reproché de n'avoir pas assez sacrifié au tour
et à l'élocution oratoire. Le retour fréquent d'une
conclusion tirée en forme, qui vient frapper sur un
antécédent, ordinairement très-concis, a quelque
chose de fatigant et de dur.

Il prouve par trois enthymèmes rapprochés que
le pécheur, dans la pénitence, doit être son propre
juge et prononcer lui-même son arrêt : « L'homme,
» dans la pénitence, fait l'office de Dieu en se ju-
» geant lui-même ; il doit donc se juger dans la ri-
» gueur. » etc. (*Sermon sur la pénitence.*)

Cependant on retrouve dans d'autres enthymèmes
du même prédicateur les développemens oratoires
qu'on a droit d'attendre de lui. Exemple : « Qu'un
» particulier dans un état entreprît de corrompre la
» fidélité des peuples par ses sollicitations, il n'y a
» pas de supplice dont il ne fût digne, et l'on ne
» trouverait pas étrange qu'il fût sacrifié à toute la
» rigueur des lois. Il est donc juste, ô mon Dieu !
» que vous preniez vous-même votre cause en main ;
» et si le monde veut attenter à vos droits, que
» vous les vengiez en faisant sentir aux coupables
» les plus rudes coups de votre justice. » (*Sermon
sur le respect humain.*)

Il n'est pas nécessaire que l'*antécédent* soit la
première proposition, et le *conséquent* la seconde :

l'ordre est souvent renversé dans les ouvrages de goût. On présente d'abord la proposition à prouver, et la raison qui la prouve n'arrive qu'après. Exemples : *Il faut aimer la vertu, parce qu'elle nous rend heureux : il faut apprendre la logique, elle perfectionne le jugement.*

Les orateurs amplifient l'enthymème et le présentent sous différentes formes. L'interrogation lui donne beaucoup d'énergie et de grâce.

Lorsque Cicéron veut prouver que Pompée est très-habile dans l'art militaire : « Quel homme, dit-
» il, fut ou dut être jamais plus instruit que lui dans
» l'art de la guerre ? Lui qui, des jeux de l'enfance,
» passa dans le camp de son père et fit l'apprentis-
» sage des armes contre nos plus redoutables enne-
» mis ; qui combattit, tout enfant qu'il était encore,
» sous le plus fameux général de son temps, et, dès
» sa première jeunesse, fut général lui-même ; lui
» qui a livré plus de batailles que d'autres n'ont eu
» de combats particuliers ; qui a fait plus de guerres
» que d'autres n'en ont lu ; qui a conquis plus de
» provinces que d'autres n'ont désiré d'en gouver-
» ner ; lui dont la jeunesse s'est formée au com-
» mandement, non par les leçons d'autrui, mais par
» sa propre expérience ; non par ses défaites, mais
» par des victoires ; non par des actions obscures,
» mais par des triomphes ! Est-il enfin quelque
» guerre, de quelque genre qu'elle soit, dans la-
» quelle il n'ait pas servi la république ? La guerre
» civile, celle d'Afrique, celle au-delà des Alpes et
» celle d'Espagne, celle qu'il a fallu soutenir contre
» plusieurs nations puissantes et belliqueuses, enfin
» la guerre contre les esclaves et la guerre navale,

» toutes ces guerres si différentes, que lui seul a non-
» seulement entreprises, mais encore terminées,
» sont un témoignage éclatant qu'il n'y a rien dans
» l'art militaire qui puisse échapper à la science de
» ce grand homme. » (*Pro lege Maniliâ.*)

Dans cet enthymème, le conséquent est placé avant
l'antécédent ; et c'est ainsi que l'orateur et même le
poëte, affranchis des entraves de la régularité logique, trouvent le moyen de plaire en se servant des
mêmes argumens qui paraissent si secs dans la bouche du dialecticien.

On ferait encore un très-bel enthymème en disant : « Pompée, des jeux de l'enfance, passa dans le
» camp de son père, et fit l'apprentissage des armes
» contre nos plus redoutables ennemis, etc... Donc
» personne n'est et ne doit être plus instruit dans
» l'art de la guerre que Pompée. » Mais qu'il est
loin de celui de l'orateur romain ! Dans le premier,
chaque trait donne au conséquent qui est en avant,
un degré de force qui conduit pas à pas jusqu'à l'é-
vidence. Si l'on remet le conséquent à sa place naturelle, ce morceau perd presque toute son énergie.

Les grands poëtes nous fournissent encore assez
fréquemment des enthymèmes.

Racine fait dire à Hippolyte :

Dieux ! qu'est-ce que j'entends ? Madame, oubliez-vous
Que Thésée est mon père et qu'il est votre époux ?

Phèdre répond :

Et sur quoi jugez-vous que j'en perds la mémoire,
Prince ? aurais-je perdu tout le soin de ma gloire ?
(Act. II, sc. V.)

Ailleurs, Aricie dit à sa confidente :

5

L'insensible Hippolyte est-il connu de toi?
Sur quel frivole espoir penses-tu qu'il me plaigne,
Et respecte en moi seule un sexe qu'il dédaigne?
Tu vois depuis quel temps il évite nos pas,
Et cherche tous les lieux où nous ne sommes pas.

Enthymème renfermé dans une seule proposition. Quelquefois on renferme les deux propositions de l'enthymème dans une seule proposition qu'Aristote appelle sentence enthymématique. (*Rh.* l. II, c. 21.)

EXEMPLES :

Mortel, ne garde pas une chaîne immortelle.
(ARISTOTE.)

Hippolyte dit :

Si je la haïssais, je ne la fuirais pas.
(RACINE.)

Et Catilina, en parlant de la patrie :

Moi, je la trahirais, moi qui l'ai su défendre!
(VOLTAIRE.)

« Dieu accorde le sommeil aux méchans, afin que les bons » soient tranquilles. » (SADI, *Philos. pers.*)

« La jeunesse vit d'espérance; la vieillesse de souvenir. »
(MONTAIGNE.)

« Ceux qui ôtent l'honneur à la vertu, ôtent la vertu à la » jeunesse. » (CATON.)

La force de ces pensées consiste dans la connexité de la sentence avec sa raison.

Aristote regarde l'enthymème oratoire comme la plus puissante des preuves, en ce qu'il frappe les esprits d'une lumière imprévue et soudaine; et comme la plus séduisante, en ce qu'il flatte la vanité des auditeurs. (*Rh.* l. II, c. 21.)

Sentence enthymématique. La sentence est, comme nous l'avons dit, d'un fréquent usage, car on n'emploie le raisonnement que pour trouver soi-même ou pour montrer aux

autres une vérité qui ne se découvre pas assez. Dans
les autres cas, la simple exposition des idées règne
presque seule; et le plus souvent dans les poëmes,
dans les récits, dans les discours, il s'agit plus de
mettre les objets devant les yeux que d'en prouver le
fait.

Cependant il peut arriver que loin de perdre de sa
valeur à être moins aiguë et moins piquante, la
sentence enthymématique acquière plus de force et
d'éclat à développer son motif, et c'est un des plus
grands moyens de l'éloquence oratoire et philosophique. (ARIST. *Rh.* l. II, c. 21.)

Écoutez Montaigne sur ces mots de Sénèque : *Cala-
mitosus est animus futuri anxius.* Comme il en explique la cause : « La vanité, le désir, l'espérance, nous
» élancent vers l'avenir, et nous dérobent le senti-
» ment et la considération de ce qui est; pour nous
» amuser de ce qui sera, voire (même) quand nous
» ne serons plus. »

C'est son goût et son jugement que l'écrivain doit
consulter sur cela comme sur tout le reste.

En finissant ce paragraphe, nous devons prévenir
les jeunes gens que la réticence de l'enthymème est
surtout commode aux sophistes, pour dérober au
commun des esprits le vice de leurs raisonnemens.
Pour s'assurer s'ils sont concluans, il faut repro-
duire la proposition supprimée, et soumettre ensuite
l'argument aux règles du syllogisme.

Du Dilemme.

Une forme de raisonnement beaucoup plus pressante encore que l'enthymème, et très-propre à figu-

rer dans les discours et les autres ouvrages de goût, c'est le dilemme (1).

Définition du dilemme. Le *dilemme* est un argument dans lequel, après avoir divisé un tout en ses parties, on conclut du tout, ce qu'on a conclu de chacune de ses parties.

Exemples. Si l'on veut prouver, par exemple, *qu'on ne doit jamais se fâcher contre personne*, on peut le faire par ce dilemme :

La personne contre qui l'on se fâche veut nous fâcher, ou elle ne le veut pas ;

Si elle le veut, on ne doit point se fâcher, parce qu'on lui procurerait par là une satisfaction dont elle est indigne ;

Si elle ne le veut pas, on ne doit pas se fâcher non plus, parce qu'on lui ferait par là une sorte d'injustice ;

Donc on ne doit se fâcher contre personne.

La nature de cet argument est de fermer toutes les issues par où l'adversaire peut s'échapper. Il faut pour cela que, dans la *disjonctive*, la division soit complète, c'est-à-dire que l'alternative proposée ne laisse pas un troisième parti à prendre, une troisième supposition à faire. On exige de plus que la réponse à chaque membre de la disjonctive soit juste; sans quoi, le dilemme serait faux et ridicule.

Fénélon se sert dans son Télémaque, en plusieurs endroits, de dilemmes très-justes et très-naturels :

« Oh! que les rois sont à plaindre! dit-il en fai-
» sant parler Philoclès; oh! que ceux qui les servent
» sont dignes de compassion! S'ils sont méchans,
» combien font-ils souffrir les hommes, et quels
» tourmens leur sont préparés dans le noir Tartare!
» s'ils sont bons, quelles difficultés n'ont-ils pas à

---

(1) Δίλημμα, de δίς, *deux fois*, et de λαμβάνω, *je prends*.

» vaincre! quels piéges à éviter! que de maux à souf-
» frir! » (Liv. VI.)

La même pensée se représente au liv. VIII, lorsque Télémaque, descendu aux enfers, écoute les
sages leçons d'Arcésius, son bisaïeul :

« Quand elle est prise (la royauté), disait-il,
» pour se contenter soi-même, c'est une monstrueuse
» tyrannie : quand elle est prise pour remplir ses
» devoirs et pour conduire un peuple innombrable,
» comme un père conduit ses enfans, c'est une ser-
» vitude accablante, qui demande un courage et
» une patience héroïques. »

Ainsi, de quelque côté qu'on envisage la condition
des rois, elle est triste et malheureuse :

Ou ils sont bons, ou ils sont méchans. S'ils sont bons, que
de fatigues, que de peines n'ont-ils pas à supporter! s'ils
sont méchans, que le compte qu'ils ont à rendre est terrible !

Donc, etc.

Telle est la substance du premier dilemme; le
second n'est pas moins concluant et se réduit à ce
qui suit :

Ou ils prennent la royauté pour se contenter eux-mêmes,
et, dans ce cas, ils ne sont que de coupables tyrans : ou ils
prennent la royauté pour en remplir les devoirs, et alors ils
ne sont que de malheureux esclaves.

Donc, etc.

Démosthène réfute par un beau dilemme Eschine,
son accusateur, qui lui reprochait d'avoir causé les
malheurs de la république, en conseillant la guerre
contre Philippe avec qui Athènes était en paix :

« Quand Philippe subjuguait l'Eubée, quand il en

» faisait un boulevart contre l'Attique; quand il
» s'emparait de Mégare et d'Orée; quand il rasait
» Porthmos; quand il établissait pour tyrans Philis-
» tide à Orée, et Clytarque à Erétrie; quand il se
» rendait maître de l'Hellespont, assiégeait Bysance,
» renversait de fond en comble des villes grecques,
» rappelait dans les autres une foule de proscrits;
» quand il commettait toutes ces violences, man-
» quait-il à la justice, violait-il les traités, rompait-
» il la paix, ou non? Fallait-il, ou non, que parmi
» les Grecs quelqu'un réprimât de semblables en-
» treprises? S'il ne le fallait pas, s'il fallait au con-
» traire que la Grèce devînt la proie du premier
» venu, et cela tandis qu'il y aurait encore au monde
» des Athéniens, j'ai eu tort, sans doute, de vous
» exciter à prendre les armes, et vous n'auriez pas
» dû déférer à mes avis. En ce cas, que toutes ces
» fautes, ces injustices retombent sur moi seul. Mais
» si quelqu'un devait réprimer Philippe, à qui con-
» venait-il de le faire, sinon aux Athéniens? Voilà ce
» que je proposai. Voyant qu'il donnait des fers à
» tout le monde, je m'élevai contre lui, je dévoilai
» ses desseins, et je vous excitai à y mettre ob-
» stacle. »

On reconnaît ici la touche mâle et vigoureuse de
Démosthène, la précision et la justesse de ses raisonnemens. Après avoir cité un grand nombre d'actes
d'hostilités de la part de Philippe, il demande à
Eschine si le roi de Macédoine pouvait être regardé
comme ami ou comme ennemi de la république.
Cette manière d'interroger son adversaire sur des
faits qu'il ne peut nier, et de le forcer à se condamner
lui-même par l'impossibilité d'échapper à l'évidence,

est un argument bien puissant. Déjà Eschine est réfuté. Mais si Philippe agissait en ennemi., fallait-il lui résister, ou le laisser asservir la Grèce? Autre interrogation à laquelle la réponse est encore plus évidente que la première. Il était donc d'une sage politique de mettre des entraves aux desseins ambitieux de Philippe. Mais puisqu'il fallait lui résister, qui devait le faire, si ce n'est les Athéniens? Ce dernier trait, si honorable pour Athènes, devait achever le triomphe que la force et la précision de l'orateur avaient préparé (1).

La haute poésie nous présente aussi des dilemmes très-imposans.

Pyrrhus, voulant presser son hymen avec Andromaque, parle ainsi à cette princesse:

> Mais ce n'est plus, madame, une offre à dédaigner:
> Je vous le dis, il faut ou *périr* ou *régner*,
> Mon cœur désespéré d'un an d'ingratitude
> Ne peut plus de son sort souffrir l'incertitude.
> C'est craindre, menacer et gémir trop long-temps.
> Je meurs si je vous perds, mais je meurs si j'attends.
>
> (Act. III, sc. VII.)

Dans la comédie du *Méchant*, Chloé, qui croit avoir aperçu Valère, presse Lisette, sa suivante,

---

(1) On trouve de semblables raisonnemens dans le discours de César en faveur des conjurés: *Sed per Deos immortales! quamobrem in sententiam*, etc... (SALL. de Bel. Cat.)

Dans le discours d'Aristène, préteur des Achéens, sur l'alliance des Romains: *Cur excessit faucibus Epiri?* etc. (TIT. LIV., l. XXXII.)

Dans la Milonienne, n°. 59, où Cicéron e plique la raison pour laquelle Milon avait affranchi ceux de ses esclaves qui avaient défendu sa vie.

d'aller s'informer si c'est bien lui. Lisette prouve de la manière qui suit qu'elle ne doit pas y aller :

> . . . . patience!
> Du zèle n'est pas tout, il faut de la prudence.
> N'allons pas nous jeter dans d'autres embarras;
> Raisonnons : c'est Valère ou bien ce ne l'est pas;
> Si c'est lui, dans la règle il faut qu'il nous prévienne;
> Et si ce ne l'est pas, ma course serait vaine,
> On le saurait. Cléon , dans ses jeux innocens ,
> Dirait que nous courons après tous les passans.
> Ainsi, tout bien pesé, le plus sûr est d'attendre
> Le retour de Frontin dont je veux tout apprendre.
>
> (GRESSET.)

Mahomet dit à Zopire :

> Ou véritable ou faux , mon culte est nécessaire.
>
> (VOLTAIRE.)

Ce vers seul renferme un dilemme.

Ces différens dilemmes, ainsi que tous ceux que nous pourrions rapporter, sont susceptibles d'une forme dialectique qui est très-peu éloignée de la forme oratoire; et la raison en est sensible : un dilemme, quelques grâces qu'il puisse emprunter du style, est toujours fondé sur deux propositions pressantes qui demandent le *oui* ou le *non*. Or de pareilles propositions ne peuvent s'exprimer qu'avec une certaine rigueur qui les rapproche nécessairement de la précision des préceptes.

Il faut remarquer que le dilemme n'est pas toujours exprimé dans son entier; souvent la proposition disjonctive est sous-entendue, comme dans l'exemple où Philoclès prouve que les rois sont à plaindre : *s'ils sont méchans*, etc;...... *s'ils sont bons*, etc.

Pour que le dilemme fût entier, il faudrait dire : *ou les rois sont bons, ou ils sont méchans; s'ils sont méchans*, etc;.... *s'ils sont bons*, etc... Donc, etc....

Mais cette forme est lente, et l'auditeur supplée aisément la disjonctive.

Le suivant manque de ce développement qu'il est facile de suppléer, mais avec lequel il perdrait toute sa grâce :

> Pourquoi le demander, s'il est inexplicable?
> Que sert de le savoir, s'il est inévitable?
>
> (*Poëme de la Religion* , ch. 3.)

Racine parle de l'avenir qu'on allait apprendre des oracles, des pythonisses, etc...

2°. *De l'induction et de l'exemple.*

On distingue deux espèces d'inductions (1) :

La première est une conséquence tirée de plusieurs raisons ou de plusieurs faits que l'on avance comme analogues à celui que la conclusion énonce. *Première espèce d'induction.*

Je ferais un raisonnement de cette sorte, si je citais l'exemple des conquérans illustres, pour prouver les succès futurs d'un ambitieux à qui je chercherais à plaire.

Cicéron use d'une *induction* pour prouver l'innocence de Sextus Roscius, accusé d'avoir tué son père. Écoutons-le apostropher T. Roscius, un des assassins :

« Si je fais voir que vous étiez pauvre avant ce » crime, que vous étiez un homme cupide, auda- » cieux, l'ennemi déclaré de celui qui a été assas-

---

(1) Du verbe *inducere*, *introduire*, *amener*, parce qu'on amène par cette sorte de raisonnement, et qu'on recueille plusieurs parties pour en faire un tout.

» siné, faudra-t-il chercher encore si vous aviez des
» raisons pour commettre ce meurtre?.» (n°. 31.)

L'orateur, après avoir ensuite prouvé, démontré
d'une manière absolue la pauvreté de T. Roscius
avant le meurtre, sa passion pour les richesses, sa
haine pour le défunt, revient presser les juges par
une nouvelle induction qui forme une autre chaîne
de probabilités, d'où l'on peut conclure l'innocence
de l'accusé.

« La mort de Roscius a procuré des richesses à
» Titus; elle a ravi à Sextus tout ce qu'il possédait.
» Avant l'assassinat, Titus était pauvre; après l'assas-
» sinat, Sextus s'est vu réduit à la plus affreuse in-
» digence. L'un poursuit ses parens avec fureur pour
» assouvir sa cupidité; l'autre, toujours désintéressé
» dans sa conduite, n'eut jamais d'autre revenu que
» les produits de son travail. Le premier est le plus
» audacieux des acquéreurs; l'autre, qui ne connaît
» ni le forum ni les tribunaux, redoute les procès et
» même l'approche de Rome. Et, pour dire encore
» plus, Titus fut l'ennemi de Roscius; Sextus est
» son fils. Lequel des deux doit être présumé son
» assassin? »

Cette induction est magnifique; on y retrouve
toute la dialectique du prince des orateurs latins. La
première induction contre l'assassin y reparaît toute
entière, et elle y produit d'autant plus d'effet, qu'il
vient d'en développer toutes les parties. L'exposition des caractères du coupable et de Roscius d'A-
mérie rend celui-ci intéressant et prévient en sa
faveur; au lieu qu'elle rend celui-là odieux et dispose à le voir coupable. *Est-ce son ennemi, est-ce
son fils qu'on doit regarder comme l'assassin?* L'o-

rateur s'est bien donné de garde de placer ailleurs qu'à la fin cette dernière raison qui fait la plus forte des preuves morales. C'est, en quelque sorte, le dernier coup de pinceau, après lequel on ne peut rien ajouter au tableau sans en affaiblir l'expression (1).

Racine orne de toute la pompe de la poésie l'induction par laquelle Abner, justifiant ses noirs pressentimens, représente au grand-prêtre Joad tous les dangers que court ce ministre des autels :...

> Pensez-vous être saint et juste impunément ?
> Dès long-temps elle hait cette fermeté rare
> Qui rehausse en Joad l'éclat de la tiare :
> Dès long-temps votre amour pour la religion
> Est traité de révolte et de sédition.
> Du mérite éclatant cette reine jalouse
> Hait surtout Josabet, votre fidèle épouse.
> Si du grand-prêtre Aaron Joad est successeur,
> De notre dernier roi Josabet est la sœur.
> Mathan, d'ailleurs, Mathan, ce prêtre sacrilége,
> Plus méchant qu'Athalie, à toute heure l'assiége ;
> Mathan de nos autels infâme déserteur,
> Et de toute vertu zélé persécuteur.
> C'est peu que le front ceint d'une mitre étrangère,
> Ce lévite à Baal prête son ministère :
> Ce temple l'importune, et son impiété
> Voudrait anéantir le Dieu qu'il a quitté.

---

(1) Eschine, dans le discours où il veut prouver que Démosthène n'est pas digne de la couronne d'or, que le sénat d'Athènes voulait lui décerner, procède aussi par induction.

Q. Capitolinus entraîne ainsi la multitude à convenir qu'elle a tort. *Non illi vestram ignaviam contempsére*, etc... (TIT. LIV. l. XXIII.)

Hannon prouve aussi de cette manière qu'on ne doit pas envoyer de secours au vainqueur de Thrasimène et de Cannes. *Quæ tamen nunc quoque*, etc. (*Ibid.*, l. XXIII.)

Pour vous perdre il n'est point de ressort qu'il n'invente;
Quelquefois il vous plaint, souvent même il vous vante.
Il affecte pour vous une fausse douceur;
Et, par là de son fiel colorant la noirceur,
Tantôt à cette reine il vous peint redoutable,
Tantôt, voyant pour l'or sa soif insatiable,
Il lui feint qu'en un lieu que vous seul connaissez
Vous cachez des trésors par David amassés.
Enfin, depuis deux jours la superbe Athalie
Dans un sombre chagrin paraît ensevelie.
Je l'observais hier, et je voyais ses yeux
Lancer sur le lieu saint des regards furieux;
Comme si, dans le fond de ce vaste édifice,
Dieu cachait un vengeur armé pour son supplice.
Croyez-moi, plus j'y pense et moins je puis douter
Que sur vous son courroux ne soit prêt d'éclater,
Et que de Jézabel la fille sanguinaire
Ne vienne attaquer Dieu jusqu'en son sanctuaire.

(Act. I, sc. I.)

Dans ce morceau de la plus sublime éloquence, comme de la plus sublime poésie, la marche des propositions est si méthodique et si lumineuse, qu'elle frappe les yeux de l'homme le moins attentif; aussi nous sommes-nous contentés d'en indiquer les conclusions par la différence des caractères.

Cette espèce d'induction n'est bonne qu'autant que les raisons, les faits, ou les exemples qu'on produit, ont quelque rapport avec ce que l'on veut conclure. Plus ces rapports seront sensibles, plus ils seront nombreux, plus aussi l'induction sera puissante. Le principe de l'analogie est celui qu'il faut appliquer. Voyez ce que nous en avons dit, art. Ier. § III, *des preuves indirectes ou par l'analogie.*

Deuxième espèce d'induction.

La 2e. espèce *d'induction* consiste à tirer une conséquence générale d'un dénombrement de beaucoup de cas particuliers et semblables; comme serait celle-ci :

L'or est malléable, l'argent est malléable, le cuivre est malléable, le fer, etc...

Donc tous les métaux sont malléables.

Si je veux prouver que tout n'est que vanité sur la terre, je dirai :

> La santé n'est que vanité ;
> La vie n'est que vanité ;
> La gloire n'est que vanité ;
> Les grâces ne sont que vanité ;
> Les plaisirs ne sont que vanité ;
> Les richesses ne sont que vanité ;
> Donc tout n'est que vanité.

Ici l'énumération des vérités partielles qui concourent à former la conclusion générale s'est faite d'une manière stricte et sèche, telle que l'exige le précepte. Voyons comment Bossuet a su l'embellir et la couvrir de fleurs sans en altérer la force.

« Non, après ce que nous venons de voir, la santé » n'est qu'un nom, la vie n'est qu'un songe, la gloire » n'est qu'une apparence, les grâces et les plaisirs » ne sont qu'un dangereux amusement; tout est » vain en nous, excepté le sincère aveu que nous » faisons devant Dieu de nos vanités, et le juge-» ment arrêté qui nous fait mépriser tout ce que » nous sommes. » (*Oraison funèbre de la duchesse d'Orléans.*)

Boileau se sert aussi d'une très-agréable induction pour montrer que son siècle abonde en sots admirateurs d'ouvrages platement écrits :

> . . . . ainsi qu'en sots auteurs
> Notre siècle est fertile en sots admirateurs;
> Et sans ceux que fournit la ville et la province,
> Il en est chez le duc, il en est chez le prince;

L'ouvrage le plus plat a chez les courtisans
De tout temps rencontré de zélés partisans;
Et, pour finir enfin par un trait de satire,
Un sot trouve toujours un plus sot qui l'admire (1).

(*Art Poét.*, ch. I.)

Cette sorte d'induction, comme nous l'avons dit, sert à prouver une proposition générale par l'énumération des parties. Si l'on veut qu'elle soit concluante, l'énumération doit être exacte et entière; sans quoi on tombera dans l'inconvénient de conclure du particulier au général, ce qui est mal raisonner.

De l'exemple.

C'est peut-être le genre de raisonnement qu'on emploie le plus souvent. On cherche à appuyer son opinion de comparaisons (2); on raisonne d'après des cas semblables.

Aristote et Quintilien confondent l'exemple avec l'induction; et il faut avouer que ces deux espèces d'argumens se ressemblent beaucoup. Cependant nous avons cru apercevoir une différence entre l'une et l'autre. L'exemple est l'exposition d'un fait du même genre que celui qu'on veut prouver ou persuader; au lieu que l'induction se forme de plu-

---

(1) Le discours de Canuléius renferme deux inductions. Par l'une, l'orateur prouve qu'il est juste que le peuple romain puisse élever les plébéiens au consulat; par l'autre, il montre qu'il n'est pas inouï qu'on ait introduit des institutions nouvelles dans la république. (Tit. Liv., l. IV.)

(2) La comparaison n'est quelquefois qu'un ornement de style; mais il y en a une espèce qui sert de preuve, et c'est de celle-ci que nous parlons présentement.

sieurs rapports plus ou moins prochains, de plusieurs faits réunis. L'exemple conclut du singulier au singulier, et l'induction de plusieurs singuliers au général.

Ce genre de raisonnement se subdivise en plusieurs espèces; car on peut, d'après un exemple cité, conclure, 1°. *à pari*, c'est-à-dire par la même raison; 2°. *à contrario*, par la raison contraire; 3°. *à fortiori*, à plus forte raison. (QUINT. l. V, ch. 2.)

Trois espèces d'exemple.

1°. *A pari*. Cicéron, toujours abondant en idées, fait un fréquent usage de ce moyen oratoire. Il emploie dans la plupart de ses discours les comparaisons les plus justes et les plus énergiques. Voici comment il s'exprime en s'adressant aux juges de Roscius d'Amérie:

A pari.

« Avez-vous été choisis pour condamner ceux que » les acquéreurs et les sicaires n'auraient pu égor- » ger? Les habiles généraux, avant que d'engager » une action, observent les débouchés par où l'en- » nemi peut fuir; ils y placent une embuscade, afin » de tomber à l'improviste sur les soldats qui se se- » raient sauvés du champ de bataille; sans doute » qu'à leur exemple, ces acquéreurs croient que » des hommes tels que vous siégent ici pour saisir les » victimes échappées de leurs mains. » (N°. 52.)

Agamemnon répond à Ulysse qui le presse de consentir au sacrifice de sa fille Iphigénie :

Ah! seigneur, qu'éloigné du malheur qui m'opprime,
Votre cœur aisément se montre magnanime !
Mais que si vous voyiez ceint du bandeau mortel
Votre fils Télémaque approcher de l'autel,
Nous vous verrions, troublé de cette affreuse image,
Changer bientôt en pleurs ce superbe langage;

Éprouver la douleur que j'éprouve aujourd'hui,
Et courir vous jeter entre Calchas et lui (1).

(Racine.)

A contrario. 2°. *A contrario.* Le touchant Fénélon s'exprime d'une manière bien éloquente, lorsque, par un exemple de cette espèce, il met en opposition la sécurité du vertueux Sésostris avec les inquiétudes du cruel Pigmalion :

« Je raisonnais ainsi de Pigmalion sans le voir ;
» car on ne le voyait point, et on regardait seule-
» ment avec crainte ces hautes tours qui étaient
» nuit et jour entourées de gardes, où il s'était mis
» lui-même comme en prison, se renfermant avec
» ses trésors. Je comparais ce roi invisible avec Sésos-
» tris, si doux, si accessible, si affable, si curieux
» de voir les étrangers, si attentif à écouter tout le
» monde et à tirer du cœur des hommes la vérité
» qu'on cache aux rois. Sésostris, disais-je, ne crai-
» gnait rien, et n'avait rien à craindre ; il se montrait
» à tous ses sujets comme à ses propres enfans. Celui-
» ci craint tout, et a tout à craindre ; ce méchant
» roi est toujours exposé à une mort funeste, même

---

(1) Fabius opine pour qu'on rejette la proposition de la guerre d'Afrique : les revers des Athéniens en Sicile, la défaite de Régulus dans cette même Afrique, montrent les risques d'une expédition lointaine. *Domus tibi tua, pa-ter*, etc... (Tit. Liv., l. XXVIII.)

Scipion lui oppose la hardiesse heureuse d'Agathocle. *Marcum Rutilium captum in Africâ*, etc... (*Ibid.*)

Claude est d'avis qu'on reçoive plusieurs princes de la Gaule dans le sénat. Toutes les plus illustres familles pa-triciennes ne sont-elles pas d'origine étrangère ?

(Tac. *Annal.*, l. II.)

» dans son palais, inaccessible au milieu de ses gar-
» des. Au contraire, le bon roi Sésostris était en
» sûreté au milieu de la foule des peuples, comme
» un bon père dans sa maison, environné de sa fa-
» mille (1). » (*Télém*. l. I.)

Boileau, pour prouver que la véritable noblesse
n'est que dans la vertu, et que, sans la vertu, les
titres les plus pompeux, les plus éclatantes généa-
logies, ne sont qu'une sotte et ridicule vanité, dit :

> Si vous êtes sorti de ces héros fameux,
> Montrez-nous cette ardeur qu'on vit briller en eux,
> Ce zèle pour l'honneur, cette horreur pour le vice.
> Respectez-vous les lois ? fuyez-vous l'injustice ?
> Savez-vous pour la gloire oublier le repos,
> Et dormir en plein champ le harnais sur le dos ?
> Je vous connais pour noble à ces illustres marques ;
> Alors soyez issu des plus fameux monarques,
> Venez de mille aïeux ; et si ce n'est assez,
> Feuilletez à loisir tous les siècles passés ;
> Voyez de quel guerrier il vous plaît de descendre ;
> Choisissez de César, d'Achille ou d'Alexandre.
> En vain un faux censeur voudrait vous démentir,
> Et si vous n'en sortez, vous en devez sortir.
> Mais, fussiez-vous issu d'Hercule en droite ligne,
> Si vous ne faites voir qu'une bassesse indigne,
> Ce long amas d'aïeux que vous diffamez tous,
> Sont autant de témoins qui parlent contre vous ;
> Et tout ce grand éclat de leur gloire ternie
> Ne sert plus que de jour à votre ignominie.
>
> (*Sat.* V.)

L'argument n'est-il pas dans la plus grande exactitude ?

Si vous êtes juste, vertueux et brave, vous sortez ou vous

---

(1) Massillon prouve aussi aux princes et aux grands, par
l'exemple de David et d'Assuérus, qu'ils doivent être acces-
sibles et affables. (*Sermon sur l'humanité des grands.*)

méritez de sortir du sang le plus pur et le plus noble. Mais, *par la raison des contraires*, si vous déshonorez le sang illûstre qui coule dans vos veines, vous n'êtes plus qu'un honteux rejeton d'une tige diffamée.

A fortiori.

3°. *A fortiori*. Cicéron, appuyant la loi **Manilia**, c'est-à-dire, le plébiscite proposé par le tribun **Manilius**, engage les Romains, par un argument de cette sorte, à venger les mânes de leurs concitoyens cruellement mis à mort par Mithridate :

« Vos ancêtres, pour des traitemens injurieux
» faits à des commerçans, à de simples pilotes, en
» treprirent souvent des guerres; vous, en apprenant
» par le même messager, la mort de tant de milliers
» de citoyens romains massacrés dans le même
» temps, de quels sentimens devez-vous être animés!
» Parce que des députés furent reçus avec trop d'or
» gueil, vos pères aussitôt résolurent la destruc
» tion de Corinthe, de cette ville l'ornement de
» toute la Grèce. Vous, laisserez-vous impuni le
» roi qui a jeté dans les fers et fait expirer sous les
» coups un homme consulaire, l'ambassadeur du
» peuple romain? Eux, ils ne purent supporter que
» la liberté des citoyens de Rome éprouvât la plus
» légère atteinte; vous, quand vous voyez qu'on leur
» arrache la vie, resterez-vous dans l'inaction? Eux,
» ils vengèrent des outrages qui n'étaient faits qu'en
» paroles à leurs envoyés; vous, abandonnerez-vous
» sans châtiment le corps sanglant d'un député de
» la république romaine, livré aux derniers sup
» plices? »

Mithridate veut prouver à ses fils que les peuples d'Itaie viendront se ranger sous ses étendards, pour combattre les Romains qui les oppriment :

Ah! s'ils ont pu choisir pour leur libérateur
Spartacus, un esclave, un vil gladiateur;
S'ils suivent au combat des brigands qui les vengent,
De quelle noble ardeur pensez-vous qu'ils se rangent
Sous les drapeaux d'un roi long-temps victorieux,
Qui voit jusqu'à Cyrus remonter ses aïeux (1)?

Force
de l'exemple.

L'exemple est dans le genre persuasif ce que la loi est dans le genre judiciaire ; il sert d'appui au raisonnement, de règle aux opinions. Quoi de plus propre, en effet, à persuader ou à dissuader quelqu'un, que de lui faire voir que plusieurs personnes avant lui ont réussi ou échoué dans un projet pareil à celui qu'il médite ; que de rassembler les raisons et les circonstances qui peuvent promettre le succès ou en faire douter! Alors les renseignemens du passé aident à résoudre les doutes, et fixent en quelque sorte le vague de l'avenir en le soumettant à l'expérience des siècles.

Pour que l'exemple soit concluant, il ne suffit pas que le fait qu'on allègue et dont on s'autorise soit avéré, il faut encore que les circonstances soient les

---

(1) Caton, pour engager les sénateurs romains à sévir contre les conjurés, cite la fermeté de Manlius Torquatus envers son fils : *Apud majores nostros*, etc. (SALL., *de Bell. Cat.*)

Si l'on a donné des récompenses à Massinissa, Eumène y prétend à plus juste titre. *Massinissa hostis vobis*, etc.

(TIT. LIV., l. XXXVII.)

Galgacus, pour animer les Calédoniens, leur retrace les victoires des Brigantes sous la conduite de la reine Boadicée. *Brigantes fœminâ duce*, etc... (TACIT. *in vitâ Agricol.*)

Cicéron, offre beaucoup d'exemples des trois espèces. Voyez *Pro Milone*, n°. 7, 74 et 83 : *In verrem de supp.* n°. 41 : *Philippica secunda*, n°. 15 : *Pro Archiâ poetâ*, n°. 19, etc...

mêmes, que tout soit égal entre l'exemple que l'on cite et la chose qu'on veut prouver par cet exemple.

Nous avons indiqué les formes de raisonnement les plus connues, sans prétendre épuiser la matière ; car chaque espèce de rapport peut fournir une espèce de preuve, et chaque espèce de preuve peut nous donner autant de sortes d'argumens qu'elle peut admettre de formes différentes.

De la Méthode.

Définition de la méthode. On entend par *méthode* (1) la manière de faire quelque chose en suivant un certain ordre et de certaines règles.

Ce qu'elle est dans le discours oratoire. La méthode relativement à un ouvrage, à un discours, est la manière d'en disposer les parties dans un ordre clair, régulier, qui contribue au mérite de l'œuvre et à l'effet qu'on en attend.

Le talent de bien disposer, tient au talent de bien concevoir. L'écrivain, qui dans ses ouvrages n'offre pas cet ordre lumineux qui doit régner dans toutes les productions de l'esprit, laisse croire qu'il s'est trop hâté de mettre au jour. Il doit donc s'accoutumer de bonne heure à méditer fortement son sujet, et à ne prendre la plume qu'après l'avoir mûri. C'est le vrai moyen de mettre de la clarté dans ses idées, de l'ordre dans ses raisonnemens, de la suite et de la justesse dans ses pensées. Mais nous reviendrons sur cette partie importante de l'art d'écrire au livre second de cet ouvrage.

---

(1) Μέθοδος, *moyen de se conduire*, de μετὰ, *avec*, et de ὁδὸς, *chemin*.

Les logiciens distinguent deux sortes de *méthode*; l'une qu'ils appelent *analyse* (1), et l'autre *synthèse* (2).

L'analyse se fait lorsqu'en parcourant successivement les parties, on parvient à la connaissance du tout. On l'appelle aussi *méthode de résolution*.

La synthèse, qu'on appelle aussi *méthode* de *composition*, consiste à commencer par les généralités pour descendre ensuite aux détails particuliers : par exemple, expliquer le genre avant de passer aux espèces et aux individus.

MM. de Port-Royal disent « que ces deux mé- » thodes diffèrent comme les deux manières dont on » peut se servir pour prouver qu'une personne est » descendue de saint Louis; dont l'une est de mon- » trer que cette personne a un tel pour père, qui » était fils d'un tel, et celui-là d'un autre, et ainsi » jusqu'à saint Louis; et l'autre de commencer par » saint Louis, et de montrer qu'il a eu tels enfans, » et ces enfans d'autres, en descendant jusqu'à la » personne dont il s'agit. » (*Art de penser*, 4°. part. ch. 2.)

Quelle est celle des deux méthodes dont l'écrivain doit faire usage? Je réponds qu'il doit se servir de l'une et de l'autre. L'analyse lui est indispensable pour connaître un sujet, pour en examiner toutes les parties. Quand il veut le traiter, la synthèse lui devient nécessaire, parce qu'alors il doit en embrasser l'ensemble, le réduire, le *synthéser*; si l'on peut s'exprimer ainsi.

---

(1) Ἀνάλυσις, de ἀναλύω, *je délie*, *je résous*.
(2) Σύνθεσις, de Συντίθημι, *je compose*, *je mets ensemble.*

Tout mémoire, tout discours sur un sujet donné doit être ramené à cette unité, à cet ensemble que prescrivent les maîtres de l'art. Cet ensemble ne peut résulter que d'un plan méthodique, et ce plan méthodique sera à son tour le résultat de la synthèse. Nous aurons occasion de donner plus de développement à ces idées.

Les logiciens recommandent particulièrement deux opérations très-nécessaires, dont l'occasion revient toujours quand on raisonne ; ce sont la *définition* et la *division*.

De la définition. La *définition* est en elle-même une explication courte et claire de la nature d'une chose. Mais l'orateur, loin de se borner à cette explication, développe d'une manière étendue et ornée la nature de la chose qu'il définit ; il la considère soit du côté de la cause, soit du côté des effets, il rassemble les traits caractéristiques et les plus saillans, et il en forme un ensemble qui fixe les idées et le jugement de son auditoire. (QUINT. l. VII, c. 3.)

Différence qu'il y a entre la définition philosophique et la définition oratoire. Demandez au philosophe ce que c'est qu'un roi ; il vous répondra que *c'est le chef de l'état.* Écoutez l'orateur répondant à la même question :

« Qu'est-ce qu'un roi ? c'est l'oint du Seigneur, le
» bouclier du faible, le fléau du méchant, l'arbitre
» de l'opinion, la règle vivante des mœurs. C'est un
» homme dont les devoirs sont aussi étendus que sa
» puissance, qui répond à Dieu d'un peuple entier,
» et participe par ses vertus à tous les honneurs dus
» au génie : un homme qui se sanctifie par son pou-
» voir même, lorsqu'il rend ses sujets heureux : un
» homme dont les actions sont des exemples, les
» paroles des bienfaits, les regards même des ré-

» compenses : un homme qui n'est élevé au-dessus
» des autres que pour découvrir les malheureux de
» plus loin; c'est enfin une victime honorable de la
» félicité publique, à qui la providence a donné pour
» famille une nation, pour témoin l'univers, tous
» les siècles pour juges. » (L'ABBÉ MAURY, *Panég.*
de saint Louis.)

En style de dialecticien, on définira un ami de
cette manière : *Un ami est un autre soi-même.* On
dira en style poétique :

Qu'un ami véritable est une douce chose!
Il cherche vos besoins au fond de votre cœur,
Il vous épargne la pudeur
De les lui découvrir vous-même;
Un songe, un rien, tout lui fait peur,
Quand il s'agit de ce qu'il aime.

(LA FONTAINE.)

Rien ne sert autant à éclairer une discussion, à *Effet de la définition dans le discours.* rendre un discours, un ouvrage lumineux, qu'une
définition bien faite. Tous les faux raisonnemens, les
vaines ergoteries, les sophismes de toute espèce,
naissent ordinairement des vices ou de l'omission des
définitions. Pour trouver la vérité, pour la discuter, pour la persuader, rien n'est plus sûr, rien n'a-
brège autant, rien n'éclaircit mieux que de commencer par bien définir, ou par décrire exactement
l'objet qu'on veut traiter. L'obscurité, l'erreur, les
contradictions, et conséquemment les disputes seraient bannies presque toujours, si l'on avait soin
d'expliquer d'abord ce qu'on veut établir ou contester, et de fixer l'état de la question.

Nous parlerons de la division au livre suivant. *De la division.*
Voyez chap. II.

ARTICLE III.

Des moyens de donner aux preuves toute la force possible.

Moyens
de renforcer les
preuves.
Ces moyens dépendent de la clarté qu'on répand sur les preuves, et de l'adresse avec laquelle, en les donnant, on fait qu'elles s'aident et se fortifient mutuellement.

La clarté, partout nécessaire, l'est particulièrement dans la déduction et la discussion des preuves; on prouve difficilement ce qu'on ne rend pas clair.

Quatre choses concourent à la clarté de l'argumentation : le choix des preuves, la propriété des mots, la précision des phrases, l'analogie des propositions.

Choix
des preuves
Et d'abord il est nécessaire que l'orateur fasse un choix entre les différens matériaux qui se présentent à son esprit, lorsqu'il étudie sa cause. Souvent le sujet lui en fournit beaucoup : « Mais, dit Cicéron, » les uns sont si peu importans, qu'ils ne méritent » pas d'attention; d'autres seraient de quelque uti- » lité, mais ils ont quelque chose de nuisible, et » l'avantage qu'on en peut tirer n'égale pas le mal » qu'ils peuvent produire. Si les argumens véritable- » ment utiles et solides sont en grand nombre, comme » il arrive souvent, je pense qu'il faut faire un » choix, et négliger ceux qui ont peu de poids ou » qui ressemblent à d'autres qui en ont davantage. » Pour moi, quand je rassemble mes preuves, j'ai » soin de les peser et non pas de les compter. » (*De Orat.* l. II, n°. 308.)

C'est ce triage et ce choix faits avec soin qui peuvent seuls écarter l'inconvénient terrible de gâter votre cause et de lui nuire, inconvénient moins rare que l'on ne pense.

Antoine est loué par Cicéron comme l'orateur le plus circonspect qui fût jamais, et le moins sujet à donner prise sur lui. Antoine lui-même proteste qu'il apporte une attention extrême, premièrement à faire le bien de sa cause, mais au moins à ne lui point faire de tort. (*Ibid.* n°. 304 et suiv.)

Aristote établit une règle bien propre à diriger l'orateur dans le choix dont il s'agit. Il recommande de ne pas recourir à des preuves vagues et communes à plusieurs sujets; comme, par exemple, de louer Achille de ce que sa naissance l'élève au rang des demi-dieux, de ce qu'il est un des capitaines qui firent le siége de Troie, parce que tout cela lui est commun avec beaucoup d'autres; mais d'employer des preuves propres et particulières au sujet que l'on traite, comme de faire un mérite au même Achille d'avoir tué Hector, le plus vaillant des Troyens, et ce fameux Cycnus qui eut la gloire d'empêcher lui seul toute l'armée des Grecs de débarquer sur le rivage, et d'avoir fait d'autres choses semblables qui n'appartiennent qu'à lui seul. (*Rh.*, l. II, ch. 22.)

Si les mots ne sont pas bien appropriés aux pensées, ou, ce qui est la même chose, s'ils ne sont pas bien entendus, il y a obscurité ou confusion inévitable. Il ne faut donc raisonner qu'en des termes dont l'intelligence soit admise, ou qui aient été préalablement définis. *Propriété des mots.*

Il n'importe pas moins d'être économe de mots *Précision des phrases.*

dans l'argumentation. La surabondance de mots, les longues phrases relâchent la discussion et en rendent le souvenir difficile autant que l'intelligence pénible.

Analogie des propositions

L'analogie des propositions n'est pas moins importante. Une preuve n'est que la vérité d'une chose démontrée par une autre. C'est donc dans l'analogie de la chose à prouver avec celle qui sert à prouver, qu'est la valeur de la preuve; et c'est dans l'analogie des propositions employées à la démonstration avec la chose à démontrer, qu'est la force de l'argumentation. En prenant cette notion élémentaire pour règle dans la déduction des preuves, on peut se promettre d'arriver à une démonstration lucide. Mais nous nous sommes déjà étendus sur cette matière. (Art. II, § II, *du Raisonnement.*)

La clarté du raisonnement est relative à la diversité des esprits.

Il y a sur la clarté, en fait de raisonnement, une observation importante à faire; c'est qu'elle est essentiellement relative, et qu'à raison de la diversité des esprits et de la mesure des connaissances, ce qui est clair pour une personne, ne l'est pas pour une autre; celui qui raisonne peut être clair pour lui-même, sans l'être pour celui qui l'écoute. C'est pour cela qu'il ne faut pas, quand on explique quelque chose, mesurer l'éclaircissement sur sa propre intelligence, mais sur celle de celui à qui on l'explique. C'est ce qu'on ne doit jamais perdre de vue.

Enchaînement des preuves.

Les preuves tirent beaucoup de force de la place qu'on leur donne dans le discours; et c'est, selon Quintilien, une des plus importantes parties de l'invention. « Comme un trait, dit ce célèbre rhéteur, » devient inutile à celui qui le jette au hasard et » sans savoir où il doit frapper, il en sera de même

» des argumens, si l'on n'a prévu l'usage qu'on en
» doit faire. Mais c'est ce que l'art n'enseigne point,
» et c'est ce qui fait que de deux orateurs qui seront
» instruits des mêmes préceptes et qui useront des
» mêmes sortes d'argumens, l'un, néanmoins, trou-
» vera plus de moyens que l'autre. » (L. V, c. 10.)

Les preuves ne doivent point paraître isolées et
indépendantes l'une de l'autre; il faut, au contraire,
qu'elles forment une série de raisonnemens qui se
fortifient les uns par les autres, une accumulation
d'argumens qui vont toujours en s'élevant, et qui
ne laissent ni le temps de respirer, ni l'idée de con-
tredire. C'est ainsi qu'elles doivent s'appuyer et s'entr'aider mutuellement, si nous en croyons Fénélon
qui nous en donne plusieurs fois le sage conseil
dans ses dialogues sur l'éloquence. Nous dévelop-
perons davantage ces idées au livre suivant. (*Voyez*
chap. 3.)

Mais comment juger de la force intrinsèque des
preuves oratoires? Il nous reste à faire à ce sujet
une observation importante.

Pour qu'une preuve oratoire soit concluante, il
faut que le principe auquel on remonte soit reconnu de ceux à qui l'on parle; mais il n'est point
nécessaire que le même principe soit vrai : au contraire, il peut être faux, absurde même; et dans ce
cas, s'il est reconnu, la preuve n'en sera que plus
forte; et c'est là la plus grande différence entre une
preuve oratoire et une preuve philosophique.

Il suit de là qu'une même preuve peut être excellente pour certaines personnes, et mauvaise pour
d'autres ; bonne même pour certaines personnes
dans un temps, et mauvaise pour ces mêmes per-

sonnes dans un autre temps, Tout cela dépend des
lumières, des passions, des préjugés de ceux à qui
l'on s'adresse.

Un habile orateur connaît ses auditeurs et de
quelle manière il faut les prendre. Quelquefois des
raisons très-faibles en elles-mêmes peuvent être
très-bonnes pour les personnes qu'on a dessein de
convaincre et de persuader, à cause des dispositions
où se trouvent ces dernières.

Telle est celle que donne Caton aux sénateurs
romains pour les déterminer à punir sur-le-champ
les complices de Catilina, détenus dans les prisons.
Ces sénateurs aimaient le faste, le luxe, l'oisiveté,
les plaisirs; et c'est par-là que l'orateur les attaque :

« C'est à vous, leur dit-il, que je m'adresse, à
» vous qui faites tant de cas de vos palais, de vos
» jardins, de vos tableaux, de vos statues, bien plus
» que de la république : si vous êtes jaloux de con-
» server ces dignes objets de vos tendres attachemens,
» si vous êtes si occupés de maintenir la tranquillité
» de vos plaisirs, réveillez-vous donc enfin, de par
» les dieux immortels, et prenez en main la chose
» publique. (SALL., *de Bell. Cat.*)

Caton ne manquait pas de raisons beaucoup plus
fortes que celles que nous venons de voir. Mais
pour des hommes adonnés à leurs plaisirs, jaloux de
l'emporter sur leurs concitoyens par l'appareil du
luxe, il n'était rien qui ne dût céder à la crainte de
se voir dépouiller de ces prétendus biens; et voilà
pourquoi Caton insiste tant sur une raison si faible
en elle-même.

La lecture des orateurs qui ont excellé, et particulièrement de Démosthène, apprend que l'éloquence

consiste plus à pousser brusquement ce qui intéresse, ce qui touche de près et qui va au fait, qu'à dire de grandes choses avec nombre et avec harmonie.

CHAPITRE II.

Des moyens tirés des personnes.

Des trois devoirs que l'orateur doit remplir, *d'instruire*, *de plaire* et *de toucher*, nous avons exposé en détail le premier, en traitant des moyens tirés des choses ; nous allons exposer pareillement le second et le troisième, en faisant connaître les moyens que l'on peut tirer des personnes.

Les moyens que l'orateur a coutume de tirer des personnes, sont les moyens de *plaire* et les moyens d'*émouvoir*. Nous réunissons ces deux sortes de moyens oratoires sous un même titre, parce qu'ils ont un principe, des élémens et un objet communs.

Moyens que l'orateur tire des personnes.

En effet, toute émotion cause une impression de plaisir ou de peine : tout sentiment de plaisir ou de peine a un degré d'émotion, et c'est dans ce degré qu'est la différence du *sentiment* à *la passion*.

Les moyens de plaire et les moyens d'émouvoir ont un principe commun.

Les mêmes élémens concourent à produire les moyens de plaire et les moyens d'émouvoir ; l'*intelligence*, l'*imagination*, la *sensibilité*.

Enfin, l'objet commun est d'achever l'œuvre de la conviction, et souvent d'y suppléer par l'entraînement de la persuasion.

Mais unis sous ces rapports, les moyens de plaire et les moyens d'émouvoir se distinguent et se subdivisent par leurs caractères et par leurs effets particuliers.

Différence qu'il y a entre les uns et les autres.

« Il y a, dit Quintilien, deux sortes de *sentimens*;
l'un est appelé par les Grecs πάθος, mot que nous
» rendons par celui d'*affection de l'âme*, ou de pas-
» sion : l'autre est nommé par eux ἦθος, et par nous,
» *mœurs...* Les premiers sont plus vifs et plus ani-
» més, les seconds plus reglés et plus doux; les
» uns pleins d'agitation, les autres tranquilles et
» paisibles; les uns faits pour commander, les autres
» pour persuader; ceux-là pour agiter, pour trou-
» bler les cœurs, et ceux-ci pour les adoucir et les
» gagner. » (L. VI, c. 2.)

ARTICLE PREMIER.

Des moyens de plaire.

Ce que l'on en-
tend par
moyens de plaire
dans
le discours.

Il faut entendre par moyens de plaire dans le discours tout ce qui peut y joindre l'agrément à l'u-
tilité, en faire aimer le sujet, et porter l'auditeur
d'inclination à vouloir ce qu'on lui propose et à faire
ce qu'on lui demande ; *ut is*, dit Cicéron, *qui nobis
causam adjudicaturus sit, inclinatione voluntatis
propendeat in nos*. (*De orat.* l. II.)

Pour plaire,
il faut connaître
le cœur
humain en gé-
néral
et ses auditeurs
en particulier.

Pascal a dit : « Quoi que ce soit qu'on veuille per-
» suader, il faut avoir égard à la personne à qui on
» en veut, dont il faut connaître l'esprit et le cœur,
» quels principes il accorde, quelles choses il aime;
» et ensuite remarquer dans la chose dont il s'agit
» quel rapport elle a avec les principes avoués ou
» avec les objets censés délicieux par les charmes
» qu'on leur attribue.

» De sorte que l'art de persuader consiste autant
» en celui d'agréer qu'en celui de convaincre, tant

» les hommes se gouvernent plus par caprice que par
» raison ! » (*Pensées*, tom. I, art. 3.)

Pascal observe que l'art d'agréer est beaucoup
plus difficile et beaucoup plus subtil que celui de
convaincre. « Et la raison de cette extrême différence
» vient , dit-il, de ce que les principes du plaisir ne
» sont pas fermes et stables; ils sont divers dans tous
» les hommes , et variables dans chaque particulier
» avec une telle diversité, qu'il n'y a point d'homme
» plus différent d'un autre que soi-même dans les
» divers temps. Un homme a d'autres plaisirs qu'une
» femme; un riche et un pauvre en ont de différens;
» un prince , un homme de guerre, un marchand ,
» un bourgeois, un paysan, les vieux , les jeunes,
» les sains, les malades, tous varient; les moindres
» accidents les changent. » (*Ibid.*)

Plus cette partie de l'art est difficile , plus l'orateur doit s'appliquer à en deviner les secrets. Sa
grande étude est celle du cœur humain en général,
et celle des dispositions actuelles de ceux à qui il s'a-
dresse. « Nous voulons, dit Cicéron par la bouche
» d'Antoine, un homme plein de sagacité ; un homme
» qui ait reçu de la nature et de l'expérience assez
» de pénétration et d'adresse pour découvrir tout ce
» qu'ont dans l'âme , tout ce que pensent , désirent
» ou attendent ceux à qui il veut persuader quelque
» chose , dont il veut se rendre maître par le dis-
» cours. Un tel homme doit connaître à fond toutes
» les affections , toutes les habitudes qui sont le pro-
» duit de l'âge , du rang, de la naissance; mais sur-
» tout les pensées et les sentimens de ceux à qui il
» adresse ou doit adresser ses discours. » (*De Orat.*,
l. II , n. 223.)

La raison en est qu'il faut parler différemment, suivant que les auditeurs eux-mêmes sont différens, et que ces différences se tirent de leur âge, de leur éducation, de leur rang, de leur puissance, de leur caractère, de leur état, de leurs mœurs, et d'autres choses semblables que l'orateur doit toujours avoir sous les yeux, quand il compose ses discours, afin de les accommoder aux goûts et aux inclinations de ceux qui l'écoutent.

Manière d'étudier le cœur humain.   Aristote (*Rh.*, l. II, c. 12 et suivans) a fait, des mœurs générales des hommes de tout âge et de toute condition, une peinture qui sera vraie dans tous les temps et chez tous les peuples. Une lecture réfléchie de ces beaux chapitres ne peut être que très-profitable. On doit, selon le conseil d'Horace, étudier l'homme dans les écrits des philosophes (1). Mais, de l'aveu du même poëte, le commerce de la société peut le faire connaître encore mieux (2). C'est là qu'on étudie l'homme à toute heure, en toute occasion; qu'on surprend, à son insu, ses pensées, ses sentimens les plus occultes. Il échappe au cœur, dans la conduite extérieure, des traits qui le peignent au naturel. Mais souvent il garde des affections secrètes qu'on pénètre avec peine; l'art consiste à les déplier. Quel est alors le secret d'y parvenir? c'est de s'étudier soi-même. Les hommes se ressemblent tous : celui qui se connaît bien soi-même peut se flatter de connaître aussi les autres.

---

(1) *Rem tibi Socraticæ poterunt ostendere chartæ.*
                         (*De Art. poet.*)

(2) *Respicere exemplar vitæ, morumque jubebo*
   Doctum imitatorem, et veras hinc ducere voces.
                           (*Ibid.*)

Quant aux moyens de plaire, il en est que l'orateur trouve dans le sujet même; d'autres, dans les dispositions d'esprit et de cœur de ses auditeurs; les autres, enfin, dans son propre fonds.

L'orateur trouve les moyens de plaire dans trois sources différentes.

§ I. *Moyens qu'on trouve dans le sujet.*

L'honnêteté de la chose dont on parle, sa justice, son importance, son intérêt général et particulier, sont les moyens qui naissent du sujet même, et que l'orateur doit faire ressortir comme propres à le faire aimer des auditeurs et à les y intéresser.

Au barreau, les moyens de concilier les esprits qui sortent de la cause même, sont les plus directs et les plus influens.

La faveur de la cause s'accroît encore de celle que mérite la personne du client. « En peignant les mœurs » de son client, en le représentant comme un homme » juste, intègre, pieux, paisible, souffrant patiem- » ment les injures, on produit un effet merveilleux. Ce » moyen, employé avec art et discernement dans » l'exorde, la narration ou la péroraison, est souvent » plus puissant que la justice même de la cause.» (*De Orat.*, l. II, n. 184.) « Il faut s'attacher à relever » dans l'adversaire les défauts opposés à ces quali- » tés. » (*Ibid.*, n. 182.)

Personne du client.

Si le client se trouve dans le cas d'une démarche vive et forte, on doit faire sentir aux juges qu'il ne s'y détermine qu'à regret et par nécessité. « Il faut » donner un caractère de douceur et de bonté aux » personnes qui, par les liaisons qu'elles ont entre » elles, sont particulièrement obligées de le garder » toutes les fois qu'elles ont à souffrir les unes des

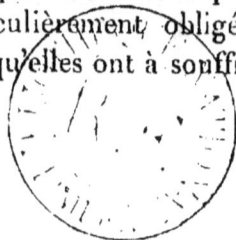

» autres, à pardonner, à faire satisfaction, à exhor-
» ter ou à reprendre, afin qu'il ne s'y mêle jamais ni
» aigreur, ni colère, ni haine. » (QUINT., l. VI, c. 2.)

Un fils est-il obligé de parler contre un père dont
il a reçu des traitemens injustes, il doit employer
des tours et des ménagemens qui, sans rien faire
perdre des avantages de la cause, rendent à l'autorité paternelle tout ce qui lui est dû. Il faut qu'on
pense qu'il n'y a qu'une nécessité indispensable qui
lui arrache de la bouche des plaintes que le cœur
voudrait supprimer, et qu'au travers même de ces
plaintes, on entrevoie un fonds non-seulement de
respect, mais d'amour et de tendresse (1).

Cette règle regarde tout inférieur qui a des prétentions légitimes à faire valoir contre un supérieur
qu'il doit respecter.

§ II. Moyens qu'on trouve dans les dispositions d'esprit et de cœur des auditeurs.

Les moyens de cette sorte sont ceux qui s'attachent
au caractère des auditeurs, à leurs opinions, à leurs
sentimens; ceux qui intéressent leur amour-propre,
leur gloire, leur devoir.

Dispositions des auditeurs. Pour obtenir les moyens de plaire à ceux qui
écoutent, l'orateur aura égard à leur manière d'être,
à leurs facultés, à leurs lumières, à leurs inclinations. Il tâchera de connaître leur opinion particulière, leurs préventions. (CIC., *de Orat.*, l. II, n. 186.)

---

(1) On trouve un bel exemple de ce précepte dans le plaidoyer de Cicéron, pour A. Cluentius, que sa mère avait traité
avec une cruauté inouïe. (N°. 11 et seq.)

Si leurs dispositions lui sont favorables, il vantera leur pénétration, la rectitude de leur esprit, etc..... Si elles lui sont contraires, il les attaquera avec ménagement, en professant beaucoup de respect pour leur sentiment, et montrant de la confiance en leurs lumières.

Parmi les moyens de se concilier les juges au barreau, il convient de distinguer ceux que l'on peut produire à découvert, de ceux qui veulent des ménagemens.

Les témoignages de respect pour leur personne sont un devoir. Les protestations de confiance dans leur intégrité et leurs lumières sont de convenance et d'usage. On peut les exprimer hautement, mais sans affectation; il n'y a là rien de suspect, et la pudeur n'est pas compromise.

Moyens qu'on peut produire à découvert.

Mais si l'orateur cherche dans le caractère, dans les inclinations, dans les dispositions particulières de ses juges, des moyens de se les rendre favorables, ce n'est qu'avec précaution et sous le voile, qu'il doit en user. S'il laissait paraître l'intention de les gagner par des considérations personnelles, il les blesserait au lieu de leur être agréable. « Il y a trois moyens, dit » Cicéron, de faire partager notre opinion aux auditeurs : de les instruire, de captiver leur bienveillance, et de les émouvoir. Mais il faut avoir bien » soin de ne montrer à découvert que le premier, pour » paraître n'avoir d'autre but que d'instruire ; les » deux autres sont au discours ce que le sang est au » corps ; ils doivent être répandus de même dans tout » le cours du plaidoyer. » (*De Orat.*, l. II, n. 310.)

Moyens qu'il faut déguiser.

§ III. *Moyens que l'orateur trouve dans son propre fonds.*

Deux espèces de moyens de plaire dans l'orateur. Deux sortes de moyens de plaire appartiennent à la personne de l'orateur : ceux de sa personne même et ceux de son discours.

Ceux qu'il porte en lui-même sont ses facultés physiques, intellectuelles et morales.

Facultés physiques. Au premier rang des facultés physiques faites pour prévenir et attacher l'auditeur, il faut placer une figure noble et expressive, le charme d'une voix affectueuse et d'un accent pénétrant.

Facultés intellectuelles. Il en est de même des qualités intellectuelles ; telles que la rectitude dans le jugement, la netteté dans les idées, la clarté et la force dans le raisonnement ; qualités précieuses à l'auditeur, qui, par elles, comprend, suit et retient avec facilité la discussion qui lui est soumise.

Facultés morales. Mais ce sont les mœurs du défenseur, sa droiture et sa délicatesse connues, son respect de la vérité, son amour de la justice, qui surtout obtiennent pour la cause la faveur qui s'attache à sa personne. « Il importe beaucoup au succès de la cause, dit » Cicéron, que les juges conçoivent une bonne opi- » nion des mœurs, des principes, des actions, de la » conduite de l'orateur et de son client ; qu'ils aient, » sous les mêmes rapports, une opinion défavorable » de ses adversaires ; enfin que l'orateur inspire à » ceux qui l'écoutent de la bienveillance pour lui- » même et pour celui dont il défend les intérêts. Or, » c'est par la dignité du caractère, les belles actions,

» une conduite irréprochable, qu'on se concilie la
» bienveillance. » (*De Orat.*, l. II , n. 182.)

Aristote fixe à trois les qualités propres à inspirer
la confiance : ce sont la *prudence* , la *probité* et la
bienveillance. « Car, dit-il, ceux qui nous trompent,
» le font parce qu'ils manquent ou de ces trois qua-
» lités, ou de l'une d'elles. Faute de prudence, ils ne
» voient pas le vrai ; ou, manquant de probité, ils le
» voient, mais nous le cachent ; ou enfin, ne nous
» étant point affectionnés , quoiqu'ils soient prudens
» et probes, ils ne se croient pas obligés de nous dire
» ce qui nous est le plus convenable. » (*Rh.* l. II ,
c. 1.)

Qualités propres à inspirer la confiance.

Ces trois cas embrassent tout ce qui est possible.
Ainsi, celui qui réunit les trois qualités ci-dessus
exprimées, ne peut manquer d'attirer la confiance ,
et de paraître digne d'être cru (1).

Dans les discours prononcés à la tribune, on sent
tout d'un coup de quelle importance il est, à celui
qui donne un conseil, de se montrer digne de la
confiance de celui qui l'écoute.

Nécessité d'inspirer la confiance à la tribune.

Le sermon, pour se faire écouter avec fruit , exige
de l'orateur sacré, non-seulement la probité humaine,
mais la piété. Quelle confiance peut prendre le peuple
en un prédicateur dont les mœurs démentent les pa-

Dans la chaire.

---

(1) Cette doctrine d'Aristote ne peut être mise dans un
plus beau jour que par l'exemple du discours de Burrhus à Néron, pour le détourner du projet d'empoisonner
Britannicus. La sagesse et la vertu ont dicté ce discours.
Une affection vive et tendre pour l'empereur y règne , et le
remplit d'un bout à l'autre. (RACINE, trag. de Brit. ; act. IV,
sc. III.)

rôles? Le langage de l'exemple est le plus fort, et s'il est contraire à celui de sa bouche, il en détruit tout l'effet.

Dans l'éloge. Dans l'éloge, l'orateur n'a pas moins besoin de donner une idée avantageuse de ses mœurs ; en faisant concevoir de la confiance en sa sincérité, il donnera du poids à ses éloges.

Dans le blâme. S'il se trouve dans l'obligation de blâmer, il augmentera la force de la censure, par le respect qu'inspireront pour sa personne l'amour de la justice et une exacte impartialité.

Sur quelque matière que l'on parle ou que l'on écrive, il est très-avantageux de tremper ses pinceaux dans les couleurs de la vertu : le moyen de persuasion le plus efficace est la vertu de celui qui parle.

L'orateur doit être homme de bien. Chez les anciens, l'idée de l'orateur renfermait celle de l'homme de bien, et Quintilien définit le véritable orateur d'après Caton : *L'homme de bien habile dans l'art de la parole ; vir bonus dicendi peritus.*

Les meilleurs maîtres modernes ont regardé la vertu comme une des sources principales du talent de parler et d'écrire. « L'homme digne d'être écouté, » dit Fénélon, est celui qui ne se sert de la parole que » pour la pensée, et de la pensée que pour la vérité » et la vertu. » (*Lett. à l'Ac. franç. sur l'éloquence.*)

Autres moyens de plaire dans l'orateur. Ce qui charme encore dans la personne de l'orateur, ce qui lui concilie les esprits et les cœurs, c'est la décence, la modestie, un ton de voix doux, un air de visage qui annonce la candeur, une action qui caractérise la facilité des mœurs, une phrase naturelle, coulante, sans pompe, sans emphase ; c'est la modération unie, quand le devoir l'exige, à une fermeté convenable, à cette chaleur généreuse qu'inspire l'a-

mour de la justice et de la vertu, à cette sainte indignation contre le vice, la fraude, l'imposture; c'est
le respect du malheur, de l'âge, des dignités, de
l'autorité, etc. (Cic., *de Orat.*, l. II, n. 182. Quint.,
l. VI, c. 2; l. XI, c. 1.)

A tous ces moyens de se concilier les esprits et d'intéresser à sa cause, l'orateur ajoute les moyens de
plaire que lui fournit l'art de bien dire, dont toutes
les parties concourent à disposer les auditeurs en
faveur de son sujet.

Moyens
de plaire, four-
nis
par l'art de bien
dire.

L'invention en démontre toute l'étendue, en fait
pénétrer les profondeurs et en aplanit les difficultés; la disposition met chaque chose à sa place et
dans son jour le plus avantageux; l'élocution exprime toutes les idées avec justesse, avec vivacité,
avec variété, avec harmonie; l'action fait participer
tous les sens au triomphe de la parole. On a du penchant à croire ce qu'on a du plaisir à entendre; comme
on a mauvaise opinion de ce qui se présente mal. L'obscurité nuit la confusion fatigue; l'ordre, la clarté,
la variété, la grâce charment l'esprit en l'éclairant.

Il y a pour l'orateur des circonstances délicates, où
il a besoin d'user d'une adresse particulière pour ne
point irriter les esprits. Il est important de faire
connaître les tours qu'il doit employer en ces occasions difficiles : c'est ce qu'on appelle *bienséances* et
précautions oratoires.

Pour prévenir les impressions désagréables que
l'auditeur peut recevoir, l'orateur doit avoir grand
soin d'observer dans ses discours ce qui convient,
quod decet, relativement à lui-même, à ses auditeurs, à leurs mœurs, à leurs affections, à leurs opinions, à leurs préjugés; de consulter les circonstances

Bienséances ora-
toires.

où il parle, le lieu, le temps, etc....; c'est ce qu'on appelle observer les *bienséances*.

Cette idée que nous donnons des *bienséances oratoires* est parfaitement conforme à ce qu'en ont dit Cicéron et Quintilien. Le premier les fait consister *à placer à propos tout ce qu'on dit et tout ce qu'on fait. Scientia earum rerum quæ aguntur aut dicuntur suo loco collocandarum.* (De Off., l. I, c. 40.) Le second, *à dire ce qu'il faut dire, à taire ce qu'il faut taire, à renvoyer ce qu'il faut renvoyer. Quid dicendum, quid tacendum, quid differendum.* (L. XI, c. 1.)

Leur importance.

Dans l'art oratoire, il n'est rien de plus important que les bienséances ; et on peut leur appliquer, jusqu'à un certain point, ce que Roscius, le comédien, disait de son art, « que le premier point de » l'art était de garder les convenances ; mais que c'é-» tait aussi le seul que les règles de l'art ne pouvaient » donner. *Caput esse artis decere ; quod tamen unum » id esse quod tradi arte non possit.* » (De Orat., l. I, n. 132.) De l'aveu de Cicéron lui-même, rien n'est plus difficile à saisir, et surtout à bien mettre en pratique. *Ut in omni vitâ, sic in oratione, nihil est difficiliùs quàm quid deceat videre.* (Orat., n. 70.)

Bienséances relatives à l'orateur lui-même.

Pour ce qui le regarde, l'orateur ne doit point prendre un ton avantageux, surtout s'il est jeune, s'il est inconnu, s'il traite pour la première fois une matière nouvelle pour lui. « Celui qui se fait trop valoir, » dit Quintilien, blesse notre orgueil, en ce que nous » croyons qu'il nous rabaisse et nous méprise, et » qu'il ne semble pas tant s'élever lui-même que » faire descendre les autres au-dessous de lui. » (L. XI,

c. 1.) Qu'il considère bien ce qu'il est, pour bien dire ce qu'il faut, et ne rien dire de plus. Ce qui fait plaisir dans la bouche d'un orateur à qui l'âge concilie le respect devient indécent et déplaît dans celle d'un jeune homme. Le magistrat ne s'exprime pas comme le simple citoyen, etc....

Il est difficile de garder un ton convenable en parlant de soi. Le plus sûr, à cet égard, est d'en éviter l'occasion. Il est bon de ne pas occuper les autres de sa personne : *Le moi est odieux*, dit Pascal.

Est-on obligé de parler de soi, réduit à faire son apologie, le ton qui convient est celui d'un honnête homme qui ne montre ni orgueil ni bassesse.

Quant aux bienséances qui regardent l'auditeur, celui qui parle ne doit jamais oublier ce qu'il doit à l'âge, à la dignité, à la réputation. S'il lui arrive d'avoir à combattre leurs opinions, il doit le faire avec beaucoup de ménagement et de modestie. Les égards, le respect sont convenables, lorsqu'on hasarde un sentiment contraire à celui d'hommes connus par leur sagesse et leurs lumières (1). « On ne parle pas, » dit Quintilien, devant le prince comme devant un » magistrat, devant un sénateur comme devant un » particulier.... Qui ne sait que la gravité du sénat » demande un genre d'éloquence, que la légèreté du » peuple en demande une autre ? Ce qui conviendrait » à un homme grave et sérieux ne conviendrait pas » à un autre qui serait plus superficiel ou plus gai ;

Bienséances relatives à l'auditeur.

---

(1) Voyez avec quelle modération César combat l'opinion de Silánus (SALL., *de bell. Catil.*, n°. 51), avec quelle finesse Cicéron attaque l'autorité de Caton et de Sulpicius sans blesser leurs personnes. (*Pro Murená*, n°. 23 et seq., n°. 60 et seq.)

» ce qui serait bon pour un savant ne le serait ni
» pour un homme de la campagne, ni pour un
» homme de guerre. » (L. XI, c. I.)

Bienséances relatives au temps et au lieu.

L'orateur doit aussi avoir égard aux circonstances du temps et du lieu. « A l'égard du temps, il est tan-
» tôt gai, tantôt triste, tantôt limité ; il faut que
» l'orateur s'accommode à tout cela. Il n'est pas indif-
» férent non plus, que le lieu où nous parlons soit
» un lieu public ou particulier, que ce soit dans notre
» ville ou dans une ville étrangère, dans un camp ou au
» barreau. Il est aisé de voir que chacune de ces cir-
» constances veut une forme d'éloquence particulière.
» C'est ainsi que les actions de la vie ne se font pas
» de la même manière en tous lieux, dans un mar-
» ché, au sénat, au Champ-de-Mars, au théâtre, au
» logis ; et que plusieurs choses qui ne sont point
» mauvaises de leur nature, qui même, quelquefois,
» sont nécessaires, deviennent néanmoins honteuses,
» quand on les fait ailleurs que là où l'usage les au-
» torise. » (QUINT., *Ibidem*.)

On doit donc prendre garde à qui l'on parle, observer les convenances de l'âge, du rang, du temps,
du lieu, respecter les opinions, ne pas heurter même
les préjugés ; enfin, ne pas commencer par déplaire
à ceux qu'on veut persuader ou convaincre. L'usage
du monde en apprend plus à cet égard que tous les
préceptes.

Il n'importe pas moins à l'orateur de s'attacher à
prendre toutes les *précautions oratoires* que le sujet
ou les circonstances peuvent exiger de lui.

Précautions ora- toires.

« J'appelle *précautions oratoires*, dit Rollin, cer-
» tains ménagemens que l'orateur doit prendre pour
» ne point blesser la délicatesse de ceux devant qui

» ou de qui il parle; des tours étudiés et artificieux
» dont il se sert pour dire de certaines choses qui ,
» autrement, paraîtraient dures et choquantes.» (*Trait.
des ét.*, t. 2.) (1)

Souvent ce n'est pas assez de montrer la vérité. La Leur utilité.
lumière trop vive importune , si on la présente brusquement , si on n'a pas l'art de ne la laisser voir
qu'à demi , ou sous un voile transparent qui en adou-
cisse l'éclat.

Si la force de la vérité ne réussit pas sans de grands
ménagemens , que de précautions n'a-t-on pas à
prendre , quand les moyens sont faibles , la justice
équivoque , la bonne foi douteuse , la dignité compromise ! Que de délicatesse et de dextérité pour
prêter de la noblesse et de l'agrément à ce qui pourrait déplaire ! Que de soins pour préparer , pour
amener, pour exprimer sa pensée, contre laquelle
l'auditoire est prévenu !

Les mêmes choses présentées de manières différentes produisent souvent des effets contraires. (*Orat.*,
n. 72.) « Un mauvais mot fait plus de tort à un pré-
» dicateur, à un avocat, qu'un mauvais raisonne-
» ment. » (*Log. de* P. R. , 3ᵉ. part., c. 19.) « Quin-
» tilien rapporte de Périclès, qu'il avait coutume de
» souhaiter qu'il ne lui vînt pas dans l'esprit un seul
» mot qui pût offenser le peuple. » (L. XII , c. 9.)

---

(1) Les précautions rentrent dans les bienséances ; car rien
ne nous blesse que parce que c'est contraire à nos mœurs.
Néanmoins on peut assigner entre l'une et l'autre une différence assez simple : c'est que les bienséances regardent principalement la manière de rendre la pensée, et les précautions le fond même des choses.

Cicéron n'ignorait pas que Pompée désirait que Milon fût condamné, et que, le jour du jugement de cette cause célèbre, c'était lui qui avait disposé la force armée autour du tribunal, pour intimider les juges. Cependant il ne laisse pas de supposer au même Pompée des intentions généreuses et bienveillantes pour l'accusé ; et cet appareil formidable, qui l'effraie au commencement de son discours, devient bientôt après le motif de sa confiance. (*Pro Milone*, n. 4.)

L'endroit de la harangue pour Ligarius, où l'orateur examine ce qu'il fallait penser du parti de Pompée, demandait d'être traité avec une extrême délicatesse. Tubéron avait taxé de crime la conduite de ceux qui avaient porté les armes contre César. Cicéron relève et condamne la dureté de cette expression ; et, après avoir rapporté les différens noms qu'on donnait à la démarche de ceux qui s'étaient déclarés pour Pompée, erreur, cruauté, cupidité, passion, prévention, entêtement, témérité : « Pour moi, » dit-il, si l'on me demande quel est le propre et véri- » table nom que l'on doit donner à notre malheur, » il me semble que c'est une fatale influence qui a » aveuglé les hommes, et les a entraînés comme » malgré eux ; en sorte qu'on ne doit pas s'étonner » que la volonté insurmontable des dieux l'ait em- » porté sur les conseils des hommes ». (*Pro Ligar.*, n. 17.) Il n'y avait rien, dans cette définition, d'injurieux pour le parti de Pompée ; et loin de devoir choquer César, elle était très-flatteuse pour lui.

Il est des circonstances où l'orateur est obligé de prendre une marche oblique, de dissimuler ses vé-

ritables intentions. Tandis que les auditeurs, séduits
par une apparence trompeuse, amusés par une diver-
sion adroite, suivent l'orateur dans ses détours, ils se
trouvent conduits au but, sans qu'ils se soient aper-
çus de cet entraînement.

C'est ainsi que Camille, en demandant un service
aux Ardéates, semble n'être venu que pour les se-
courir. (TIT. LIV., l. V, c. 44.) Ainsi Lépide prend
le ton d'un juge sévère à l'égard de Lutorius Priscus,
lorsqu'il veut demander de l'indulgence pour ce malheureux. (TAC., *Ann.*, l. III, c. 40.)

Sénèque, voulant racheter sa vie au prix de tous
ses biens, craint d'irriter Néron par une offre inju-
rieuse à la majesté impériale. Grâce aux prestiges de
sa flatteuse éloquence, tous les objets changent de
face. La spoliation serait un bienfait, la cruelle
avarice une preuve d'amitié, la cession arrachée par
la terreur un don volontaire. (TAC., *Ann.*, l. XIV,
c. 53 et 54.)

« Il est juste, disent MM. de Port-Royal, que ceux
» qui désirent persuader les autres de quelque vérité,
» s'étudient à la revêtir des manières favorables qui
» sont propres à la faire approuver, et à éviter les
» manières odieuses qui ne sont capables que d'en
» éloigner les hommes.

L'orateur doit rendre la vérité aimable.

» Ils se doivent souvenir que, quand il s'agit d'en-
» trer dans l'esprit du monde, c'est peu de chose que
» d'avoir raison, et que c'est un grand mal de n'a-
» voir que raison, et de n'avoir pas ce qui est néces-
» saire pour faire goûter la raison.

» S'ils aiment sincèrement la vérité, ils ne doivent
» pas attirer sur elle la haine et l'aversion des hommes,
» par la manière choquante dont ils la proposent. C'est

» le plus grand précepte de la rhétorique. » (Art.
de penser, 3ᵉ. part. , ch. 19.)

Quintilien a traité excellemment l'art des bienséances dans le chapitre premier du livre onzième de
ses Institutions oratoires. L'orateur ne saurait assez
méditer ce chapitre, qui est un des plus beaux de
l'ouvrage.

ARTICLE II.

Des Moyens d'émouvoir, ou des Passions.

Définition
des passions.

Le mot de passion dans son acception la plus générale , désigne les mouvemens de l'âme qui nous
emportent vers un objet, ou qui nous en détournent.

Dans l'art oratoire , on entend par ce mot les sentimens que l'on reçoit ou que l'on communique par le
discours.

Les passions, dans le sens moral, sont des qualités
inhérentes ; les passions oratoires , des affections actuelles. On porte en soi les premières ; les autres sont
produites par des causes hors de nous.

Elles
doivent être un
objet
d'étude pour l'o-
rateur.

Quoique les passions proprement dites soient le
sujet des préceptes de la philosophie , et non de la rhétorique, on voit cependant qu'on a besoin de les
étudier, pour profiter de toutes les ressources de l'é-
loquence ; car, si l'on ne connaît pas la nature de
l'homme en général , et le caractère de ses auditeurs
en particulier , on ne saurait ni découvrir l'endroit
sensible de leurs âmes, ni produire en eux toutes les
émotions les plus vives dont ils seraient susceptibles.

Est-il d'une nécessité indispensable pour l'orateur
d'exciter les passions ?

Si l'homme ne se conduisait que par les lumières de son esprit, et s'il ne prenait que sa raison pour guide, l'orateur ne serait pas obligé de se servir de la voix de la passion pour persuader l'esprit, ni de suivre la pente de l'inclination pour entraîner la raison. Mais il y a long-temps que *l'esprit est devenu la dupe du cœur.* Les charmes secrets de la passion ont pris la place des lumières naturelles de la raison; et si l'esprit juge, l'on peut dire que ce n'est qu'après que le cœur a donné ses conlusions. La plupart du temps on n'aime pas les choses, parce qu'on les estime vraies; mais on les estime vraies, parce qu'on les aime; ce qui est conforme à l'inclination, le devient bientôt à la raison; ce qui plaît est raisonnable, ce qui charme est juste. Chacun se faisant une raison de sa passion, ce qui est un plaisir dans le cœur est une vérité dans l'esprit. Ainsi, l'orateur est obligé d'aller à l'esprit par le cœur; et pour gagner la raison, c'est une nécessité pour lui de gagner la passion.

Selon Aristote, « une personne prévenue de co- » lère ou d'amour prend les choses bien autrement » que celle qui n'est animée d'aucune de ces passions, » ou qui en a de contraires. Qu'un homme ait à ju- » ger son ami, traduit en justice, il lui paraîtra ou » que le tort de l'accusé n'est rien en lui-même, ou » que c'est peu de chose. Un ennemi du prévenu en » porterait un jugement tout contraire. » (*Rh.*, l. II, c. 1.)

« Les hommes dans leurs jugemens, dit Cicéron, » cèdent plus souvent à l'influence de la haine ou de » l'amour, du désir ou de la colère, de la douleur ou » de la joie, de l'espérance ou de la crainte, de l'er- » reur ou de la passion, qu'à la force de la vérité,

» de la justice, du raisonnement et des lois. » (*De
Orat.*, l. II, n. 178.)

Puisque l'homme juge différemment selon les
différens mouvemens dont il est agité, il est évident
que, pour réussir à le persuader, l'orateur a besoin
d'exciter en lui ceux qui sont favorables, et de calmer
ceux qui sont contraires à sa cause.

Effet
que produisent
les
passions.

Quintilien explique aussi comment l'effet des passions est lié avec la nature de l'homme. « Les preuves,
» dit-il, font penser aux juges que votre cause est
» bonne; les passions font qu'ils souhaitent qu'elle
» soit telle, et dès qu'ils le souhaitent, ils ne sont pas
» éloignés de le croire. Sitôt qu'ils commencent à
» entrer dans nos passions, à être portés de haine
» ou d'amitié, d'indignation ou de crainte, ils font
» de votre affaire la leur propre. Ils n'examinent
» plus, ils sont emportés et entraînés comme par un
» courant rapide dont ils suivent l'impulsion. » (L. VI,
c. 2.)

On a donc raison de dire que les passions dominent dans l'éloquence et qu'elles sont la voie la plus
sûre pour aller à la victoire. « On emploie ce moyen,
» dit Cicéron, lorsqu'il faut porter le trouble dans
» l'âme, et y exciter les plus grands mouvemens, en
» quoi consiste le triomphe de l'éloquence..... Vif,
» ardent, impétueux, il arrache la victoire des mains
» de l'adversaire, et vient fondre avec tant de vio-
» lence, qu'on n'en peut soutenir l'effort. » (*Orat.*,
n°. 128.)

Le talent
de les exciter
fait le
grand orateur.

Le talent de les exciter est celui qui fait les grands
orateurs. « Pour ce qui est des autres parties de l'é-
» loquence, un génie médiocre peut y suffire,
» pourvu qu'il soit aidé par la connaissance des rè-

» gles et par l'exercice. Jamais on n'a manqué de
» gens qui fussent capables de trouver assez habile-
» ment ce qui sert à la preuve.... Mais échauffer,
» entraîner le juge, faire naître en lui tels sentimens
» que l'on veut, le forcer par le discours à verser
» des larmes et à entrer en indignation, voilà ce qui
» est extrêmement rare. C'est néanmoins par là que l'o-
» rateur domine; c'est ce qui assure à l'éloquence
» l'empire qu'elle a sur les cœurs. » (QUINT., l. VI,
c. 2.)

Ici il peut s'élever une question importante. Est-il *L'usage des passions est légitime.* permis à l'orateur qui doit être homme de bien, *vir probus*, d'émouvoir les passions, qui de leur nature sont bien plus propres à aveugler qu'à éclairer?

Au premier coup d'œil, un moraliste rigide pour-rait s'étonner que les passions soient comptées au nombre des moyens de se faire rendre justice. Mais pour peu qu'il examine, il reconnaît facilement que rien n'est plus naturel. En effet, c'est toujours con-tre les passions, contre l'intérêt, la cupidité, l'or-gueil, la haine, la vengeance qu'on demande jus-tice. On la demande à des juges que la loi voudrait impassibles, et que la nature a faits irritables. Il est raisonnable et juste que l'on puisse se défendre avec des armes de la trempe de celles qui nous sont op-posées, et que sans trop s'attendre à une perfection surnaturelle, on traite avec ses juges comme avec des hommes.

D'ailleurs, lorsqu'on attribue à l'éloquence le don d'émouvoir, et à l'orateur le droit de toucher les passions, c'est au profit de la justice et de la vé-rité; c'est, comme le dit un éloquent père de l'église, *ut veritas placeat, ut veritas moveat.* (ST.-AUG.,

8

de Doct. christ., l. IV); c'est pour purger les passions vicieuses par les passions nobles (1).

L'histoire nous fournit plus d'une preuve de la nécessité du secours des passions pour prévenir quelquefois l'injustice, et pour sauver l'innocence et la vertu. Socrate dédaigna une apologie oratoire. Il dit à Lysias qui lui en proposait une travaillée avec art : « Tu m'apportes là une chaussure de femme : » il parle lui-même à ses juges en sage, en homme simple et vertueux, et il fut condamné. (BARTH. *Voy.* D'ANACH.)

Rutilius, l'homme le plus vertueux de son siècle, refusa de même le secours de l'éloquence. Le talent supérieur des orateurs Crassus et Antoine, ses comtemporains et ses amis fut auprès de lui un titre d'exclusion, et il ne voulut point employer leur ministère. Il plaida lui-même sa cause avec toute la sévérité stoïque, et il fut condamné malgré son bon droit et son innocence. (CIC. *de Orat.*, l. I, n°. 129 et seq.)

Deux sortes de moyens d'émouvoir. Nous distinguons entre les moyens d'émouvoir ceux qui appartiennent à l'orateur et ceux qui naissent de la cause.

§ I. *Moyens qui appartiennent à l'orateur.*

Moyens qui appartiennent à l'orateur. Les moyens qui appartiennent à la personne de l'orateur, sont naturels ou oratoires.

---

(1) Cette question, qui tient à la morale plutôt qu'à la rhétorique, a été traitée d'une manière solide et satisfaisante par Quintilien, l. II, c. 17; et par La Harpe, tom. II, *Analyse des inst. orat.* de Quint.

Les moyens naturels sont les facultés de l'âme, la Moyens natu-
rels. sensibilité, l'imagination ; les facultés du corps, la flexibilité des organes, la mélodie de la voix, la mobilité du visage, la souplesse des membres.

L'imagination représente les objets avec une fidélité qui fait illusion ; la sensibilité ressent profondément, exprime avec vivacité et communique rapidement les impressions ; la voix, le regard, le geste, frappent les sens et remuent l'âme de l'auditeur.

Les moyens oratoires sont l'élocution et l'action. Moyens ora-
toires. La première approprie les expressions, les tours et les figures aux pensées et aux sentimens ; la seconde ajoute les accens et les mouvemens des passions à leur langage.

Mais de tous les moyens d'émouvoir qui appar- Pour
toucher, il faut
être tou-
ché soi-même. tiennent à la personne même de l'orateur, le premier et le plus nécessaire, c'est que lui-même il soit ému et qu'il éprouve réellement l'impression qu'il veut communiquer.

> . . . . *Si vis me flere, dolendum est*
> *Primùm ipsi tibi.*
> (HORAT., de Art. poet.)
> Pour me tirer des pleurs, il faut que vous pleuriez.
> (BOIL., Art poét., ch. III.)

Cicéron et Quintilien en ont fait avec raison un principe fondamental.

« Je n'ai jamais essayé, dit le premier, d'exciter » dans l'âme de mes juges la douleur, la compassion, » l'indignation ou la haine, sans éprouver moi-même » fortement les sentimens dont je voulais les pénétrer. » Comment le juge pourrait-il s'irriter contre votre » adversaire, si vous êtes vous-même froid et indiffé- » rent ; le haïr, s'il ne vous voit vous-même respirer

» la haine ; éprouver de la compassion, si vos expres-
» sions, vos pensées, votre voix, votre physionomie,
» vos larmes enfin, ne manifestent une profonde dou-
» leur ? Les matières les plus combustibles ne peuvent
» s'enflammer, si on ne les approche du feu : de
» même, les hommes les plus susceptibles d'être
» émus, ne sauraient s'animer du feu des passions,
» qu'autant que l'orateur en est embrasé lui-même.»
(*De Orat.*, l. 2, n. 189.)

  « Le grand secret pour toucher les juges, dit le
» second, c'est que nous soyons touchés nous-mêmes.
» *Summa circa movendos affectus in hoc posita est,*
» *ut moveamur ipsi.* » (L. VI, c. 2.)

**Fondement
de ce précepte.** Ce précepte avait été donné par la nature, avant
de l'être par les maîtres de l'art. Il est fondé sur
cette correspondance de sensations qu'on nomme
sympathie, et que la nature a établie entre les hommes
pour première cause de sociabilité qui les distingue.
La sympathie est la première et la principale source
des sentimens moraux. C'est par elle que les hommes
se communiquent leurs affections : « Tel est l'homme ;
» à la vue de ceux qui rient, le rire se peint sur son
» visage ; les larmes qu'il voit couler font couler les
» siennes. »

    Ut ridentibus arrident, ita flentibus adflent
    Humani vultus.

                 (Hor. de *Art poet.*)

  Les sens extérieurs, l'air du visage, le ton de la
voix sont les principaux agens de cette communication.

  Les affections de l'âme, ces émotions qui y portent
le trouble, qui oppressent la poitrine, qui altèrent

la voix, ne se simulent pas avec succès dans un discours qui n'admet rien que de vrai. Il faut les ressentir pour y faire croire et pour les transmettre. « En
» vain imiterions-nous la tristesse, la colère, l'in-
» dignation, si nous y conformons seulement notre
» visage et nos paroles, sans que notre cœur y ait
» part, nous ne ferons que nous exposer au ridicule.»
(Quint., l. VI, c. 2.)

L'orateur doit-être réellement pénétré des sentimens qu'il veut inspirer aux autres.

Mais comment sentir vivement des choses qui
n'ont qu'un rapport indirect avec nous, ou même qui
nous sont purement étrangères? Comment éprouver
une émotion vive et profonde pour la faire naître dans
les autres? Voici sur ce sujet la pensée de Quintilien:

Moyen de se frapper soi-même des choses qui nous sont étrangères.

  « Aidons-nous, dit-il, du secours de l'imagination.
» Par elle nous pouvons nous faire des images si vives
» et si justes des choses absentes, qu'elles les rendent
» présentes et comme exposées à nos yeux. Celui qui
» s'en forme de telles, est toujours puissant et fort
» dans ses mouvemens.

  » Par exemple, ajoute-t-il un peu plus bas, si j'ai
» à déplorer un assassinat, ne pourrai-je point me
» figurer tout ce qui vraisemblablement s'est passé
» en cette occasion? Ne verrai-je point l'assassin at-
» taquer un homme à l'improviste, lui mettre le
» poignard sous la gorge? Celui-ci, saisi de frayeur,
» crier, supplier, s'enfuir, ou faire de vains efforts
» pour se défendre? Ne verrai-je pas l'un frapper,
» l'autre tomber par terre? Le sang qui coule, la pâ-
» leur répandue sur le visage, les gémissemens; en-
» fin, les derniers soupirs du mourant ne se pein-
» dront-ils pas dans mon esprit?..... N'est-ce pas de
» cette force de l'imagination que sont sorties ces
» belles peintures de la mère d'Euryale, du malheu-

» reux Pallas, et tant d'autres dont Virgile est tout
» plein ?

» Si nous avons besoin d'exciter la commisération,
» persuadons-nous bien que c'est à nous-mêmes que
» sont arrivés les maux dont nous parlons. Soyons cet
» homme qui a souffert des traitemens indignes et
» cruels; ne traitons point la chose comme étrangère
» par rapport à nous; empruntons la douleur de l'of-
» fensé, alors nous dirons tout ce que, si nous étions
» dans le même cas, nous dirions pour nous-mêmes.»
(L. VI, c. 2.)

Quintilien joint à ces observations l'exemple des
comédiens qui ont à représenter non pas des objets
réels, mais des sujets feints, et qui, néanmoins, s'at-
tendrissent jusqu'à verser des larmes, et s'échauffent
jusqu'au point que leurs yeux étincellent de colère. Il
y ajoute son propre témoignage : « J'ai plaidé, dit-il,
» avec quelque réputation. Je puis assurer qu'on m'a
» vu souvent non-seulement répandre des larmes,
» mais changer de visage, pâlir, et ressentir une dou-
» leur qui avait le caractère de la véritable. » (*Loc.*
cit.)

L'éloquence ne manquera jamais à celui qui aura
le don de s'affecter ainsi. « Car c'est la force du senti-
» ment qui rend les hommes éloquens : *Pectus est*
» *enim quod disertos facit et vis mentis.* C'est pour
» cela que les personnes, même les plus ignorantes,
» parlent quelquefois éloquemment, lorsque la pas-
» sion ou quelque intérêt particulier les fait parler. »
(QUINT., l. X, c. 7.)

L'orateur
doit apporter à
son émotion
un tempéra-
ment
convenable.

Toutefois, nous ferons observer que l'orateur doit
apporter à son émotion un tempérament convenable.
Cicéron, il est vrai, exige de son orateur qu'il pleure,

qu'il gémisse avec son auditoire; il veut *signa dolo-
ris sententiis*, *verbis*, *voce*, *vultu*, *collacrymatione*.
On voit, par ce qu'il raconte des orateurs de Rome,
et par ce qu'il dit de lui-même, que le pathétique y
était porté jusqu'aux lamentations. Mais dans quelles
causes, pour quels personnages, et sur quel théâtre
avaient lieu ces scènes et ces éclats? Dans des accusations capitales, contre les premiers personnages de
la république, devant le peuple romain.

Dans nos tribunaux, dans nos mœurs, devant nos
juges, un avocat pleurant serait un spectacle extraordinaire, qui, je crois, réussirait difficilement. De
l'altération dans la voix, de la douleur dans l'accent,
quelques paroles entrecoupées, sont les signes d'attendrissement au delà desquels la commisération du
défenseur ne peut aller sans sortir de nos convenances.

§ II. *Moyens qui naissent de la cause.*

Ce ne sont point les objets inanimés, ni des idées
purement intellectuelles qui, de soi-même, peuvent
nous émouvoir. La gravité des circonstances; la faiblesse, l'infortune de ceux qu'on défend; la perversité, la perfidie, la barbarie de l'adversaire; le bien
ou le mal, le juste ou l'injuste, le vice ou la vertu
qui se montrent dans les actions qu'il faut juger; le
mépris ou le respect, l'amour ou la haine, la terreur
ou la pitié que doivent inspirer les personnes ou les
choses, sont les moyens d'émouvoir que chaque cause
ou chaque sujet peut présenter.

Ce qui est propre à nous émouvoir.

La sympathie que la nature a établie entre les
hommes, étant, comme nous l'avons dit, le principe
de la communication des émotions entre eux, c'est

*L'orateur doit établir un rapport entre lui, le su-
jet et ses auditeurs.*

en établissant ce rapport entre lui, son sujet et ses auditeurs, que l'orateur fait passer dans leurs âmes les sentimens qu'il veut inspirer. La source en est dans l'amour de soi-même, qui fait que l'on se considère dans son semblable, dans ses besoins, dans ses passions, dans ses plaisirs, dans ses peines. Au récit d'un événement heureux ou malheureux, agréable ou douloureux, l'âme de l'auditeur est saisie par l'impression du récit sur son imagination. Aussitôt, par un retour sur lui-même, concevant l'idée de ce qu'il éprouverait dans une semblable situation, il se sent pris d'amour ou de haine pour ce qui l'a causée. *In alieno malo, suam infirmitatem considerat.* (Cic., *De inv. Rh.*, l. II, n. 55.)

Moyen d'y parvenir.

Pour l'amener à cet état, il faut l'identifier avec le sujet du discours, par la contemplation de son intérêt propre. Au barreau, l'orateur doit rendre personnelle au juge la cause qu'il lui présente, par la considération de ce qui peut en réagir sur lui, en faisant du bien ou du mal, de l'espérance ou de la crainte de ceux qu'il défend, le plaisir ou la peine, l'espérance ou la crainte de ceux qui l'entendent.

Ainsi, le père, le citoyen, le propriétaire blessé dans ses droits, dans son honneur, dans ses biens, rencontre parmi ses juges, des pères, des citoyens, des propriétaires blessés comme lui, ou qui peuvent l'être un jour, et que ces rapports de situation et d'intérêt disposent à sympathiser avec lui. « Nous réussirons à émouvoir, si l'auditeur voit, dans » l'infortune que nous lui retraçons, la peinture des » maux qu'il a soufferts, ou de ceux qu'il redoute ; » si le spectacle de la misère d'autrui lui fait faire un

» retour sur lui-même. » (Cic., *De Orat.*, l. II ;
n. 211..)

Les anciens ont analysé les motifs propres à exciter l'amour, la haine, l'indignation, la compassion,
la crainte, l'espérance, etc.... Cicéron, (*De inv.*
Rh. l. I, n. 53 et seq.), en compte quinze pour l'indignation et seize pour la commisération.

Motifs
propres à exci-
ter
les passions.

Quintilien les réduit tous aux réflexions suivantes :
Qu'est-ce qui s'est fait ? Par qui ? Contre qui ? A
quel dessein ? En quel temps ? En quel lieu ? De
quelle manière ? « Ces circonstances, dit-il, sont iné-
puisables, quand on veut les approfondir.» (L. VI ,
c. 1.)

Les moyens qu'il faut employer pour émouvoir les
passions ou pour les apaiser, sont expliqués d'une
manière beaucoup plus simple dans le dialogue *De*
Oratore, que nous voudrions répandre tout entier
dans cet ouvrage. Nous allons en suivre le texte, auquel nous joindrons quelquefois les réflexions de
Quintilien.

Amour. « Le moyen de s'attirer l'affection, c'est
» de se faire regarder comme soutenant un parti
» avantageux à ceux devant qui on parle, comme
» s'intéressant pour des gens de bien , ou du moins
» pour des hommes qui rendent des services au public.
» Dans le premier cas, on se concilie l'affection des
» auditeurs; dans le second , leur estime. N'oublions
» pas que l'on produit un plus grand effet en faisant
» espérer un bien futur , qu'en rappelant un bienfait
» passé.

Amour.

» Celui que l'on veut rendre aimable, doit être re-
» présenté comme n'ayant jamais agi en vue de son
» utilité personnelle. Car les avantages que l'on n'ob-

» tient que pour soi, excitent l'envie ; il n'en est pas
» de même de ceux qu'on procure à autrui. Toute-
» fois, il y a ici un écueil à éviter : en exaltant trop
» les services et la gloire de ceux qu'on veut faire ai-
» mer, on doit craindre d'exciter la jalousie. »

Quintilien recommande « de tirer avantage du mo-
» tif qui a donné lieu à l'accusation, si c'est quelque
» action vertueuse qui attire à l'accusé la haine des
» mauvais citoyens, et les fait conspirer contre lui.
» Surtout, on n'oubliera pas sa bonté, son huma-
» nité, sa compassion pour les malheureux; car il
» semble qu'on peut raisonnablement attendre pour
» soi, les mêmes sentimens qu'on a témoignés pour
» autrui (1). »

Haine.   Haine. « On conçoit que, pour allumer cette pas-
» sion, il faut employer ces mêmes considérations en
» sens contraire. On excite la haine des auditeurs en
» aggravant un fait qui ne leur procure aucun avan-
» tage, ou qui peut avoir des suites funestes pour
» eux (2). »

Colère.   Colère. « On excite la colère, en exagérant ce qui
» s'est fait contre l'état, contre des hommes de bien,

---

(1) Voyez comment les députés de Capoue s'y prennent
pour gagner la bienveillance des Romains. *Populus nos cam-*
panus, etc. (TIT.-LIV., l. VII, c. 30.)

Comment Eumène allègue pour recommandation les preuves de fidélité qu'il a données aux Romains. *Perseverassem*
tacere, etc. (TIT-LIV., l. XXXVII, c. 53.

(2) Catilina anime par ce moyen les partisans de la conjuration contre les grands de Rome. (SALL., *de Bell. Cat.*,
c. 20.)

Caton remplit les sénateurs d'indignation contre les conjurés. (*Ibid.*, c. 52.)

» ou contre ceux qui méritaient le moins un pareil
» traitement (1). »

Crainte. « On inspire la crainte aux auditeurs, en Crainte.
» leur présentant l'image de leurs propres dangers ou
» de ceux de la patrie. La crainte que produisent les
» dangers personnels, fait plus d'impression ; pour
» cette raison, s'il s'agit d'un péril commun, il faut
» s'attacher à le faire paraître personnel à ceux qui
» écoutent (2). »

Espérance, joie, tristesse. « On doit en dire au- Espérance, joie,
tristesse.
» tant de ces passions : c'est du bien ou du mal de
» ceux qui écoutent, qu'on doit tirer les moyens de
» les exciter. »

Envie. « Voulez-vous exciter l'envie contre quel- Envie.
» qu'un ? Dites que ce n'est pas à la vertu qu'il doit
» les avantages dont il jouit, mais à sa perversité et à
» ses bassesses. Ou, si des qualités réelles lui donnent
» des droits à l'estime, dites que son orgueil ou son
» arrogance surpassent son mérite.

» Pour calmer l'envie, dites, au contraire, que, si

---

(1) Voyez le discours de Canuleius contre les patriciens :
Quantoperè vos, Quirites, etc. (TIT-LIT., l. IV, c. 3.)

Celui de Memmius contre ceux qui ont trahi l'état dans la
guerre que les Romains firent à Jugurtha. (SALL., *de Bell.
Jug.*, c. 31.)

(2) Hannon montre aux Carthaginois les machines de
guerre qui vont renverser leur murailles. (TIT-LIV., l. XXI,
c. 10.)

Pacuvius, pour arrêter Pérolla, lui représente l'appareil
qui environne Annibal. (TIT-LIV., l. XXIII, c. 9.)

Vibius détermine les sénateurs de Capoue à prévenir par
une mort volontaire les tourmens que leur préparent les
vainqueurs. (*Ibid*, l. XXVI, c. 13.)

» cet homme a obtenu des places et des honneurs, il
» les a acquis à force de travail et de dangers ; que les
» actions par lesquelles il y est parvenu, se rappor-
» taient au service de ses concitoyens et non à son
» propre avantage. Comme une fortune brillante ne
» manque jamais de faire des jaloux, il faut combattre
» l'idée qu'on s'est faite, et soutenir que, loin de
» procurer le bonheur, comme on le croit, elle est
» toujours accompagnée de peines et de chagrins. »

Pitié.   Pitié. « Nous réussirons à inspirer la pitié, si l'au-
» diteur croit voir, dans l'infortune que nous lui re-
» traçons, la peinture des maux qu'il a soufferts ou
» de ceux qu'il redoute ; si le spectacle de la misère
» d'autrui lui fait faire un retour sur lui-même, toutes
» les infortunes qui affligent l'humanité sont capables
» d'attendrir, quand elles sont décrites d'une manière
» pathétique ; mais rien n'est plus propre à inspirer
» la pitié que la vertu malheureuse et opprimée (1).»

« Quintilien veut que l'orateur, en plaignant l'in-
» fortune de ceux dont il plaide la cause, expose aussi
» la ruine et la désolation de leurs enfans, de leurs
» proches ; qu'il intéresse les juges en leur traçant
» une image de l'avenir, et en leur faisant considérer
» les suites d'un tel crime, s'ils le laissent impuni.

» Plus souvent encore, il sera obligé de les prému-
» nir contre les sentimens de compassion que le cou-

---

(1) Voyez le discours où Adherbal adresse ses plaintes au
sénat romain. (SALL., de Bell. Jug., c. 14.)

La péroraison du discours de Philotas. (QUINT-CURT.,
l. VI, c. 29.)

Les discours de Philippe et de Persée. (TIT-LIV., l. XL,
c. 8 et seq.)

» pable voudrait leur inspirer. Il les exhortera à juger
» courageusement selon leur conscience. Il ne man-
» quera pas de les prévenir sur tout ce qu'il sent que
» l'adversaire pourrait ou dire, ou faire. De cette sorte,
» les juges seront moins en danger de se laisser sur-
» prendre ; et la réponse perdant la grâce de la nou-
» veauté en toutes les choses que l'orateur aura rele-
» vées par avance, elle perdra aussi beaucoup de sa
» force. » (L. VI, c. 1.)

Honneur. Quoique Cicéron et Quintilien n'aient   Honneur.
point parlé de ce sentiment, ce n'en est pas moins un
des ressorts de l'art oratoire les plus puissans et les
plus sûrs, comme un de ceux dont l'emploi est le plus
fréquent et le plus varié.

Soit que l'on conseille ou que l'on exhorte, soit
qu'on délibère ou qu'on sollicite, soit qu'on parle aux
hommes assemblés, ou qu'on disserte dans une conférence intime, l'honneur fournira presque toujours
des argumens pleins d'intérêt, et donnera au discours de l'ascendant et de l'empire sur tous les
cœurs.

Le mot honneur est un terme commun à une foule
d'idées différentes ; sa signification varie selon les
mœurs et le caractère de celui qui le prononce. Le
conquérant met son honneur à remplir du bruit de
ses armes la terre entière ; le soldat n'en connaît point
d'autre que celui de braver le péril, de terrasser
l'ennemi, et d'être décoré de ses dépouilles ; le
souverain l'applique à soutenir la majesté du trône ;
le sujet, dans un état despotique, le trouve à bien
servir ; le citoyen, dans une république, à jouir de
la liberté. Ainsi, l'orateur doit observer les usages et
l'esprit de ses auditeurs, afin de leur présenter

l'honneur avec les traits et sous les couleurs les plus propres à les toucher (1).

Après avoir exposé les moyens d'exciter les passions, il convient de faire connaître ceux qu'on emploie pour les calmer.

Moyens pour calmer les passions. Trois moyens peuvent être employés par l'orateur pour calmer les passions excitées et enflammées par le discours de l'adversaire : le sang-froid, les mouvemens contraires et le rire.

Sang-froid. 1°. Sang-froid. Si l'adversaire s'est échauffé pour produire de grands mouvemens d'indignation, de pitié et autres semblables, un moyen bien naturel et bien sûr d'éteindre le feu qu'il a allumé, c'est de montrer autant de sang-froid qu'il a exprimé de passion, et de réduire à rien, par un style simple et uni, les idées qu'il a grossies par sa véhémence. Voilà la méthode qui rendait la sagesse de Phocion si redoutable à l'éloquence de Démosthène. Celui-ci l'appelait, selon Plutarque, la hache qui coupait ses discours. (*In vit. Phoc.*)

Mouvemens contraires. 2°. Mouvemens contraires. Les affections se combattent par des affections contraires. L'accusateur et

---

(1) Marcellus, obligé de répondre aux plaintes des Syracusains, charme tous les sénateurs par sa fierté à défendre les droits et les prérogatives du nom romain. (TIT-LIV., l. XXVI, c. 30 et seq.)

Après la guerre d'Asie, les Rhodiens voulant engager le sénat à déclarer libres les villes grecques de ces contrées, l'enivrent de cet encens que l'on prodiguait aux libérateurs de la Grèce. (TIT-LIV., l. XXXVI et seq.)

Annibal, menant au combat des troupes accoutumées à vaincre sous ses auspices, leur offre pour exemple leurs exploits. (TIT-LIV., l. XXI, c. 43 et seq.)

l'accusé soulèvent l'un contre l'autre l'indignation ou la commisération des juges. « Quant aux moyens que » l'adversaire emploie pour se concilier la bien- » veillance ou pour émouvoir, on en détruit l'effet, » dit Cicéron, par des moyens contraires, en faisant » succéder la haine à la bienveillance, la pitié à l'in- » dignation. » (*De Orat.*, l. II, n. 215.)

3°. Le rire. Faire rire sur ce qui a été représenté comme atroce, c'est peut-être le moyen le plus effi- cace d'en détruire l'impression. Un bon mot a quel- quefois réduit à rien les poursuites les plus sérieuses. *J'ai ri, me voilà désarmé*, dit au théâtre un per- sonnage dont le ressentiment ne résiste pas au comique du trait qui le fait rire.

Rire.

Le ridicule et la raillerie qui excitent le rire, sont donc justement compris au nombre des moyens d'é- mouvoir.

Le ridicule est en général dans ce qui choque nos habitudes. Cicéron dit qu'il réside dans un certain genre de bizarrerie, de difformité. *Locus autem et regio ridiculi, turpitudine et difformitate quâdam continetur.* (*De Orat.*, l. II, n. 236.) Il faut en- tendre par ces mots non-seulement les difformités physiques, mais les travers de l'esprit, les bizarre- ries des mœurs, l'abus des mots.

Définition du ridicule.

Ce qui contraste d'une manière frappante avec ce que nous avons l'habitude de voir, de faire, de dire, nous cause une surprise qui fait divertissement. Et plus ce qui est contraire à nos habitudes est discor- dant, imprévu, plus il divertit, et plus il provoque le rire.

L'empire du ridicule et de la raillerie qui le met en évidence, est grand sur l'esprit des hommes, parce

D'où vient l'em- pire du ridicule.

qu'en général ils sont maîtrisés par les habitudes et enclins à la malignité. Il exerce sa puissance partout où il s'agit de l'opinion : il peut trouver place en toute espèce de cause.

Ses effets.

« Nul doute, dit Cicéron, que l'orateur n'ait inté-
» rêt à provoquer le rire, soit parce que les auditeurs
» sont disposés à la bienveillance pour celui qui leur
» inspire de la gaieté, soit parce qu'un mot piquant
» dans la défense, quelquefois même dans l'attaque,
» ne manque jamais d'exciter l'admiration, soit
» parce que c'est un moyen de déconcerter l'adver-
» saire, de l'embarrasser, de l'affaiblir, de l'intimi-
» der et de le confondre ; soit, enfin, parce que l'ora-
» teur prouve par-là qu'il a l'esprit cultivé et poli,
» qu'il dissipe la tristesse, adoucit la sévérité, ou
» efface par la raillerie des impressions nuisibles qu'il
» serait souvent difficile de détruire par des raisonne-
» mens. » (*Loc. cit.*)

Sources du ridicule.

On entreprendrait vainement de faire connaître en détail les choses capables d'exciter le rire; le nombre en est infini. Mais nous pouvons dire avec Quintilien : « Que le rire naît ou des défauts corporels de celui » dont nous nous moquons, ou des défauts de son » esprit, desquels on juge par ses paroles ou par ses » actions, ou des choses qui sont hors de sa personne, » et qui ont pourtant rapport à lui. » (L. VI, c. 3.)

Deux sortes de ridicule.

Cicéron distingue deux manières principales de traiter le ridicule dans le discours : celle qui est dans la chose, et celle qui est dans le mot : *alterum re*, *alterum dicto tractatur.*

Ridicule qui est dans la chose.

La manière de traiter le ridicule par la chose, est celle qui consiste dans le récit, la peinture, le détail de l'objet risible; elle étend le ridicule dans tout un morceau de discours. Le mérite en est dans la fidélité et la grâce de l'exposé.

Ridicule qui est dans le mot.

La manière de ridiculiser par le mot est celle qui consiste dans un trait lancé, dont le tour piquant, le mot acéré fait jaillir le ridicule. Sa valeur est dans la prestesse et le mordant du trait.

Cicéron appelle le premier de ces deux genres, *facetum*, *facetiæ ;* et le second, *dicacitas*. « L'orateur, dit-il, se servira du premier, lorsqu'il aura quelque chose d'agréable à raconter; et du second, quand il sera question de lancer quelques traits vifs sur l'adversaire. » (*Orat.* , n°. 87.)

Les bons mots, de quelque nature qu'ils soient, n'ont guère de grâce que lorsqu'ils sont en repartie : ceux qui se disent en attaquant peuvent paraître préparés et recherchés; dès lors ils perdent beaucoup de leur prix.

Le talent de plaisanter vient de la nature.

L'adresse à manier la plaisanterie ne dépend point de l'art. La nature et l'occasion sont les seuls maîtres. Je pense néanmoins que l'imitation y peut quelque chose. La lecture réfléchie des meilleurs modèles, tels que les discours de Cicéron *pro Murenâ*, les satires d'Horace, les Lettres provinciales de Pascal, les Fables de La Fontaine, aidera le talent naturel, en égayant l'imagination et en accoutumant l'esprit à ces tours agréables qui savent dire le vrai en riant, et donnent des grâces à la raison.

Mesure qu'il convient de garder dans la plaisanterie.

Mais nous pouvons du moins prendre des maîtres de l'art, des leçons sur l'emploi du ridicule et l'usage de la raillerie. Écoutons Cicéron parlant des convenances à observer et de la mesure qu'il convient de garder sur ce point.

« Nous avertissons l'orateur, dit-il, de ne point user de railleries trop fréquentes, pour ne point

» faire le personnage d'un bouffon; ni tirant sur l'ob-
» scène, pour ne point imiter les bateleurs ; ni pé-
» tulantes, ce qui ressent l'effronterie; ni contre les
» malheureux, ce qui est inhumain; ni contre le
» crime, de peur que le ris ne prenne la place de
» l'indignation. Il ne faut pas non plus qu'elles soient
» mal assorties aux circonstances des temps, ni con-
» traires aux égards que l'orateur se doit à lui-même,
» ni à ceux qu'il doit à la personne des juges.

» Il évitera les bons mots médités à loisir, ou ap-
» portés du cabinet, et qui ne paraissent pas produits
» sur-le-champ, parce qu'ils sont nécessairement
» froids et insipides. Il épargnera, dans ses railleries,
» les amis et les personnes constituées en dignité. Il
» craindra de faire des blessures mortelles, et de
» s'attirer des inimitiés implacables. Il tournera tous
» ses traits contre l'ennemi; et en cela même, il faut
» garder beaucoup de ménagement, car la raillerie
» ne doit point attaquer toute sorte d'adversaires, ni
» en tout temps, ni de la même manière. En évitant
» tous ces défauts, il aura soin d'assaisonner ses plai-
» santeries et ses bons mots de ce sel fin et délicat qui
» est tout-à-fait du goût attique.» (*Orat.*, n. 88 et 89.)

Cicéron, en permettant à l'orateur d'employer la
raillerie, lui défend de recourir à l'injure : *vitabit
contumelias.* Selon Quintilien, « Il ne doit jamais se
» permettre ces termes injurieux que dicte un esprit
» de malignité, d'orgueil, de dénigrement, ni bles-
» ser qui que ce soit, et moins encore ceux dont
» l'offense nous attirerait l'aversion des juges.» (L. IV,
c. 1.) « Il doit même éviter d'inculper les parties sur
» des choses étrangères à la cause, les inculpations fus-
» sent-elles fondées et prouvées. » (L. XII, c. 9.)

Les bienséances s'accordent là-dessus avec les préceptes des maîtres de l'art. Cependant il n'est pas rare de voir nos avocats, oubliant les uns et les autres, mettre les injures à la place des raisons, et descendre aux personnalités d'une manière scandaleuse et contraire à l'honneur du barreau. User de pareils moyens, c'est discréditer sa cause, et faire croire qu'on s'en défie. L'homme fort met toute sa confiance dans ses raisons.

Les bienséances ne sont pas toujours observées à cet égard dans le barreau.

D'ailleurs, en agissant de la sorte, l'avocat déshonore son caractère et avilit sa profession. « Le plaisir » qu'on prend à déchirer les uns et les autres, est un » plaisir honteux et cruel que nul honnête homme » n'approuvera. C'est néanmoins ce qu'exigent souvent les parties, qui aiment mieux se venger que de » se défendre. Mais en cela, comme en bien d'autres » choses, il faut résister à leur caprice. Il n'y a que » le plus vil des hommes qui puisse consentir à être » injurieux et méchant au gré d'autrui. » (QUINT., l. XII, c. 9.)

Observations sur les passions oratoires.

A la connaissance des moyens d'émouvoir, l'orateur doit joindre l'art de les placer avec discernement et d'en user avec sagesse. Voici, à cet effet, quelques observations importantes.

1°. La première attention de l'orateur est de voir si la matière comporte le pathétique. (*De Orat.*, l. II, n. 105.) Les grands mouvemens ne conviennent pas aux petites affaires. « Ce serait, dit Quintilien, chausser le cothurne à un enfant, et lui mettre en main la massue d'Hercule. » (L. VI, c. 1.) Ce défaut

L'orateur doit observer si sa matière se prête aux passions.

va jusqu'au ridicule ; et il suffit de ne pas manquer absolument d'esprit pour s'en garantir. L'orateur qui pourrait y tomber, nous rappellerait cet avocat de la comédie *des Plaideurs*, qui, parlant pour un chien qui a mangé un chapon, commence son plai-doyer par ce grave début :

> Messieurs, tout ce qui peut étonner un coupable,
> Tout ce que les mortels ont de plus redoutable,
> Semble s'être assemblé contre nous par hasard,
> Je veux dire la brigue et l'éloquence; car,
> Etc...   (RACINE.)

Toutes les fois qu'il s'agit simplement de raisonner, d'établir un principe, et d'en bien déduire les consé-quences, d'interpréter une loi et d'en faire voir la convenance avec ce que nous avons à prouver, l'ora-teur doit être de sang-froid et les auditeurs attentifs.

Mais lorsqu'on a des vérités pressantes, d'impor-tantes résolutions à faire passer dans les âmes, une extrême inertie à vaincre ou une forte inclination à combattre ; quand il faut intéresser, émouvoir en fa-veur du faible, de l'innocent, du malheureux, l'ora-teur doit déployer toutes les ressources de l'éloquence.

Il ne suffit pas que le sujet donne lieu au pathé-thique, il faut encore aux émotions un fondement réel dans des faits certains et une cause juste ; car, pour avoir le droit de s'adresser au cœur, il est né-cessaire de satisfaire l'esprit. Comment, en effet, être pathétique sur des faits démentis ou sur une cause injuste ? Ne hasardez donc jamais d'émouvoir sur des faits dont la vérité ne serait pas reconnue.

Il ne doit pas brusquer les mouvemens passionnés. 2°. L'orateur ne doit point se jeter brusquement et sans préparation dans les mouvemens passionnés. L'auditeur veut d'abord être mis au fait et savoir de

quoi il s'agit. (*De Orat.*, l. II, n. 213.) Les mouvemens de l'âme supposent quelque connaissance
dans l'esprit, et ils ne peuvent venir qu'à la
suite. « Un orateur qui éclate avant d'avoir préparé
l'esprit des juges ou des auditeurs, ressemble, dit
Cicéron, à un homme ivre, au milieu d'une assemblée
à jeun, *quasi inter sobrios bacchari vinolentus vi-
detur.* (*Orat.* n. 99.)

Quand les esprits ont été ainsi préparés, alors l'o-
rateur, pour toucher l'âme, doit employer toutes
les circonstances de la chose, des personnes, des
temps, des lieux, selon qu'elles seront capables de
faire l'impression qu'il souhaite ; raconter avec feu,
décrire avec force et abondance, charger même à
propos les couleurs ; tirer d'une action commune,
d'une situation vulgaire, une scène touchante, un
grand spectacle. C'est par de magiques tableaux où
tout respire, qu'on peut tour à tour arracher des
larmes, faire frémir de colère, ou glacer de terreur.

Quintilien lui recommande une pratique très-
simple et très-utile. « C'est de voir ce que le sujet
» renferme de favorable ou d'odieux, de pitoyable ou
» d'atroce, et de dire ce qui ferait le plus d'impres-
» sion sur lui-même, s'il était au nombre des juges. »
(L. VI, c. 1.)

Il ne doit point sortir précipitamment du pathé- Il ne doit pas les
thique. « Dès qu'une fois vous l'avez abordé, dit   arrêter
» Cicéron, ne vous pressez pas de le quitter. Un rai- trop tôt.
» sonnement est saisi par l'auditeur aussitôt qu'il
» est proposé ; il n'en est point ainsi des passions ;
» on ne doit point s'attendre à les soulever dès la
» première impulsion. C'est un feu qu'il faut allumer
» par degrés. On ne saurait remuer l'âme qu'avec

» toutes les ressources de l'élocution et toute la puis-
» sance de l'action. Un discours précis, un style serré,
» convient pour instruire le juge, mais non pour l'é-
» mouvoir. » (*De Orat.*, l. II, nᵖ. 214.)

Ni les faire durer trop long-temps.

    Lorsqu'on est parvenu à exciter les passions, on
ne doit point y insister trop long-temps ; Cicéron en
donne la raison par rapport à la pitié : « Rien ne tarit,
» dit-il, d'après le rhéteur Appollonius, plus prompte-
» ment que les larmes : *Commotis autem animis diu-*
» *tiùs in conquestione morari non oportebit ; quem-*
» *admodùm enim dixit rhetor Appollonius, lacry-*
» *mâ nihil citiùs arescit.* » (*De inv. Rh.*, l. I, n. 56.)

    D'ailleurs, quand on a porté une affection au plus
haut degré, tout l'effet est obtenu, et le sentiment ne
peut plus que s'affaiblir. C'est ce que Quintilien développe avec beaucoup de sagacité. Selon lui : « C'est
» surtout dans les endroits pathétiques que le dis-
» cours doit aller toujours en augmentant, parce que
» tout ce qui n'ajoute pas à ce qui s'est déjà dit,
» semble le diminuer, et qu'une passion qui languit
» est bientôt éteinte. » (L. VI, c. 1.)

Deux sortes de pathétique.

    3º. Marmontel distingue deux sortes de pathé-
tique : le *direct* qui a lieu lorsqu'on inspire le sentiment dont on est soi-même pénétré ; et le *réfléchi*
qui a lieu lorsque l'impression que l'on veut faire est
autre que celle que l'on ressent ou que l'on exprime.
Comme lorsque, au moment du danger qui le menace, la tranquille sécurité de l'innocent nous fait
frémir.

Inconvénient du pathétique direct.

    C'est sans doute un puissant moyen pour l'ora-
teur qui veut nous émouvoir, que d'être passionné
lui-même. Mais il est rare qu'il puisse le paraître
sans courir le risque d'être suspect. Si on se livre à

lui par sentiment, on s'en défie par réflexion. Si lorsqu'en se passionnant lui-même il s'efforce en vain de nous émouvoir, si par malheur tout ce qui l'environne est froid, tandis que lui seul il s'agite, ce contraste risible fait perdre à son sujet tout ce qu'il a de sérieux, à son éloquence, toute sa dignité, à ses moyens, toute leur force.

Le pathétique *indirect*, sans annoncer autant de force, en a bien davantage. Il s'insinue, il pénètre, il s'empare insensiblement des esprits, et les maîtrise sans qu'ils s'en aperçoivent, d'autant plus sûr de ses effets qu'il paraît agir sans effort. L'orateur parle en simple témoin; et lorsque la chose est par elle-même ou terrible, ou touchante, ou digne d'exciter l'indignation, il se garde bien de mêler au récit qu'il en fait les mouvemens qu'il veut produire. Il met sous les yeux le tableau de la force et de la faiblesse, de l'injure et de l'innocence; il dit comment le fort a écrasé le faible, et comment le faible en gémissant a succombé. C'en est assez; plus il expose simplement, plus il émeut.

Voyez dans la péroraison de Cicéron, pour Milon, son ami, et dans la harangue d'Antoine au peuple romain, sur la mort de César, l'artifice victorieux de ce genre de pathétique. Cicéron ne fait que répéter le langage magnanime et touchant que lui a tenu Milon; et Milon, courageux, tranquille, est plus intéressant dans sa noble constance, que ne l'est Cicéron en suppliant pour lui. Antoine ne fait que lire le testament de César, et cet exposé simple de ses dernières volontés, en faveur du peuple romain, remplit ce peuple d'indignation et de fureur contre les meurtriers.

Le pathétique indirect a plus de force.

Exemples.

Le pathétique *direct*, pour frapper à coup sûr, doit, comme nous l'avons dit en d'autres termes, se faire précéder par le pathétique *indirect*, c'est à celui-ci à mettre en mouvement les passions de l'auditeur. Lorsqu'il l'aura ébranlé, que le murmure de l'indignation se fera entendre, que les larmes de la compassion commenceront à couler, c'est à l'orateur à paraître le plus ému de ceux qu'il vient d'irriter ou d'attendrir. Alors ce n'est plus lui qui paraît vouloir donner l'impulsion, c'est lui qui la reçoit; ce n'est plus à sa passion qu'il s'abandonne, mais à celle du peuple; et en se mêlant avec lui, il achève de l'entraîner.

4°. Nos orateurs font moins usage du pathétique que les anciens.

L'éloquence délibérative et judiciaire est chez nous plus restreinte et renfermée dans des bornes infiniment plus étroites qu'elle ne l'était à Athènes et à Rome. Là on délibérait dans des assemblées publiques sur les intérêts de l'état; on plaidait en présence du peuple de grandes causes où il y allait de l'honneur et de la vie de ses magistrats, de ses généraux et quelquefois même des rois. Alors le ressort des passions devait être souvent employé. Tout dépendait du peuple, et le peuple de la parole.

Les causes des particuliers étaient souvent portées devant des juges nombreux; et les tribunaux étaient alors de véritables assemblées. D'ailleurs, du temps de Démosthène et de Cicéron, les lois étaient simples, générales, et en petit nombre; ce qui faisait que la décision des causes dépendait en grande partie de l'équité et du bon sens des juges.

Il s'agissait pour l'orateur, non-seulement de prouver et de convaincre, mais de surprendre, d'enflammer, d'entraîner son auditoire. De là ces grands moyens oratoires si souvent et si heureusement employés, de là cette éloquence de spectacle plus puissante que celle des paroles, et qui, en s'emparant des sens, passionne l'âme et la trouble.

Chez nous tout est différent. Point d'affaires contentieuses portées devant nos chambres législatives. Point de ces causes criminelles auxquelles prennent part une ville, une province entière. Les procès civils n'intéressent ordinairement qu'un petit nombre d'individus ; ils se discutent sous l'œil calme et sévère de la justice, et se réduisent presque tous à une discussion sèche de lois et des conventions qu'il faut éclaircir. En outre, la loi est pour les juges une règle inexorable dont ils ne peuvent s'écarter pour aucun motif. D'après cela, on voit que les grands mouvemens qu'on admirait à Athènes et à Rome, ne nous conviennent point, et qu'il s'agit aujourd'hui de prouver, de convaincre et non d'émouvoir.

Cependant, comme nous l'avons dit, ce principe a des exceptions. Il est des causes où il est permis à l'avocat de parler au cœur, de solliciter la pitié en faveur de ce qui en est digne, l'indulgence en faveur de la fragilité. Il lui est permis aussi de présenter les faits odieux dans toute leur noirceur, de développer les replis de l'artifice et du mensonge, de peindre sans ménagement la fraude, l'usurpation, l'âme d'un fourbe démasqué, d'un scélérat confondu. Mais alors même on doit éviter d'employer des mouvemens ou- *Les mouvemens oratoires doivent recevoir chez nous quelques modifications.* trés qui seraient plus dignes du théâtre que de la gravité des jugemens. Le trait de l'orateur Antoine, déchirant la tunique de Manius Aquilius et mon-

trant aux juges les cicatrices des blessures hono-
rables reçues dans plusieurs combats, ne produirait pas aujourd'hui le même effet. L'éloquence a
aussi ses modes. Elle reçoit des modifications de la
différence des temps et des lieux. Un avocat qui se
piquerait aujourd'hui de plaider exactement comme
on plaidait à Rome du temps de Cicéron ou de Quintilien, nous paraîtrait peut-être aussi singulier qu'un
magistrat qui affecterait de porter la toge des sénateurs romains.

LIVRE SECOND.

DE LA DISPOSITION.

La disposition est la partie de la rhétorique qui apprend à mettre dans un ordre convenable les moyens de persuader, fournis par l'invention.

Il ne suffit pas d'avoir trouvé les choses qu'on doit dire, il faut les mettre en ordre, en faire un ensemble régulier et méthodique. Sans cela, le discours ne présenterait qu'un amas confus d'idées sans grâce, et même sans véritable utilité. C'est l'ordre et l'arrangement qui donnent du prix aux plus belles choses. « Voyez, dit Quintilien, ces formes isolées, » ces membres épars, mais finis et parfaits : En ferez-» vous une statue, si vous ne savez les unir ? Dans le » corps humain, si vous mettez une partie à la place » d'une autre, quoique le reste demeure comme il » était, n'aurez-vous pas un monstre ? et les muscles » et les nerfs, feront-ils leurs fonctions pour peu » qu'ils soient dérangés ? Les grandes armées où se » met le confusion, s'embarrassent et se défont elles-» mêmes. L'univers ne se maintient que par l'ordre ; » et si cet ordre venait à se troubler, tout périrait. » (L. VII, *Proœm.*)

L'ordre fait pareillement le mérite et la force du discours oratoire. Les choses qu'on a trouvées et amassées dans son esprit et qui brillent chacune de leur propre beauté, acquièrent par la bonne distribution qu'on en sait faire, un nouvel éclat; elles se prêtent un mutuel appui, au moyen duquel elles se soutiennent, elles se fortifient réciproquement et deviennent plus propres à opérer la persuasion.

Deux manières d'ordonner le discours. L'ordonnance du discours est de deux sortes. « L'une, dit Cicéron, est indiquée par la nature » même; l'autre dépend de la prudence et de la sa- » gacité de l'orateur. » (*De Orat.*, l. II, n. 307.)

L'une a rapport aux diverses parties du discours. La première ordonnance consiste à mettre à la place qui leur est marquée par la nature l'exorde, la proposition, la confirmation, etc.

L'autre, aux idées principales. La seconde est réservée à exprimer l'arrangement qu'ont entre elles les principales idées du discours, et particulièrement celles qui font le sujet de la confirmation. C'est cet ordre qu'on entend quand on **Ce qu'on entend par plan.** parle du *plan* du discours; car, lorsqu'on demande quel plan un tel orateur a suivi dans son discours, on ne veut pas savoir s'il a fait une exorde, une proposition, une confirmation, une péroraison; mais s'il a divisé sa matière en plusieurs points, quels sont ces points, quel est celui qu'il a traité le premier, le second, etc.

Tout le monde convient qu'il est très-difficile de former sur un sujet quelconque, un plan régulier et satisfaisant; c'est, dit-on, l'ouvrage du génie. « Disposer et mettre en œuvre les moyens de con- » vaincre, d'instruire et de persuader, c'est le pro- » duit de la sagacité de l'orateur. » (*De Orat.*, l. II, n. 308.)

Moyen de former un bon plan. Il est bien difficile de donner sur cette distribution du discours, des préceptes positifs qui s'appliquent à toutes les circonstances. L'orateur doit consulter son jugement; il doit considérer le sujet qu'il traite, et le but qu'il se propose en le traitant, à qui il s'adresse, et la position plus ou moins favorable où il se trouve, et disposer ensuite son travail dans l'ordre qui lui semblera le plus propre à atteindre son but.

Si nous ne pouvons donner le secret d'y réussir, au moins nous en indiquerons les qualités essentielles.

Le plan d'un discours doit réunir la *justesse, la netteté, la simplicité, la fécondité et l'unité.* Qualités du plan.

Un plan qui a de *la justesse,* est celui qui embrasse le sujet dans toute son étendue, sans y rien ajouter, sans en rien retrancher.

Un plan qui a de *la netteté,* est celui qui offre à l'esprit une image abrégée et distincte de tout le sujet, qui sépare les parties sans les isoler, et les assemble sans les confondre.

Un plan qui a de la *simplicité,* est celui qui réduit tout le sujet, quelque compliqué qu'il puisse être, à un petit nombre de pensées ou de propositions générales qui le dominent tout entier.

Un plan qui a de la *fécondité,* est celui dont chaque pensée principale renferme dans son sein une foule d'autres pensées, qui montre deux ou trois vérités dans lesquelles on en aperçoit une infinité d'autres.

L'unité du plan consiste à former un tout de parties qui soient d'accord entre elles et qui aillent directement et sensiblement à une fin commune.

Le moyen de mettre de l'unité dans un discours, c'est de se demander que veux-je prouver? que veux- Moyen de mettre de l'unité.

je persuader? Quelle est la proposition qui exprimerait le mieux le fond de mon ouvrage? C'est à cette proposition que l'ouvrage entier doit se rapporter.

Ce précepte d'ensemble dans le tout et de proportion dans les parties, est fondé sur la raison et enseigné par tous les maîtres de l'art; il s'applique à tous les ouvrages de quelque genre qu'ils soient (1).

**Combien
un discours doit
avoir
de parties.** Mais revenons à la première manière d'ordonner le discours. « La nature même, dit Cicéron, nous » apprend combien un discours doit avoir de par- » ties. C'est elle qui nous avertit de ne pas entrer » brusquement en matière, mais d'y préparer les » esprits; d'exposer ensuite la chose dont il s'agit; » puis de la prouver en faisant valoir nos raisons; » enfin de mettre au discours une conclusion qui le » termine. » (*De Orat.*, l. II, n. 307.)

Il suit de là, que tout discours a nécessairement quatre parties : 1º. l'exorde qui prépare les esprits; 2º. la proposition qui expose le sujet; 3º. la confirmation qui le prouve; 4º. la péroraison qui conclut (2).

---

(1) *Denique sit quod vis simplex dumtaxat et unum.*
(HORAT. de Art poët.)

  Il faut que chaque chose y soit mise en son lieu,
  Que le début, la fin, répondent au milieu;
  Que d'un art délicat les pièces assorties,
  N'y forment qu'un seul tout de diverses parties.
(BOIL. , Art poët.)

 (2) Aristote enseigne que tout discours, à la rigueur, n'a que deux parties. Il appelle l'une *proposition* et l'autre *preuve*. « En effet, dit-il, proposer simplement une chose » sans la prouver, ou la prouver sans avoir dit auparavant » ce que c'est, ni l'avoir proposée, c'est ce qui est impossi- » ble. (*Rh.*, l. III, ch. 13.)

Les discours du barreau et les plaidoyers ont deux parties de plus, savoir ; la narration qu'on place après l'exorde, et la réfutation qu'on place avant ou après la confirmation.

Nous ne disons pas que chacune de ces parties doive nécessairement entrer dans un discours, ni quelle y doive entrer dans l'ordre que nous venons de leur donner. Il ne dépend pas toujours de l'orateur d'être aussi méthodique ; quelquefois même ce serait une faute de vouloir l'être. Cicéron, dans son plaidoyer pour Milon, ne fait pas marcher la narration immédiatement après l'exorde. Il insère entre deux une ample réfutation de quelques préventions extrajudiciaires dont il craignait que les esprits des juges ne fussent frappés. La distribution du discours, telle que nous l'avons annoncée, cède quelquefois aux circonstances et à l'utilité de la cause qui est la loi souveraine de l'orateur.

Elles ne sont pas toujours placées selon le même ordre.

Il y a d'excellens discours où manquent une ou plusieurs des parties dont nous avons parlé. Dans les uns, l'orateur aborde son sujet directement et sans introduction : dans les autres, il n'emploie ni exposition ni division, seulement il donne quelques explications sur l'un des côtés de la question, et puis il termine par une conclusion simple et précise.

Elles ne se trouvent pas toujours réunies dans le même discours.

Cependant, comme toutes ces parties entrent naturellement dans la composition d'un discours régulier, et que dans un discours quelconque il y en a toujours quelques-unes, nous devons les passer successivement toutes en revue, et entrer, au sujet de chacune, dans quelques détails.

CHAPITRE PREMIER.

De l'exorde.

But de l'exorde.

« Le but de l'exorde, dit Quintilien, est de disposer » l'auditeur à nous écouter favorablement dans toute » la suite du discours. » (L. IV, c. I.)

Trois moyens de se rendre l'auditeur favorable.

On peut se rendre l'auditeur favorable par trois moyens qui consistent à l'intéresser par le sentiment, à attirer son attention, à le mettre à portée de s'instruire ; ou, comme s'exprime le même auteur, à le rendre bienveillant, attentif et docile : *Si auditorem benevolum, attentum, docilem fecerimus*. (*Ibid.*)

Ce n'est pas que l'orateur ne doive employer ces moyens dans le reste du discours ; mais on lui recommande d'en faire usage particulièrement dans l'exorde, parce qu'ils y sont plus nécessaires qu'ailleurs. C'est là qu'on doit songer à se ménager une entrée dans l'esprit des auditeurs, afin de s'en rendre maître dans la suite (*Ibid.*)

Se concilier la bienveillance.

On se concilie la bienveillance par des motifs tirés du sujet qu'on traite, de sa propre personne, de celle du client, de celle des adversaires, de celle des juges. Si on donne des louanges aux juges, il faut qu'elles roulent sur des qualités qui aient leur application directe à la cause : par exemple, sur leur inclination à la bonté, à la commisération, si l'on parle pour un malheureux ; sur leur juste sévérité si l'on poursuit la vengeance d'un crime. (*Ibid.*)

L'attention.

On obtient l'attention de l'auditeur par l'importance du sujet, si on le représente comme nouveau, singulier, ayant quelque chose de surprenant, capable d'intéresser le bien de la société. (*Ibid.*)

On rend l'auditeur docile, c'est-à-dire, on le met à portée de s'instruire, en posant bien nettement la question dont il s'agit, et en présentant les diverses faces sous lesquelles on va la considérer. (*Ibid.*) Tout exorde doit donner une idée générale de la cause, ou lui servir d'introduction. (*De Orat.*, l. II, n. 320.) *La docilité.*

Quintilien observe que ces préceptes doivent s'accommoder aux différentes causes que l'on traite. On a besoin de rendre les juges favorables dans les causes douteuses; attentifs, dans celles qui sont basses; dociles, dans celles qui sont obscures. (*Ibid.*) Mais nous nous sommes déjà étendus sur la manière de se concilier les auditeurs, en parlant des moyens de plaire. (L. I, c. 2, art. 1er.)

L'exorde d'un discours doit sortir du fond même du sujet, et lui être tellement propre, qu'il ne puisse convenir à aucun autre sujet. Le moyen de faire un exorde convenable, c'est de ne le composer qu'après avoir examiné la matière sous toutes ses faces, trouvé et disposé les preuves. C'était la méthode d'Antoine. (*De Orat.*, l. II, n. 318.) *L'exorde doit sortir du sujet. Principe pour bien faire l'exorde.*

Selon le sujet, Cicéron distingue deux espèces d'exorde : *le début simple et l'insinuation. Exordium in duas partes dividitur, in principium et insinuationem.* (*De inv. Rh.*, l. I, n. 15.) *Il y a plusieurs sortes d'exorde.*

Le début simple consiste à exposer en peu de mots et avec netteté ce dont il s'agit. Il s'emploie dans les circonstances où l'orateur, étant assuré de l'attention et de la bienveillance de ses auditeurs, n'a rien de mieux à faire qu'à entrer en matière promptement; dans les causes minces où l'appareil de l'éloquence *L'exorde simple.*

serait déplacé; dans celles qui, au premier coup d'œil, se montrent honnêtes, et où il n'y a que de légers nuages d'opinion à dissiper; enfin, lorsque le temps presse, que l'auditoire est impatient ou déjà fatigué, et qu'il désire que l'orateur aille d'abord au fait.

L'exorde par insinuation. L'insinuation est, comme Cicéron l'a définie, un exorde qui, par une sorte de dissimulation et de détour, s'insinue insensiblement et adroitement dans les esprits. (*De inv. Rhet. loc. cit.*)

Lorsque la cause est défavorable, qu'elle a quelque chose d'odieux, de révoltant; lorsqu'on s'aperçoit d'un éloignement marqué soit dans l'opinion, soit dans l'inclination des juges; lorsqu'il s'agit de détruire une erreur, d'attaquer un préjugé, de combattre un sentiment reçu, d'affaiblir les raisons d'un adversaire puissant ou respectable; dans toutes ces circonstances, on a besoin de beaucoup de finesse et de dextérité pour s'insinuer dans les esprits et les amener à son but. Si on commençait par les heurter de front, on se mettrait en danger d'échouer. Il faut recourir à des tours adroits qui adoucissent ce qui pourrait choquer.

Méthode d'insinuation. Quand la cause présente un aspect odieux, Cicéron nous indique le tour dont nous devons faire usage. Il faut présenter à l'auditoire, au lieu de l'objet pour lequel on sait qu'il a de la répugnance et de l'éloignement, un autre objet qui l'intéresse, et qui, par ses rapports avec l'objet dont il s'agit, dispose d'abord les esprits à ne pas en être blessés, et les amène insensiblement à le voir d'un œil favorable. Pour donner le change à l'auditeur, cachez-lui d'abord, dit-il, ce que vous avez dessein de lui per-

suader ; paraissez donner dans son sens, en annonçant que ce qui excite son indignation, excite aussi la
vôtre ; que ce qui lui paraît injuste et odieux, vous
le tenez pour tel. Et après l'avoir appaisé, après l'a-
voir rendu attentif et docile, montrez-lui que dans
votre cause, il n'y a rien de tout cela. (*De Orat.*, l. III.)

Il est des conjonctures où l'orateur peut éclater
avec force dans son début, c'est lorsqu'il s'agit d'une
chose très-grave, très-importante, qui excite par
elle-même des sentimens violens d'indignation, de
crainte, de douleur, etc... dont les auditeurs sont
déjà pénétrés; alors on peut commencer avec éclat
et se livrer tout de suite à des mouvemens conformes
aux dispositions de ceux qui écoutent. Un semblable
début est appelé par les rhéteurs *exorde brusque* ou
ex abrupto. On citera toujours comme le plus beau
modèle en ce genre l'exorde du premier discours
de Cicéron contre Catilina.

Quelquefois il étale, dès le commencement, toutes
les richesses et toute la pompe de l'éloquence. Alors
son exorde est appelé *pompeux*.

La plaidoirie moderne donne rarement lieu à l'appareil de la haute éloquence. Dans le commun des
procès, l'exorde n'est que l'exposé de la nature de la
cause, ou de la situation de celui qu'on défend. Quelquefois cependant il se trouve des causes assez importantes pour mériter qu'on y emploie tous les
moyens de l'art.

A la tribune, rarement la discussion des affaires
permet à l'éloquence de déployer ses plus beaux ornemens. L'exorde doit être simple; Démosthène et
Tite-Live peuvent nous servir de modèle en ce genre
plutôt que Cicéron.

Dans le sermon
et le
panégyrique.

Le grand appareil de l'exorde est réservé à l'éloquence de la chaire et du panégyrique. C'est là qu'il se montre avec l'éclat qu'il eut à la tribune et au barreau de Rome. Tout le monde connaît les exordes des sermons de Masillon, ceux des oraisons funèbres de Bossuet et de Fléchier, et ceux des éloges de Thomas et de La Harpe couronnés par l'académie française. Une grande richesse de pensée s'y joint à toute la magnificence des tours et des expressions.

Quelques observations sont ici nécessaires.

La
modestie convient à l'exorde.

1°. La modestie est le caractère ordinaire de l'exorde ; elle doit se faire sentir non-seulement dans les pensées et dans le style, mais encore dans l'air du visage et dans le ton de l'orateur. L'arrogance déplaît dans celui qui parle, dit Quintilien, et l'auditoire est bien aise de se voir respecté. Toutefois la modestie ne doit pas exclure un certain sentiment de dignité qui donne à l'orateur la conviction intime de la justice ou de l'importance de sa cause.

La véhémence
ne lui
convient pas.

2°. On doit se souvenir que l'exorde ne fait qu'introduire, annoncer, promettre, et que ce n'est pas le lieu de déployer ni les forces du raisonnement, ni les ressorts du pathétique. Quintilien avertit sagement de n'y hasarder aucune de ces expressions hardies qui échappent dans des mouvemens impétueux, parce que la chaleur qui les inspire n'est pas encore dans l'âme des auditeurs. Il suffit de donner aux cœurs une légère impulsion, et de les ouvrir aux sentimens dans lesquels on se propose de les faire entrer dans la suite.

Sources
de l'exorde.

3°. L'exorde se tire souvent des circonstances.

« Voyez donc devant qui vous parlez, pour qui,
» contre qui, en quel temps, en quel lieu, en quelle
» conjoncture, ce que le public pense de l'affaire,
» ce qu'en pensent les juges eux-mêmes, ce que vous
» avez à désirer, ce que vous avez à craindre. Qui-
» conque fera ces réflexions n'aura pas besoin de
» maître pour savoir par où il doit commencer. »
(Quint., l. IV, c. 1.)

Les défauts de l'exorde sont d'être *vulgaire, inutile,* Défauts
trop long, exagéré, hors d'œuvre, déplacé, à con- de l'exorde.
tre-sens.

Un exorde *vulgaire* est celui qui est propre également à plusieurs sujets ; *inutile*, celui qui n'est qu'un
prélude oiseux ; *trop long*, celui qui contient plus de
pensées ou de paroles qu'il ne faut ; *exagéré*, celui
qui exagère la grandeur du sujet ; *hors d'œuvre*, celui
qui n'est pas tiré du fond du sujet ; *déplacé*, celui qui
ne va pas au but ; *à contre-sens*, celui qui va contre
l'intérêt de la cause. (*De inv. Rhet.*, l. I, n. 18.)

CHAPITRE II.

De la proposition.

La proposition est l'exposition simple, claire et Définition
précise du sujet qu'on va traiter. de la proposition.

On la place à la tête de la confirmation. (Quint., Sa place.
l. IV, c. 4.)

Il y a des propositions simples et des propositions
composées. (*Ibid.*)

On appelle propositions simples celles qui ne Propositions
renferment qu'un seul sujet à prouver ; telle est celle simples.
du sermon de Massillon sur les exemples des grands :

« Les exemples des princes et des grands roulent sur
» cette alternative inévitable : ils ne sauraient ni se
» perdre ni se sauver tout seuls. Vérité capitale qui
» va faire le sujet de ce discours. » (*Petit Carême.*)

Propositions composées. On appelle propositions composées celles où plusieurs objets demandent chacun leur preuve à part.
Ainsi Démosthène , en accusant Eschine d'avoir pré-
variqué dans son ambassade , renferme dans la proposition les différens chefs d'accusation , et annonce
« qu'il va le convaincre de mensonge et d'imposture,
» de n'avoir pas suivi les instructions qu'on lui avait
» données, d'avoir différé son retour malgré les ordres
» de la république , de s'être laissé corrompre par
» Philippe. » (QUINT. , *ibid.*) (1).

Dans quel cas on n'a pas be- soin d'exprimer formellement la proposition. Dans les discours où l'auditeur voit clairement ce
qui est à prouver , il n'est pas besoin d'exprimer for-
mellement la proposition. (*Ibid.*)

Mais elle devient nécessaire dans les causes obscures et chargées d'incidens ; alors elle sert à annoncer le point qui est à juger, et désigne au juge
l'objet dont il doit s'occuper. (*Ibid.*)

Il est des cas où il serait imprudent d'énoncer d'une
manière formelle, en commençant à parler, ce qu'on
se propose de prouver, de persuader : on courrait
risque de révolter les esprits ; il faut alors tâcher de
les conduire au but sans qu'ils s'en aperçoivent.
Ainsi procèdent Hannon , lorsqu'il propose au sénat
de Carthage de livrer aux Romains Annibal, violateur
des traités ; Et Vibius Virius , lorsqu'il exhorte les

---

(1) C'est la proposition du discours de Démosthène sur
les *prévarications de l'ambassade.*

sénateurs de Capoue à finir leur vie par le poison, pour échapper à la vengeance des Romains. (Tit.-Liv., l. XXI et XXVI.)

Les propositions composées offrent toujours diffé-De la division.rens points à traiter. Les propositions simples, étant souvent appuyées sur deux ou trois preuves princi-cipales, présentent aussi plusieurs aspects sous les-quels on peut les considérer. De là les divisions.

Toutes les fois que la proposition est composée, ou qu'étant simple, on annonce qu'on la prouvera d'abord par tel moyen et ensuite par tel autre, il y a une division.

La division est donc le partage du sujet en plu-Sa définition.sieurs points qui doivent être traités les uns après les autres, dans l'ordre marqué par l'orateur.

Comme chacun de ces points peut lui-même seDe la subdivi-sion. prouver de plusieurs manières, il peut aussi, par conséquent, se diviser; de là les subdivisions. Elles se placent dans le corps du discours au commencement de chaque point ou de chaque partie principale.

La proposition avec la division et la subdivisionDu plan. forme ce qu'on appelle le plan du discours.

Nous avons parlé des qualités du plan dans le cha-Il ne doit pas trop restreindre le sujet.pitre préliminaire de ce livre; mais nous devons ajouter ici que le plus grand défaut du plan d'un discours, c'est de trop restreindre le sujet. « Le » plan, dit l'abbé Maury, doit ouvrir un champ » vaste et fécond à l'éloquence. S'il est trop circon-» scrit, il vous met hors de votre matière, au lieu de » vous fixer au centre du sujet. C'est ainsi que Ché-» minais, séduit par le cliquetis d'une antithèse bril-» lante, se borne, dans son discours sur l'ambition, » à présenter l'ambitieux *esclave* et l'ambitieux *ty-*

» *ran*, sans s'apercevoir combien il s'appauvrit en
» se renfermant dans ces deux coins trop resserrés,
» où il ne peut plus peindre les sacrifices, les bas-
» sesses, les injustices d'un autre genre que coûte
» cette malheureuse passion et tous les étranges mé-
» comptes auxquels ses mauvais calculs livrent ordi-
» nairement ses victimes. Il ne faut qu'une erreur pareille
» dans le plan, erreur qui est l'équivalent d'un mau-
» vais choix de sujet, pour ôter à un discours comme
» à un drame toute espèce d'intérêt, et pour égarer
» et entraîner à une chute inévitable le même orateur,
» le même poëte dont le talent, mieux dirigé, s'est
» signalé par des chefs-d'œuvre dans la même carrière.»
(*Essai sur l'Éloq. de la chaire*, parag. VI.)

Il doit être dis-
tribué
selon une gra-
duation
marquée.

« Il importe, dit-il plus bas, d'observer dans
» la distribution du plan une graduation mar-
» quée, pour assurer ou plutôt pour augmenter tou-
» jours l'intérêt des faits, la progression des preuves,
» la force du raisonnement, et la véhémence des
» mouvemens oratoires.» (Parag. VIII.)

Ce principe
est enseigné et
pratiqué
par Cicéron.

Cette marche est celle que Cicéron a suivie dans
ses plaidoyers, et particulièrement en défendant Archias, son instituteur, et Milon, son ami. Dans ses
Partitions oratoires, il la consacre comme une règle
fondamentale de l'éloquence du barreau. « Voici,
» dit-il, comment vous devez procéder : ou il faut
» nier le fait qu'on vous oppose; ou, si vous l'a-
» vouez, il faut prouver qu'il n'en résulte point les
» conséquences que votre adversaire en déduit. »
(N. 29.)

Nécessité
de méditer le su-
jet pour
faire un bon
plan.

Pour tracer un bon plan, il faut avoir approfondi
le sujet qu'on veut traiter. A mesure qu'on réfléchit,
on pénètre les principes des choses, on en découvre

les rapports. Peu à peu les idées naissent, se multi-
plient ; puis elles se combinent et se distribuent
d'elles-mêmes et presque sans effort. Il est incroyable
avec quelle facilité chaque pensée va se ranger à sa
place, quand une fois on a dompté son sujet par la
méditation. Le point essentiel est de se rendre maître
de son sujet, de le dominer de toute la hauteur nécessaire pour le voir du même coup d'œil dans toute
son étendue.

La division du discours, qui n'est autre chose que *Règles de la division.*
l'expression du plan, doit avoir trois qualités qui sont
la *brièveté*, l'*intégrité*, la *simplicité*. (*De inv. Rh.*,
l. I, n. 22.)

1°. Elle n'admet que les mots nécessaires, aucune *Brièveté.*
circonlocution, aucun ornement étranger. C'est ce
qui en fait la *brièveté*.

2°. Elle doit embrasser toute l'étendue du sujet. Il *Intégrité.*
faut bien se garder, dit Cicéron, d'y rien omettre
d'essentiel à la cause, et à quoi l'on soit obligé de
recourir après l'avoir oublié ; ce qui serait dans l'orateur une maladresse honteuse. Voilà ce qui constitue
l'*intégrité*.

3°. On ne doit prendre pour membres de la divi- *Simplicité.*
sion que les idées principales et distinctes, en sorte
que ces membres ne rentrent pas l'un dans l'autre.
C'est de là que résulte la *simplicité*.

On peut facilement appliquer ces règles au plan
suivant ; c'est celui du sermon de Massillon sur l'humanité des grands envers les peuples. (*Petit Carême.*)

Division : « L'humanité envers les peuples est le *Exemples.*
» premier devoir des grands : l'humanité envers les
» peuples est l'usage le plus délicieux de la grandeur. »

Première partie : « L'humanité envers les peuples

» est le premier devoir des grands. » Subdivision :
« L'humanité renferme l'affabilité, la protection et
» les largesses. »

Seconde partie : « L'humanité envers les peuples
» est l'usage le plus délicieux de la grandeur. » Sub-
» division : « Parce qu'il n'y a rien de plus doux que
» le pouvoir de faire des heureux : parce qu'il n'y a
» rien de plus doux que de régner sur les cœurs. »

La division de l'oraison funèbre de Turenne par
Fléchier, est : « Que ce grand homme a triomphé
» des ennemis de l'état par sa valeur, des passions de
» l'âme par sa sagesse, des erreurs et des vanités du
» siècle par sa piété. »

Les discours de cette nature ont plus besoin de
division que les autres, à cause des circonstances du
temps, du lieu, etc..., qui en embarrassent la marche.
Dans les oraisons funèbres de Bossuet, la division
présente toujours un tableau vaste, un cadre qui doit
contenir le portrait d'un grand personnage, avec de
grandes leçons pour les mortels. La division de l'é-
loge de la reine d'Angleterre est : « Le bon usage de
» la bonne et de la mauvaise fortune. »

Cicéron fournit aussi plusieurs exemples de divisions justes et régulières. Dans l'oraison *Pro lege
Maniliâ*, où il s'agissait de la guerre contre Mithridate, roi de Pont, et contre Tigrane, roi d'Armé-
nie, il entreprend de prouver trois choses : « 1°. Que
» la guerre est nécessaire ; 2°. qu'elle est dangereuse
» et difficile ; 3°. que Pompée seul peut la terminer
» heureusement. » Il passe ensuite aux subdivisions
qui sont aussi naturelles que la division est simple.

Dans
quel cas la divi-
sion n'est
pas nécessaire.

Il n'est pas toujours nécessaire d'exprimer la division dans le discours ; il est même des occasions où

ce ne serait pas convenable, par exemple, lorsque le discours doit être très-bref, qu'on ne doit y traiter qu'un seul point, ou que la liaison des preuves conduit assez l'esprit sans qu'on soit obligé d'annoncer en termes formels l'ordre qu'on va suivre. Il est même utile quelquefois de cacher la méthode qu'on a intention de suivre, et la conclusion qu'on veut tirer. « La ruse est quelquefois nécessaire, dit Quintilien ; » nous sommes obligés de tromper les juges, et de » leur mettre un bandeau sur les yeux, pour empê- » cher qu'ils ne découvrent notre dessein ; car il y a » des propositions qui leur semblent dures. » (L. 4, c. 5.) L'orateur judicieux se réglera à cet égard sur la nature des sujets qu'il aura à traiter.

On doit éviter de faire trop de divisions : ce serait fatiguer l'esprit de l'auditeur plutôt que le soulager, que de lui présenter des divisions et des subdivisions subtiles qui lui échappent malgré lui. Plus elles sont fugitives, plus elles étaient superflues. (QUINT., *ibid.*)

Mais en général la division qui se contient dans de justes bornes apporte de grands avantages ; elle répand de la clarté sur les matières compliquées et chargées d'incidens ; elle rappelle les propositions principales à l'auditeur, fixe son attention et lui fait suivre sans peine la marche du discours ; elle lui offre des momens de repos pendant lesquels il peut réfléchir sur ce qu'il a entendu, et pressentir ce qui va suivre. Enfin, en lui laissant prévoir l'instant où il pourra suspendre et soulager son attention, elle l'engage à suivre l'orateur avec plus de patience. (QUINT., *ibid.*)

Utilité et avantage des divisions.

CHAPITRE III.

De la confirmation.

Définition de la confirmation. La confirmation est la partie du discours où l'orateur prouve la vérité qu'il a annoncée dans la proposition.

Son importance. C'est la partie essentielle du discours; elle en est le fond et la substance. Les autres parties lui sont subornées et n'ont de prix qu'autant qu'elles contribuent à la faire valoir.

Son but. L'orateur doit employer dans cette partie tous les moyens propres à fixer et à soutenir l'attention des auditeurs, à faciliter leur intelligence, à soulager leur mémoire, à déterminer leur assentiment.

Moyens d'y arriver. Ces moyens sont la position des questions et leur division, l'ordre et la méthode, les repos et la variété. Nous avons fait connaître les deux premiers dans le chapitre précédent; développons les autres.

§ Ier. *De l'ordre ou arrangement des preuves.*

De l'arrangement des preuves. Est-il une disposition des preuves, un ordre dans l'argumentation que l'art indique comme propre à répandre un plus grand jour sur les questions et à porter plus sûrement la conviction dans les esprits? Cicéron déclare formellement que sur ce point l'art est en défaut, et que le talent de l'orateur doit tout faire.

Précepte de Cicéron à ce sujet. Cependant il donne à ce sujet un précepte, c'est celui de commencer et de finir par les plus forts moyens, et de faire passer les plus faibles entre deux

parce qu'il faut s'emparer des esprits en commençant,
et les vaincre en terminant. Il n'approuve pas la méthode de ceux qui commencent par les preuves les plus
faibles; « Car, selon lui, il importe beaucoup de ne
» pas tromper l'attente des auditeurs. Si on ne les sa-
» tisfait point au commencement, on a plus de peine
» à le faire dans la suite, et la cause est en danger,
» lorsque les juges n'en ont pas une bonne opinion
» dès le début. (*De Orat.*, l. II, n. 313 et 314.)

Quintilien, examinant cette opinion, est d'avis Précepte
de Quintilien.
que la nature et le besoin de la cause peuvent seuls
déterminer la disposition des preuves, « pourvu néan-
» moins que le discours ne décline jamais, et ne fi-
» nisse point par des raisons minces et faibles, après
» avoir commencé par les plus fortes. » (L. V,
c. 12.)

Nous pensons que c'est au sentiment de Quinti- Lequel
des deux est pré-
férable.
lien qu'il faut s'en tenir, et que l'état de la question
détermine seul la disposition des preuves et la méthode à suivre dans leur discussion; que néanmoins
il est à souhaiter que le discours aille toujours en
croissant, selon ce principe : *Semper augeatur et
crescat oratio.*

Un exemple célèbre nous prouve que cette dispo- L'ordre des
preuves dépend
du sujet
que l'on traite.
sition doit changer selon le besoin de la cause. Il est
cité par Quintilien en ces termes : « La même ques-
» tion ne se doit pas toujours traiter la première de
» part et d'autre. Démosthène et Eschine peuvent
» nous en fournir un exemple : ils ont suivi un ordre
» tout différent dans la cause de Ctésiphon. L'accu-
» sateur commence par traiter la question de droit,
» comme lui étant plus favorable; le défendeur fait
» précéder tous les autres chefs ou presque tous,

» afin de préparer les juges à la question de droit
» qu'il réserve pour la fin. En effet, l'un a intérêt de
» commencer par un point, l'autre par un autre. Et
» si cela n'était pas permis, il faudrait toujours plai-
» der au gré du demandeur. » (L. VII , c. i.)

Il est indiqué or-
dinairement
par le rapport
naturel
qui existe entre
les choses.

En général, il y a dans la déduction des preuves
une marche naturelle qui a son principe dans la relation des choses et la génération des idées. Les
preuves d'un même fait ou d'une même proposition
se tiennent toujours par quelque côté, et le plus souvent s'engendrent l'une l'autre. Cette génération
devient un ordre nécessaire, et cet ordre ne peut
manquer d'être le plus concluant.

Arrangement
propre aux ques-
tions de droit.

C'est aux questions de fait que ces documens conviennent particulièrement, et aux preuves par les indices et les inductions. Dans les questions de droit,
où la controverse est toute en doctrine, où il s'agit
de l'application d'une loi, de la discussion de son
texte et de son esprit, la preuve n'est qu'une argumentation établie sur des principes généraux. Alors
la marche est à peu près uniforme; voici ce que prescrit Cicéron :

Thèse, hypo-
thèse.

Il distingue deux sortes de questions, l'une qu'il
appelle *thèse*, ou proposition générale, et l'autre *hypothèse*, ou proposition particulière. La première n'est
déterminée par aucune circonstance de temps, de
lieux, de personnes; la seconde est limitée par toutes
ces circonstances. Il veut que l'orateur s'éloigne autant qu'il pourra de la question particulière, et qu'il
remonte à la générale; et cela pour deux raisons : la
première, parce qu'il est plus aisé de s'étendre sur le
genre que sur l'espèce ; la seconde, parce que ce qui
a été une fois établi dans la *thèse* demeure néces-

sairement prouvé pour l'*hypothèse* (1). (*Orat.*, n. 45 et 46.)

Exemple.

Par exemple, s'il s'agit de faire voir combien Catilina était coupable d'avoir conjuré contre sa patrie, il faut commencer par montrer quel est le crime des conjurations en général et les maux qui s'ensuivent. Tout ce qui aura été prouvé dans cette première partie servira à faire connaître l'énormité du crime de Catilina, et l'orateur se sera ouvert, au moyen de ces idées générales, un champ aussi riche que vaste.

Ce qui est pur raisonnement et preuve directe du point dans lequel consiste la cause, est nécessairement sec et peu agréable. C'est en s'écartant du cercle étroit de sa matière, sans pourtant s'égarer, c'est en généralisant ses idées, et en s'élevant à un haut point de vue, d'où non-seulement l'objet soit pleinement découvert, mais d'où l'on aperçoive sa liaison avec les grands intérêts, que l'orateur remue, enchante et frappe d'admiration ceux qui l'écoutent.

Observons ici que l'éloquence de la chaire procède à l'inverse de l'éloquence du barreau; celle-ci doit sans cesse descendre du général au particulier; celle-là doit s'élever sans cesse du particulier au général. L'une ramène les maximes au fait, l'autre étend les faits aux maximes. La seconde cherche une décision, la première une règle. Dans un plaidoyer, c'est la cause d'un homme qui s'agite; dans un sermon, c'est

L'ordre n'est pas le même pour l'éloquence de la chaire et celle du barreau.

(1) Il est aisé de voir que la *thèse* et l'*hypothèse* ne sont autre chose que ce que nous avons appelé antécédent et conséquent.

la cause d'un peuple, celle de l'humanité. (MARMON-
TEL , art. *Éloquence de la Chaire.*)

§ II. *Des repos dans l'exposition des preuves.*

On établit des repos dans l'exposition des preuves
par une observation, par des réflexions qui arrêtent
l'esprit sur ce qu'on a dit, sur ce qu'on a prouvé,
par un résumé des raisons qu'on a déjà développées.
Les résumés partiels deviennent nécessaires quand
les moyens à exposer sont nombreux (1) ; car un
trop long enchaînement d'idées sans relâche, une
déduction trop continue de raisonnemens exige de
l'auditeur trop de contention et le rebute.

§ III. *De la variété dans l'exposition des preuves.*

La variété est un puissant moyen dont il importe
aussi de savoir user. Le plus mortel ennemi du discours est la monotonie, mère de l'ennui. *Variare
orationem magnoperè oportebit ; nam omnibus in
rebus similitudo est satietatis mater. (De inv. Rh.,*
l. I, n. 41.)

La variété brille dans l'élocution et dans l'action. Il
la faut chercher aussi dans la composition, en di-
versifiant la marche de la discussion et les formes de
l'argumentation : tantôt annonçant la proposition à
discuter avant de la développer ; tantôt la déduisant
par conclusion de ce qui précède : ici tirant les conséquences de ce qu'on vient de prouver ; là laissant

---

(1) Voyez le résumé partiel que Cicéron a fait au milieu
de la confirmation de son discours pour Milon, n. 54.

ce soin aux auditeurs, et passant à un autre objet, quelquefois procédant par les particularités, ou par les généralités, et des unes aux autres, selon les convenances; isolant les preuves à raison de leur importance, ou les accumulant pour l'effet qui doit en résulter, promettant l'évidence avant de la produire, ou la faisant ressortir après l'avoir obtenue (Cic., *de inv. Rh.*, l. I, n. 41; *de Orat.*, n. 177); employant à propos l'apostrophe et l'interrogation; s'adressant tantôt à l'adversaire, tantôt aux juges, quelquefois à l'opinion publique. Voyez ce que nous avons dit à ce sujet, à l'article du syllogisme. (L. I, ch. 2, § 2.)

Nous ajouterons quelques observations qui nous sont fournies par Aristote et Quintilien.

1°. Dans le panégyrique, au lieu de preuves, on se sert simplement d'amplifications; montrant que telles et telles actions ont été utiles à l'état, et glorieuses pour la personne qui les a faites. « Comme on » suppose que le sujet qu'on traite est vrai, rarement » on en vient à la preuve, à moins que la chose de » soi fût difficile à croire, ou qu'on pût penser » qu'elle a été faite par un autre que celui à qui on » l'attribue. » (*Rh.*, l. III, c. 17.)

En quoi consiste la preuve dans le panégyrique.

2°. Les exemples sont particulièrement d'usage dans l'éloquence délibérative, soit que l'on conseille, soit que l'on dissuade. Rien, en effet, n'est plus propre à persuader que de citer des exemples de choses semblables qui sont déjà arrivées. « Si je voulais, dit Aris- » tote, faire sentir que Denis demande des gardes, » non pour la sûreté de sa personne, mais pour s'en » servir à mettre ses peuples sous le joug de la ty- » rannie, je trouverais un fort argument dans l'exem-

De l'exemple dans l'éloquence délibérative.

» ple de Pisistrate, qui, par le même moyen, usurpa
» la suprême puissance. » (*Loc. cit.*)

La force de l'exemple vient du penchant qu'ont
tous les hommes à imiter. On juge naturellement par
ce qui est arrivé aux autres, ou par ce qu'ils ont
fait, de ce qui peut arriver ou de ce qu'on doit faire.
L'orateur, partant de ce point, entraîne ses auditeurs par des inductions si pressantes ou des parallèles
si adroitement ménagés, qu'il ne paraît plus possible
ou raisonnable d'agir différemment.

*Manière
de s'en servir.* L'exemple ne doit pas se produire brusquement
dans le discours, ni interrompre la série des idées.
Il faut qu'il vienne à l'appui d'une opinion, d'un raisonnement ; qu'il soit l'application d'un principe
qu'on vient d'établir et de développer. On le présente, autant qu'il est possible, de manière à pouvoir
conclure *à fortiori*. Nous en avons donné plusieurs
exemples, quand nous avons considéré l'exemple
comme raisonnement logique. (L. I, art. 2, § 2.)

*L'orateur
ne doit pas prou-
ver
tout ce qu'il dit.* 3°. Aristote donne un avis important touchant la
preuve, c'est de ne pas chercher à en apporter sur
tout ; il est des vérités constantes qu'il suffit d'avancer : il recommande à l'orateur de ne pas ressembler
à certains sophistes de son temps qui, pour vouloir
tout prouver, tombaient dans un tel excès, qu'ils
prouvaient bien souvent des choses plus connues et
plus claires d'elles-mêmes, que celles qu'ils appor-
taient en preuve. (*Loc. cit.*)

*L'orateur
ne doit pas né-
gliger
d'exciter les pas-
sions
en développant
ses preuves.* 4°. Quoique la péroraison soit, à proprement parler, le lieu des passions, il ne faut pas attendre la
fin du discours pour les exécuter. «Dans les autres
» parties du discours, dit Quintilien, l'orateur trai-
» tera chaque passion selon que le sujet la fera naître.

» S'il m'en croit, il n'exposera jamais une chose hor-
» rible ou pitoyable, sans exciter dans l'âme des
» juges un sentiment conforme; et quand il s'agira
» de la qualité de l'action, à chaque preuve il pourra
» ajouter un sentiment. » Cependant il ajoute qu'il
doit y employer les mouvemens d'une manière plus
courte et avec plus de retenue : *Omnes hos affectus
aliæ quoque partes recipiunt, sed breviores.* (L. VI,
c. 1.)

CHAPITRE IV.

De la Péroraison.

La péroraison a deux objets à remplir : elle doit
premièrement achever de convaincre les esprits en
résumant les principales preuves ; en second lieu,
achever de toucher les cœurs en les échauffant par
le sentiment. (QUINT., l. VI, c. 1.)

1°. La fin du discours est le moment qui précède
celui où l'auditeur va porter son jugement, se décider sans retour, approuver ou blâmer. Il est donc
nécessaire alors de rassembler sous ses yeux, et de
lui présenter comme dans un tableau, les principaux
moyens développés dans le discours pour opérer la
conviction.

Cette récapitulation n'est ni une sèche analyse,
ni une froide répétition. Elle doit retracer en abrégé
les principaux argumens, sans qu'ils perdent rien de
leur force, et les présenter avec des formes nouvelles. En répétant les mêmes choses, il faut se donner de garde de répéter les mêmes mots et les mêmes
phrases. Le bon sens dicte ce précepte, et Quintilien l'appuie de l'exemple de Cicéron, qui, dans ses

La péroraison a deux objets à remplir.

Achever de convaincre les esprits.

Manière de résumer les principaux argumens.

récapitulations, imagine souvent des tours singuliers, pour donner un air de nouveauté à ce qui a déjà paru sous les yeux et frappé les oreilles des auditeurs. (L. VI, c. 1.)

Achever de toucher les cœurs. 2º. Si la nature de la cause donne lieu à une éloquence véhémente, le résumé doit être suivi d'un mouvement oratoire qui sera d'indignation, de pitié, de crainte, etc... « On place ordinairement à la fin, » dit Cicéron, les mouvemens oratoires propres à » enflammer les juges ou à les calmer. C'est là, plus » que dans les autres parties du discours, que l'ora- » teur doit déployer toutes les ressources de son art, » pour exciter les plus fortes émotions, et les faire » tourner au profit de sa cause. » (*De Orat.*, l. II, nº. 332.)

L'orateur recueillera donc ici toutes ses forces pour s'assurer la victoire. Il mettra en usage tout ce que la passion pourra lui fournir de mouvemens rapides, impétueux, brûlans. Les tours animés, les expressions énergiques, les figures hardies, les images attendrissantes couleront de sa bouche pour toucher, ébranler, subjuguer ses auditeurs.

Péroraison dans les discours de la tribune. Dans l'éloquence de la tribune où il s'agit d'intéresser et d'émouvoir, la péroraison est une partie essentielle du discours ; c'est elle qui donne la dernière impulsion aux esprits, et qui décide la volonté, l'inclination d'un auditoire libre.

Cependant la véhémence n'y serait pas toujours bien placée. Très-souvent l'orateur, après avoir discuté avec chaleur, se résume avec la gravité convenable à son caractère et à l'assemblée qui délibère ; alors la solidité et la noblesse prennent la place du mouvement et de l'impétuosité.

Dans le sermon, la péroraison est ordinairement Dans les discours de la chaire. l'exposé des conséquences de ce que l'on a dit. L'orateur est dans l'usage de la traiter d'une manière pathétique; son objet est d'émouvoir l'auditoire de compassion pour lui-même, d'horreur pour ses propres vices, de terreur pour ses propres dangers. Il devient le conciliateur de l'homme avec lui-même; il se fait son ami, son père; il le voit en péril, et en s'effrayant, il l'effraie; il le voit esclave de ses passions, et en s'affligeant de son humiliation et de son malheur, il l'en afflige : les larmes de compassion qu'il lui donne lui en font répandre. Il se place entre lui et le dieu vengeur qui l'attend, et en criant pour lui *miséricorde*, il le pénètre de frayeur, de componction et de remords.

Mais rien de plus stérile, dit Marmontel, que ces exclamations, ces prières, ces mouvemens, lorsqu'ils sont composés et froidement étudiés. Ce n'est ni avec une voix doucereuse, ni avec une voix glapissante, qu'on déchire l'âme des auditeurs; c'est avec les sanglots, les larmes d'une douleur véritable et profonde; si l'enthousiasme du zèle n'a pas dicté ces péroraisons, et s'il ne les prononce pas, l'effet en est perdu. Celles de Massillon sont d'excellens modèles.

La péroraison du panégyrique est ordinairement Dans le panégyrique. un morceau d'éclat. L'orateur peut y étaler toutes les richesses et toute la pompe de l'éloquence, comme a fait Bossuet dans la magnifique péroraison de l'oraison funèbre du prince de Condé.

Dans le plaidoyer où le sentiment n'est pour rien, Pans les discours du barreau. comme dans les affaires qui ne présentent que des questions de droit, des intérêts purement pécuniaires, la conclusion ne doit être que le résumé de la cause. C'est un épilogue qui réunit tous les moyens épars et développés dans le discours, pour les remettre en la mémoire des juges. (*De inv. Rh.*, l. I, n. 52.)

Il sera mieux encore, dit Cicéron, de récapituler en peu de mots les moyens de la partie adverse, et les raisons avec lesquelles on les aura refutés et détruits. Par là, non-seulement la preuve, mais la réfutation sera présente à l'auditeur, et on aura droit de lui demander s'il désire encore quelque chose, et s'il reste encore dans l'affaire quelque nuage à dissiper. (*Ibid.*)

Ce résumé est nécessaire dans les affaires compliquées et chargées de plusieurs chefs de demande. Mais il y a bien des causes qui n'ont pas besoin de péroraison distincte, non plus que d'exorde en forme, et qui se terminent aussi bien par la simple conséquence d'un raisonnement, qu'elles commencent par la position de la question à juger.

Les accusations capitales, devant un jury juge des faits, ouvrent, par la nature des crimes, par la singularité des circonstances, par la qualité des accusés, un vaste champ aux émotions de l'âme, à l'indignation, à la commisération. Cicéron s'est très-étendu sur les moyens d'exciter ces deux passions. (*De inv. Rh.*, l. I, n. 53 et seq.), et nous a montré comment on peut y réussir, dans son accusation contre Verrès, et dans les plaidoyers qu'il a faits pour la défense de ses amis.

Dans les péroraisons de mouvement, on a coutume d'envisager les conséquences du jugement à intervenir, dans l'intérêt privé, dans celui de la société et des mœurs. Les considérations privées sont touchantes ; les considérations d'ordre public sont plus imposantes et plus impérieuses.

Nous finirons par un principe général, commun à toutes les péroraisons, de quelque genre qu'elles soient : c'est qu'elles doivent renfermer ce qui, dans le discours, est le plus favorable au but que l'orateur s'est proposé. *Précepte fonda-mental.*

CHAPITRE V.

De la Narration.

La narration judiciaire, la seule dont il soit ici question, est l'*exposition du fait assorti à l'utilité de la cause.* (CREVIER.) On l'appelle simplement *fait* dans les plaidoyers et les mémoires. Ce n'en est pas la partie la moins importante, ni celle qui exige de l'orateur le moins d'attention, puisque le fait est la matière même de la cause et la source des moyens : *Omnis orationis reliquæ fons est narratio.* (CIC., *de Orat.*, l. II, n°. 330.) *Définition de la narration.*

Son importance.

Quintilien enseigne que la narration doit être *courte, claire et vraisemblable. Brevis, aperta et veri similis, quò judex facilius intelligat, meminerit, credat.* (L. IV, c. 2.) *Qualités de la narration.*

1°. Il ne faut pas se faire une fausse idée de la brièveté ; elle consiste non pas à se renfermer en peu de mots, mais à ne rien dire d'inutile. Un récit de deux pages est court, s'il ne contient que ce qui est nécessaire ; au lieu qu'un récit de vingt lignes est long, s'il peut être renfermé dans dix. « Quand je re- » commande la brièveté, dit Quintilien, je la fais » consister non à dire moins qu'il ne faut, mais à dire *La brièveté.*

» tout ce qu'il faut et rien de plus. » (*Loc. cit.*)

« La narration sera courte, si elle ne remonte pas
» plus haut, et ne s'étend pas plus loin que la cause
» ne l'exige ; si, lorsqu'on n'aura besoin que d'exposer
» les faits en masse, elle en néglige les détails ; car
» souvent c'est assez de dire qu'une chose s'est faite,
» sans exposer comment elle s'est faite, si elle ne
» se permet aucun écart ; si elle fait entendre ce
» qu'elle ne dit pas ; si elle omet non-seulement ce qui
» nuirait à la cause, mais ce qui n'y servirait point ;
» si elle ne dit qu'une fois ce qu'il y a d'essentiel à
» dire, et si elle ne dit rien de plus.»(Cic., *de inv. Rh.*
l. I, n. 20.

Cicéron enseigne pourtant, dans un autre endroit,
que les détails sont bien placés dans la narration,
lorsqu'ils ajoutent à la clarté, à la probabilité et à l'intérêt du fait. « La narration, dit-il, est plus vraisem-
» blable et plus facile à comprendre, lorsqu'en ex-
» posant le fait comme il s'est passé, on s'arrête de
» temps en temps sur des objets importans, au lieu
» de les raconter en courant. » (*De Orat.*, l. II,
n. 327.)

Ainsi la peinture des choses et des personnes, ce
qui les qualifie et les caractérise ; les expressions et
les pensées qui mettent les événemens dans un plus
grand jour, les traits propres à fixer l'attention
sur les circonstances importantes, et à exciter le
sentiment dont la cause a besoin, ne nuisent point à
la brièveté du récit.

Voulez-vous paraître court, même dans les narrations les plus longues, semez-y à propos quelques
ornemens. « La narration, pour être courte, ne doit

« pas manquer de grâces ; autrement elle serait sans
» art. Le plaisir trompe et amuse ; plus une chose en
» donne, moins elle semble durer. C'est ainsi qu'un
» chemin riant et uni, bien qu'il soit plus long, fa-
» tigué moins qu'un autre qui serait plus court, mais
» escarpé et désagréable. » (QUINT., *loc. cit.*) Il y a
certains artifices qui servent à dissimuler quelques
parties d'une narration qui se prolonge, tels que la
figure appelée *prétérition*, par laquelle on dit tout,
en déclarant qu'on ne dira pas telle ou telle chose. C'est
souvent une manière de la faire ressortir davantage.

2°. La clarté doit régner dans tout le discours, mais
principalement dans la narration. Celle-ci est la base **La clarté.**
du plaidoyer ; c'est d'elle que doit partir la lumière
qui se répandra sur tout ce que l'orateur dira dans
la suite : *Narratio obscura totam obcœcat orationem.*
(*De Orat.*, l. II, n. 329.)

« La narration sera claire, dit Quintilien, si l'o-
» rateur distingue nettement les choses, les personnes,
» les temps, les lieux, les motifs. Elle sera claire,
» ajoute Cicéron, si les faits y sont à leur place et
» dans leur ordre naturel ; s'il n'y a rien de louche,
» rien de contourné, point de digression, rien d'oublié,
» que l'on désire, rien au delà de ce qu'on veut savoir :
» car la clarté demande les conditions qu'exige la briè-
» veté. Souvent, si une chose n'est pas bien entendue,
» c'est moins à cause de l'obscurité que de la lon-
» gueur de la narration. » (*De inv. Rh.*, *loc. cit.*)

L'ordre que Cicéron recommande est le premier
principe de la clarté ; mais qu'est-ce qui constitue la
base de cet ordre? Si les époques font partie essentielle
de la controverse, c'est selon l'ordre des temps qu'il
faut considérer les faits. Hors ce cas , c'est selon leur

relation avec l'état de la question qu'on doit les ex-poser. (1).

Enfin, la clarté de la diction, indispensable en toute matière pour la clarté des idées, appartient essentiellement à la narration.

La vraisemblance.

3o. Quand on dit que le récit doit être vraisem-blable, on pourrait demander s'il peut, en quelque occasion, cesser d'être vrai.

Pour prévenir cette question, nous dirons en premier lieu, avec un de nos poëtes, que *le vrai peut quelquefois n'être pas vraisemblable ;* en second lieu, que des faits vraisemblables cesseront de le paraître, s'ils ne sont présentés avec vraisemblance ; ce qui arrive, si l'on omet les circonstances qui caracté-risent les personnes et les choses, qui expliquent les causes et les effets, qui, enfin, rendent un événement naturel.

« La vraisemblance consiste à présenter les choses
» comme on les voit dans la nature ; à observer les
» convenances relatives au caractère, aux mœurs, à
» la qualité des personnes ; à faire accorder le récit
» avec les circonstances du lieu, de l'heure où l'ac-
» tion s'est passée, et de l'espace de temps qu'il a
» fallu pour l'exécuter ; à s'appuyer de la rumeur pu-
» blique, de l'opinion même des auditeurs. (Cic., *de
inv. Rh. loc. cit.*)

Le moyen de rendre la narration vraisemblable, dit Quintilien, c'est de se consulter soi-même, et d'exami-ner si l'on ne dit rien qui choque le bon sens ; de rap-

---

(1) M. Delamalle a très-bien développé ce principe dans son *Essai d'institutions oratoires.* (L. II, c. 3.)

porter les causes et les motifs des faits que l'on avance, et de former des caractères qui aient de la
convenance avec ces faits. (*Loc. cit.*)

Puisque le moyen de l'éloquence pour faire triompher la vérité n'est pas seulement de la démontrer,
mais de la faire aimer ; ce n'est pas tout de narrer
brièvement, avec clarté et avec vérité, il faut le
faire avec intérêt et agrément, de manière à captiver l'attention du juge et à lui inspirer le désir du
succès de la cause. Selon Quintilien, « le but de la
» narration n'est pas moins de persuader que d'in-
» struire. »

Intérêt
et agrément.

Il y a deux sources d'intérêt dans le récit : le fait
en lui-même, et la manière de le raconter.

Pour produire l'intérêt qui appartient à la cause
elle-même, il faut faire ressortir les circonstances auxquelles il est attaché, y porter l'attention de l'auditeur, et en faire sentir l'importance par des observations substantielles.

Quant à l'intérêt qui vient de la manière de raconter, Quintilien veut que la narration soit ce qu'il appelle
jucunda, c'est-à-dire, qu'elle ait de l'agrément,
qu'elle soit piquante. Il fait consister l'agrément dans
une élégance propre à cette partie du discours, sans
en exclure l'élévation et le pathétique, selon la gravité du sujet. « Dans les causes médiocres, dit-il, il
» faut des grâces légères et proportionnées à la mé-
» diocrité du sujet, un style simple en apparence,
» mais plein d'élégance ; des figures qui n'aient rien
» de poétique, rien de hardi ; une diction pure et
» très-variée, afin d'obvier à l'ennui et de récréer
» l'esprit... » « Si la cause est grande par son objet,
» ajoute-il, par le nom et l'état des personnes ; s'il

» y est question d'un crime, d'un fait grave, d'un
» intérêt public, vous pouvez vous livrer aux senti-
» mens de douleur, d'indignation, de commisération,
» en vous souvenant toutefois qu'il ne faut pas les
» épuiser, mais réserver ce qu'ils ont de plus frap-
» pant pour échauffer les preuves qui doivent suivre
» le récit, et pour animer la péroraison. » (*Loc. cit.*)
Il faut cependant excepter de cette règle les narrations où il s'agit de choses si petites et si peu importantes, que la clarté et la précision sont les seuls
ornemens qui leur conviennent.

La narration doit présenter les faits d'une manière favorable à la cause.

Mais il est un art qu'on pourrait regarder comme
une cinquième qualité de la narration; une certaine
adresse à arranger les circonstances du récit, de manière qu'elles conduisent elles-mêmes l'esprit à des
inductions avantageuses au parti qu'il soutient. « Il
» importe beaucoup au succès de la cause, dit Cicé-
» ron, de présenter le fait sous un point de vue fa-
» vorable. » Je ne sais s'il n'y a rien de plus difficile
et de plus important dans toute la narration. Quand
l'historien raconte un fait, il n'a pour but que de le
faire connaître. L'avocat se propose de plus l'avantage de sa cause. Ainsi, sans altérer la vérité, ni
détruire la substance du fait, il doit le présenter sous
des couleurs favorables, insister sur les circonstances
avantageuses, et les mettre dans un beau jour, adoucir celles qui seraient odieuses et choquantes, ou les
passer légèrement. Un historien racontant la mort
de Claudius aurait dit : *Les esclaves de Milon
tuèrent Claudius.* Cicéron dit : *Les esclaves de Milon firent alors ce que chacun de nous voudrait que
ses esclaves eussent fait en pareille occasion.* (*Pro
Mil.*, n. 29.) Par ce tour adroit, il voile tout ce

que l'action de Milon pouvait avoir d'odieux.

Mais l'art n'est jamais plus parfait que lorsqu'il est dissimulé. Quintilien cite à ce sujet un endroit de la narration du plaidoyer pour Milon. Son défenseur voulait que les juges demeurassent persuadés que Milon était parti de Rome sans aucun dessein d'attaquer Claudius. Rien n'était-il plus propre à le faire croire que cette description si simple en apparence : « Milon qui, était resté ce jour même au sénat jusqu'à » la fin de la séance, revint à sa maison ; il changea » d'habit et de chaussure ; il attendit quelque temps » que sa femme fût prête, comme c'est l'usage. (n. 28.) » Ce récit n'annonce aucun art ; il en a pourtant beaucoup. Toutes ces circonstances, qui paraissent d'abord si petites et si légères, sont rapportées dans tous leurs détails, afin de persuader que c'est ici un départ sans empressement, sans dessein, un simple voyage de campagne. Que Milon paraît tranquille en effet, et que sa conduite est éloignée de celle d'un homme qui médite un assassinat ! Évitez donc que l'art se montre ; mettez du naturel dans vos narrations. Votre but est de vous rendre croyable; or n'est-ce pas s'éloigner de ce but que de ne paraître occupé que du désir de briller et de plaire ?

L'art dans la narration doit être caché.

Toutes les narrations de Cicéron sont pleines de naturel et d'adresse. On peut lire en particulier celles du discours pour Milon, et de celui pour Ligarius.

Nous devons faire observer qu'au barreau, le défenseur seul fait usage de cet art dont nous venons de parler. Le ministère public narre comme l'historien ; il n'a d'autre intérêt dans la cause que celui du vrai ; il ne se propose d'autre objet que d'instruire le juge.

Le ministère public ne narre pas comme le défenseur.

Il est des causes chargées d'une telle multitude de

Une cause trop faits différens, qu'il n'est pas possible de les embras-
chargée
doit se partager ser tous dans un même corps de récit ; alors, pour les
en plu-
sieurs récits. exposer avec ordre et soulager l'attention du juge, il
faut les partager par différentes époques, ou par les
différens genres d'objets. Cicéron nous en donne
l'exemple dans ses discours contre Verrès, surtout
dans les deux qui ont pour titre *De Signis* et *De
Suppliciis.*

La Faut-il qu'il y ait une narration dans un plaidoyer ?
narration est-
elle nécessaire ? doit-elle suivre immédiatement l'exorde ? Ne nous arrêtons pas à d'aussi frivoles questions. Le besoin de la
cause détermine souverainement les parties du discours, et l'ordre dans lequel il faut les placer ; rien
à cet égard n'est absolu. Quand il n'y a rien à raconter, par exemple, s'il s'agit purement de l'inter-
prétation d'une clause ; si tout est dans une question
de droit ; si le juge connaît déjà le fait par l'exposé
de l'adversaire, il n'y a pas matière à narration.

Doit-elle Si des préventions attaquent la cause, si des fins
suivre l'exorde ?
de non-recevoir forment des questions préalables, et
demandent un préliminaire, la narration sera utilement différée. C'est ainsi qu'en use Cicéron, dans la
milonienne.

De la narration Nous avons parlé jusqu'ici uniquement de la nar-
dans
le panégyrique ration judiciaire ; il est bon de savoir qu'on peut en
et les
discours de la appliquer les principes à toute sorte de narration
tribune.
oratoire. En général, la narration doit se traiter dans
le goût du genre auquel elle appartient. Sa beauté
dans le plaidoyer dépend de l'adresse et de l'habileté
jointes aux ornemens convenables : à la tribune,
une simplicité noble fait son principal mérite ; dans
le panégyrique, elle admet toute la richesse, toute
la magnificence, toute la délicatesse du style.

CHAPITRE VI.

De la Réfutation.

La réfutation consiste à détruire les moyens que l'adversaire vous oppose.

Elle fait partie de la confirmation. « Il n'y a, dit » Cicéron, qu'une manière d'argumenter, elle em- » brasse la confirmation et la réfutation. Et comme » il est impossible d'appuyer nos argumens sans dé- » truire ceux de notre adversaire, ni de détruire » ceux qu'il nous oppose sans appuyer les nôtres ; il » s'ensuit que ces deux choses sont également unies » par leur nature, par leur utilité, et par l'usage qu'on en fait. » (*De Orat.* , n. 331.) Les mêmes principes gouvernent l'une et l'autre ; les argumens qu'on y emploie se tirent des mêmes lieux : pensées, style, figures, tout est égal en l'une et en l'autre.

C'est surtout dans cette partie du discours que se fait sentir le besoin qu'a l'orateur d'être bon logicien. En effet, détruire les principes sur lesquels l'adver- saire a fondé ses preuves , ou montrer que de bons principes il a tiré de fausses conséquences , ou oppo- ser à ses argumens des argumens contraires plus so- lides , ou du moins qui le soient autant, tirés des circonstances ou de la nature de la chose (Cic., *de Orat.*, l. II, n. 215); le relever habilement, s'il a donné pour clair ce qui est douteux, pour avoué ce qu'on lui conteste ; rompre ses mesures en divisant ses preuves pour les affaiblir, en le faisant tomber en contradiction ; éviter les piéges qu'il a tendus adroitement ; ne point se laisser entraîner hors du su- jet par ses écarts ; opposer les vraisemblances favo-

(marginal notes:) De la réfutation considérée dans l'éloquence du barreau et de la tribune.

Moyens de réfu- ter.

rables aux conjectures insidieuses, les motifs de défiance contre les adversaires, aux soupçons élevés
contre soi ; démêler ce qu'on aurait embrouillé à
dessein ; soumettre à l'examen de la sagesse et de l'équité
ce que la passion et l'envie de nuire auraient altéré ,
relever ce que l'animosité et la mauvaise foi ont fait
avancer ; enfin justifier par des raisons plausibles les actions condamnées ; pallier , adoucir par des excuses ce
qu'il est impossible de justifier ; tel est l'art, telles sont
les ressources nécessaires à l'orateur du barreau pour
réfuter un adversaire redoutable ; et l'on conviendra
que rien ne suppose plus d'habileté et d'adresse (1).

Quand une objection est trop forte, on feint de
n'y pas faire attention ; on promet d'y répondre, et
on passe légèrement à un autre objet sur lequel on
tâche d'attirer toute l'attention du juge ; on paie de
plaisanteries, de bons mots. (CIC. , *de Orat* , l. II ,
n. 294. — QUINT. , l. V, c. 13.)

L'orateur qui parle le premier ne doit point songer à répondre à l'adversaire avant de savoir quelles
sont ses objections. Sans compter qu'il s'exposerait à
la raillerie , il pourrait fournir occasion de dire que
s'il a répondu à telle difficulté sans qu'on la propo-
sât , c'est qu'il a bien senti qu'on avait raison, et
qu'il n'a pas pu étouffer la voix de la conscience. Si
néanmoins l'adversaire a produit précédemment
quelque mémoire, on peut le réfuter ; car alors c'est
répondre à ce qu'il avance , et non à ce qu'on a imaginé. On peut le faire encore lorsque la cause est de

Si l'orateur doit répondre d'avance aux ob-jections qu'on peut lui faire.

---

(1) Voyez le discours où Amyntas dévoile la perfidie
d'Olympias qui voulait l'immoler à son ressentiment. (QUINT-
CURCE, l. VII, c. 3.)

telle espèce que les objections que nous nous faisons, sont les seules qui se puissent faire. (Quint., *ibid.*)

On doit éviter de paraître embarrassé de la difficulté que l'on a à combattre. Un juge en prend occasion de se défier de notre cause ; et souvent des raisons qui feraient beaucoup d'impression sur son esprit, si elles étaient avancées hardiment, lui deviennent suspectes par la précaution même et par les détours dont on les accompagne. Que l'orateur se rassure donc lui-même afin de rassurer les autres, et qu'il témoigne toujours avoir bonne opinion de sa cause. C'est en quoi Cicéron réussit admirablement comme en tout : il parle avec une confiance et une autorité qui tient presque lieu de la preuve, et qui impose à tel point que l'on n'ose douter de ce qu'il met en avant. (Quint., *ibid.*)

L'orateur doit montrer qu'il a une bonne opinion de sa cause.

Le sang-froid est une qualité très-nécessaire à qui veut avoir l'avantage dans la dispute ; car nulle passion n'est si ennemie de la raison que la colère ; nulle autre n'est capable de nous jeter si loin de notre sujet. C'est elle qui nous fait dire des injures grossières et basses, qui nous en attire de la part des autres, et qui par là excite l'indignation des juges. Il vaut mieux avoir de la modération et quelquefois même de la patience ; car il ne faut pas toujours se faire un devoir de réfuter toutes les objections ; il y en a qu'il faut négliger ou tourner en ridicule, et la

Il doit être de sang-froid dans la discussion.

La justification de Philotas accusé d'avoir trempé dans la conjuration de Dymnus contre Alexandre. (*Ibid*, l. VI, c. 29.)

Celle de Démétrius repoussant l'horreur du fratricide. (Tit. Liv. l. XL, c. 12 et seq.

plaisanterie n'est jamais plus de saison ; elle inspire aux juges une secrète indignation contre l'adversaire et le couvre de confusion. (QUINT. , l. V, c. 14.)

Méthode que Cicéron conseille dans la réfutation.

Quant à la méthode qu'on doit suivre dans la réfutation, voici quelle était la pratique d'Antoine : « Si je trouve, dit-il, plus d'avantage à réfuter les » preuves de mon adversaire, qu'à établir les miennes, » c'est contre lui que je dirige tous mes traits. Si au » contraire il m'est plus facile d'alléguer mes raisons » que de détruire les siennes, je m'attache à dé- » tourner l'attention des juges de sa défense et à la » fixer sur la mienne. » (De Orat., l. II, n. 293.)

Où il faut placer la réfutation.

Si l'on s'attache à réfuter d'abord les raisons de l'adversaire, il faut considérer s'il y en a plusieurs, si elles sont indépendantes les unes des autres et de nature différente, ou si elles dérivent de la même source. On juge aussitôt de l'ordre qu'on doit observer ; si l'on doit suivre le plan tracé par l'adversaire, et répondre successivement article par article, ou en réfuter plusieurs à la fois ; s'il est convenable d'aller d'abord au point capital, afin d'obtenir dès le premier engagement un avantage décisif et de détruire sans peine après cela les moins graves inculpations. Si l'on sent qu'on n'a pas une grande supériorité de forces, on commence par lever les moindres obstacles pour affaiblir peu à peu l'adversaire, en sorte que le premier point obtenu aide à établir le second, et ainsi de suite, jusqu'à ce qu'on forme un corps de preuves capable de renverser de son poids les objections de l'adversaire. Au reste, l'orateur doit toujours consulter sur cet objet le besoin de sa cause, et en faire son principal régulateur.

Ce n'est pas au barreau seulement ou à la tribune

qu'on peut avoir des réfutations à faire. Combien de fois dans les sermons l'occasion ne se présente-t-elle pas de détruire des objections qui combattent les vérités qu'on veut établir ! Ce n'est point alors un adversaire qu'il faut combattre ; quelque chose de plus redoutable peut-être et de plus difficile à vaincre se présente à l'orateur : les préjugés, les erreurs, les passions de ceux qui l'écoutent sont autant d'ennemis qui s'élèvent contre lui du fond des cœurs. Aborder leurs sophismes pour en dévoiler la faiblesse ou le ridicule, c'est une nécessité autant qu'un devoir pour quiconque veut convaincre et persuader.

Il s'agit ici des objections que l'orateur se fait à lui-même ou qu'il suppose lui être faites par ses auditeurs. Comme ce genre de réfutation a ses écueils particuliers, nous croyons utile d'ajouter ici quelques observations importantes.

1°. On ne doit jamais se faire aucune objection qui ne se présente naturellement et qui ne naisse de la matière que l'on traite. Une objection amenée par force annonce un orateur borné ou maladroit.

2°. Ce serait une grande imprudence d'affaiblir les difficultés qu'on se propose ; on doit au contraire les exposer dans toute leur force. L'auditeur regarde en pitié la réponse à une objection qu'il peut renforcer.

3°. Il faut être assuré de pouvoir répondre avec force à des objections fortes, et de manière à ne laisser ni doute ni obscurité dans l'esprit des auditeurs : faire autrement serait aller chercher l'ennemi pour en être battu, et s'exposer à perdre la confiance de ceux à qui on parle, ou à leur donner au moins de violens préjugés contre la vérité dont on veut les convaincre.

Il n'est pas inutile, en traitant de la réfutation, de passer en revue (à l'exemple de Cicéron, *de inv. rh.*, l. I, n. 42, et de Quint., l. V, c. 13), les sources des mauvais raisonnemens qu'on appelle *sophismes* (1) ou *paralogismes*. Ces notions aideront à en démêler les subtilités.

Aristote en compte treize, six dans les mots et sept dans les choses. (*Analytiques.*) Port-Royal les réduit à neuf.

L'art de donner le change sur les choses est le plus dangereux. Cette sorte de tromperie consiste, nous dit Aristote :

1°. A prouver autre chose que ce qui est en question.

Les exemples n'en sont que trop fréquens dans la conversation, dans les disputes, dans les mémoires judiciaires, etc...., où l'on s'efforce souvent de prouver contre son adversaire, ou ce qu'il ne nie pas, ou ce qui n'a aucun rapport avec la question débattue. La précaution à prendre contre ce sophisme, c'est de bien déterminer l'état de la question, en évitant l'équivoque dans les mots et dans le sens.

2°. A supposer vrai ce qui est en question.

Un exemple très-simple fera sentir quel est le vice de cette espèce de sophisme. S'il s'agit de prouver la justice de ce qu'une loi autorise ou condamne, sera-ce bien raisonner que de dire : *ce qui est conforme aux lois est juste ; or ceci est conforme aux lois, donc*, etc...? non sans doute. C'est là poser la question en principe ; car la question est de savoir si la loi elle-même est juste ; et, si elle n'est pas juste, ce

---

(1) Ce mot vient du grec Σοφίζω, *j'use de fourberie*. Le sophisme est un argument captieux et de mauvaise foi.

qu'elle ordonne ne l'est pas. Ce sophisme est appelé *pétition de principe.*

3°. A prendre pour cause ce qui n'est point cause.

L'ignorance jointe à la vanité rend cette façon de mal raisonner très-commune. Sommes-nous témoins d'un effet dont nous ignorons la cause : au lieu d'avouer simplement notre faiblesse, au lieu de reconnaître les bornes des connaissances humaines, nous prenons pour cause de cet effet, ou ce qui est arrivé avant l'effet, ou ce qui arrive en même temps, sans y avoir aucun rapport. Souvent après l'apparition d'une comète, la terre souffre quelque désastre; on voit arriver la peste, la famine, etc.... Cette comète n'a aucune liaison physique avec ces malheurs; cependant le peuple regarde la comète comme la cause de l'événement. *Post hoc, ergo propter hoc.*

Quelquefois ce sophisme est préparé par la mauvaise foi, comme dans le discours de J.-J. Rousseau, où les maux et les vices que le luxe a produits sont attribués aux arts et aux sciences.

4°. A faire un dénombrement imparfait.

Vous connaissez une ou plusieurs manières dont une chose se fait, et vous en concluez qu'elle ne se peut faire que de ces manières, tandis qu'il y en a quelqu'autre qui, pour être ignorée de vous, n'en est pas moins véritable. Celui-là ferait un sophisme de cette espèce, qui, pour prouver que l'homme ne saurait être heureux, oublierait de compter au nombre des moyens de l'être la modération dans les désirs, la paix de l'âme, et qui ne parlerait que des plaisirs des sens et que des biens d'opinion.

5°. A juger d'une chose par ce qui ne lui convient que par accident.

C'est ce que font ceux qui blâment les sciences et
les arts, à cause des abus qui trop souvent les accompagnent : quelques médecins font des fautes ; donc il
faut blâmer la médecine ; est-ce bien raisonner ?...

6°. A passer de ce qui est vrai à quelque égard, à
ce qui est vrai absolument.

Ce sophisme est fréquent, lorsqu'on raisonne par
induction, et que des faits et des exemples particuliers on tire des conséquences générales. C'est ainsi
que l'impie attribue à la religion les crimes commis
dans son sein. Ce sophisme n'est pas moins employé
dans la louange que dans le blâme. Ce qui n'est juste
ou injuste, bon ou mauvais que dans certains cas,
que sous certains rapports, on le donne pour tel absolument et simplement.

Les principaux sophismes qui consistent dans les
mots sont :

1°. Le passage du sens divisé au sens composé, et
réciproquement.

Le sens divisé fait entendre comme distinct
dans la pensée, ce qui s'est réuni dans les
termes. Nous lisons dans l'Évangile : *les aveugles
voient, les boiteux marchent, les sourds entendent.*
On conçoit que dans la pensée, *l'aveugle* qui voit a
cessé d'être aveugle ; que le *boiteux* qui marche a
cessé d'être boiteux ; que le *muet* qui parle a cessé
d'être muet.

Le sens composé réunit ce que le sens divisé sépare. Si je dis qu'il n'est pas possible *que le malade
se porte bien,* que *celui qui parle se taise;* j'entends
qu'il n'est pas possible que cela soit en même temps ;
c'est ainsi qu'en passant de l'un à l'autre de ces deux
sens, les sophistes donnaient le change.

2°. L'ambiguïté des mots.

Port-Royal comprend dans cette espèce de sophisme les argumens qui sont vicieux, parce que le moyen terme est pris en un sens dans la majeure, et en un autre dans la mineure ; ou parce qu'on ne donne pas aux termes dans la conclusion le même sens que dans les prémisses. Ce serait mal raisonner que de dire : *l'homme pense ; or l'homme est composé de corps et d'âme ; donc le corps et l'âme pensent :* car il suffit, pour qu'on puisse attribuer la pensée à l'homme, qu'il pense selon une de ses parties ; mais il ne s'ensuit nullement qu'il pense selon l'autre. (*Art de penser*, 3e. part., ch. 18.)

Dans l'art oratoire, les sophistes ont des tours d'adresse qu'Aristote n'a pas comptés. Les comparaisons, les images, les figures de toute espèce, la pompe de l'élocution, l'air de sentence et de maxime qu'on donne à la proposition qu'on veut faire passer, enfin, tout l'artifice d'une éloquence tantôt insinuante et fausse avec douceur, tantôt véhémente et jouant la franchise et le courage de la vérité. Telles sont les formes dont se revêt le sophisme de la tribune, le paradoxe en philosophie et en morale. C'est par l'habitude de tout réduire au simple, de tout décomposer, de tout définir, qu'on démêle ces artifices.

Nous ne parlerons pas des sophismes d'amour-propre, de passion, d'intérêt, de flatterie. MM. de Port-Royal en ont fait un chapitre excellent que les jeunes gens peuvent lire avec beaucoup de fruit. (IIIe. Partie, ch. 19.)

APPENDICE.

Des Transitions.

Nécessité de lier les diverses parties du discours. Nous avons construit toutes les parties du discours; mais le travail reste imparfait tant qu'elles ne forment pas un seul tout. Les transitions en font les points de réunion ; elles mettent de l'enchaînement entre les différentes preuves et les différentes parties de l'oraison, qui, liées entr'elles, semblent s'appuyer mutuellement et concourir toutes à démontrer une même vérité. Elles sont aux parties du discours, ce que les articulations et les jointures sont aux membres du corps ; elles facilitent les mouvemens, donnent de la souplesse et de la vigueur par les nœuds qu'elles forment.

Ce qu'on entend par transition. On entend donc par transition les expressions, les tours, les pensées dont l'orateur se sert pour passer d'un objet à un autre.

Exemple. Les meilleures sont celles qui, paraissant sortir d'elles-mêmes du fond du sujet, ont une liaison également sensible avec ce qui a été dit et avec ce que l'on va dire. Telle est celle par laquelle Massillon passe de la première partie de son discours *sur l'humanité des grands*, à la seconde. *Si l'humanité envers les peuples est le premier devoir des grands*, c'est ce qu'il a prouvé: *n'est-elle pas aussi l'usage le plus délicieux de la grandeur ?* c'est ce qu'il prouvera.

Transitions faciles. Les transitions ne sont pas toujours d'un grand travail. Très-souvent on passe d'un article à un autre sans s'en apercevoir, en suivant simplement la série des idées.

Vous trouvez-vous arrêté : reportez vos regards en arrière ; considérez tour-à-tour les idées que vous venez d'exprimer, et celles que vous voulez développer après. Il est bien rare qu'il n'y ait pas entre les unes et les autres quelque affinité ou quelque opposition. Ce rapprochement vous fournira une réflexion, une pensée, un mouvement qui sera la matière de la phrase mitoyenne.

Transitions difficiles : moyens de les trouver.

Les transitions doivent avoir deux qualités essentielles, le *naturel* et la *variété*. Elles ont pour objet de favoriser la marche et le mouvement du discours. Si elles devenaient fatigantes par leur uniformité, si le rapprochement qu'elles produisent ne venait pas insensiblement et comme de soi-même, il en résulterait un effet tout contraire à celui qu'on attend.

Qualités des transitions.

Nous ne pouvons finir plus convenablement ce que nous avons à dire sur l'économie du discours, qu'en transcrivant le passage qui termine le septième livre de Quintilien sur le même sujet. Les solides avis qui y sont renfermés doivent être toujours présens à l'esprit de l'orateur. « Il est bien des choses, dit ce judicieux écrivain, que nous devons tirer de notre propre fonds. La bonne disposition, la véritable économie du plaidoyer, est celle qui se fait lorsque nous avons la cause même devant les yeux.

Réflexions importantes de Quintilien, sur l'économie du discours.

» C'est alors que nous pouvons juger si l'exorde est nécessaire ou superflu ; s'il faut faire une exposition continue ou partagée en plusieurs points ; s'il faut commencer par l'origine des choses, ou, à la manière d'Homère, par le milieu ou par la fin, et en quelle occasion on peut s'en passer entièrement ; s'il est plus utile de débuter par nos propositions ou par celles de la partie adverse, par nos

» preuves les plus fortes, ou par les plus faibles; si
» une question veut être traitée sans préambule, ou
» si elle a besoin de préparation; quelles choses on
» peut dire tout d'un coup aux juges, et quelles sont
» celles où il faut les conduire comme pas à pas; s'il
» est à propos de réfuter chaque preuve de l'adver-
» saire en détail, ou toutes ensemble; s'il vaut mieux
» réserver les grands mouvemens pour la pérorai-
» son, ou les répandre dans toutes les parties du dis-
» cours; si nous devons insister d'abord sur la ri-
» gueur du droit, ou sur la simple équité; lequel est
» le plus convenable de commencer par rappeler le
» passé, soit pour nous en justifier, soit pour le
» reprocher à l'adversaire, ou de nous renfermer dans
» l'accusation dont il s'agit; et lorsque la cause est char-
» gée d'incidens, quel ordre il faut tenir, quels témoi-
» gnages, quelles pièces il faut lire durant la plaidoi-
» rie, quelles sont celles qu'il faut taire.

   » Nul orateur n'exécutera tout cela dans un dis-
» cours, s'il n'a beaucoup de génie, d'étude et de
» savoir. Qu'on ne s'attende donc pas à devenir élo-
» quent seulement par le travail d'autrui : il faut
» veiller, pâlir sur l'ouvrage, faire des efforts extraor-
» dinaires. L'orateur doit se faire une expérience,
» une manière qui lui soit propre et qui semble être
» en lui moins un effet de l'art ou un fruit de l'étude,
» qu'un don de la nature : l'art oratoire peut bien
» nous montrer le chemin en peu de temps; mais il
» ne fait par là que nous découvrir les trésors de l'é-
» loquence, c'est à nous de savoir nous en servir. »

LIVRE TROISIÈME.

DE L'ÉLOCUTION.

L'ÉLOCUTION, dans l'acception propre du mot, *est* *l'énonciation de la pensée par la parole ; eloqui est* *omnia quæ mente conceperis promere, atque ad* *audientes perferre.* (QUINT., l. VIII, *proœm.*)

Nous employons aussi les mots *diction* et *style* pour signifier la manière de s'exprimer; mais c'est sous des rapports différens: il ne serait pas exact de les employer indistinctement l'un pour l'autre, car ils ont leur acception propre qu'il est utile de leur conserver.

Le mot élocution indique, par son étymologie, *la manière de s'exprimer en parlant.*

La diction s'entend spécialement *du choix et de l'arrangement des mots, sous le rapport de la cor-rection grammaticale.*

Le style se prend pour *la manière d'écrire.* Ce mot vient de l'instrument en forme d'aiguille dont les anciens se servaient pour tracer les lettres sur des tablettes de bois enduites de cire. C'est par métony-mie que de l'instrument pour écrire on a fait la manière d'écrire.

Il ne faut pas confondre le style avec la diction. Les mots peuvent être justes, les phrases correctes,

Ce que c'est que l'élocution.

Différente signification des mots élocution, diction et style.

lors même que le style est vicieux, dur et raide, faible et affecté. Le style d'un écrivain a toujours quelque analogie avec sa manière de sentir ; il peint les idées qui se présentent à son esprit, et en même temps l'aspect sous lequel elles se présentent. En sorte que, quand nous lisons un ouvrage, il nous est impossible de séparer le style de l'auteur, de sa manière de penser. Aussi chaque nation a un style différent suivant son caractère ou son génie ; chaque écrivain en a un qui lui est propre, et qui tient à sa manière de voir et de sentir. C'est ce qui a fait dire à Buffon : *le style est l'homme lui-même.*

La plupart des préceptes relatifs à l'élocution s'appliquent au style qu'on peut regarder comme l'élocution écrite. Ce que nous dirons par la suite s'appliquera également à tous deux ; cependant nous devons avertir que notre dessein est de traiter particulièrement de l'art d'écrire.

Importance de l'élocution.

L'élocution est la partie essentielle de l'art oratoire, celle dont le mérite caractérise l'orateur : *in quo oratoris vis illa divina virtusque cernitur.* (Cic., *de Orat.*, l. II.) Cicéron dit dans un autre endroit qu'un homme sensé peut trouver les choses et les arranger, mais que savoir les exprimer n'appartient qu'à l'orateur. (*Orat. ad Brut.*, n. 44.)

Opinion de Cicéron et de Quintilien à ce sujet.

C'est aussi la partie la plus difficile, celle dont l'excellence est plus rare. *Elocutio pars operis, ut inter omnes oratores convenit, difficillima.* (Quint., l. VIII, *Proœm.*)' *Apud homines*, dit Cicéron, *res ulla difficilior, neque major, neque quæ plura adjumenta doctrinæ desideret.* (*De Orat.*, l. III.)

Cette difficulté se conçoit lorsque l'on considère de combien d'élémens le discours se compose, et de

quel jugement, de quelle imagination, de quelle
sensibilité il faut être doué pour avoir à commandement les mots, les tours, les mouvemens les plus
propres à exprimer, à prouver, à peindre ce qu'on
veut dire, à communiquer les sentimens qu'on
éprouve, à soulever les passions ou à les calmer.

Les modernes ont aussi regardé l'élocution comme Opinion
de Voltaire et
de Buffon.
ce qu'il y a de plus important dans l'éloquence.
Voici ce que Voltaire en pensait : « Presque tou-
» jours les choses qu'on dit frappent moins que la
» manière dont on les dit ; car les hommes ont tous
» à peu près les mêmes idées de ce qui est à la por-
» tée de tout le monde. L'expression, le style fait
» toute la différence... Le style rend singulières les
» choses les plus communes, fortifie les plus faibles,
» donne de la grandeur aux plus simples. Sans le
» style, il est impossible qu'il y ait un seul bon ou-
» vrage en aucun genre. (*Dict. phil.*, au mot *style.*) »

« Les ouvrages bien écrits, dit Buffon, seront les
» seuls qui passeront à la postérité. La quantité des
» connaissances, la singularité des faits, la nouveauté
» même des découvertes ne sont pas de sûrs garans
» de l'immortalité. Si les ouvrages qui les contiennent
» sont écrits sans goût, sans noblesse et sans génie,
» ils périront ; parce que les connaissances, les faits
» et les découvertes s'enlèvent aisément, se trans-
» portent, et gagnent même à être mis en œuvre
» par des mains plus habiles. » (*Discours de récept.*
à *l'ac. franc.*)

Le style est donc une partie très-importante ; il La pensée n'en
est pas
moins la partie
essentielle
du discours.
ne s'ensuit pas néanmoins qu'il faille penser unique-
ment aux mots, s'étudier à arranger des paroles sans
se mettre en peine des choses. On ne doit jamais

perdre de vue , dit Quintilien (*loc. cit.*), le principe que les mots sont pour les choses ; que les choses sont le corps , et les mots le vêtement ; en un
mot, que la première attention est due à la pensée,
et la seconde seulement à l'expression.

Au reste , selon ce judicieux écrivain, les meilleures expressions tiennent aux choses mêmes, et se
découvrent à nous par leur propre lumière ; en sorte
que , quand nous aurons dans l'esprit une idée nette,
juste et précise , le mot pour la rendre s'offrira à
nous de lui-même , et suivra la pensée comme l'ombre suit le corps. Horace et Boileau ont pensé de
même. Le premier a dit :

Verbaque provisam rem non invita sequentur.

(*De Art. poët.*)

Et le second :

Ce que l'on conçoit bien s'énonce clairement,
Et les mots pour le dire arrivent aisément.

(*Art Poét.* , ch. I.)

De là il faut conclure que , pour bien parler ou
bien écrire , il faut avant tout se faire des idées
justes et claires sur le sujet qu'on veut traiter. Les
meilleures expressions sont celles qu'inspire un sujet bien médité et bien conçu ; ce sont aussi celles
qui coûtent le moins à trouver.

*Les anciens ré-
duisaient
à trois les genres
du style.* Les anciens, amoureux de systèmes, et qui en-
seignaient tout *à priori* , ramenaient tous les caractères du style à trois genres différens.

*Division
de Denys d'Ha-
licarnasse.* Denys d'Halicarnasse les appelle *l'austère* , le
fleuri , et le *moyen*. (*Traité de l'arrangement des
mots* , ch. 21 et suivans.)

Le style *austère* est fort et énergique , sans

douceur et sans ornement. Il cite pour exemple Pindare, Eschyle et Thucydide.

Il entend par style fleuri, le nom d'ailleurs l'indique assez, une composition variée, douce, coulante, où l'on recherche plus la grâce et l'harmonie que la force ; tels sont, selon lui, Sapho, Anacréon, Euripide et surtout Isocrate.

Le style *moyen* occupe le milieu entre les deux précédens, et peut réunir les genres de beautés qui caractérisent l'un et l'autre ; Denys range dans cette classe les écrits d'Homère, de Sophocle, de Démosthène, d'Hérodote et de Platon.

Hugues Blair a adopté cette division du style, à laquelle il a pourtant fait subir quelques modifications. (*Cours de belles-lettres*, lecture 18.) Adoptée par Blair.

Cicéron et Quintilien donnaient d'autres noms à ces trois genres de style ; il les appelaient le *simple*, le *tempéré* ou le *moyen*, et le *sublime*, et cette division est la plus connue dans nos écoles. (Cic., *Orat.*, n. 75 et suiv. — Quint., l. XII, c. 10.) Division de Cicéron et de Quintilien.

Selon eux, le *simple* consiste dans l'expression nue, claire et précise de la pensée, et diffère peu de la diction familière : le *sublime* se fait remarquer par l'éclat, la force, la grandeur des termes, des tours, des figures : le *tempéré* tient le milieu entre les deux ; plus élégant et plus fleuri que le premier, moins brillant et moins élevé que le second. Le mot *tempéré* signifie ici ce qui est susceptible de mélange, comme de simplicité et d'ornement ; il désigne proprement un genre mixte. En quoi consistent le style simple, le style tempéré et le style sublime.

Ils disaient que le style simple devait servir à *instruire* et à *prouver*, le tempéré à *plaire*, le sublime à *toucher*. Destination de chacun de ces genres.

Peu exacte. Mais ici les idées se confondent ; la beauté simple et sans fard a aussi le don de plaire et de toucher ; l'élégance harmonieuse n'exclut pas l'utilité ; la sublimité du style instruit en même temps qu'elle remue les cœurs.

Ils rapportaient ensuite les parties du discours à chacun de ces trois genres de style : l'*exorde* au moyen, la *narration* et la *preuve* au genre simple ; la *péroraison* au genre sublime.

Mais ce précepte général souffre tant d'exceptions, qu'il devient à peu près inutile dans la pratique.

Ils ajoutaient que, dans le discours, ces trois genres doivent se mêler selon le besoin, c'est-à-dire selon les choses qu'on veut exprimer, et ils ont eux-mêmes pratiqué ce précepte. On peut, en lisant leurs écrits, les trouver tous trois réunis, non-seulement dans un même discours, mais dans une seule tirade ; quelquefois ils se succèdent d'une phrase à l'autre.

Classification par Rollin. Rollin, par respect pour les anciens, a conservé cette division du style. Mais il est obligé d'ajouter : « qu'il serait inutile d'examiner lequel de ces trois » genres d'éloquence convient le mieux à l'orateur, » puisqu'il doit les embrasser tous, et que son habileté » consiste à savoir les employer à propos selon la dif- » férence des matières qu'il traite, de sorte qu'il » puisse les tempérer l'un par l'autre. » (*Traité des ét.*, tom. II.)

Ce qu'il faut en penser. Cette classification a un air de justesse qui prévient ; mais, en y réfléchissant, on juge qu'elle est loin de remplir les conditions d'une bonne division, puisqu'elle ne comprend pas à beaucoup près tous les genres de style dont on pourrait faire une très-longue énumération, si l'on essayait d'en qualifier toutes les nuances possibles. On reconnaît en outre qu'elle est vague et même futile dans la pratique; car il est impossible de prescrire exclusivement un de ces trois genres de style à chaque ouvrage, ou même à chaque partie d'un ouvrage quelconque, puisqu'on peut placer un trait sublime dans une simple narration, puisqu'on peut et qu'on doit même écrire des morceaux très-simples dans un ouvrage du genre le plus élevé.

« Il est bien facile d'observer, dit La Harpe, que » cette division n'a pas d'objet bien distinct et » qu'elle ne conduit à aucun résultat essentiel.... Il » faut en revenir à ce grand principe, qu'il n'y a à » considérer dans l'éloquence que la convenance, » que ce que Quintilien appelait *aptè dicere*, parler » convenablement; ce mot renferme tout. Le point » capital est de bien saisir le rapport naturel qui se » trouve entre le sujet et le style qui lui convient, » entre tel ordre d'idées et tel genre de diction. » (*Analyse des ouv. orat. de Cic.* Appendice.)

Observation très-juste de La Harpe

« Suivez la nature dans ses variétés, dit Fénélon; » après avoir peint une superbe ville, il est quelque- » fois nécessaire de faire voir un désert et des cabanes » de bergers... Il faut être grand dans les grandes » choses; il faut être simple, sans être bas, dans les » petites : il faut tantôt de la naïveté, tantôt de la su- » blimité et de la véhémence. » (*Dialog. sur l'éloq.*)

Excellent précepte de Fénélon.

Les caractères du style qu'on doit employer sont déterminés par ce qu'on a à exposer ou à peindre, et par conséquent, ils sont si multipliés, qu'il est plus facile d'en pressentir l'infinie variété que d'en présenter une série complète. Cependant il est des

Classification des divers genres de style inutile et même impossible.

caractères généraux dont il est possible de fixer l'i-
dée ; ils se rapportent aux principales intentions qui
président à l'expression de la pensée ; s'ils n'atteignent
pas le style dans tous ses modes, ils en marquent du
moins les tons les plus importans. Nous nous occu-
perons seulement des principaux, et dans l'ordre où
ils s'offrent d'eux-mêmes, nous paraissant peu utile de
les coordonner d'une manière systématique.

Caractères
principaux du
style.

Nous dirons avec Voltaire : « Chaque genre a ses
» nuances différentes ; on peut au fond les réduire
» à deux, le *simple* et le *relevé* ; ces deux genres, qui
» en embrassent tant d'autres, ont des beautés néces-
» saires et qui leur sont également communes ; ces
» beautés sont la justesse des idées, leur convenance,
» l'élégance, la propriété des expressions, la pureté
» du langage. Tout écrit de quelque nature qu'il
» soit, exige ces qualités ; les différences consistent
» dans les idées propres à chaque sujet, dans les tro-
» pes. » (*Dict. phil.*, au mot *genre de style.*)

Caractères
intermédiaires.

Cette division se rapporte aux deux principaux caractères du style. Les autres, qui sont la *précision*,
la *netteté*, la *force*, l'*élégance*, la *grâce*, la *finesse*,
la *délicatesse*, la *douceur*, la *variété*, l'*abondance*,
auxquels encore nous pourrons en joindre quelques
autres, trouvent leur rang entre ces deux.

Dans
quels écrits on
doit
employer
le style simple.

Le style *simple* est celui des discussions, des mémoires, des récits, etc...

Dans
quels le style
relevé.

Le style *relevé* convient aux matières graves, importantes, aux occasions solennelles, aux harangues
publiques, par exemple, aux oraisons funèbres, aux
discours académiques, etc...

Tout cela, sauf les exceptions, et en observant encore que, dans le même écrit, dans le même discours,

on peut passer de l'un à l'autre, et faire de tous deux un mélange heureux et convenable.

On peut aussi distinguer le style *périodique* et le style *coupé*.

Le premier se compose de phrases plus longues, de périodes dont les membres s'enchaînent les uns aux autres. Il convient aux objets élevés ou sérieux. Aussi le *style périodique* est-il ordinairement un style relevé. Bossuet, Massillon, Buffon, J.-J. Rousseau nous en offrent des modèles. *Du style périodique.*

Le style *coupé* se forme de phrases plus courtes et détachées les unes des autres; ce style, en général, est celui de Voltaire, de Montesquieu, de La Bruyère, de madame de Sévigné. Il a moins d'harmonie et de noblesse que le style périodique; mais il est ordinairement plus clair et fatigue moins l'attention. *Du style coupé.*

Nous terminerons ces notions générales sur le style, en donnant une idée de ce que l'on appelle *sublime* dans les compositions littéraires.

On entend par *sublime* certains traits extraordinaires qui élèvent l'âme, et lui causent un étonnement mêlé de grandeur et de plaisir. *Ce que c'est que le sublime dans le style.*

C'est dans la nature des sujets que l'on traite qu'il faut chercher la base du sublime dans le style. On peut diviser en deux classes les objets qui excitent en nous des idées grandes et imposantes. Les uns s'adressent à l'intelligence et à l'imagination; les autres agissent sur le cœur. *Sources du sublime.*

Toutes les grandes scènes de la nature, tous les phénomènes dont l'habitude n'a pas encore détruit pour nous l'imposant caractère, élèvent et transportent l'esprit en confondant l'intelligence et en ouvrant à l'imagination une carrière sans limites. Toutes les actions extraordinaires inspirées par la vertu et par l'héroïsme, portent dans le cœur une surprise mêlée de joie, qui nous ravit et nous enchante. Ce sont, dans l'ordre physique et dans l'ordre moral, les deux sources uniques des impressions sublimes.

Il est dans les choses et non dans les mots.

Vainement quelques auteurs ont voulu reconnaître un sublime séparé de la pensée et rattaché tout entier aux mots; les mots ne sont autre chose que l'expression juste et convenable d'une grande idée. « Il n'y a point de style sublime, a dit un philosophe; » c'est la chose qui doit l'être : et comment le style » pourrait-il être sublime sans elle, ou plus qu'elle ?» En effet, les grands mots et les petites choses ne font jamais que de l'enflure. La force de l'expression s'évanouit, si la pensée est trop faible ou trop légère pour y donner prise (1).

Quelquefois indépendant des mots.

Le sublime est quelquefois indépendant des mots, et n'éclate que par le silence. C'est par le silence qu'Ajax dans les enfers répond à Ulysse (HOMÈRE), et Didon à Énée (VIRGILE). C'est l'expression la plus sublime de l'indignation et du mépris.

La brièveté le rend plus frappant.

La brièveté de l'expression rend quelquefois plus frappant l'effet du sublime; on en cite quelques exemples qui sont répétés dans toutes les rhétoriques; comme le *moi* de Médée; le *qu'il mourût*, du vieil Horace; la réponse de Porus, *en roi*; le *fiat lux* de la Genèse.

---

(1) Le sublime, étranger aux ornemens frivoles,
S'occupe de la chose et non pas des paroles.
(FRANÇOIS DE NEUF-CHATEAU, *Les Tropes*, poëme, ch. 4.)

L'expression simple et l'expression figurée sont également propres à rendre une idée sublime.

L'expression simple et l'expression figurée lui conviennent. Exemples.

Si le mot le plus simple est aussi le plus clair et le plus sensible, c'est celui qu'il faut employer. Bossuet, pour peindre le règne de l'idolâtrie, a dit : « Tout » était dieu, excepté Dieu lui-même. » Voilà le sublime dans le simple.

On représentait au fils d'Horace allant combattre les trois guerriers qu'Albe avait choisis, que peut-être il faudrait le pleurer ; il répond :

Quoi! vous me pleureriez mourant pour mon pays!

Arria se donne tranquillement un coup de poignard pour donner à son mari l'exemple d'une mort héroïque. Elle retire le poignard de son sein, et le lui présente, en disant : « Prends, Pétus, il ne m'a point » fait mal ; *Pete, non dolet.* »

Voilà deux sentimens sublimes exprimés d'une manière très-simple.

Si le terme figuré embrasse mieux l'idée et la présente plus vivement, il faut en faire usage : « L'uni- » vers allait s'enfonçant dans les ténèbres de l'idolâ- » trie (Bossuet). » « *Erravit sine voce dolor* (Lucain). » Voilà le sublime dans le figuré.

La brièveté , qui sert quelquefois si heureusement l'expression d'une grande idée, n'entre pas indispensablement dans la constitution du sublime. Elle n'exclut pas les gradations, les développemens. Lorsque les idées représentent le plus haut degré convevable d'étendue et d'élévation, et que l'expression les soutient, ce n'est plus un mot qui est sublime, c'est une suite de pensées; comme dans ces exemples :

« Tout ce que nous voyons du monde n'est qu'un

Il comporte l'amplification.

» trait imperceptible dans l'ample sein de la nature ;
» nulle idée n'approche de l'étendue de ses espaces ;
» nous avons beau enfler nos conceptions, nous n'en-
» fantons que des atomes au prix de la réalité des
» choses. C'est une sphère infinie dont le centre est
» partout, la circonférence nulle part. » (*Pensées de
Pascal*, art. 4.)

> Que peuvent contre Dieu tous les rois de la terre ?
> En vain ils s'uniraient pour lui faire la guerre ;
> Pour dissiper leur ligue, il n'a qu'à se montrer.
> Il parle, et dans la poudre il les fait tous rentrer.
> Au seul son de sa voix la mer fuit, le ciel tremble ;
> Il voit comme un néant tout l'univers ensemble ;
> Et les faibles mortels, vains jouets du trépas,
> Sont tous devant ses yeux comme s'ils n'étaient pas.
>
> (RACINE, trag. d'*Esther*, act. I, sc. III.)

Mais rarement. Cependant il faut avouer que le plus souvent le sublime est concis et instantané ; c'est un mot, un trait, un mouvement, un geste (1) ; car il est contre les habitudes et contre la nature même de l'esprit humain de demeurer long-temps dans cette région extrême des sentimens et des idées ; c'est un état qui le fatigue et qu'il ne tarde pas à repousser.

En quoi diffèrent le su-blime et le style élevé. Un degré au-dessous du sublime, il est pour le style un autre ton de grandeur qu'il lui est plus facile de conserver ; c'est celui à qui appartiennent la force des pensées, la majesté de l'expression, la véhé-mence des mouvemens, et qui domine dans certains ouvrages, même dans certains genres, comme la tra-gédie, l'épopée, la poésie lyrique, l'éloquence judi-

---

(1) Il veut aller au but sans faire un long circuit ;
     C'est un trait qui nous frappe, un éclair qui nous luit.
    (FRANÇOIS DE NEUF-CHATEAU, *les Tropes*, poëme, ch. 4.)

ciaire, délibérative et démonstrative, quand le sujet est susceptible d'élévation, d'énergie, de pathétique.

Voici en quoi le sublime et le style élevé diffèrent l'un de l'autre : l'élévation plaît avec grandeur, mais elle n'étonne pas ; l'extraordinaire est le trait caractéristique du sublime, et l'étonnement est le sentiment le plus marqué dans l'impression qu'il produit : nouvelle preuve que le discours ne peut être long-temps sublime, mais qu'il peut être long-temps élevé.

Il faut donc se garder de confondre le *sublime*, qui transporte et qui ravit, et l'*élévation*, qui plaît sans étonner.

Les questions suivantes renferment tout ce que nous avons à dire sur le style ; savoir : *Principales divisions de ce livre.*

1°. Quelles sont les qualités dont se forme un bon style ?

2°. Quels sont les moyens qu'il faut employer pour donner au style ces qualités ?

3°. Quels sont les défauts les plus ordinaires d'où résulte un mauvais style ?

Telles sont les questions que nous allons traiter successivement ; elles nous serviront de divisions principales.

CHAPITRE PREMIER.

Des qualités dont se forme un bon style.

Nous distinguerons dans le style les qualités *générales* et les qualités *particulières*.

Les qualités *générales* du style sont celles qui constituent son essence, et qui sont indispensables et communes à tous les genres d'ouvrage. *Qualités générales du style.*

Les qualités *particulières* varient selon la diffé- *Qualités particulières.*

rence des matières, et sont plus ou moins analogues aux divers genres d'écrire et aux différens sujets que l'on traite.

ARTICLE PREMIER.

Des qualités générales du style.

Quelles sont les qualités générales du style. Les qualités générales du style peuvent se réduire à deux, qui sont la *clarté* et la *convenance.*

Tout homme qui parle veut communiquer sa pensée, et désire quelque chose de celui à qui il s'adresse. Il doit donc se faire comprendre et se faire écouter. Pour cela, il est nécessaire qu'il s'énonce clairement et d'une manière qui convienne à celui qui l'entend, et au but qu'il se propose.

Cependant, pour donner à cette partie de la rhétorique tout le développement qu'elle exige, à ces deux qualités nous en joindrons quatre autres, qui sont la *correction*, la *noblesse*, le *naturel*, et l'*harmonie.*

§ Ier. *De la correction.*

Ce que c'est que la correction. La correction consiste à ne se servir que de mots de la langue, à les employer dans leur véritable sens, et à observer les règles grammaticales dans la construction des phrases. Elle fait la pureté de la diction.

Son importance. Personne ne s'est mieux ni plus fortement expliqué sur la nécessité de la pureté du langage, que Boileau, le grand maître de l'art :

> Surtout qu'en vos écrits la langue révérée,
> Dans vos plus grands excès, vous soit toujours sacrée.
> En vain vous me frappez d'un son mélodieux,
> Si le terme est impropre, ou le tour vicieux,
> Mon esprit n'admet point un pompeux barbarisme,

Ni d'un vers ampoulé l'orgueilleux solécisme (1).
Sans la langue, en un mot, l'auteur le plus divin,
Est toujours, quoi qu'il fasse, un méchant écrivain.
(*Art poét.*, ch. **I.**)

Soit qu'on parle, soit qu'on écrive, le moins qu'on doive aux auditeurs ou aux lecteurs, c'est de leur parler leur langue. Les fautes de correction sont celles qui sont le plus aisément remarquées des censeurs, et qui leur fournissent le plus d'occasions de s'égayer aux dépens de l'écrivain ou de l'orateur. L'homme qui parle mal nous semble toujours ridicule ; les meilleures choses nous choquent, pour peu qu'elles soient mal rendues.

Toutefois il faut remarquer que c'est surtout en écrivant que l'extrême correction est nécessaire, indispensable. Celui qui parle, surtout s'il improvise son discours, peut, à la rigueur, laisser échapper une phrase non achevée ou mal construite. La vivacité du mouvement, la chaleur de l'action, la rapidité de la parole feront passer ou excuser quelques légères incorrections. Il n'en est pas de même du discours écrit : ils est jugé de sang-froid ; les fautes n'échappent pas au lecteur, et, si elles sont fréquentes, elles le rebutent bientôt. *Elle est plus indispensable dans les discours écrits que dans les discours parlés.*

Pour écrire et parler correctement, il faut, aux connaissances grammaticales, joindre la lecture et l'usage : la lecture de nos meilleurs écrivains tant poëtes qu'orateurs ; l'usage qui s'acquiert par le commerce avec ceux qui parlent bien. L'attention à bien prononcer est encore, suivant Cicéron, une partie *Moyens d'écrire purement.*

(1) On entend par *barbarisme* un mot ou une phrase étrangère à la langue ; et par *solécisme* une faute de construction.

essentielle du mérite de bien parler. (*De Orat.*, l. III, n. 40.) Mais dans la suite nous nous étendrons davantage sur cet objet.

§ II. *De la clarté.*

Ce que c'est que la clarté du style.

Il faut que le style soit clair, c'est-à-dire, qu'il rende fidèlement, qu'il fasse voir au grand jour la pensée de l'écrivain.

Comme on a pour objet, soit en parlant, soit en écrivant, de communiquer ses idées, il est surtout nécessaire de parler ou d'écrire de manière à se faire bien comprendre.

Elle est d'une absolue nécessité.

Cicéron regarde la clarté comme la première vertu du discours. (*De Orat.*, l. III, n. 38.)

« Ce n'est pas assez, dit Quintilien, que l'audi-
» teur puisse nous entendre, il faut même qu'il ne
» puisse en aucune manière ne nous pas entendre. »
(L. VIII, c. 2.) L'écrivain qui nous oblige à le suivre avec l'attention la plus soutenue, à nous arrêter et à relire une seconde fois sa phrase pour la comprendre, ne peut pas long-temps nous plaire.

Saint Augustin fait sentir d'une manière assez vive à ceux qui parlent en public, la nécessité où ils sont de s'expliquer clairement. « Que celui qui parle dans
» le dessein d'instruire, ne croie pas, tant qu'il n'est
» point entendu, avoir rien dit à celui qu'il veut en-
» seigner. Quoique lui-même comprenne ce qu'il a
» dit, il n'est point encore censé l'avoir dit à celui
» qui ne l'a pas compris. » (*De Doct. Christ.*, l. IV, c. 12.)

Moyen de parler et d'écrire clairement.

La clarté de l'expression est étroitement liée à celle de la pensée. La première condition pour se faire bien entendre des autres, c'est de s'entendre bien soi-même. La clarté du style et celle des idées, ne sont presque qu'une même chose.

Elle résulte encore de la propriété des mots, de la régularité de leur construction, et de l'ordre naturel des idées, de manière qu'elles forment une suite, une chaîne continue, et qu'elles paraissent naître sans efforts les unes des autres.

Rien ne contribue plus à la clarté du discours que la liaison des idées. C'est elle, selon Condillac, qui fait toute la netteté de nos pensées, et il le prouve en ces mots : « Quoique plusieurs idées se présentent » en même temps à vous lorsque vous jugez, que » vous raisonnez, que vous faites un système, vous » remarquez qu'elles s'arrangent dans un certain or- » dre. Il y a une subordination qui les lie les unes » aux autres. Or, plus cette liaison est grande, plus » elle est sensible, plus aussi vous concevez avec » netteté et avec étendue. Détruisez cet ordre, la lu- » mière se dissipe, vous n'apercevez plus que quel- » ques faibles lueurs.

» Puisque cette liaison vous est si nécessaire pour » concevoir vos propres idées, vous comprenez com- » bien il est nécessaire de la conserver dans les dis- » cours. La langue doit donc exprimer sensiblement » cet ordre, cette subordination, cette liaison. Par » conséquent, *le principe que vous devez vous faire* » *en écrivant, est de vous conformer toujours à la* » *plus grande liaison des idées. (Art d'écrire, l. I,* c. I.)

Cependant on peut, on doit même quelquefois consentir à perdre un peu de la clarté d'une phrase, pour faire valoir la finesse d'un tour ingénieux, l'é-

Il est permis quelquefois l'être un peu moins clair.

clat d'une expression hardie, ou pour envelopper une idée qu'il ne serait pas décent de présenter sans voile. Fontenelle nous en donne un exemple lorsque, recevant à l'académie française le cardinal Dubois, premier ministre, vers la fin de la minorité de Louis XV, il lui dit : -« Vous communiquez sans ré-» serve à notre jeune monarque les connaissances qui » le mettront un jour en état de gouverner par lui-» même ; vous travaillez de tout votre pouvoir *à vous* » *rendre inutile.* »

Mais les occasions où l'on peut sacrifier la clarté de l'expression, à la finesse, à la délicatesse, ou à la profondeur de la pensée, sont rares : c'est le jugement qui doit nous avertir de ces sortes d'exceptions.

Si l'écrivain est alors moins clair, il ne l'est qu'avec dessein et avec précaution. Il a soin de ne pas se rendre obscur au point qu'on ne puisse pas l'entendre ; mais le manque de clarté, toutes les fois qu'il est involontaire, est une faute.

§ III. *De la noblesse du style.*

Ce que c'est que la noblesse du style.

La noblesse du style consiste à éviter les termes bas, les idées populaires, à s'exprimer comme on s'exprime ordinairement dans le monde cultivé et poli.

Elle est nécessaire.

Tous les maîtres recommandent cette qualité du style. Cicéron veut que l'orateur « évite ce qui est » trivial et suranné, et qu'il ne fasse usage que de » termes choisis et nobles.»(*De Orat.*, l. III, n. 149.)

Quoi que vous écriviez, évitez la bassesse,
(*Art Poét.*, ch. I.)

dit Boileau.

A quoi elle tient.

La bassesse des idées et des expressions tient le plus souvent à l'opinion et à l'habitude. Le meilleur moyen de se former une idée juste de celles qui sont nobles et de celles qui sont basses, c'est de fréquenter le monde poli. La bonne société peut seule nous apprendre à distinguer le langage du peuple de celui des gens bien élevés.

Il est un art de dire noblement les petites choses; car l'orateur et le poëte sont quelquefois obligés de parler d'objets petits et minces. Il faut alors que la dignité de l'expression couvre et orne la petitesse de la matière.

Art d'exprimer noblement les petites choses.

La pensée suivante est commune : *les bergers furent heureux dans les cabanes.* Ne s'ennoblit-elle pas singulièrement lorsqu'elle est rendue de cette manière par Fénélon? « Les bergers se virent heureux, et » leurs cabanes attiraient en foule les plaisirs purs » qui fuient les palais dorés. »

Les mots *attiraient*, *fuient* sont employés dans un sens très-ingénieux.

Lorsqu'on veut relever, ennoblir une idée commune, au lieu de son expression simple et habituelle, on emploie l'artifice de la périphrase ou de la métaphore.

Lorsque Égiste, parlant à Mérope, veut lui donner de sa naissance l'idée noble qu'il en a lui-même, il ne lui dit pas : *Mon père est un honnête villageois;* mais il lui dit :

> Sous ses rustiques toits, mon père vertueux,
> Fait le bien, suit les lois, et ne craint que les dieux.
> (VOLTAIRE.)

Don Sanche d'Arragon, avec plus de fierté, voulant reconnaître sans détour l'obscurité de son origine, dit avec franchise :

> Je suis fils d'un pêcheur.

Mais le mot propre a l'avantage et ne peut être suppléé dans les choses de sentiment à cause de son énergie, c'est-à-dire, à cause de la promptitude et de la force avec lesquelles il réveille l'impression de son objet. Voyez cette exclamation de Bossuet qui fit une si forte impression sur son auditoire : *Madame se meurt, Madame est morte*. (*Oraison fun. de Henriette, duchesse d'Orléans*.) C'est le mot simple et commun qui en fait toute la force. Si l'orateur eût dit : *Madame est expirante, Madame expire*, il n'eût produit aucun effet.

Ces exemples font sentir dans quelle circonstance il est avantageux d'employer le mot propre, et dans quelle autre il faut user de métaphore ou de périphrase.

Il faut mêler le familier noble avec le style relevé. Il est un langage familier aux personnes d'un esprit cultivé, et qu'on appelle *familier noble*. Un art essentiel à l'orateur et à l'écrivain est de savoir entremêler dans les compositions d'un style relevé, quelques traits de ce familier, de les choisir avec goût, et de les placer à propos. Ce mélange a trois avantages : l'un d'assouplir le haut style, d'en varier les tons, sans quoi il serait raide, guindé et monotone; l'autre, de lui donner un air de naturel et de vérité; le troisième, de lui prêter des nuances qu'il n'aurait pas. Cet art était celui de Racine, de Bossuet de Massillon.

Manière de placer un mot familier dans la phrase. L'art d'enchâsser les mots *familiers* dans le style noble, consiste à les associer avec des mots qui les relèvent; à les placer de manière que ni l'esprit ni l'oreille ne s'y reposent. Les endroits ostensibles du style, comme Cicéron nous l'enseigne, sont le début, les repos et surtout la clôture des périodes. C'est là que les termes nobles et d'appareil doivent être placés, et dans les intervalles, les mots familiers et communs. Quelques exemples feront sentir cette industrie du langage : On lit dans l'*Athalie* de Racine :

> Où courez-vous ainsi tout pâle et hors d'haleine?...
> Je commence à voir clair dans cet avis des cieux....
> Eh quoi! vous n'avez point de passe-temps plus doux?...
> Que des chiens dévorans se disputaient entre eux...

Et rien de tout cela ne blesse. Mais supposons que le poëte eût dit :

> Où courez-vous ainsi hors d'haleine *et tout pâle ?*
> Dans cet avis des cieux, je commence *à voir clair.*
> Eh quoi! vous n'avez point de plus doux *passe-temps ?*
> Les lambeaux que *des chiens* se disputaient entre eux.

Ces mots *tout pâle*, *voir clair*, *passe-temps*, *chiens*, mis en évidence au repos du vers et à l'endroit sensible pour l'oreille, auraient été insoutenables.

Quant au choix des locutions qui peuvent passer du langage *familier* dans le *style noble*, il est aisé de les reconnaître aux signes que voici : nulle affinité avec les idées et les images auxquelles l'opinion attache de la bassesse ; rien que l'usage ait avili.

§ IV. *Du naturel.*

Le naturel du style consiste à rendre ses pensées et ses sentimens avec aisance, sans effort et sans apprêt ; la moindre affectation le détruit ; dès qu'une expression recherchée, une image forcée, un sentiment exagéré se présente, le charme disparaît.

L'effet du naturel, quand il est porté à la perfection, est de faire croire que l'ouvrage a coulé de source ; qu'il n'a, pour ainsi dire, rien coûté à l'au-

Ce que c'est que le naturel du style.

teur. On se figurerait, à le lire, qu'on va soi-même en faire autant; mais qu'on essaie, et l'on verra combien il est difficile d'atteindre ce qu'on croyait si près de soi (1).

En lisant un livre écrit de cette sorte, il nous semble que nous causions dans l'intimité avec un homme de mérite, et que nous retrouvions à chaque page ses manières aisées et son vrai caractère. « Nous » sommes étonnés, ravis, enchantés, dit Pascal, » lorsque nous voyons un style naturel; c'est que » nous nous attendions de trouver un auteur, et nous » trouvons un homme. » (*Pensées*, art. 10.)

Il ne faut pas confondre le *naturel* avec la *simplicité*. La simplicité exclut en général les ornemens, l'élévation : au lieu qu'un style orné et même élevé ne doit jamais cesser d'être naturel. Corneille, quand il est beau, est naturel; Racine, Bossuet le sont partout.

Le défaut le plus ennemi du naturel, est celui de vouloir montrer de l'esprit mal à propos, de chercher des traits brillans où il ne faudrait que de la justesse.

Le faste oratoire, la recherche du langage détruisent la force et la vérité de l'éloquence. Ce défaut est d'autant plus dangereux, qu'il porte en lui-même un certain attrait qui le fait aimer. On cherche à éviter les autres défauts, dit Quintilien, on court après celui-ci; *cætera quùm vitentur, hoc petitur.* (L. VIII, c. 3.) Sous ce rapport, c'est le pire de tous.

Il diffère de la simplicité.

Défaut opposé au naturel.

---

(1) . . . . *Ut sibi quivis*
Speret idem, sudet multùm frustraque laboret
Ausus idem.

(HORACE, *Art poët.*)

L'avocat Lemaître dit, dans son plaidoyer pour une fille désavouée, que *son père a été pour elle un ciel d'airain, et sa mère une terre de fer.* Il dit de la jeune fille que *le soleil de la providence s'est levé sur elle,* que *ses rayons, qui sont comme les mains de Dieu, l'ont conduite.* Ces images sont forcées, insoutenables.

Balzac écrit à un homme affligé : « Votre éloquence » rend votre douleur vraiment contagieuse. Et quelle » glace, je ne dis pas de Lorraine, mais de Norwége » et de Moscovie, ne fondrait à la chaleur de vos » belles larmes ? » Rien ne peut être de plus mauvais goût.

Cette affectation peut aller jusqu'au ridicule. Le meilleur poëte comique qui ait jamais été, Molière, en a fait parmi nous le sujet d'une de ses pièces (1). *Les commodités de la conversation,* pour faire entendre *des fauteuils; le conseiller des grâces,* pour dire *un miroir* : voilà un langage précieux dont le travers exposerait à la risée quiconque voudrait l'employer.

C'est encore une excellente leçon de naturel dans le style, que cette scène du Misanthrope, où Alceste critique l'homme au sonnet, et se moque de sa chute :

> Belle Philis, on *désespère,*
> Alors qu'on *espère* toujours.

Il lui fait observer avec raison, que

> Ce style figuré, dont on fait vanité,
> Sort du bon caractère et de la vérité;
> Ce n'est que jeux de mots, qu'affectation pure,
> Et ce n'est point ainsi que parle la nature.

---

(1) Les *Précieuses ridicules.*

Les meilleurs écrivains ont blâmé l'affectation.

Cette affectation d'esprit était le goût du temps de Balzac et de Voiture. Racine, Boileau et les bons écrivains du siècle de Louis XIV, en corrigèrent les Français. Cependant Voltaire se plaint que, de son temps, on voyait des écrivains qui tombaient dans le même défaut. «Le déplacé, le faux, le gigantesque, » dit-il, semblent vouloir dominer aujourd'hui; c'est » à qui enchérira sur le siècle passé. On appelle de » tous côtés les passans pour leur faire admirer des » tours de force qu'on substitue à la démarche simple, » aisée et naturelle des Fénélon, des Bossuet, des » Massillon. » (*Dict. phil.*)

Montesquieu forme les mêmes plaintes en ces termes : « Ce que je trouve de cruel dans quelques » écrivains modernes, c'est qu'ils ne veulent jamais » être naturels. Un tour heureux leur paraît plat, » parce qu'il n'a pas l'air d'avoir coûté. Une idée » mise galamment, mais en habit simple, ne paraît » pas piquante à ces messieurs; ils veulent lui don- » ner des grâces de leur façon ; ils la tournent, ils la » serrent, et enfin, après bien des soins, ils arrivent à » être entortillés pour avoir voulu être délicats, et » obscurs pour avoir eu envie d'être vifs. » (*Essai sur le goût.*)

« Il y en a, dit excellemment Pascal, qui masquent toute la nature. Il n'y a point de roi parmi eux, mais un *auguste monarque;* point de Paris, mais *une capitale du royaume.* Il y a des endroits où il faut appeler Paris, *Paris*, et d'autres où il faut l'appeler *capitale du royaume.* » (*Pensées*, art. 10.)

Règle pour le choix des mots.

Rien n'est plus vrai ; mais la distinction n'est pas toujours aisée à faire. Essayons de donner quelques principes sur ce choix.

D'abord, il faut éviter d'employer les noms propres des choses qu'on ne peut nommer sans risquer de choquer la pudeur.

En second lieu, il est des objets qui, sans être déshonnêtes, déplaisent et révoltent tellement ou les sens par le dégoût, ou l'âme par le mépris, que le discours n'en peut supporter le nom. L'orateur sait les pallier, de manière que, sans les nommer, il les fait comprendre. Il se sert alors d'une périphrase.

Enfin, les mots d'un usage vulgaire, quoiqu'ils n'aient rien de bas, manquent d'une certaine dignité qui est nécessaire dans le style soutenu.

Hors les trois cas que nous venons de marquer, nous croyons pouvoir établir pour maxime, que la propriété des termes est de précepte, par l'avantage qu'elle a de servir à la clarté.

L'affectation de faire paraître les choses plus ingénieuses qu'elles ne sont, conduit nécessairement à l'obscurité. Les écrivains de ce genre sont insupportables. C'est à eux que La Bruyère s'adresse quand il dit : « Vous voulez, Acis, me dire qu'il fait froid? » Que ne me dites-vous, *il fait froid?* Est-ce un si » grand mal d'être entendu quand on parle, et de » parler comme tout le monde? » C'est-à-dire, sans emphase, sans prétention, sans recherche.

§ V. *De l'harmonie et de l'euphonie.*

Il faut examiner deux choses dans l'harmonie du style : d'abord l'agrément du son en lui-même, ou la mélodie en général, sans égard à l'expression; ensuite le son disposé de manière à devenir l'expression du sens.

1°. *Du son des mots considéré en lui-même.*

Euphonie dans le style. Nous appelons *Euphonie* (1) cette douceur de son dans le langage. Nous employons ce mot comme l'opposé de *cacophonie* (2), qui signifie en français la rencontre de syllabes ou de paroles qui font un effet désagréable à l'oreille.

Deux choses charment l'oreille, dit Cicéron, le *son* et le *nombre*. (*Orat.*, n. 165.)

Il faut éviter les sons durs. Celui qui veut bien parler et bien écrire, doit éviter avec soin, dans le choix et dans l'arrangement des mots, le mélange des sons durs et choquans.

Notre oreille est blessée quand nous lisons les vers suivans :

> Pourquoi ce roi du monde, et si libre et si sage,
> Subit-il si souvent un si dur esclavage?
>
> (VOLTAIRE.)

Elle est au contraire affectée délicieusement quand nous lisons ceux-ci :

> L'Éternel est son nom, le monde est son ouvrage;
> Il entend les soupirs de l'humble qu'on outrage,
> Juge tous les mortels avec d'égales lois,
> Et du haut de son trône interroge les rois.
>
> (RACINE.)

Du nombre ora- toire. On appelle *nombre*, le mouvement qui résulte d'une

---

(1) Mot qui signifie *son, voix agréable.*
(2) Autre mot qui signifie *mauvais son, son désagréable.*

succession de syllabes réunies dans un petit espace de temps distinct et limité.

Cicéron nous explique la nature et l'usage du nombre en ces termes : « Le nombre consiste dans » la succession de temps marqués par des intervalles » égaux ou inégaux. L'eau qui tombe goutte à goutte » peut en donner une idée. Puisque le style a plus » de grâce, et fait plus d'effet lorsqu'il est coupé par » des repos bien placés, il est clair qu'on doit s'occu- » per avec soin de bien déterminer les intervalles de » ces repos. » (*De Orat.*, l. III, n. 186.)

Les espaces dans lesquels la prose se renferme, ne sont pas invariables comme dans la poésie. Ils sont tantôt plus longs, tantôt plus courts. Ils doivent être déterminés par la coupe des objets, par celle des idées et par la respiration.

Quelquefois ces espaces sont à peine sensibles dans la progression des idées. Ils forment des vestiges cachés, *gradus occulti*, comme Quintilien les appelle. Il en donne un exemple qui fait sentir sa pensée; il trouve quatre repos ou espaces dans cette période :

« *Animadverti, judices, omnem accusatoris ora-* » *tionem, in duas divisam esse partes.* » (CIC.)

Il marque le premier repos après *judices*; le second, après *orationem* ; le troisième, après *duas*; le quatrième après *partes*. (L. IX, c. 4.)

D'autres fois ces espaces sont marqués beaucoup plus sensiblement, comme dans les phrases suivantes :

« *Omnes urbanæ res, omnia hæc nostra præ-* » *clara studia, et hæc forensis laus et industria, la-* » *tent in tutelâ ac præsidio bellicæ virtutis ; simul at-* » *que increpuit suspicio tumultûs, artes illicò nostræ* » *conticescunt.* » (CIC.)

« Quoiqu'il n'y ait point devant Dieu de diffé-
» rence de personne ou de condition, et que sa pro-
» vidence veille indifféremment sur tous les hom-
» mes, l'écriture sainte nous enseigne pourtant qu'il
» a des soins particuliers de ceux qu'il porte sur le
» trône et qu'il met à la tête de son peuple. » (FLÉ-
CHIER, *Orais. fun. de Marie-Thérèse.*)

Son effet.

Telle est la vertu du nombre dans le discours,
que, selon Quintilien, il est à la pensée ce que la
corde est à la flèche, (L. VIII, c. 4); et qu'au jugement de Cicéron, les traits foudroyans de Démosthène frapperaient moins, s'ils n'étaient lancés avec
toute la force et l'impétuosité du nombre oratoire.
Demosthenis non tam vibrarent fulmina illa, nisi
numeris contorta ferrentur. (*Orat.*, n. 231.)

**Le goût
du nombre et de
l'harmonie
est naturel à
l'homme.**

Il y a dans l'homme un goût naturel qui le rend
sensible au nombre et à la cadence; *naturâ duci-*
mur ad modos. (QUINT.) Pour introduire dans les
langues cette espèce de concert, il n'a fallu que consulter la nature, qu'interroger l'oreille. « Qu'est-ce
» qui n'est pas touché et comme enchanté, dit Denys
» d'Halicarnasse, par ce qui est mélodieux, et blessé
» au contraire par ce qui ne l'est pas? qui est ce qui
» ne se sent pas adouci et comme apprivoisé par
» certains rhythmes et offensé par d'autres? Je l'ai
» observé souvent dans nos théâtres qui sont rem-
» plis d'auditeurs de toute espèce, ignorans et gros-
» siers; j'ai vu qu'il y a en nous un sentiment vif et
» naturel qui saisit la mélodie et la cadence, quand
» elles sont l'une et l'autre ce qu'elles doivent être.»
(*Arrangement des mots*, ch. 2.) Ce sentiment nous
accompagne surtout dans la lecture des ouvrages;
en sorte qu'une composition dure et rude blesse

notre oreille, au lieu qu'elle est agréablement flattée de celle qui est douce et coulante.

Boileau nous donne à la fois le précepte et l'exemple de cette euphonie.

> Il est un heureux choix de mots harmonieux :
> Fuyez des mauvais sons le concours odieux.
> Le vers le mieux rempli, la plus noble pensée,
> Ne peut plaire à l'esprit quand l'oreille est blessée.
>
> (*Art poét.* ch. I.)

Cicéron avait dit avant lui : « Quelque agrément » et quelque énergie que puissent avoir les pensées en » elles-mêmes, si les termes qui les expriment sont » mal arrangés, ils offensent les oreilles dont le » jugement est si dédaigneux. » (*Orat.*, n. 150.)

Comme c'est à l'oreille qu'on s'adresse pour convaincre l'esprit, pour émouvoir le cœur, il ne faut pas commencer par la rebuter. Il est au contraire nécessaire de la flatter afin de s'insinuer par elle plus avant et jusqu'au fond de l'âme.

L'écrivain, comme l'orateur, ne doit négliger aucun moyen de plaire. Rien autant que le plaisir ne dispose le cœur à s'ouvrir aux vérités qu'on lui présente.

Il ne faut pas croire que les heurtemens, les rencontres pénibles de mots ou de syllabes qui s'entrechoquent, soient moins sensibles dans le discours écrit que dans le discours parlé. Tout au contraire, un déclamateur adroit fait passer une phrase inharmonieuse, mal sonnante. Mais tout lecteur, même celui qui lit pour lui seul et des yeux seulement, tout lecteur à moins que ce ne soit un sourd-muet), à mesure qu'il lit, entend les sons des mots qu'il prononce, pour ainsi dire, mentalement. Il est frappé de l'harmonie du style qui se fait sentir à son oreille, en même temps que les caractères se peignent à ses yeux et que les idées entrent dans son esprit.

2°. *Du son considéré comme expression de la pensée.*

Nous venons de parler du son pris isolément, c'est-à-dire comme un accompagnement fait pour plaire à l'oreille. Il nous reste à le considérer comme adapté au sens. Sous ce point de vue, il produit des beautés d'un ordre supérieur.

Rapport qu'il y a entre le son des mots, les idées et les sentimens.

Il y a long-temps qu'on a remarqué qu'il existe dans toutes les langues cultivées un accord secret, mais sensible, entre certains sons et certaines idées, certains sentimens ; que les pensées sérieuses, les affections tristes, amènent des sons graves, sourds, lents et mélancoliques; qu'au contraire la joie vive et pétulante, s'exprime par des sons légers, rapides et

Nécessité d'accorder le style avec les pensées.

brillans. Comme le musicien a soin de choisir le mode, le ton et le mouvement qui convient au caractère du morceau qu'il veut composer, de même l'orateur et l'écrivain sont obligés de se pénétrer tellement de leur sujet, qu'ils trouvent naturellement et sans peine, comme le mode et le ton dans lequel ils doivent le traiter ou l'écrire, et le mouvement qu'ils doivent lui donner.

Exemples tirés de Cicéron.

Remarquez comme cette phrase est bien disposée pour peindre la tranquillité et le bonheur d'une position heureuse. « *Etsi homini nihil est magis op-* » *tandum quàm prospera, æquabilis, perpetuaque* » *fortuna, secundo vitæ sine ullâ offensione cursu,* » *tamen si mihi tranquilla et placata omnia fuis-*

» *sent, incredibili quâdam et penè divinâ quâ nunc*
» *vestro beneficio fruor, lætitiæ voluptate caruis-*
» *sem.* » (Cic.) Toute cette période est composée
de sons doux, coulans, qui respirent l'agréable non-
chalance d'un paisible repos; elle peint à l'oreille.
On sent bien que Cicéron n'aurait pas employé
une phrase semblable dans ses Philippiques, ni dans
ses Catilinaires.

Le même orateur, voulant prouver que Milon n'était
point parti de Rome dans le dessein d'attaquer Clodius, décrit ainsi leur équipage et leur rencontre :
« *Obviam fit ei Clodius expeditus, in equo, nullâ*
» *rhedâ, nullis impedimentis, nullis græcis comiti-*
» *bus, ut solebat; sine uxore quod munquàm ferè ;*
» *quùm hic insidiator, qui iter illud ad cædem fa-*
» *ciendam apparâsset, cum uxore veheretur in rhedâ;*
» *penulatus, magno et impedito et muliebri ac deli-*
» *cato ancillarum puerorumque comitatu.* » La rapidité du style semble d'abord imiter la marche de
Clodius : pour la peindre, Cicéron n'emploie que des
mots courts, des phrases coupées et beaucoup de
syllabes brèves; il a même eu soin d'éviter le concours
des lettres dures qui auraient ralenti la prononciation :
Au contraire, il affecte ensuite d'accumuler les hiatus, les longues, les épithètes, les mots composés de
plusieurs syllabes, tout ce qui peut rendre le style
grave et lent, pour mieux représenter cette marche
paisible de Milon, et ce nombreux attirail de femmes
et d'esclaves, plus propre à embarrasser qu'à servir
au milieu d'un combat.

Fléchier dans l'oraison funèbre de Turenne, ayant Exemples tirés
à traiter le sujet le plus touchant et le plus élevé, de Fléchier.
emploie une harmonie majestueuse et sombre. Après

avoir tracé dans l'exorde le portrait allégorique de Machabée : « Ce vaillant homme, dit-il, poussant » enfin avec un courage invincible les ennemis qu'il » avait réduits à une fuite honteuse, reçoit le coup » mortel, et demeure comme enseveli dans son triom- » phe. » Le mouvement rapide de cette courte incise, *reçoit le coup mortel*, peint la mort imprévue du guerrier, *demeure enseveli*, *triomphe*, sont des ex- pressions pittoresques et musicales; et dans la rapidité de cette chute, *comme enseveli*, opposée à la lenteur de cette image, *dans son triomphe*, où deux nasales sourdes retentissent lugubrement, on reconnaît l'ana- logie des nombres avec les idées.

Elle n'est pas moins sensible dans la peinture sui- vante : « Au premier bruit de ce funeste accident, » toutes les villes de Judée furent émues, des ruis- » seaux de larmes coulèrent des yeux de tous les ha- » bitans; ils furent quelque temps saisis, muets, » immobiles. » Avec quel soin l'orateur a coupé ces mots comme par des soupirs *saisis*, *muets*, *immo- biles!* « Un effort de douleur rompant enfin ce long » et morne silence, d'une voix entrecoupée de san- » glots que formaient dans leur cœur la tristesse, la » pitié, la crainte, ils s'écrièrent : *Comment est mort* » *cet homme puissant qui sauvait le peuple d'Is-* » *raël ?* » Comme les deux premiers mots expriment bien l'impétuosité de la douleur, et les deux qui sui- vent l'effort qu'elle fait pour éclater! Comme la len- teur et la résonnance des sons rendent bien l'image de *ce long et morne silence?* Ceux qui ne peuvent concevoir le secret des nombres et de l'harmonie, peuvent le voir à découvert dans cette période, qui semble sortir avec effort, se traîner, tomber, se relever, enfin arriver avec peine jusqu'à l'exclamation qui la termine, et que l'auditeur attend après une si longue suspension.

Après cette exclamation de douleur, l'orateur peut s'abandonner sans retenue au sentiment qui a éclaté. Toutes ses idées, toutes ses expressions peuvent prendre le ton de l'enthousiasme qui le possède, et l'harmonie obéit à sa pensée. « A ces cris Jérusalem » redoubla ses pleurs, les voûtes du temple s'ébran- » lèrent, le Jourdain se troubla, et tous ses rivages » retentirent du son de ces lugubres paroles: *Comment* » *est mort cet homme puissant qui sauvait le peuple* » *d'Israël?* » Le mouvement des sons dans les pre- mières incises est analogue à l'action que les mots expriment. L'harmonie imitative est frappante dans ces mots : *Le Jourdain se troubla et ses rivages*, etc...

Si Fléchier veut peindre un objet d'horreur, il mul- tiplie les sons rudes : « Flandres, théâtre sanglant où » se passent tant de scènes tragiques; triste et fatale » contrée, trop étroite pour contenir tant d'armées » qui te dévorent, etc... » Dans presque tous les mots qui forment cette demi-phrase, entre la lettre *r*, et ces mots sont chargés de consonnes.

Je sens au contraire de la douceur, même dans le son des mots de cette autre phrase, dont les idées sont douces et agréables. « Quel fut ce jour heureux » qu'on la vit sortir, comme la colombe de l'arche (1), » de ce petit espace de terre (2) que les flots respec- » teront éternellement, pour annoncer aux provinces

(1) La reine Marie-Thérèse d'Autriche.
(2) L'Ile de la Conférence.

» leur félicité, et porter partout où elle passait la paix
» et la joie dans le cœur des peuples ! »

Quand un morceau demande de la vivacité, on
emploie des nombres plus courts ; on se sert du style
coupé dont les parties sont indépendantes et sans liaison réciproque. Exemple : « Il passe le Rhin, il ob-
» serve les mouvemens de l'ennemi, il relève le cou-
» rage des alliés, il ménage la foi suspecte et
» chancelante des voisins, il ôte aux uns la volonté,
» aux autres les moyens de nuire, etc... » (FLÉCHIER,
Orais. fun. de Turenne.)

Exemples tirés de Bossuet.
Bossuet n'a pas donné une attention aussi sérieuse
au choix des nombres. Son harmonie est plutôt dans
la coupe des périodes brisées ou suspendues à propos,
que dans la lenteur ou la rapidité des syllabes. Mais
ce qu'il n'a presque jamais négligé dans les peintures
majestueuses, c'est de donner des appuis à la voix sur
des syllabes sonores et sur des nombres imposans.

« Celui qui règne dans les cieux, de qui relèvent
» tous les empires, à qui seul appartient la gloire ; la
» majesté, l'indépendance.... » Qu'il eût placé *l'indépendance* avant *la gloire* et *la majesté*, que devenait
l'harmonie ? « Il leur apprend leurs *devoirs*, *d'une
» manière souveraine* et digne de lui. » Qu'il eût dit
seulement, *d'une manière digne de lui*, ou *d'une
manière absolue et digne de lui*, l'expression perdait
sa gravité. C'est le son déployé sur la pénultième de
souveraine, qui en fait la pompe.

« Si elle eut de la joie de régner sur une grande na-
» tion, c'est parce qu'elle pouvait contenter le désir
» *immense* qui sans cesse la sollicitait à faire du bien. »
Retranchez l'épithète *immense*, substituez-y celle
d'extrême, ou telle autre qui n'aura pas cette nasale

volumineuse, l'expression ne peindra plus rien.

Veut-on des tableaux naïfs et touchans, qu'on lise ces descriptions si douces que la plume de Fénélon a répandues dans le Télémaque, et ces discours pleins de charme que Massillon adressait à un jeune roi. On verra combien la mélodie des paroles ajoute à l'éloquence de la vertu.

Il faut que nous soyons bien pénétrés du ton qui convient à notre sujet, c'est-à-dire du ton que prennent naturellement les pensées et les sentimens que nous avons à exprimer, et que nos phrases soient en conséquence douces et agréables, vives et rapides, pompeuses et magnifiques, coupées et brusques selon le besoin.

« L'harmonie du discours, dit Longin, ne frappe » pas seulement l'oreille, mais l'esprit. Elle y réveille » une foule d'idées, de sentimens, d'images, et parle » de près à notre âme par le rapport des sons avec » les paroles. » (*Traité du Sublime*, c. 32.)

Cette espèce d'harmonie ajoute beaucoup au sens des mots.

Les anciens mettaient la plus grande importance aux préceptes relatifs à l'harmonie du style. Non-seulement ils voulaient qu'elle fût en général analogue au sujet, mais ils exigeaient qu'elle fût agréable par elle-même, toujours musicale, toujours régulière : ils assujettissaient la prose presque autant que la poésie même au nombre et à la mesure. Ils entraient dans les plus grands détails sur les effets du mélange des syllabes longues et brèves dans la texture des phrases (1).

Les anciens y mettaient la plus grande importance.

---

(1) Les traités de Cicéron et de Quintilien sur l'art oratoire, sont remplis des observations les plus délicates, on pourrait presque dire les plus minutieuses, sur cette partie

Leurs langues
étaient
musicales et
chantantes.Les langues grecque et latine étaient musicale
et chantantes; la prosodie en était constante et bien
déterminée. La faculté de varier les terminaisons,
procurait une multitude de sons agréables; la liberté des inversions facilitait l'arrangement des mots
dans l'ordre le plus convenable à *l'harmonie. La déclamation* des orateurs était même, à ce qu'il paraît,
une sorte de chant. Ils devaient donc être soigneux
d'arranger leurs discours de manière à pouvoir, pour
ainsi dire, les noter.

Notre langue
l'est moins.

La langue française n'a point tous ces avantages;
au moins elle ne les a pas au même degré. Notre
prose ne se mesure point par spondées, trochées,
ïambes, péons, etc.... Notre quantité, c'est-à-dire la
brièveté et la longueur des syllabes, n'est pas assu-
jettie à des règles constantes, comme le grec et le
latin. Aussi la doctrine des anciens sur cette partie
de la composition, n'est-elle pas applicable à notre
langue.

Elle est pour-
tant suscep-
tible
d'harmonie.

Cependant, tout inférieure qu'elle est sous ce rapport aux langues anciennes, elle est susceptible de se
revêtir des grâces et du pouvoir de l'harmonie. Nos
membres de phrase ont leur nombre et notre période
sa cadence. Nos écrivains doués d'une oreille sensible et d'un goût sûr et délicat, ont su trouver au
besoin dans cette même langue des nombres analo-

---

de l'art qui consiste dans le nombre et l'harmonie du style.
(*De Orat.*, l. III, n. 171 et seq. *Orat.*, n. 149 et seq.
QUINT., l. IX, c. 4.)

Denys d'Halicarnasse a donné sur l'arrangement des mots
un traité qui a principalement pour objet l'harmonie que
cet arrangement peut produire.

gues à la pensée, au sentiment, au mouvement de
l'âme qu'ils voulaient exprimer.

On ne peut donner sur l'harmonie du style que
quelques règles très-générales. Une analyse approfondie des élémens physiques de la langue, une
oreille délicate, sont les guides les plus sûrs. Si l'é-
crivain possède bien la langue, s'il a exercé son
oreille au sentiment de l'harmonie, son style peint
sans qu'il s'en aperçoive, et l'expression vient d'elle-
même s'accorder avec la pensée.

Cicéron proscrit toute espèce de recherche et
d'affectation à ce sujet : « Cette structure, dit-il,
» exige, à la vérité, un certain soin, mais un soin où
» la peine ne soit pas trop marquée, ce serait un
» travail puéril et infini, si l'on voulait y apporter
» une exactitude scrupuleuse. Il faut que l'usage et
» l'exercice de l'orateur lui donnent cet heureux ar-
» rangement. » (*Orat.*, n. 149.) Aristote dit qu'il ne
faut ni trop soigner, ni trop négliger l'harmonie du
discours. La raison qu'il en donne, c'est qu'un discours où cette partie accessoire paraîtrait évidemment trop travaillée, rendrait suspecte la bonne foi
de l'orateur, qui semblerait avoir voulu nous surprendre par le vain prestige des sons, et détruirait
ainsi toute la confiance qu'il aurait pu nous inspirer.
(*Rhét.*, l. III, c. 8.)

Nous mettrons en note ce que nous avons à dire
sur *l'harmonie imitative*, parce qu'elle appartient
plus particulièrement à la poésie qu'à l'éloquence et
à l'art d'écrire en prose (1).

Il faut éviter l'affectation à ce sujet.

Pourquoi.

---

(1) Il y a une autre sorte d'*harmonie*, qu'on appelle *harmo-* — De l'harmonie imitative.

§ VI. *De la convenance.*

Convenance du style avec le sujet.　　L'attention aux convenances par rapport à ce qui regarde les personnes et les choses, les temps et les

---

nie imitative, qui consiste dans le rapport des sons de la langue avec les objets qu'ils expriment.

Les sons imitatifs se retrouvent dans toutes les langues : ils sont à la vérité moins communs et moins marqués dans la nôtre que dans le grec et le latin ; cependant il y en a pour l'écrivain qui sait les y trouver. C'est ainsi que nous disons *gronder, murmurer, gazouiller, siffler, bourdonner*, etc.

Elle appartient à la poésie.　　La langue imitative est un des caractères distinctifs de la poésie, qui, n'étant qu'une imitation fidèle de la nature, s'attache à peindre tout ce qui est susceptible d'être peint par les sons ; et toute poésie qui ne peint rien par le mouvement du vers, par la coupe, ou par l'expression imitative, tombera infailliblement dans un éternel oubli.

On lira avec plaisir le précepte donné en même temps que l'exemple, dans les vers suivans traduits de Pope, par Delille :

> Vous, cependant, semez des figures sans nombre ;
> Mêlez le fort au doux et le riant au sombre.
> Quels qu'ils soient, aux objets conformez votre ton ;
> Ainsi que par les mots exprimez par le son.
> Peignez en vers légers l'amant léger de Flore.
> Qu'un doux ruisseau murmure en vers plus doux encore.
> Entend-on de la mer les ondes bouillonner :
> Le vers, comme un torrent, en roulant doit tonner.
> Qu'Ajax soulève un roc et le lance avec peine,
> Chaque syllabe pèse et chaque mot se traîne.
> Mais vois d'un pied léger Camille effleurer l'eau ;
> Le vers vole et la suit aussi prompt que l'oiseau.
> Ainsi de votre chant la marche cadencée,
> Imite l'action et note la pensée.
>
> 　　　　　　　　　　(*L'Homme des champs*, ch. 4.)

lieux, doit diriger partout l'orateur, autant dans l'invention et la disposition que dans l'élocution dont il

---

On peut exprimer trois choses par le son des mots : 1°. les sons de la nature ; 2°. les mouvemens ; 3°. les passions et les émotions de l'âme.

Elle peut exprimer trois choses.

1°. Un choix convenable de mots peut produire un son ou une série de sons qui aient quelque analogie avec ceux qu'on veut exprimer ; comme le *roulement du tonnerre, le mugissement des vents, le murmure des ruisseaux*, etc.

Les sons de la nature.

Un poëte n'a pas beaucoup de peine à ne se servir que de mots composés de voyelles douces, faciles et coulantes, pour exprimer les sons les plus doux et les plus agréables ; et à réunir des syllabes dures et difficiles à prononcer, lorsqu'il veut peindre les sons les plus durs. Le génie de la langue vient presque toujours à son secours ; car dans presque tous les idiomes, les noms que portent les sons, ont avec les sons mêmes une analogie frappante. En voici quelques exemples d'une beauté remarquable.

Par quels moyens.

Les sons et les coupes des vers suivans, tirés de Virgile, nous font entendre les éclats du tonnerre, ses roulemens et sa chute :

Exemples.

> *Ipse Pater, mediâ nimborum in nocte, corusca*
> *Fulmina molitur dextrâ, quo maxima motu*
> *Terra tremit, fugére feræ, et mortalia corda*
> *Per gentes humilis stravit pavor.*

En lisant cet autre vers du même poëte,

> *Vox quoque per lucos vulgò exaudita silentes*
> *Ingens,*

nous croyons entendre une voix qui perce dans le silence des forêts.

L'harmonie n'est pas moins imitative dans les vers de nos grands poëtes. Racine fait entendre le sifflement des serpens qui ceignent la tête des Euménides :

15

s'agit maintenant. Nous en avons déjà parlé dans le livre premier. Ici la convenance que nous considérons est celle du style à la nature des choses.

Pour qui sont ces serpens qui sifflent sur vos têtes?

(Andromaque.)

et le bruit du char qui se brise :

L'essieu crie et se rompt.

(Phèdre.)

La Fontaine nous fait frissonner à la peinture de Borée qui,

Se gorge de vapeurs, s'enfle comme un ballon,
Fait un vacarme de démon,
Siffle, souffle, tempête...

Virgile et son digne interprète luttent ensemble pour peindre le bruit aigre de la scie et de la lime :

Tum ferri rigor atque argutæ lamina serræ.
J'entends crier la dent de la lime mordante.

2°. On imite par les sons les mouvemens en tant qu'ils **Ses mouvemens.** sont rapides ou lents, violens ou doux, égaux ou inégaux, faciles ou pénibles. Quoiqu'il n'y ait aucun rapport naturel entre le son et le mouvement, notre imagination cependant leur en prête un très-intime, ainsi que le prouve la liaison qui existe entre la musique et la danse. Les syllabes longues expriment les mouvemens lents : nous en avons un exemple dans ces vers de Virgile :

Exemples.
Illi inter sese magnâ vi brachia tollunt
In numerum....

(Æneid., l. VIII.)

Agricola incurvo terram molitus aratro,
Exesa invenict scabra rubigine tela.

(Georg., l. II.)

Des syllabes brèves en se succédant présentent à l'esprit l'idée de mouvemens rapides, comme dans ces vers du même poète :

Dans toute sorte d'ouvrages, le style doit conve- Son importance.
nir au sujet que l'on traite. « Que sert en effet, dit
» Quintilien, que les mots soient purs, élégans, si-

. . . . *Mox aere lapsa quieto*
Radit iter liquidum, celeres neque commovet alas.

(*Æneid.*, l. **V.**)

Quadrupedante putrem sonitu quatit ungula campum.

(*Ibid.*, l. **VIII.**)

En lisant ces deux vers de Boileau ,

N'attendait pas qu'un bœuf, pressé de l'aiguillon,
Traçât à pas tardifs un pénible sillon,

nous sommes contraints de les prononcer lentement ; au lieu
qu'on est emporté malgré soi dans une prononciation rapide
par celui-ci :

Le moment où je parle est déjà loin de moi.

On fatigue, on sue, on perd haleine en lisant les cinq vers
suivans :

Dans un chemin montant, sablonneux, mal aisé,
Et de tous les côtés au soleil exposé,
Six forts chevaux tiraient un coche,
Femmes, moines, vieillards, tout était descendu,
L'équipage suait, soufflait, était rendu.

(LA FONTAINE.)

3°. Le son, au premier coup d'œil, semble n'avoir avec Les passions et les émotions de l'âme.
les émotions de l'âme aucune espèce d'analogie. Mais le con-
traire est assez prouvé par le pouvoir qu'a la musique de calmer ou de réveiller certaines passions, et de faire naître
telles idées plutôt que telles autres, suivant le ton ou le
mouvement qu'elle sait prendre. L'harmonie du langage peut
produire le même effet que la musique ; car si des syllabes se
trouvent arrangées de manière à ce que leur son nous rappelle
uniquement certaines idées et non pas certaines autres, et
dispose notre âme à recevoir telle impression que le poëte a

» gnificatifs, nombreux même et figurés, s'ils ne,
» répondent ni aux choses que nous voulons persua-
» der à nos auditeurs, ni aux sentimens que nous.

voulu lui communiquer, on peut dire que cet arrangement
ressemble au sens, ou lui correspond. Nous avons déjà parlé
du rapport du son de la langue avec les idées.

Exemples.   Un poëte qui décrit le plaisir, la joie ou des objets agréables, emploîra des expressions douces, faciles.

> *Qualem virgineo demessum pollice florem,*
> *Seu mollis violæ, seu languentis hyacinthi.*
> > (*Æneid.*, l. XI.)

> *Devenére locos lætos et amœna vireta*
> *Fortunatorum nemorum, sedesque beatas.*
> *Largior híc campos æther et lumine vestit*
> *Purpureo; solemque suum sua sidera nórunt.*
> > (*Ibid.*, l. VI.)

Les sensations vives et rapides exigent une cadence plus
animée.

> *Indè ubi clara dedit sonitum tuba, finibus omnes*
> *Haud mora, prosiluére suis; ferit æthera clamor.*
> > (*Ibid.*, l. V.)

> . . . . . . *Juvenum manus emicat ardens*
> *Littus in hesperium.*
> > (*Ibid.*, l. VIII.)

Les sujets mélancoliques et sombres s'expriment par des
mots longs et des mesures lentes.

> *Extinctum nymphæ crudeli funere Daphnim*
> *Flebant.*
> > (*Eclog.* V.)

> *Nox erat, et placidum carpebant fessa soporem*
> *Corpora per terras, sylvæque et sæva quierant*
> *Æquora; quùm medio volvuntur sidera lapsu,*
> *Quùm tacet omnis ager, pecudes, pictæque volucres,*
> *Quæque lacus latè liquidos, quæque aspera dumis*

» avons dessein de leur inspirer ? si notre style est
» magnifique et pompeux dans les petits sujets, poli
» et sans élévation dans les grands, enjoué dans
» ceux qui demandent un ton sérieux, menaçant et
» fier lorsqu'il faudrait recourir aux prières et aux
» supplications, humble et soumis quand la fougue
» et la vivacité siéraient bien, violent et emporté où
» il est besoin d'agrément et de douceur ? » (L. II,
c. 1.)

« Donc, celui-là seul, comme le dit Cicéron,
» est véritablement éloquent, qui dit les petites
» choses d'un style simple, les médiocres d'un style
» tempéré, les grandes d'un style élevé : *Is est elo-*
» *quens qui et humilia subtiliter, et magna graviter,*
» *et mediocria temperate potest dicere.* » (*Orat.*,
n. 100.)

Rura tenent ; somno positæ sub nocte silenti
Lenibant curas, et corda oblita laborum.
At non infelix animi Phœnissa !

(*Æneid.*, l. IV.)

La nuit avait rempli la moitié de son cours,
Sur le monde assoupi régnait un calme immense,
Les étoiles roulaient dans un profond silence,
L'aquilon se taisait dans les bois, sur les mers ;
Les habitans des eaux, les monstres des déserts,
Des oiseaux émaillés les troupes vagabondes,
Ceux qui peuplent les bois, ceux qui fendent les ondes,
Livrés nonchalamment aux langeurs du repos,
Endormaient leurs douleurs, et suspendaient leurs maux.
Didon seule veillait.

(DELILLE.)

S'il se trouvait des hommes assez mal organisés pour n'être
point sensibles à l'harmonie de ces vers, on pourrait dire
d'eux avec Cicéron : *Quas aures habeant, aut quid in his ho-*
mini simile sit, nescio. (*Orat.*, n. 168.)

C'est ce qu'on appelle assortir le style au sujet. Il y a donc autant de différens styles, qu'il y a de sujets différens; rien n'est plus vrai. Cependant les rhéteurs anciens et les modernes à leur exemple, n'ont distingué que trois genres de style, *le simple*, *le tempéré* ou *fleuri*, et *le sublime*. Mais, nous l'avons déjà dit, cette division est arbitraire, incomplète et à peu près inutile dans la pratique, le style changeant perpétuellement de caractère avec les objets qu'il sert à revêtir. On nous permettra donc de ne pas les suivre, et de traiter la matière sur un plan tout différent.

On entend par convenance du style, la manière de dire ou d'écrire la mieux appropriée à la matière que l'on traite : *aptè dicere*, parler convenablement, comme dit Quintilien.

Écrire convenablement aux choses qu'on exprime, c'est ce qu'on appelle *bien écrire*.

« Bien écrire, dit Buffon, c'est tout à la fois *bien » penser*, *bien sentir*, et *bien rendre*. » (*Disc. de récep. à l'Acad. franç.*)

D'où il suit qu'on ne peut avoir une juste idée du style, si on le considère seul et comme séparé des pensées et des sentimens qu'il sert à exprimer. Ces choses ont entre elles des rapports si intimes, qu'on ne peut connaître l'une sans connaître les autres. Les pensées et les sentimens dépendent tellement du style, et le style des sentimens et des pensées, que ces objets s'identifient, pour ainsi dire, et se confondent.

Pour écrire convenablement il faut *penser*, *sentir* et *s'exprimer* selon la matière que l'on traite. De grandes pensées et des sentimens élevés, s'accorde-

Ce qu'on entend par convenance du style

En quoi elle consiste.

raient mal avec un petit sujet; et des expressions basses et rampantes blesseraient la convenance dans un sujet élevé et remarquable par des pensées sublimes et des sentimens magnifiques. Chaque sujet a ses pensées et ses sentimens qui lui appartiennent et que le génie de l'orateur ou de l'écrivain trouve avec plus ou moins de bonheur et de facilité; comme aussi chaque pensée et chaque sentiment attend du goût de celui qui l'emploie l'expression qui lui est propre.

Dans l'application du principe de la convenance du style, on doit avoir égard au ton général (1) qui convient au genre d'éloquence auquel appartient le sujet, et au ton particulier qui convient aux objets de détail que renferme le sujet. Car la convenance, comme l'observent les auteurs, ne gouverne pas seulement le sujet, mais encore toutes les parties du sujet : *utetur ut res exiget omnibus non pro causâ modò, sed et pro partibus causæ.* (Quint.)

Elle doit être considérée sous deux rapports.

1°. Ton propre aux divers genres d'éloquence.

Le sujet appartient-il à l'éloquence de la tribune : l'orateur doit parler d'une manière simple, mais pourtant avec dignité, et employer des pensées so-

Ton propre à l'éloquence de la tribune.

(1) On appelle *ton*, le caractère de noblesse, de familiarité, de popularité, le degré d'élévation ou d'abaissement qu'on peut donner à l'élocution depuis le bas jusqu'au sublime. Ainsi l'on dit que le ton de la tragédie et de l'épopée est majestueux, que celui de l'histoire est noble et simple, que celui de la comédie est familier et quelquefois populaire, que celui de l'élégie est triste; etc. (Marmontel, *Élém. de littér.*)

lides, plutôt que des expressions fleuries. *Tota ora-*
tio simplex et gravis et sententiis debet ornatior esse
quàm verbis. (Cic., *Orat. part.*, n. 97.) C'est une éloquence de service qui rejette la parure, l'élégance
recherchée, et tout ce qui annonce l'esprit. Les ornemens se présentent d'eux-mêmes si le sujet en est
susceptible ; et quoique l'orateur ne doive, en aucun
cas, négliger ce moyen de faire triompher la raison,
il doit avant tout s'occuper des choses, être mâle,
nerveux, et compter pour rien de paraître éloquent. Il est même de précepte rigoureux pour lui
de s'oublier et de ne penser qu'à son sujet. Quand
Démosthène exhortait les Athéniens à défendre leur
liberté contre Philippe, il s'oubliait entièrement lui-
même, selon la remarque de Fénélon ; tout était dit
pour le salut commun, aucun mot n'était pour l'o-
rateur. (*Lettre à l'Acad. franç.*)

Il n'est pas le même devant le peuple et dans un sénat. L'éloquence politique ne prend pas le même ton
dans les assemblées du peuple, et dans celles d'un
conseil ou d'un sénat. « Ici, dit Cicéron, on doit
» s'énoncer avec moins d'appareil, car c'est une as-
» semblée de sages. » Selon Quintilien le sénat exige
quelque chose de plus noble, et le peuple demande
plus d'impétuosité : *Suadendo sublimius aliquid se-*
natus, concitatius populus poscunt dicendi genus.
(L. VIII, c. 3.) Buffon a parfaitement bien marqué
cette nuance. « Que faut-il, a-t-il dit, pour émou-
» voir la multitude et l'entraîner ? un ton véhément
» et pathétique, des gestes expressifs et fréquens, des
» paroles rapides et sonnantes. Mais pour le petit nom-
» bre de ceux dont la tête est ferme, le goût délicat
» et le sens exquis, et qui comptent pour peu le ton,
» les gestes, et le vain son des mots, il faut des cho-

» ses, des pensées, des raisons. Il ne suffit pas de
» frapper l'oreille, d'occuper les yeux, il faut agir
» sur l'âme et toucher le cœur en parlant à l'esprit. »
(*Disc. de récep. à l'Acad. franç.*)

Cette distinction est bien importante pour quiconque doit parler dans nos chambres législatives.

Au reste, l'orateur doit connaître à fond la matière
qu'il veut traiter, l'intérêt qu'y prennent ceux devant
qui il parle, leur caractère, toutes les circonstances
qui ont quelque rapport à la situation où ils se trouvent et au sujet qu'il traite. Voilà ce qui doit déterminer le ton de son discours et le choix des expressions
propres à émouvoir et à persuader.

Cicéron, en déterminant le caractère d'élocution
qui convient à l'orateur en général, a très-bien déterminé celui du style de l'orateur sacré : « Ce qui est
» propre à l'orateur, dit-il, c'est de parler avec no-
» blesse, élégance, et d'une manière qui soit d'accord
» avec les sens et l'âme des auditeurs : *Hoc enim est*
» *proprium oratoris, quod sæpè jam dixi, oratio gra-*
» *vis et ornata et hominum sensibus ac mentibus ac-*
» *comodata.* » (*De Orat.*, l. 1, n°. 54.)

*Ton propre à l'é-
loquence
de la chaire.*

Si vous écrivez pour la chaire, pesez bien toutes
ces expressions, et tirez-en autant de règles de style.
On vous permet des ornemens, mais une gravité pleine
de sagesse doit en tempérer l'éclat : *Oratio gravis et
ornata.*

Saint Augustin avoue que si la vérité est montrée
nûment et simplement, elle touche peu de personnes ; qu'il en est de la parole comme de la nourriture, qui doit être assaisonnée pour être reçue avec
plaisir. « Il faut, ajoute-t-il, que l'auditeur non-seule-
» ment entende ce qu'on dit, mais qu'il l'écoute volon-

» tiers. » Or comment écoutera-t-il volontiers, s'il n'est attiré et gagné par l'amour du plaisir? *Quis tenetur ut audiat, si non delectatur?* (*De Doct. christ.*, l. IV.) Toutefois il recommande au prédicateur de faire servir la parure de l'éloquence à la parole de Dieu, et non de rendre la parole de Dieu esclave de cette parure : *Nec doctor verbis serviat, sed verba doctori.* (*Ibid.*)

Défauts à éviter.   Deux défauts sont à éviter : l'un est de trop rechercher les ornemens et les grâces du discours; l'autre de trop les négliger.

Au milieu des grandes vérités qu'il annonce, l'orateur sacré serait-il excusable de ne s'occuper qu'à faire un vain étalage d'élocution, à chercher des pensées brillantes, à arrondir des périodes, à entasser de vaines figures? D'un autre côté, lui pardonnerait-on d'employer les formes triviales d'une diction sans goût, ignoble ou barbare? Il y a un milieu entre un style recherché, fleuri, brillant, et un style bas, rampant, négligé. Ce milieu est l'éloquence qui convient à un pasteur : *Illa eloquentia apud eloquentem ecclesiasticum, nec inornata relinquitur, nec indecenter ornatur.* (SAINT AUG., *ibid.*)

Ce n'est pas tout, le style de l'orateur sacré plus que celui d'aucun autre, doit s'identifier en quelque sorte avec les auditeurs, et se mettre, si nous osons redire, dans un parfait accord avec leurs sens intérieurs et extérieurs; *et hominum sensibus ac mentibus accommodata;* c'est-à-dire que le prédicateur, tout en se mettant à la portée de ceux qui l'entendent, doit parler aux oreilles et aux yeux, à l'esprit et au cœur. Intéressez donc les oreilles de l'auditeur par la douceur et l'harmonie du style; ses yeux, par des images frappantes; son esprit, par la clarté, la justesse et la grandeur des idées; et son cœur enfin, par la véhémence, par la chaleur, par l'onction insinuante des émotions vives, tendres et affectueuses.

Veut-on proposer à l'admiration, à la reconnaissance, à l'émulation, des vertus héroïques, qu'on fasse des tableaux frappans, capables d'inspirer l'enthousiasme et la passion de ces mêmes vertus; c'est le but qu'on doit se proposer. Il convient alors, selon Cicéron (*Orat.*, n°. 72) et Quintilien (l. VIII, c. 3), de déployer toutes les richesses de l'art et d'en étaler toute la pompe. Pensées ingénieuses, expressions brillantes, tours et figures agréables, métaphores hardies, arrangement nombreux et périodique, en un mot tout ce que l'art a de plus beau, de plus magnifique, on peut le montrer et, pour ainsi dire, en faire parade. La raison en est que ce genre se rapporte plus particulièrement au plaisir de l'auditeur : *Quoniam in his causis omnis oratio ferè ad voluptatem auditoris et ad delectationem refertur, utendum erit iis in oratione singulorum verborum insignibus quæ habent plurimum suavitatis.* (Cic., *loc. cit*).

Ton propre au panegyrique.

Il y a un autre genre d'éloquence qui est d'usage dans les académies et sociétés littéraires et qu'on appelle à cause de cela *éloquence académique*. Elle embrasse les discours de réception, les éloges des académiciens, etc... Comme ces ouvrages ont surtout pour but de plaire à l'esprit en l'amusant par des choses agréables, et non de le convaincre et de le persuader, ils ne doivent point avoir cette force, cette véhémence qui remue l'âme et l'entraîne; on exige que l'orateur y étale les plus beaux ornemens, les plus brillantes fleurs de l'éloquence; qu'il joigne à la jus-

Ton propre à l'éloquence académique.

tesse et à l'élévation des pensées, une diction riche, nombreuse et variée (1).

« Il est pourtant nécessaire, même dans ce genre, » dit Rollin (développant un passage de Cicéron qu'il » applique à cette matière), que les ornemens soient » dispensés avec une sorte de sobriété et de sagesse; » et l'on doit surtout y jeter une grande variété...... » Un discours qui est partout ajusté et peigné, sans » mélange et sans variété, où tout frappe, où tout » brille; un tel discours cause plutôt une espèce » d'éblouissement qu'une véritable admiration. Il lasse » et fatigue par trop de beautés et il déplaît à la lon- » gue à force de plaire. Il faut dans l'éloquence, » comme dans la peinture, des ombres pour donner » du relief, et tout ne doit pas être lumière. » (*Trai-* » *té des ét.*, tome II.)

Il est un autre moyen de succès qu'on ne doit pas négliger dans les discours dont nous parlons, c'est de les ramener à un but utile. On corrige par là ce qu'ils ont souvent de frivole, de fade, de monotone; on leur imprime un air de décence, de noblesse, de grandeur même. Voltaire et Buffon en ont donné l'exemple le jour de leur réception à l'académie française.

Ton propre à l'é- loquence du barreau. La vie, l'honneur ou les biens des citoyens com- promis, la loi toujours présente, l'autorité du magis- trat, la majesté du lieu, la sévérité des formes, tout

---

(1) C'est à peu près ce que Quintilien dit des déclamations auxquelles, selon lui, il est bon que les jeunes gens exer- cent leur plume : *Permittitur adhibere plus cultûs, ornemque artem, quæ latere plerumquè in judiciis debet, non confiteri modò, sed ostentare etiam hominibus in hoc advocatis.* (L. II, c. 10.)

inspire le respect dans lé sanctuaire de la justice; tout
montre que la gravité, la dignité, la sévérité doivent
être le caractère dominant du discours judiciaire : *In
judiciis publicæ capitalesque causæ poscunt accura-
tius dicendi genus* (QUINT., l. VIII, c. 3); et que la
légéreté, la familiarité, les agrémens recherchés y
seraient discordans.

Le défenseur doit être ce que serait le plaideur
lui-même usant de sa légitime défense. Il doit se
ressentir de la cause comme lui-même, en avoir la
même sollicitude. Certainement le plaideur ne s'amu-
sera pas à choisir des tours fins et gracieux, à com-
passer des périodes, à les rendre sonores; il ira droit
à sa cause avec vigueur. (QUINT., l. XI, c. I.)

« Que penseriez-vous, dit Fénélon, d'un avocat
» qui, plaidant une cause où il s'agirait de tout le
» bien de votre famille, ou de votre propre vie, ferait
» le bel esprit, et remplirait son plaidoyer de fleurs
» et d'ornemens au lieu de raisonner avec force, et
» d'exciter la compassion des juges?..... » Puis examinant par quels moyens il est permis à l'orateur
de chercher à plaire : « Distinguons, ajoute-t-il; ce
» qui sert à plaire pour persuader, est bon. Les preu-
» ves solides et bien expliquées plaisent sans doute.
» Ces mouvemens vifs et naturels de l'orateur, ont
» beaucoup de grâce; les peintures fidèles et animées
» charment. Ainsi les trois choses que nous admet-
» tons dans l'éloquence plaisent, mais elles ne se
» bornent pas à plaire..... Je loue toutes les grâces du
» discours qui servent à la persuasion; je ne rejette
» que celles où l'orateur, amoureux de lui-même, a
» voulu se peindre et amuser l'auditeur par son bel
» esprit, au lieu de le remplir uniquement de son

» sujet. Ainsi je crois qu'il faut condamner non-seu-
» lement tous les jeux de mots, car ils n'ont rien que
» de froid et de puéril, mais encore tous les jeux de
» pensées; c'est-à-dire toutes celles qui ne servent
» qu'à briller, puisqu'elles n'ont rien de solide et de
» convenable à la persuasion. » (*Dialog. sur l'éloq.*)

Le caractère général du style du barreau ainsi de-
terminé, on sentira aisément qu'il admet les nuances
que comporte la différence des causes.

La simplicité unie à la clarté, sera toujours la seule
manière de bien dire dans cette multitude de causes
où il ne s'agit que de la discussion d'un titre ou de
l'éclaircissement d'un point de forme, ou d'un article
de loi. *An non pudeat certam creditam pecuniam
periodis postulare, aut circà stillicidia offici?*
(Quint., l. VIII, c. 3.)

Dans les questions d'état, dans les causes de
mœurs, dans celles qui mettent en péril la dignité, la
vie ou la fortune des citoyens, le style s'élèvera convenablement et s'animera au gré du sujet. Alors les
descriptions des choses, les peintures des caractères,
les qualités des actions, les sentimens moraux, de-
manderont de l'énergie, de la chaleur et du mouvement dans le style.

Dans les affaires où l'ordre public est compromis,
où les grands intérêts de l'état s'agitent, le style par-
ticipera de la grandeur des idées et de tout l'éclat
du sujet.

Dans les contestations qui roulent sur quelque objet
d'art ou de science, dans les différens survenus entre
des gens de lettres ou des artistes sur leurs chefs-
d'œuvre, leurs prétentions, etc,... le discours prend
convenablement le ton et les couleurs du sujet; plus

de recherche dans les tours et dans les expressions, sera désirée; de l'élégance et des grâces seront à leur place.

2°. *Ton qui convient aux objets de détail.*

Nous entendons par objets de détail, les différens morceaux dont un discours se compose, les pensées et les sentimens dont ces morceaux se composent à leur tour. Il faut que l'écrivain saisisse les couleurs et les nuances qui soient le mieux dans l'expression de chacune de ces parties, des sentimens et des pensées qui en sont les élémens. Par ce moyen, il donnera à son style une variété qui répondra à celle des choses mêmes qu'il doit exprimer.

Ton qui convient aux divers endroits des discours.

Quelle que soit la partie ou l'endroit du discours qu'on veuille écrire, on trouvera qu'il s'agit ou d'une passion à exprimer, ou d'une action à décrire, ou d'une chose particulière à peindre.

Soit qu'on ait :

Faudra-t-il exprimer une passion, rappelez-vous que chaque passion donne à l'âme des secousses différentes, qui se marquent au dehors par des figures, ou, ce qui est la même chose, par des traits particuliers.

une passion, à exprimer

« Que les paroles soient tristes avec la douleur,
» menaçantes avec la colère, enjouées avec la gaieté,
» sérieuses avec la gravité. » (HORAT., *Art. poët.*,
ch. III.)

Chaque passion parle un différent langage :

---

(1) . . . . *Tristia mœstum*
Vultum verba decent, iratum plena minarum,
Ludentem lasciva, severum seria dictu.

La colère est superbe et veut des mots altiers ;
L'abattement s'exprime en des termes moins fiers.

(BOIL., *Art poét.*, ch. 3.

Réfléchissez donc sur la nature des passions dont vous voudrez peindre les effets en vous-même ou dans les autres, sachez ensuite vous en pénétrer vivement ; et aucun des traits qui leur conviennent ne vous échappera.

L'admiration entasse les hyperboles emphatiques, les parallèles flatteurs ; l'envie cache le dépit sous le dédain, prélude à la satire par l'éloge ; l'orgueil défie, la crainte invoque, la reconnaissance adore. Une marche chancelante, un accent rompu, l'égarement de la pensée, l'abattement du discours, annoncent la douleur ; le plaisir bondit, petille, éclate, se rit des obstacles et de l'avenir, s'évapore en saillies, écarte les réflexions, appelle les sentimens ; des traits moins vifs, plus touchans, un épanouissement moins subit et plus durable, moins de paroles et plus d'expression caractérisent la joie douce et paisible. La mélancolie se plaît à rassembler autour d'elle les images funestes, les tristes souvenirs, les noirs pressentimens. L'espérance ne s'exprime que par des soupirs ardens, que par des vœux répétés, que par des regards tendres élevés vers le ciel. Le désespoir garde un morne silence qu'il ne rompt que par des imprécations lancées contre la nature entière ; dans sa fureur il regrette, il invoque le néant.

une action à décrire, Avez-vous une action à décrire, souvenez-vous que toute action a un mouvement qui lui est propre. Mais il n'y a point de mouvement dans la nature, qui ne trouve dans le choix des mots et dans leur succession des sons qui lui répondent : à un mouvement lourd et tardif, répondent des sons graves et traînans ; à un mouvement brusque et précipité, des sons vifs et rapides, etc... Voyez ce que nous avons dit sur ce sujet au paragraphe de *l'harmonie du style.*

S'agit-il de peindre une chose particulière : si elle est dans le gracieux, employez des couleurs moelleuses, tendres, fraîches, bien fondues ; si elle est dans le tendre, donnez à votre pinceau une flexibilité douce et insinuante, laissez votre cœur le conduire sans effort, sans recherche ; si elle est dans le naïf, jetez des couleurs simples, négligées, qui ne paraissent dues qu'au hasard ou à la nature toute seule ; si elle est dans le fort, que vos couleurs soient pleines, resserrées, tranchantes, hardies ; enfin si elle est dans le sublime, déployez-en d'éclatantes et de simples en même temps.

Une chose particulière à peindre.

Il nous reste à parler du style qui convient aux sentimens et aux pensées considérées en elles-mêmes et comme les élémens de morceaux plus étendus.

Ou enfin une simple pensée, un simple sentiment à rendre

Les pensées veulent être rendues dans leur véritable sens, selon leurs modifications diverses, par leurs signes équivalens : simples, par des termes simples ; complexes, par des termes complexes ; mêlées d'une idée et d'un sentiment, par des termes représentatifs d'un sentiment et d'une idée ; mêlées d'un sentiment et d'une image, par des termes représentatifs d'une image et d'un sentiment ; nobles, dans toute leur noblesse ; énergiques, dans toute leur énergie, etc... C'est à quoi ne pensent pas assez la plupart de ceux qui écrivent. De là tant d'expressions qui n'atteignent pas le but, ou qui le dépassent, qui sont au-dessus ou au-dessous de la pensée, qui ne la rendent qu'à demi ou qui la forcent.

16

Un ancien (Zénon) voulait que *chaque mot portât le caractère de la chose qu'on veut exprimer*. Il n'exigeait rien de trop ; en effet, les mots sont les portraits des choses ; ils doivent donc les rendre comme un tableau rend la couleur et la forme de l'objet qu'il représente.

Résumé de ce qui a été dit sur la convenance du style. En résumant les moyens développés ci-dessus pour donner au style la convenance qui lui est nécessaire, nous trouvons qu'avant tout il faut *bien penser* et *bien sentir* ; puis examiner la nature du sujet qu'on veut traiter, à quelle espèce d'éloquence il appartient, ensuite quels en sont les détails, quelle passion il faut exprimer, quelle action il faut décrire, quelle chose particulière il faut peindre, enfin quelle pensée ou quel sentiment il faut rendre.

De ces choses bien méditées, naissent les différens styles et les nuances infinies qui les caractérisent, et ces nuances forment ces qualités que nous avons appelées particulières, dont nous allons parler.

ARTICLE II.

Des qualités particulières du style.

Un style qui serait clair, correct, noble, naturel, exempt de dureté et surtout convenable au sujet, serait déjà un fort bon style. Il aurait toutes les qualités qu'on peut et qu'on doit exiger de celui qui veut se faire lire.

Cependant ce ne serait pas encore assez : dans beaucoup de choses on fait trop peu quand on ne fait que ce qu'on doit. Outre les qualités *indispensables* que nous venons d'indiquer, il en est d'autres, comme nous l'avons déjà dit, qui ajoutent au mérite du style, et qui sont plus ou moins analogues aux divers sujets que l'on traite.

On pourrait dire que le précepte de la *convenance du style avec le sujet*, est toujours celui qu'il faut suivre et que les autres qualités en quelque sorte *secondaires* dont nous allons traiter, ne sont au fond que cette convenance diversement modifiée.

La convenance comprend toutes les qualités particulières du style.

Les qualités générales du style sont invariables; mais les qualités particulières varient suivant la nature des sujets qu'on traite et le but que l'on se propose en le traitant. L'élocution ne sera donc pas la même dans les récits, dans les matières de discussion, dans les sujets pathétiques et dans les sujets agréables.

1°. *Style du récit.*

Quand l'écrivain expose, raconte, il faut que son style soit *uni*, *facile*, *rapide*.

Qualités du style dans le récit.

Le style est *uni*, quand il n'a qu'une couleur et qu'on n'y voit ni expressions, ni tours, ni pensées bien remarquables; *facile*, lorsqu'il ne sent point la gêne ni le travail; *rapide*, lorsque les mouvemens, les idées, les faits se succèdent sans interruption, et qu'il n'y a rien de superflu.

2°. *Style des matières de discussion.*

Quand on discute, les qualités convenables au style sont la *précision*, la *netteté*, la *force*, la *gravité*.

Qualités du style dans la discussion.

La *précision* consiste à se renfermer tellement dans son sujet, qu'on ne dise ou qu'on n'écrive rien

Précision.

de superflu. Il ne faut pas confondre cette qualité avec la *concision*, qui consiste à rendre les idées avec le moins de mots qu'il est possible.

On doit la rechercher lorsqu'on s'adresse à un supérieur, à un chef à qui l'on veut faire approuver un projet, une demande. Les hommes en place sont si occupés, ils ont si peu de temps et d'attention de reste, qu'il faut leur ménager l'un et l'autre.

La précision est une beauté dans les sentences ou maximes détachées, dans certains morceaux des grands ouvrages, comme les portraits, les caractères, etc.

Dans les ouvrages destinés à instruire, on peut consentir quelquefois à être moins précis pour être plus clair, et l'on ne doit pas négliger les développemens que l'on croit nécessaires pour se faire comprendre. On y peut employer un style *abondant et oratoire*.

Abondance. Les Latins appelaient l'*abondance du style, dicendi copia*. Elle résulte à la fois et de l'abondance des idées et de la facilité à les exprimer. *Rerum enim copia verborum copiam gignit.* (*De Orat.*, l. III, n. 125).

Si l'on dépeint un événement, il faut n'en omettre aucune des circonstances essentielles, et ne point négliger même les accessoires qui peuvent ajouter à l'intérêt du récit. Si l'on discute une question, il est souvent nécessaire de présenter un raisonnement sous plusieurs formes différentes. Veut-on faire entrer le lecteur ou l'auditeur dans ses sentimens : un seul trait ne suffit pas, il faut redoubler. L'abondance du discours prouve alors la persuasion de l'écrivain aussi-bien que son talent ; elle montre en lui un sentiment qui se déborde, pour ainsi dire, de son cœur, et qui a besoin de se répandre.

Est-il nécessaire d'ajouter que cette abondance ne doit jamais être stérile, qu'elle doit être plus dans les choses que dans les mots? Toute phrase oiseuse, et qui ne fait qu'allonger le discours, l'affaiblit.

Pour avoir de la *netteté* dans le style, il faut bien connaître son sujet, en bien posséder l'ensemble, savoir l'ordonner et le traiter avec méthode. La *netteté* n'est pas la même chose que la *clarté*. Celle-ci dépend du choix et de l'arrangement des mots, de la construction des phrases; celle-là résulte de toute la suite du discours, de l'enchaînement des raisonnemens qui se succèdent et se suivent sans interruption.

La netteté du style convient particulièrement aux ouvrages didactiques, aux polémiques, à toutes les discussions. Les *Lettres provinciales* de Pascal sont admirables par la netteté du raisonnement.

Si les discussions exigent principalement de la netteté, elles demandent aussi de la force et du nerf.

« La *force du style* n'est pas seulement une suite » de raisonnemens justes et vigoureux qui subsiste- » raient avec de la sécheresse ; cette force demande » de l'embonpoint, des images frappantes, des termes » énergiques.

» La force du raisonnement n'a point lieu dans les » théorèmes mathématiques, parce qu'une démon- » stration ne peut recevoir plus ou moins d'évidence, » plus ou moins de force ; elle peut seulement procé- » der par un chemin plus long ou plus court, plus » simple ou plus compliqué. » (VOLTAIRE, *Dict. phil.*, au mot *force*.) Mais elle a lieu surtout dans les questions problématiques, lorsqu'il s'agit de combattre un adversaire, d'établir une opinion contestée, de

Netteté.

Force.

subjuguer l'assentiment. C'est alors qu'il faut déployer de la vigueur, frapper de grands coups.

Les *Lettres de J.-J. Rousseau contre le suicide et le duel* sont des modèles à citer pour la force du style.

Gravité

« Le *style grave* évite les saillies, les plaisante-
» ries, les pointes. S'il s'élève quelquefois au su-
» blime, si, dans l'occasion, il est touchant, il rentre
» bientôt dans cette sagesse, dans cette simplicité
» noble qui fait son caractère. Il a de la force, mais
» peu de hardiesse; sa plus grande difficulté est de
» n'être point monotone. » (*Ibid.*, au mot *grave.*)

3°. *Style des sujets pathétiques.*

Qualités du style dans le pathétique.

Quand l'écrivain veut toucher, émouvoir, son style doit être *doux et insinuant, vif et animé*, quelque-fois *véhément*.

Douceur.

La *douceur* s'insinue dans l'âme; elle émeut, elle attache.

Nous n'entendons pas ici par *douceur* seulement celle dont nous avons déjà parlé sous le nom d'*eu-phonie*, et qui ne consiste qu'à ne pas offenser les oreilles par des sons discordans : nous voulons parler de la *douceur* qui tient au fond des pensées et des sentimens; de celle qui part de l'âme de l'écrivain et se communique à celle du lecteur. La douceur du style le rend aimable et pénétrant; elle dépend de la facilité, du charme des expressions; elle est persua-sive et touchante. On l'appelle *onction* quand elle s'applique à des sujets religieux.

Il y a beaucoup de douceur dans le *Petit Carême*

de Massillon ; il y en a davantage dans presque tout le *Télémaque* du tendre Fénélon.

Le style *vif*, *animé*, peint et nous fait voir les choses qu'il exprime. C'est la *vivacité* qui donne au style la vie et le mouvement qui l'anime et le passionne. Sans elle le style demeure froid et languissant.

C'est à la vivacité d'imagination de l'écrivain que tient la vivacité de son style. Pour bien rendre les objets, il faut se les représenter, il faut les avoir sous les yeux ; et, pour exprimer avec vivacité les sentimens, il faut savoir entrer dans la situation, et se pénétrer des affections qu'on veut faire éprouver au lecteur.

Cette qualité est d'un usage presque général. Lors même qu'on n'a aucune résistance à vaincre, rien à prouver, rien à persuader, il faut toujours occuper, intéresser son lecteur ; il faut parler à son imagination, la toucher, lui plaire. Il faut donc employer des couleurs riches, variées, brillantes. Dans les *Lettres de madame de Sévigné*, que de récits, ou, pour mieux dire, que de tableaux nous font voir les choses qu'elle décrit, et attestent la vivacité de son imagination !

La *véhémence* dépend du tour et du mouvement impétueux de l'expression ; c'est l'impulsion que le style reçoit des sentimens qui naissent en foule et se pressent dans l'âme, impatiens de se répandre et de passer dans l'âme d'autrui. La célérité des idées qui s'échappent comme des traits de lumière, communiquée à l'expression et animée par le sentiment, produit la véhémence.

Virgile fait ainsi parler Nisus, lorsqu'il veut mourir pour Euryale :

Vivacité.

Véhémence.

Me , me , adsum qui feci ; in me convertite ferrum ;
O Rutuli ! mea fraus omnis. Nihil iste nec ausus ,
Nec potuit. Cœlum hoc et conscia sidera testor.
Tantùm infelicem nimiùm dilexit amicum.

(*Æneid.,* l. IX.)

Pouvait-on mieux exprimer l'impatience, la crainte de Nisus et tout l'héroïsme de l'amitié ?

4°. *Style des sujets agréables.*

Qualités
du style dans les
sujets
agréables.

Élégance.

Les sujets agréables veulent être écrits d'un style *élégant, gracieux, fin , délicat , brillant et fleuri , pittoresque*, etc....

Le mot *élégance* vient du latin *eligere*, choisir. « En effet, dit Voltaire (*Dict. phil.*, au mot *élégan-* » *ce*), il y a du choix dans tout ce qui est élégant. » L'élégance est un résultat de la justesse et de l'a- » grément. »

Dans le style, elle résulte de la propriété des expressions, de la clarté, du nombre, d'un tour heureux des phrases, enfin de quelque chose d'orné qui, sans nuire au naturel, annonce pourtant le dessein de plaire et une certaine attention donnée à y réussir. Elle est l'opposé de la négligence.

« Un discours peut être élégant sans être un bon » discours, l'élégance n'étant en effet que le mérite » des paroles; mais un discours ne peut être absolu- » ment bon sans être élégant. » (VOLT., *ibid.*)

Cette qualité du style convient particulièrement aux ouvrages dans lesquels l'auteur n'a guère d'autre dessein que de plaire, comme dans les discours d'apparat, tels que ceux qu'on prononce dans les académies, dans les fêtes publiques, etc....

« L'élégance est encore plus nécessaire à la poésie
» qu'à l'éloquence, parce qu'elle est une partie de cette
» harmonie si nécessaire au vers. » (VOLT., *ibid.*)

Elle sert, en poésie, à relever des détails qui seraient
trop simples et trop communs, s'ils n'étaient élégamment
exprimés. C'est un art que Racine a possédé au
plus haut degré : il a dit les plus petites choses en
vers élégans et harmonieux.

« Dans le sublime, il ne faut pas que l'élégance se
» remarque, elle l'affaiblirait. Si on avait loué l'élé-
» gance du Jupiter Olympien de Phidias, c'eût été en
» faire une satire ; mais on pouvait remarquer l'élé-
» gance de la Vénus de Praxitèle. » (VOLT., *ibid.*)

La *grâce* a quelque chose de moins apprêté et de
plus touchant que l'élégance.

Grâce.

« Dans les personnes, dans les ouvrages, *grâce*
» signifie non-seulement ce qui plaît, mais ce qui
» plaît avec attrait ; c'est pourquoi les anciens avaient
» imaginé que la déesse de la beauté ne devait ja-
» mais paraître sans les Grâces (1). La beauté ne dé-
» plaît jamais, mais elle peut être dépourvue de ce
» charme secret qui invite à la regarder, qui attire,
» qui remplit l'âme d'un sentiment doux ; les grâces
» dans la figure, dans l'action, dans les discours, dé-
» pendent de ce mérite qui attire.

» Il semble qu'en général le petit, le joli en tout
» genre, soit plus susceptible de grâces que le grand.
» On louerait mal une oraison funèbre, une tragé-
» die, un sermon, si on ne leur donnait que l'épi-
» thète de *gracieux.*

---

(1) On cite souvent ce vers charmant de La Fontaine :

Et la grâce plus belle encor que la beauté.

» Ce n'est pas qu'il y ait un seul genre d'ouvrage
» qui puisse être bon en étant opposé aux grâces, car
» leur opposé est la rudesse, le sauvage, la séche-
» resse. L'Hercule Farnèse ne devait pas avoir les
» grâces de l'Apollon et de l'Antinoüs; mais il n'est
» ni rude ni agreste. L'incendie de Troie, dans Vir-
» gile, n'est point décrit avec les grâces d'une élégie
» de Tibulle; il plaît par des beautés fortes.

» Les grâces de la diction, soit en éloquence, soit
» en poésie, dépendent du choix des mots, de l'har-
» monie des phrases, et encore plus de la délicatesse
» des idées et des descriptions riantes. L'abus des
» grâces est l'afféterie, comme l'abus du sublime est
» l'ampoulé. Toute perfection est près d'un défaut. »
(VOLT., *Dict. phil.*, au mot *grâce*.)

Finesse. « La *finesse* consiste à ne pas exprimer directement
» sa pensée, mais à l'envelopper agréablement et de
» manière à la laisser aisément apercevoir. »(*Ibid.*, au
mot *finesse*.)

Un habitant de Laodicée, ami de Cicéron, ayant
été député à Rome sous la dictature de César; *je
viens*, lui dit-il, *solliciter la liberté de mon pays.
Fort bien*, répondit Cicéron; *si vous réussissez, nous
vous ferons notre ambassadeur.* C'est là une réponse
très-fine.

Délicatesse. « La *délicatesse* est une nuance de la finesse, elle
» s'applique particulièrement à l'expression des sen-
» timens doux et agréables, des louanges adroites. »
(*Ibid.*, au même mot.)

Quand Iphigénie, dans Racine, a reçu l'ordre de
son père de ne plus revoir Achille, elle s'écrie :

Dieux plus doux, vous n'aviez demandé que ma vie !

Le véritable caractère de ce vers est la délicatesse.

« Un discours *fleuri* est rempli de pensées plus
» agréables que fortes, d'images plus brillantes que
» sublimes, de termes plus recherchés qu'énergiques.
» Cette métaphore est justement prise des fleurs qui
» ont de l'éclat sans solidité.

» Le style *fleuri* ne messied pas dans les harangues
» publiques qui ne sont que des complimens. Les
» beautés légères sont à leur place quand on n'a rien
» de solide à dire ; mais le style fleuri doit être banni
» d'un plaidoyer, d'un sermon, de tout livre instruc-
» tif.

» En bannissant le style fleuri, on ne doit pas re-
» jeter les images douces et riantes qui entrent natu-
» rellement dans le sujet ; quelques fleurs ne sont pas
» condamnables, mais le style fleuri doit être proscrit
» dans un sujet solide.

» Ce style convient aux pièces de pur agrément. »
(VOLTAIRE, *Dict. phil.*, au mot *fleuri*.)

Style
pittoresque.
Ses
diverses qualités
se mêlent
dans un même
ouvrage.

Le style *pittoresque* représente vivement les objets.

A la suite de ces observations sur les différentes
qualités du style, il ne faut pas manquer d'ajouter que
de ces qualités il n'y en a point qui doive se trouver
seule et à l'exclusion de toutes les autres dans quelque
ouvrage que ce soit. Au contraire, elles se rapprochent l'une de l'autre, elles se confondent et se ma-
rient ensemble, comme les couleurs sous le pinceau.

Nous finirons ce chapitre par recommander la
variété. Après le précepte d'assortir son style au sujet,
il n'en est pas de plus important que celui de savoir
changer de ton, élever, abaisser son style ; le rendre
tour à tour fort, vif, léger, gracieux, etc,.... suivant
les idées qu'on veut rendre et les sentimens qu'on veut
communiquer. Non-seulement les sujets sont de nature

différente ; mais entre les parties d'un même sujet, il y a des différences qui exigent des styles différens. Dans les grands sujets tout n'est pas grand, et quelquefois dans les plus petits il se trouve des circonstances qui demandent soit de l'ornement, soit de la force et de l'élévation. Il n'y a rien de plus ennuyeux que la monotonie.

> Voulez-vous du public mériter les amours?
> Sans cesse en écrivant variez vos discours.
> Un style trop égal et toujours uniforme
> En vain brille à nos yeux, il faut qu'il nous endorme.
> On lit peu ces auteurs nés pour nous ennuyer,
> Qui toujours sur un ton semblent psalmodier.
>
> <div align="right">(BOILEAU., <i>Art poét.</i>, ch. 1.)</div>

On compare l'écrivain au musicien qui choisit le ton principal dans lequel il veut composer; mais il ne reste pas toujours dans ce ton ; il parcourt différentes modulations, toujours enchaînant l'une à l'autre avec art et avec goût. C'est ce que doit faire l'écrivain ; mais c'est là le comble de la perfection.

> Heureux qui, dans ses vers, sait d'une voix légère,
> Passer du grave au doux, du plaisant au sévère !
> Son livre aimé du ciel et chéri des lecteurs
> Est souvent chez Barbin entouré d'acheteurs.
>
> <div align="right">(BOILEAU, <i>ibid.</i>)</div>

On peut en dire autant de la prose.

Elle ne doit pas être recherchée partout.

Le précepte de la <i>variété</i> du style ne convient qu'aux ouvrages qui en sont susceptibles, et qui ont une certaine étendue. Il serait aussi ridicule qu'inutile de rechercher la variété dans un mémoire de quelques pages sur un sujet purement scientifique.

CHAPITRE SECOND.

Des moyens à employer pour se former un bon style.

Nous avons vu dans la chapitre précédent, quelles sont les qualités dont se forme un bon style ; cherchons actuellement par quels moyens on peut donner au style ces qualités qui le font valoir, et suivons dans ces recherches le procédé le plus simple, le plus clair et le plus méthodique.

Tout ce qu'on écrit se compose de *mots*, de *phrases* et de *périodes*. Le choix des mots, la construction des phrases et des périodes, sont donc les premiers points dont nous devons nous occuper.

ARTICLE PREMIER.

§ I. *Du choix des mots.*

Dans le choix des mots, deux choses sont à considérer, la *pureté* et la *propriété. Unum quidque purè et apertè dici videatur.* (*Rhet. ad Heren.*, l. IV, n. 12.)

1°. La *pureté* consiste à ne se servir que des mots de la langue dans laquelle on écrit.

Comment connaît-on que des mots sont français ? Par l'usage, par l'emploi qu'en ont fait les meilleurs écrivains de la langue, enfin par le *Dictionnaire de l'Académie* où ils doivent se trouver. Cette dernière autorité n'est que du second ordre, si on la compare aux premières, le dictionnaire n'étant fait que pour

Choix des mots.

Pureté.

enregistrer l'usage et recueillir les expressions accré-
ditées par les bons auteurs.

Ce qu'on doit
entendre
par l'usage. L'usage invoqué avec tant de raison quand il s'a-
git de l'exactitude et de la pureté du langage, n'est
pas l'usage du peuple, ni même celui de beaucoup
de sociétés; c'est celui des gens instruits, des gens
de goût, des bons auteurs. « J'appelle usage dans les
» langues, dit Quintilien, celui qui est reçu par les
» gens instruits; comme aussi, dans la conduite de la
» vie, j'appelle usage celui qui est reçu par les gens
» de bien. » (L. I, c. 4.)

Propriété. 2°. Après la pureté des expressions, il faut considérer leur *propriété*, c'est-à-dire qu'on doit choisir
les mots qui sont les mieux appropriés aux idées qu'on
veut exprimer.

Les mots étant faits pour exprimer les pensées,
doivent les rendre exactement et complètement.

Si l'expression ne rend pas la véritable pensée de
l'écrivain, elle est fausse; si elle ne rend qu'une partie de la pensée, elle est insuffisante; si elle exprime
plus que la pensée, elle est exagérée.

Nécessité
d'employer
le mot propre. Si vous n'employez pas le mot propre, votre pensée paraît incertaine comme votre expression; vous
ne vous faites pas entendre suffisamment. Il en est
des pensées exprimées par la parole, comme des personnes. De même qu'un homme n'est jamais plus
clairement désigné que lorsqu'on l'appelle par son
nom propre; de même aussi le nom propre de chaque chose en offre l'idée à l'esprit avec lumière et
précision, et empêche qu'on ne la confonde avec
une autre. Il est donc extrêmement nécessaire à l'é-
crivain de posséder bien la langue qu'il parle, pour
pouvoir appeler chaque chose de son nom propre, et

pour n'être pas réduit à l'embarras où se trouvent les enfans qui, n'ayant pas encore eu le temps d'apprendre tous les mots de leur langue, tâchent de suppléer par des circonlocutions souvent obscures, au nom propre qu'ils ignorent.

La circonlocution pour le terme propre est vicieuse lorsqu'elle vient de l'indigence de l'écrivain.

C'est aussi un défaut assez fréquent que d'employer à la fois deux ou trois expressions qui disent à peu près la même chose. On croit éclaircir ainsi son idée ; mais le style devient vague et diffus. Il n'y a rien à gagner, et il y a toujours à perdre à se servir de plusieurs mots où il n'en faut qu'un, mais qui soit juste.

Il ne faut pas employer deux ou trois expressions pour rendre la même idée.

On peut attribuer en grande partie ce vague, cette diffusion du style à l'usage inconsidéré des mots que l'on appelle *synonymes*. Ces mots se ressemblent parce qu'ils expriment une idée commune, mais ils l'expriment toujours avec quelques circonstances particulières, et ils diffèrent par une idée accessoire que chacun d'eux emporte avec lui ; ce qui établit entre eux une distinction bien marquée (1). Il n'y a dans aucune langue aucun mot qui soit si parfaitement synonyme d'un autre, qu'il n'en diffère absolument par aucune idée accessoire, et qu'on puisse les prendre indistinctement l'un pour l'autre en toute occasion. « S'il y avait des synonymes parfaits, dit Dumar-

Des synonymes.

---

(1) Par exemple, ces quatre adjectifs *indolent, nonchalant, paresseux, négligent* expriment un défaut contraire au travail, voilà l'idée commune à tous ; et voici les idées accessoires ou les nuances qui les distinguent : « On est *indolent* » par défaut de sensibilité, *nonchalant* par défaut d'ardeur, » *paresseux* par défaut d'action, *négligent* par défaut de » soin. » (GIRARD.)

» sais, il y aurait deux langues dans une langue.
» Quand on a trouvé le signe exact d'une idée, on
» n'en cherche pas un autre. » (*Des Tropes*).

Leurs emplois.   Les synonymes sont des nuances diverses d'une
même couleur qu'un écrivain délicat emploie avec
succès pour affaiblir ou fortifier à son gré les traits
de son pinceau. Une expression supplée à ce qui
manque à une autre, et rend à la pensée sa vigueur
ou son lustre ; mais, pour bien réussir, quelle attention ne doit-il pas porter au choix des mots ! La plupart des auteurs les confondent, et ne sont déterminés
dans l'emploi qu'ils en font que par le désir de bien
remplir une période ou de donner au style plus d'harmonie ou de variété, comme si leurs significations
étaient absolument les mêmes, tandis qu'en effet elles
diffèrent beaucoup. Un style obscur et lâche est le
résultat inévitable d'un pareil abus.

Il n'y a jamais qu'un seul mot propre à exprimer
chaque idée, et c'est ce mot unique qu'il faut trouver. Cela ne se peut faire sans une grande justesse
d'esprit, et sans une connaissance approfondie de la
langue.

Il n'y a, pour la pureté et la propriété des expressions, point de meilleure règle que le bon usage et
l'autorité des écrivains classiques. On apprendra la
véritable valeur des mots, leurs différentes nuances,
dans le *Livre des Synonymes*, par l'abbé Girard,
Beauzée, etc... On peut consulter aussi à cet égard
le *Dictionnaire de l'Académie* qui donne la définition de la plupart des mots.

§ II. *De la construction des phrases et des périodes.*

Une *phrase* est une réunion de mots qui forment De la phrase. un sens complet. Chaque phrase peut être plus ou moins longue, suivant qu'il faut plus ou moins de mots pour achever le sens. Tant qu'elle ne devient pas très-longue et qu'elle n'est composée que d'une ou deux propositions, on lui conserve le nom de phrase.

« Les grandes pensées viennent du cœur. »
(VAUVENARGUES.)

« Nous n'avons pas toujours assez de raison pour faire usage
» de toute notre force. »
(LA ROCHEFOUCAULT.)

Voilà ce qu'on appelle des phrases.

On appelle *période* la réunion de plusieurs propo- De la période. sitions ou phrases, dont l'ensemble forme un sens complet. Chaque phrase est alors un membre de la période.

« L'âme se proportionne insensiblement aux objets
» qui l'occupent (1er. membre), et ce sont les grandes
» occasions qui font les grands hommes (2e. mem-
» bre). » (J.-J. ROUSSEAU, *Disc. sur les lett.*)

« S'il y a une occasion au monde où l'âme, pleine
» d'elle-même, soit en danger d'oublier son Dieu
» (1er. membre), c'est dans ces postes éclatans, où
» un homme par la sagesse de sa conduite, par la
» grandeur de son courage, par le nombre de ses
» soldats, devient comme le dieu des autres hommes
» (2e. membre), et, rempli de gloire en lui-même,
» remplit tout le reste du monde d'admiration, d'a-
» mour ou de frayeur (3e. membre). » (MASCARON.)

17

Son étendue. Il y a des périodes de quatre, de cinq membres; rarement on les fait plus longues. Il est impossible de déterminer exactement le nombre de membres qu'elles doivent contenir. Mais il est certain qu'il y a, en moins comme en plus, un excès qu'il faut éviter. Les Inconvénient des périodes trop longues, périodes d'une longueur démesurée fatiguent l'esprit parce qu'elles rendent le style embarrassé, obscur, équivoque; et de plus, dans les discours faits pour être lus en public, elles gênent la respiration et rendent la prononciation pénible.

Et des courtes phrases trop multipliées. Si, au contraire, on multiplie trop les phrases courtes, le sens se trouve haché, les liaisons sont pénibles, et la mémoire du lecteur est comme surchargée de cette longue série de petits objets qu'on lui fait passer successivement en revue; de plus, le style est rompu, raboteux pour l'oreille, et, ce qui n'est pas supportable, dur et monotone à la fois.

Nous avons dit ailleurs ce que c'est que le *style périodique* et le *style coupé*, nous devons ajouter un mot sur la manière de s'en servir; car ils ne doivent pas s'employer indifféremment et sans choix.

La phrase et la période sont indiquées par la nature. Suivant Cicéron (*Orat.*, n. 198), la période aussi bien que la simple phrase, sont indiquées par la nature; car la pensée porte avec elle ses parties, ses intervalles, ses suspensions et ses repos, et comme elle naît dans l'esprit à peu près revêtue des mots qui doivent l'énoncer, elle indique au moins vaguement la forme qui lui est analogue. Ainsi, si la pensée n'est qu'une perception simple et isolée, la phrase sera simple et isolée comme elle; mais si la pensée est elle-même un composé de perceptions, correspondantes et liées par leurs relations réciproques, il faut que les mots qui doivent l'exprimer conservent les mêmes rapports, les mêmes liaisons entre eux; et c'est ce qui fait la période. Le moyen d'écrire d'une manière obscure, c'est de ne faire qu'une phrase où il en faut plusieurs, ou d'en faire plusieurs où il n'en faut qu'une.

La phrase et la période seront donc placées en raison de leur analogie avec l'image ou le sentiment, avec l'impulsion donnée au style par les affections de l'âme et par la succession des idées.

Dans les discours dont le genre est modéré, tranquille sans contention, sans passion, le style périodique est naturellement placé, et lors même que l'artifice en est sensible, il ne nuit point à l'orateur. (Cic., *Orat.*, n. 206.)

Sujets qui comportent le style périodique.

Dans la louange, où il s'agit d'amplifier avec magnificence; dans une narration qui demande plus de pompe et de dignité que de chaleur et de pathétique; dans l'amplification en général, la période est d'un usage plus convenable et plus fréquent. (Cic., *ibid.*, n. 208 et seq.)

Dans l'éloquence du barreau, le style périodique ne doit point dominer; mais il n'en doit pas être exclu : trop continu, il éteindrait le feu de l'action et la vivacité des sentimens qui doivent animer l'orateur et il ôterait au discours cet air de vérité qui attire la confiance et qui opère la persuasion. (*Ibid.*, n. 207.)

Sujets qui comportent le style coupé.

Le style coupé convient à l'énumération, à la gradation, aux descriptions animées, à l'accumulation, à l'argumentation pressante, aux mouvemens passionnés. L'un ou l'autre de ces deux espèces de style doit donc dominer suivant le genre et le caractère principal de l'ouvrage; mais aucun des deux ne doit

Il faut
entremêler ces
deux
sortes de style

dominer à l'exclusion de l'autre. Cicéron recommande
expressément de faire de tous deux un heureux mélange. Les bons écrivains les entremêlent ordinairement dans quelque sorte de composition que ce soit.
Un mélange bien ordonné de phrases courtes et longues, de périodes et de sentences brèves et précises,
produit une variété agréable, et anime le style sans
lui faire rien perdre de sa dignité. L'uniformité devient trop facilement ennuyeuse, et, à la longue, est
insupportable.

> L'ennui naquit un jour de l'uniformité.
>
> (La Mothe, *Fables.*)

Venons maintenant aux qualités que doit réunir
une phrase, une période pour être bien faite. Le
mérite d'un ouvrage, de quelque genre qu'il soit, dépend tellement de la structure des phrases, qu'on ne
saurait y apporter une attention trop scrupuleuse. Ce
n'est d'ailleurs qu'en observant avec soin les règles
qui se rapportent à cette partie du style, que l'on
peut parvenir à écrire avec clarté, avec force, et avec
élégance.

Qualités
essentielles à la
période.

Les qualités essentielles à la perfection d'une période sont au nombre de quatre, savoir : la *clarté*,
l'*unité*, la *force* et l'*harmonie*.

Clarté.

1°. Il est impossible d'indiquer ici par combien de
manières une phrase peut manquer de clarté; on ne

Il faut éviter :

peut prévoir toutes les fautes. Nous remarquerons
quelques-unes seulement de celles dans lesquelles
on tombe le plus souvent.

De mal placer
les adverbes,

Premièrement, la manière dont on place les adverbes peut donner lieu à des équivoques; par exemple,
si l'on disait :

« Il n'a pas *seulement* compris la question, mais il
» l'a encore parfaitement bien discutée. »

Il y aurait équivoque dans le premier membre de
cette période, puisqu'on pourrait croire qu'il signifie
que celui dont on parle n'a pas même compris la
question. Pour lever le doute, il faudrait dire : *non-*
seulement il a compris la question, mais encore, etc.

En second lieu, quelquefois une idée accessoire
placée au milieu d'une phrase peut produire une ambiguïté ; il faut y prendre garde ; par exemple :

« Celui qui a pris l'habitude de bien faire, *dans*
» *toutes les situations de sa vie,* trouve en lui-même
» la récompense d'avoir bien fait. »

On ne voit pas bien si cette incise, *dans toutes les*
situations de sa vie, se rapporte à la première proposition ou à la seconde. Il faut le déterminer plus
positivement, et dire, selon le sens qu'on a dessein
d'exprimer : « Celui qui, *dans toutes les situations*
» *de sa vie,* a pris l'habitude de bien faire, trouve
» en lui-même, etc.... » Ou bien : « Celui qui a
» pris l'habitude de bien faire trouve en lui-même,
» *dans toutes les situations de sa vie,* la récom-
» pense, etc.... »

Un des premiers principes de notre syntaxe est
que les mots ou les membres qui ont ensemble une
relation intime soient placés le plus près possible
les uns des autres, afin que cette relation ne puisse
pas échapper au lecteur.

Un autre défaut est de construire une suite de propositions successivement subordonnées ou incidentes
les unes aux autres, par exemple :

« Le Corrège était si rempli de ce qu'il entendait
» dire de Raphaël, *qu'il* s'était imaginé *qu'il* fallait

» *que* l'artisan qui faisait une si grande fortune dans
» le monde fût d'un mérite bien supérieur. » (Dubos).

La conjonction *que* sert à marquer des subordina-
tions toutes différentes. Nous n'avons pas besoin d'a-
jouter que la répétition en est choquante. Il eût été
mieux de dire : « Le Corrège, rempli de ce qu'il
» entendait dire de Raphaël, s'était imaginé que l'ar-
» tisan qui s'était fait une si grande fortune dans le
» monde devait être d'un mérite bien supérieur. »

La phrase suivante est aussi très-défectueuse :
« Il faut se conduire par les lumières de la foi, qui
» nous apprennent que l'insensibilité est d'elle-même
» un très-grand mal, qui nous doit faire appréhender
» cette menace terrible que Dieu fait aux âmes qui
» ne sont pas assez touchées de sa crainte. » (Nicole.)

Le premier *qui* se rapporte à *lumières*, le second
à *mal* ou à *insensibilité*, le troisième à *menace*, et
le dernier à *âmes*. L'esprit s'écarte insensiblement
du point d'où il est parti, et l'on ne sait plus où l'on
est. La netteté du sens demanderait que tous les *qui*
se rapportassent à un même nom. Il semble que Nicole aurait pu dire : « Il faut se conduire par les lu-
» mières de la foi, qui nous apprennent que l'insensi-
» bilité est d'elle-même un très-grand mal, et qu'elle
» doit nous faire appréhender cette menace terrible
» que Dieu fait aux âmes peu touchées de sa crainte. »

De lier
plusieurs phra-
ses subor-
données à une
phrase
principale, Quelquefois un écrivain s'embarrasse par la difficulté où il est de lier également à une phrase principale plusieurs phrases subordonnées. Exemple :

« La volonté de Dieu, étant toujours juste et tou-
» jours sainte, elle est aussi toujours adorable, tou-
» jours digne de soumission et d'amour, quoique les
» effets nous en soient quelquefois durs et pénibles,

» *puisqu'il n'y a que des âmes injustes qui puissent*
» *trouver à redire à la justice.* » (NICOLE.)

Cette phrase subordonnée, *puisqu'il n'y a*, etc...,
se rapporte immédiatement à la principale, quoiqu'elle
semble se rapporter à la subordonnée qui précède.
Pour corriger ce défaut, retranchez la conjonction
puisque, et faites de la phrase subordonnée une
phrase principale, et dites : *Il n'y a que les âmes in-*
justes qui puissent trouver à redire à la justice.

Il faut éviter de placer plusieurs fois dans une D'employer
plusieurs fois la
même
préposition avec
phrase la même préposition avec des rapports diffé- des rap-
rens : ainsi la phrase suivante est vicieuse : ports différens.

« J'ai toujours vécu *avec* lui, *avec* la même cor-
» dialité. » Mais on dirait bien : « J'ai vécu long-temps
» *avec lui*, et je l'ai toujours traité *avec* la même
» cordialité; » parce que la préposition *avec* se trouve
répétée dans deux phrases, dont l'une n'est pas subordonnée à l'autre.

Troisièmement, il faut apporter la plus grande at- Manière de pla-
cer
tention à la manière dont on place, 1°. les adjectifs
conjonctifs *qui, que, dont ;* 2°. les adjectifs posses-
sifs *son, sa, ses, leur, leurs;* 3°. les pronoms *il, elle,*
le, la, les, etc.... L'erreur la plus légère peut obscur-
cir ou embarrasser le sens de toute une phrase.

Les adjectifs conjonctifs doivent être rapprochés Qui,
que, dont, etc.
autant qu'il est possible des noms auxquels ils se
rapportent. Mais ils ne se rapportent pas toujours au
substantif qui les précède immédiatement. Exemple :

« Il a fallu, avant toutes choses, vous faire lire
» dans l'Écriture l'histoire du peuple de Dieu, qui
» fait le fondement de la religion. » (BOSSUET.)

Ici *du peuple* détermine l'espèce d'histoire, et *de*
Dieu détermine l'espèce de peuple. Ces deux mots

étant suffisamment déterminés, l'esprit ne s'y arrête plus ; il remonte au substantif *histoire*, et rapporte à ce nom la proposition incidente. On serait choqué de cette construction : *Vous avez appris l'histoire du peuple de Dieu*, *qui est le créateur du ciel et de la terre.*

C'est donc une règle de rapporter le conjonctif au substantif le plus éloigné, toutes les fois que le dernier substantif, n'étant employé que pour déterminer le premier, ne demande lui-même aucune modification.

Mais si l'on disait avec Bossuet : « On vous a mon- » tré avec soin l'histoire de ce grand royaume que » vous êtes obligé de rendre heureux ; » *que* se rap- porterait à *ce grand royaume.* Car si ce substantif commence à être déterminé, il ne l'est pas encore assez, et il fait encore attendre quelque autre modification.

Son, sa, ses, leur, etc...   Il faut de l'adresse pour éviter les amphibologies des adjectifs *son*, *sa*, *ses*, *leur*, *leurs*.

« Valère alla chez Léandre ; il y trouva *son* fils. »

Il y a là une équivoque qui devrait être levée par ce qui précède ; elle serait levée trop tard, si le lecteur était obligé de lire ce qui suit.

Il, elle, le, la, les, etc...   Les pronoms *il*, *elle*, *le*, *la*, *les*, etc.... font souvent des sens équivoques ou louches, surtout quand ils ne se rapportent pas au sujet de la proposition.

Un auteur a dit : « Hypéride a imité Démosthène en tout ce qu'*il* a de beau. » On ne voit pas auquel de ces deux noms se rapporte le pronom *il*. Si c'est à Démosthème, l'auteur aurait dû dire : « Hypéride a » imité Démosthène en ce que celui-ci a de beau. » Si c'est à Hypéride, il aurait pu dire, en ajoutant une

épithète pour arrondir la phrase : « Hypéride a imité
» en ce qu'il a de beau l'éloquent Démosthène. »

Multiplions les exemples.

« Le comte dit au roi que le maréchal voulait at-
» taquer l'ennemi ; et il l'assura qu'il le forcerait
» dans ses retranchemens. »

Il n'y a point d'équivoque dans cette période. Les
pronoms de la principale du second membre se
rapportent à la principale du premier. *Il* à comte,
le à roi. De même, les pronoms de la subordonnée
du second membre se rapportent à la subordonnée
du premier. *Il* à maréchal, *le* à ennemi.

La règle générale est donc que, toutes les fois que
dans le premier membre d'une période il y a des
noms subordonnés, les pronoms doivent suivre dans
le second le même ordre de subordination.

Dans tout autre cas, la règle sera de rapporter le
pronom subordonné au premier nom qui sera énoncé
dans le discours. Exemple : « Le comte était à quel-
» ques lieues ; le maréchal apprit que l'ennemi vou-
» lait l'attaquer ; » c'est-à-dire attaquer le comte.

La plupart des règles que nous venons de rappeler sont tirées de l'excellent traité de l'art d'écrire
par Condillac.

2°. Si dans toute espèce de composition, il faut, Unité.
comme nous l'avons déjà dit, de l'accord, de l'unité, un sujet principal auquel tous les accessoires se
rapportent, à plus forte raison ces règles sont-elles
applicables à la construction d'une phrase ou d'une
période. Peut-être y sont-elles encore plus stricte-
ment nécessaires ; car une phrase est l'expression
d'une proposition. Elle peut, sans doute, être composée de plusieurs membres, mais ils doivent être

si bien liés entre eux, que l'esprit n'en soit frappé que comme d'un seul objet.

Ce qui la pro-duit. Il faut donc choisir et placer toujours les circonstances accessoires de manière à ce qu'elles ajoutent à la pensée principale, et lui servent comme de preuve et de développement. La Bruyère va nous en fournir un exemple :

« Champagne, au sortir d'un long dîner qui lui » enfle l'estomac, et dans les douces fumées d'un » vin d'Avernay ou de Sillery, signe un ordre qu'on » lui présente, et qui ôterait le pain à toute une » province, si l'on n'y remédiait : »

Les membres incidens, *au sortir d'un long dîner,* et *dans les douces fumées d'un vin,* etc... sont bien nécessaires. Ils servent à motiver la phrase principale ; et l'auteur lui-même va nous le faire voir. Il continue :

« Il est excusable : quel moyen de comprendre » dans la première heure de la digestion, qu'on » puisse quelque part mourir de faim ! »

Cette phrase ou, si l'on veut, ce paragraphe a de l'unité.

Périodes qui manquent d'unité. Mais si l'on écrivait, « L'Académie française fut » obligée de faire la critique du *Cid,* par soumission » à la volonté du cardinal de Richelieu, qui *abaissa* » *la maison d'Autriche et fit trancher la tête au* » *duc de Montmorency,* » il est évident qu'on ferait une fort mauvaise phrase, dans laquelle il n'y aurait ni unité ni ensemble; puisque les derniers membres de cette phrase ne seraient point du tout d'accord, n'auraient rien de commun avec son commencement.

Cette phrase d'une traduction de Plutarque est encore plus mauvaise :

« Ils marchaient, dit l'auteur en parlant des Grecs
» commandés par Alexandre, à travers un pays in-
» culte, dont les sauvages habitans n'avaient pour
» toute richesse qu'une race de moutons chétifs,
» dont la chair était sans saveur, parce qu'ils se nour-
» rissaient continuellement avec du poisson de mer. »

Ici la scène change à chaque instant. La marche
des Grecs, la description des habitans du pays à
travers lequel ils passent, celle des moutons, la
cause pour laquelle la chair de ces moutons est de
mauvais goût, forment un assemblage d'objets divers
qui n'ont les uns avec les autres qu'un rapport assez
éloigné, et que le lecteur ne peut que très-difficile-
ment saisir d'un seul coup d'œil.

Il suffit que les circonstances accessoires dont on
fait usage soient étrangères à la pensée principale,
pour qu'elles rompent l'unité de la phrase et pour
qu'elles nuisent au sens. Le désir d'arrondir une période ou de lui donner une sorte d'éclat ne justi-
fierait point l'emploi d'accessoires inutiles ; il faut
les laisser aux déclamateurs.

Il faut éviter encore de passer trop brusquement
d'une personne à une autre personne, d'un objet à
un autre objet. Si j'écrivais :

Il ne faut point
passer
brusquement
d'un
objet à un autre.

« Lorsque nous fûmes à l'ancre, ils me condui-
» sirent sur le rivage, où je fus reçu par tous mes
» amis qui m'accueillirent avec la plus vive tendresse.»

Je ferais une phrase bien irrégulière, quoique
tous les objets qui y sont réunis aient entre eux des
rapports suffisans. Cette manière de les présenter,
en multipliant les personnes qui agissent, par l'emploi des pronoms *nous*, *ils*, *je*, *qui*, leur donne tellement un air de désordre, que le sens est prêt à

échapper. On rendrait à cette phrase l'unité qui lui est nécessaire, en la tournant ainsi : « Ayant mis à » l'ancre, je descendis sur le rivage, où je fus reçu » par mes amis, qui m'accueillirent avec la plus vive » tendresse. »

Force.

3°. Ce qui donne de la force aux phrases et aux périodes, c'est une construction propre à en présenter le sens de la manière la plus avantageuse, à rendre pleine et complète l'impression qu'on veut produire, à donner enfin à chaque mot, à chaque membre et à la période entière, toute l'énergie et tout l'effet dont ils sont susceptibles.

Pour renforcer les phrases, il faut retrancher les mots inutiles.

Le premier moyen de renforcer les phrases est de retrancher tous les mots inutiles, tous les membres qui ne seraient que des répétitions. Chaque mot doit présenter une idée nouvelle, et chaque membre doit offrir une pensée que l'on n'a pas encore exprimée. C'est une maxime toujours vraie que ce qui n'ajoute rien au sens de la phrase est nuisible : *Obstat quidquid non adjuvat.* (QUINT.) Le moindre défaut des mots parasites serait d'énerver le style :

Tout ce qu'on dit de trop est fade et rebutant.

(BOILEAU, *Art poét.*)

Exprimer la pensée avec le moins de mots qu'on peut.

On doit de plus exprimer la pensée avec le moins de termes qu'on peut. L'esprit veut connaître; rien n'est plus impatient que lui quand il attend; et plus les moyens qu'on lui offre pour arriver sont aisés et courts, plus il est satisfait (1).

---

(1) *Est brevitate opus, ut currat sententia, neu se Impediat verbis lassas onerantibus aures.*

(*Horat.*)

Le mérite de la concision se fait sentir dans cette maxime de La Rochefoucault, *L'esprit est souvent la dupe du cœur;* s'il eût dit, *L'amour, le goût que nous avons pour une chose, nous la fait souvent trouver différente de ce qu'elle est réellement*, ce serait la même pensée, mais elle se traînerait; au lieu que dans l'autre façon elle a des ailes.

Il faut faire une attention particulière à l'emploi des mots qui servent à lier soit les phrases, soit les membres des phrases; tels que *mais, si, donc, car, et*, etc... Ces mots et d'autres semblables reviennent souvent; ils déterminent la tournure d'un grand nombre de phrases, les joignent ensemble et marquent l'enchaînement et la suite des raisonnemens. Il faut n'employer ces mots qu'au besoin, ne pas les multiplier, et en faire toujours un usage conforme à leur véritable destination.

Ne pas multiplier les conjonctions mais, si, car, etc...

On peut faire, en passant, une remarque particulière sur la conjonction copulative *et*. Quoique son emploi ordinaire soit de lier les mots ou les membres de phrase, il arrive quelquefois qu'en la retranchant les mots paraissent plus serrés et que la phrase devient plus rapide. Par exemple, lorsque César écrit, *Je suis venu, j'ai vu, j'ai vaincu; veni, vidi, vici;* si vous placiez la conjonction *et* entre ces mots, vous les sépareriez au lieu de les unir. Quelquefois aussi la répétition de cette même conjonction a particulièrement cet effet de séparer en quelque sorte les mots, et de rendre leur distinction plus sensible, comme dans ces vers du *Cid :*

> Et la terre, et le fleuve, et leur flotte et le port,
> Sont des champs de carnage où triomphe la mort.

Il faut apporter la plus grande attention aux circonstances dans lesquelles il faut omettre la conjonction ou la répéter. On la retranche lorsqu'on veut présenter les objets avec rapidité : on la répète lorsqu'on veut qu'en passant sous les yeux du lecteur ils s'y arrêtent un instant.

Placer les mots essentiels là où il peuvent produire le plus d'effet.

La troisième règle qu'il faut observer, c'est de placer les mots essentiels dans l'endroit où ils peuvent produire le plus d'effet. *Le mot à sa place* est une des premières règles et une des plus difficiles de l'art d'écrire. Boileau loue Malherbe d'avoir connu et enseigné *le pouvoir d'un mot mis à sa place.* (*Art poét.*)

On ne peut presque rien prescrire à cet égard. C'est son jugement, c'est sa sensibilité qu'il faut consulter et suivre. Mais en général c'est au commencement ou à la fin des périodes, c'est aux repos indiqués par la coupe différente des phrases, qu'il faut placer les mots qu'on veut faire ressortir, et qui expriment des idées sur lesquelles on veut attirer et arrêter l'attention du lecteur.

Presque toujours les mots essentiels sont placés au commencement de la phrase. Exemple :

« Les plaisirs de l'imagination pris dans toute leur
» étendue sont moins grossiers que les plaisirs des
» sens, et moins délicats que ceux de l'entendement. »

Il semble tout simple de placer en avant ce qui est l'objet principal de la proposition. Cependant une phrase a quelquefois bien de la force, lorsque l'esprit, un moment suspendu, n'en trouve le sens qu'à la fin. Exemple :

« Ainsi, sous quelque rapport que nous admirions
» Homère, ce qui nous frappe surtout, c'est sa mer-
» veilleuse invention. »

La passion qu'on éprouve quand on écrit change le rapport des idées. Dans une même phrase l'idée principale ne serait pas la même pour celui qui raconte froidement, et pour celui qui veut peindre avec chaleur. « Un homme agité et un homme tran-» quille, dit Condillac, n'arrangent pas leurs idées » dans le même ordre. L'un peint avec chaleur, » l'autre juge de sang-froid. Le langage de celui-là » est l'expression des rapports que les choses ont à » sa manière de voir et de sentir; le langage de » celui-ci est l'expression des rapports qu'elles ont » entre elles. » (*Art d'écrire*, ch. 14.)

Si je disais, « Cet aigle dont le vol hardi avait » d'abord effrayé nos provinces prenait déjà l'essor » pour se sauver dans les montagnes; » je ne ferais que raconter un fait. Mais je ferais un tableau en disant avec Fléchier :

« Déjà prenait l'essor pour se sauver dans les » montagnes, cet aigle dont le vol hardi avait d'a-» bord effrayé nos provinces. »

Ici *prenait l'essor* est la principale action; c'est celle qui est sur le devant du tableau. *Pour se sauver dans les montagnes* est une action subordonnée; c'est pourquoi elle est un peu derrière la première. *Dont le vol hardi*, etc..., est une action encore plus éloignée; aussi l'orateur la rejette-t-il à la fin.

Bossuet loue la fierté avec laquelle Condé, proscrit et fugitif, soutint l'honneur de sa naissance. En Flandre, sur les terres de l'Autriche, il exigea que les princes de cette maison lui cédassent la pré-séance, « et la maison de France, dit l'orateur, » garda son rang sur celle d'Autriche, jusque dans » Bruxelles. » Le trait, *jusque dans Bruxelles*, achève de relever la fierté de courage du prince. Transposez ce mot, il frappera beaucoup moins.

Après avoir comparé à l'aigle ce même prince, Bossuet ajoute : « Aussi vifs étaient les regards, aussi » vite et impétueuse était l'attaque, aussi fortes et » inévitables étaient les mains du prince de Condé. » Qu'on substitue l'ordre grammatical, *les regards du prince de Condé étaient aussi vifs*, etc..... le tour n'a plus de vivacité.

Par ces exemples, nous voyons combien l'inversion est propre à faire ressortir les idées, en les mettant dans la place que semble exiger la nature, c'est-à-dire, l'intérêt, le sentiment ou la passion.

Observer la gradation dans la construction. On affaiblirait encore le style, si l'on n'observait pas dans la construction des phrases ce qu'on nomme gradation ; c'est-à-dire si l'on ne s'élevait pas par degrés d'idées en idées, en sorte que les dernières soient toujours plus fortes que les précédentes. *Cavendum est*, dit Quintilien, *ne decrescat oratio, et fortiori subjungatur aliquid infirmius, sicut sacrilego fur, aut latroni petulans. Augeri enim debent sententiæ et insurgere.* (L. IX, c. 4.) On sent bien qu'il serait absurde, par exemple, de dire : *Cet ouvrage m'a paru admirable, et je l'ai lu avec plaisir.* — *C'est l'homme le plus vertueux que je connaisse, et il a de la probité.*

Cependant il ne faut pas toujours tenter de remplir cette gradation oratoire. De telles périodes ne peuvent entrer que dans certains genres d'écrits : elles paraîtraient affectées si elles étaient employées dans des sujets qui n'exigent aucune pompe. Mais il est une espèce de gradation à laquelle il ne faut jamais manquer, et qui consiste à ne point faire succéder une proposition de médiocre importance à une assertion énergique : *ne decrescat oratio.*

Par une suite de cette règle qui prescrit de s'élever du faible au fort, et non pas de descendre du fort au faible, il ne faudra pas terminer en général une phrase ou une période par un mot de peu d'importance, par une circonstance peu intéressante; au contraire, la période finira mieux par un mot essentiel, par une pensée digne d'une attention sérieuse.

Éviter de les terminer par un mot peu important.

Enfin, la règle fondamentale pour la construction des périodes et des phrases, consiste à communiquer ses idées dans l'ordre le plus clair, le plus naturel et le plus frappant.

4°. Il nous reste à dire quelque chose des moyens de donner de l'harmonie aux phrases et aux périodes.

Harmonie.

Ils consistent 1°. à éviter la rencontre de syllabes dures et qui s'entre-choquent d'une manière désagréable à l'oreille. 2°. A construire les phrases et les périodes de manière à ce qu'elles ne soient ni trop courtes ni trop longues; à ce que les membres en soient bien proportionnés, en sorte que les repos se trouvent à des distances convenables; enfin à terminer la période et chacun de ses membres, d'une manière sonore et flatteuse pour l'oreille.

Moyen d'en donner aux périodes.

Entrons dans quelques détails sur chacun de ces points importans.

1°. Les mots ont eux-mêmes des différences très-sensibles dans les sons. Ceux qui sont chargés de plusieurs consonnes, sont lourds et difficiles à prononcer. Ceux au contraire où il entre beaucoup de voyelles sont légers et faciles. La lettre *r* est rude, l'*l* est coulante, l'*s* est sifflante, l'*x* est dure.

Il faut choisir des mots harmonieux.

Cicéron nous recommande de choisir des mots

qui aient un son plein et raisonnant; *in quibus plenum quiddam et sonans inesse videatur.* (*Orat.*)

Si l'on est obligé par nécessité de se servir d'un mot qui blesse l'oreille, il faut adoucir ce que ce mot a de scabreux en le joignant à d'autres plus moelleux et d'un son plus flatteur. (DENIS D'HA-LICARNASSE, ch. 12.) Voyez comme Boileau a su faire entrer le nom de Wurtz, capitaine hollandais, dans son admirable récit du passage du Rhin.

Le même poëte a dit :

Fuyez des mauvais sons le concours odieux.

C'est surtout dans l'assemblage des mots qu'il faut éviter le concours des sons rudes et déplaisans. La délicatesse de l'oreille va presque jusqu'au scrupule.

Éviter l'hiatus. L'*hiatus* est banni de notre poésie, et on ne le permet dans la prose que lorsqu'il n'est pas sensiblement désagréable. Celui d'une voyelle avec elle-même est toujours dur à l'oreille. Racine dit : *j'écrivis en Argos,* au lieu de *j'écrivis à Argos.* C'est encore pis quand il est redoublé, comme dans : *il alla à Athènes, où il s'appliqua à apprendre l'éloquence.*

Il y a des voyelles dont l'assemblage déplaît ; *a-u, o-i, a-en, o-un,* sont de ce nombre. Il en est d'autres qui se succèdent avec douceur, comme dans *Ilia, Clio, Danaé.* On en trouve la cause dans le jeu de l'organe de la parole.

L'hiatus d'une terminaison nasale avec la voyelle ou l'*h* muette qui commence le mot suivant, est dur à l'oreille, comme dans les mots suivans : *tyran in-*

flexible, destin ennemi. La Motte aurait dû corriger ce vers :

> Et le mien incertain encore.

Il faut tâcher de ne placer les nasales devant une voyelle que dans les repos et les sens suspendus. Exemple :

> Celui qui met un frein à la fureur des flots.
>
> (RACINE.)

On ne doit point placer à la suite les uns des autres des mots qui renferment des syllabes de même consonnance, comme dans cette phrase, *en l'en entendant parler,* et dans le premier hémistiche de ce vers : *Les syllabes qui ont même consonnance.*

> *Du destin des latins* prononcer les oracles.
>
> (BOILEAU.)

L'oreille est offensée du retour subit et répété de la même articulation. Des locutions comme celles-ci : *quoiqu'on calomnie la vertu; censeur sage et sincère; travail toujours trop peu vanté,* sont évidemment des cacophonies. Un style où il s'en trouverait souvent de semblables serait un très-mauvais style. *Le retour subit des mêmes articulations.*

Les syllabes dans lesquelles plusieurs consonnes se pressent autour d'une voyelle, comme dans celles-ci, *Sphinx, trop, Grecs, Cécrops,* rendent un son dur.

La répétition des dentales mouillées *che* et *ge* est désagréable à l'oreille. *Mais écoutons, ce berger joue.* (LA MOTTE.) *La répétition des dentales che et ge. et des labiales.*

Deux différentes labiales de suite sont pénibles à articuler. On ne dira donc point : *Alep fait le commerce; Jacob vivait; cep verdoyant.*

Il est plus facile de doubler une consonne en l'appuyant que de changer d'articulation. On préférera donc pour initiale d'un mot la finale du mot qui précède : *Le soc qui fend la terre.*

Il avait d'un plant *vif fermé* cette avenue.

(LA FONTAINE.)

Si le poëte avait mis *bordé* au lieu de *fermé*, l'articulation serait plus pénible.

La prononciation est une suite de mouvemens variés que l'organe exécute. La dureté ou la douceur dépend du passage pénible ou facile de l'un à l'autre. *Collabantur verba, ut inter se quàm aptissimè cohereant extrema cum primis.* (CIC., *Orat.*)

2o. L'harmonie de la période dépend encore en grande partie des intervalles et des cadence finales.

Des intervalles entre les pauses. Les intervalles placés entre les pauses ne doivent être ni trop courts ni trop longs. Dans le premier cas, ils n'auraient pas assez de consistance pour être embellis des grâces de l'harmonie ; dans le second, ils seraient traînans et gêneraient la respiration. (QUINT., l. IX, c. 4.)

Des intervalles à peu près égaux forment entre eux une espèce de proportion musicale; comme dans cette phrase :

» Cet homme tant vanté dans le monde |, est ici » couché sous la pierre | et enseveli dans la poussière. »

Cependant Denis d'Halicarnasse (*Constr.*, *Orat.*, c. 19), veut que l'étendue des espaces soit variée. Tantôt c'est un espace inégal entre deux qui sont égaux. Exemple :

» Les pères mourant | envoient leurs fils pleurer | » sur leur général mort. »

Quelquefois il y a progression ascendante :

« Ce grand |, ce conquérant |, cet homme tant » vanté dans le monde. »

Quelquefois la progression est en sens renversé :

« A quoi se réduisent ces magnifiques éloges
» qu'on leur donne |, et que nous lisons sur les su-
» perbes mausolées que leur érige la vanité hu-
» maine ? | à cette triste inscription : | *Hic jacet.* »

La progression ascendante donne de la dignité
au discours, et la progression renversée, de la vivacité.

Lorsque une phrase se compose de deux membres,
il faut que le plus étendu la termine. Exemple.

» Lorsque nos passions nous abandonnent |, nous
» nous flattons de l'idée que c'est nous qui les avons
» abandonnées. »

La raison en est que lorsque le membre le moins
long est placé le premier, nous nous le rappelons
plus facilement en lisant le second, et nous saisis-
sons mieux le rapport qui existe entre tous les deux.

La simple phrase que Cicéron appelle *incise, in-
cisum*, doit être nombreuse. « Il faut, dit-il, tra-
» vailler avec soin ces petites portions ; moins elles
» ont d'étendue et d'apparence, plus l'harmonie doit
» s'y faire sentir. » (*Orat.*, n. 220.)

Selon le même auteur, il ne suffit pas que le nom-
bre soit sensible à la chute des périodes ; pour lui, Des cadences finales.
il s'appliquait à frapper l'oreille en débutant, et à la
satisfaire en terminant sa phrase par une chute harmonieuse : mais à tous les sens suspendus il plaçait
un nombre marqué. (*Orat.*, n. 198.)

Le nombre oratoire ne doit point, ou du moins
très-rarement, former un vers, et surtout jamais une
suite de vers d'une égale mesure ; il rejette pareillement les mots qui riment ensemble.

Le style devient sensiblement plus harmonieux,

lorsque les repos de chaque phrase, sont alternativement variés par des terminaisons masculines et féminines.

Un des plus beaux modèles à suivre pour la structure des périodes, est Fléchier. Voyez comme celleci est harmonieuse :

« Mais rien n'était si formidable que de voir
» toute l'Allemagne, ce grand et vaste corps, com-
» posé de tant de peuples et de nations différentes,
» déployer tous ses étendards, et marcher vers nos
» frontières pour nous accabler par la force, après
» nous avoir effrayés par la multitude. »

On voit que les chutes de chaque incise et de chaque membre, sont bien marquées et bien variées par les mots *formidable*, *Allemagne*, *vaste corps*, *différentes*, *étendards*, *frontières*, *multitude*.

Il n'est pas besoin de répéter ici ce que nous avons déjà dit, que l'harmonie doit être variée comme le style, et comme le style convenir au sujet qu'on traite.

Appendice sur le tissu du discours.

Dans le discours, les idées doivent être liées, et les phrases construites les unes pour les autres.

Lorsqu'on veut exprimer une pensée seule, isolée, on a le choix entre plusieurs constructions de phrase : mais on ne l'a point ce choix, lorsqu'on écrit une suite de pensées. Dans ce cas, il faut unir les idées selon leur ordre naturel, et construire les phrases les unes pour les autres. La liaison des idées est si nécessaire dans ce qu'on dit et dans ce qu'on écrit, que Condillac la regarde comme le principe fondamental de l'art d'écrire. « Le principe que vous devez
» vous faire en écrivant, est, dit-il, de vous confor-
» mer toujours à la plus grande liaison des idées.....

» Je ne sais si ce principe souffre des exceptions,
» mais je n'ai pu encore en découvrir. » (*Art d'é-*
crire, l. I, c. 1.)

Voici un morceau de Bossuet où les pensées sont
parfaitement liées et les phrases construites l'une
par rapport à l'autre :

« Quand l'histoire serait inutile aux autres hom-
» mes, il faudrait la faire lire aux princes. Il n'y a pas
» de meilleur moyen de leur découvrir ce que peu-
» vent les passions et les intérêts, les temps et les
» conjonctures, les bons et les mauvais conseils. Les
» histoires ne sont composées que des actions qui les
» occupent, et tout semble y être fait pour leur
» usage. Si l'expérience leur est nécessaire pour ac-
» quérir cette prudence qui fait bien régner, il n'est
» rien de plus utile à leur instruction, que de join-
» dre les exemples des siècles passés aux expériences
» qu'ils font tous les jours. Au lieu qu'ordinaire-
» ment ils n'apprennent qu'aux dépens de leurs
» sujets et de leur propre gloire à juger des affaires
» dangereuses qui leur arrivent; par le secours de
» l'histoire, ils forment, sans rien hasarder, leur
» jugement sur les événemens passés. Lorsqu'ils
» voient jusqu'aux vices les plus cachés des princes,
» malgré les fausses louanges qu'on leur donne pen-
» dant leur vie, exposés aux yeux de tous les hom-
» mes, ils ont honte de la vaine joie que leur cause
» la flatterie, et ils connaissent que la vraie gloire
» ne peut s'accorder qu'avec le mérite. »

Exemple où les idées sont liées.

Pour mieux sentir cette liaison, substituons d'autres constructions à celles de Bossuet, et disons :

« Il faudrait faire lire l'histoire aux princes,
» quand même elle serait inutile aux autres hom-

Exemples où elles ne le sont pas.

» mes. Il n'y a pas de meilleur moyen de leur dé-
» couvrir ce que peuvent, etc... »

Il faudrait faire lire l'histoire aux princes, est
naturellement lié avec, *il n'y a pas de meilleur
moyen*, etc... J'ai donc mal fait de séparer ces deux
idées.

« Il n'est rien de plus utile à leur instruction, que
» de joindre les exemples des siècles passés aux ex-
» périences qu'ils font tous les jours, s'il est vrai que
» l'expérience leur soit nécessaire pour acquérir
» cette prudence qui les fait bien régner. »

Après avoir remarqué combien l'étude de l'histoire est utile aux princes, l'esprit, en suivant la
liaison des idées, se porte naturellement sur l'expérience, qui est une autre source d'instruction, et
il considère combien il est nécessaire de joindre l'é-
tude de l'histoire à l'expérience. J'ai changé tout cet
ordre, et par conséquent j'ai affaibli la liaison des
idées.

» Par le secours de l'histoire, ils forment, sans
» rien hasarder, leur jugement sur les événemens
» passés; au lieu qu'ordinairement ils n'apprennent
» qu'aux dépens de leurs sujets et de leur propre
» gloire, à juger des affaires dangereuses qui leur
» arrivent. »

Bossuet voulant démontrer l'utilité que les princes
peuvent retirer des exemples des siècles passés,
commence par faire voir l'insuffisance de l'expérience, et finit par observer les secours que donne
l'histoire. J'ai renversé cette suite d'idées.

« Exposés aux yeux de tous les hommes, ils ont
» honte de la vaine joie que leur cause la flatterie;
» et ils connaissent que la vraie gloire ne peut s'ac-

» corder qu'avec le mérite, lorsqu'ils voient jus-
» qu'aux vices les plus cachés des princes, malgré
» les fausses louanges qu'on leur donne pendant
» leur vie. »

Dans la vue de montrer quels sont les secours de
l'histoire, il expose d'abord ce que les princes y
voient, et il considère ensuite quelle impression elle
peut faire sur eux. Tel est sensiblement l'ordre des
idées; je l'ai entièrement changé.

Par les changemens que je viens de faire au passage de Bossuet, les phrases ne tiennent plus les unes
aux autres. Il semble qu'à chacune je reprenne mon
discours, sans m'occuper de ce que j'ai dit, ni de
ce que je vais dire. Cependant, si on considère en
elles-mêmes chacune des constructions que j'ai faites,
on ne les trouvera pas défectueuses; elles ne pêchent
que parce qu'elles se suivent sans faire un tissu.

ARTICLE II.

Nous venons de considérer le bon choix des mots
et la construction gracieuse, exacte et mélodieuse
des phrases, comme des moyens de se faire un bon
style. Nous allons dire maintenant comment on peut
l'orner et lui donner de l'éclat.

L'ornement du discours est un des plus grands
moyens de plaire; c'est l'opinion de Quintilien. « Le
» devoir de l'orateur est, dit-il, d'instruire, de tou-
» cher et de plaire. Pour instruire, il a recours à
» l'exposition et aux preuves; pour toucher, aux
» sentimens et aux passions qui doivent régner
» dans tout le discours, mais surtout au commence-
» ment et à la fin. Quoiqu'il doive plaire à l'auditeur

L'ornement du style est un moyen de plaire.

» par les lumières qu'il lui donne et par les secrets
» mouvemens dont il l'agite, il tire néanmoins cet
» avantage particulièrement de la beauté de l'élocu-
» tion. » (L. VIII, *proœm.*) Et, pour faire sentir à
l'orateur combien il lui importe de s'exprimer d'une
manière agréable à l'auditeur, il dit dans un autre
endroit : « que l'ornement du discours contribue
» beaucoup au succès de la cause; car ceux qui
» écoutent volontiers, sont plus attentifs et plus
» disposés à croire ce qu'ils entendent : d'ordinaire
» même le seul plaisir les gagne, et quelquefois l'ad-
» miration les entraîne. » (L. VIII, c. 3) Cicéron
avait dit avant lui : « Toute éloquence qui ne cause
» point d'admiration et de surprise, ne mérite pas
» beaucoup de louange. » (*Rhet. ad Heren.*, l. III).

Nécessité
de plaire dans le
discours.

L'homme n'est pas seulement un animal raisonnable, il est encore, et bien davantage, un animal
sensible : il faut donc, pour agir sur lui par la parole, se conformer à sa nature. Il ne suffira pas de
lui montrer la vérité, il faudra la lui montrer d'une
manière qui lui plaise, qui l'intéresse, qui l'engage
à aimer cette vérité qu'on lui montre. On ne lui plaira
qu'en ornant ce qu'on lui dit; on ne le passionnera
qu'en se montrant soi-même passionné (1).

La véritable
beauté a deux
sources
différentes.

Un écrivain de Port-Royal, Nicole, dans une dissertation latine *sur les vraies et les fausses beautés
des ouvrages d'esprit, et sur la manière de distinguer les unes des autres* (2), établit fort bien qu'il

---

(1) Le P. André, jésuite, a très-bien développé cette vérité dans son *Essai sur le Beau*, 3ᵉ. discours.

(2) Cette dissertation de Nicole se trouve en tête du *De-
lectus epigrammatum*, donné par Lancelot, in-12.

y a deux causes de la véritable beauté, lesquelles doivent concourir ensemble; 1°. la conformité des choses avec leur propre nature; 2°. leurs rapports avec notre nature.

Ainsi, un corps qui n'est pas tel que sa nature le demande, un corps à qui il manque quelque membre, ou qui a quelque difformité naturelle, ne peut nous paraître beau. Mais celui qui est complet, à qui il ne manque rien et qui n'a rien de trop, ne nous plaira encore que d'après certaines proportions, et dans certaines attitudes agréables à nos yeux. Qui peut exprimer le prestige et le pouvoir des grâces, sinon par cette conformité qu'elles ont avec notre goût naturel? Pourquoi tel groupe est-il pittoresque et fixe-t-il avec plaisir nos yeux et notre attention? parce que l'artiste a saisi le double rapport de la pose de ses figures avec la nature et avec notre nature; parce qu'elles sont groupées, comme il est naturel et comme il nous est agréable qu'elles le soient.

Ainsi, dans les ouvrages d'esprit, ces deux rapports doivent également se trouver. Le premier, celui de la conformité des pensées et des expressions avec la nature des choses, par la raison que *rien n'est beau que le vrai*. Le second, celui de leur conformité avec notre propre nature; par la raison que ce qui est vrai doit encore nous être présenté de manière à nous plaire, à nous intéresser, à nous émouvoir. Quelles sont ces sources dans les ouvrages d'esprit.

C'est beaucoup d'être *vrai*; c'est la condition première, indispensable; mais cela ne suffirait pas; notre âme se plaît aux surprises, aux émotions qu'on lui cause: elle veut des mouvemens qui l'élèvent, La vérité n'y suffit pas.

qui la laissent retomber. Après ces mouvemens, elle demande des intervalles de repos (1).

Quels sont les moyens de procurer dans le discours, à l'auditeur ou au lecteur, ces surprises, ces émotions qui ont tant de charme pour lui? On les trouve dans les *tours*, dans les *mouvemens* et dans les *figures*.

§ I. *Des Tours.*

Ce qu'on entend par *tour* dans le style.

On appelle *tours*, en fait de style, les différentes formes qu'on donne à l'expression de ses pensées : le tour d'une phrase résulte de l'arrangement des mots qui la composent.

Il y a des tours que les grammairiens ont appelés *figures de diction*, tels que l'*ellipse*, le *pléonasme*, la *syllepse*, l'*hyperbate*. Quoique ces tournures soient plus grammaticales qu'oratoires, elles ne laissent pas de faire un bel effet dans le discours.

Ellipse.

L'*ellipse* supprime par goût des mots dont le grammatical aurait besoin.

Je t'aimais inconstant, qu'aurais-je fait fidèle?
(RACINE, trag. d'*Andromaque*.)

La grammaire eût dit : *si* je l'aimais, *quoiqu'il fût* inconstant, qu'aurai-je fait s'*il eût été* fidèle ? Mais ce tour serait languissant.

« Citoyens, étrangers, ennemis, peuples, rois, » empereurs, le plaignent et le révèrent.» (FLÉCHIER, *orais. fun. de Turenne*).

_____

(1) *Requiescere, erigi, dejici, avel omnis auditor ac lector.* (Dissertation déjà citée.)

« On sait en quel état se trouvait alors cette ville.
» Quels ravages ! quelle désolation ! nul repos, nulle
» espérance de paix et de tranquillité ; la république
» renversée et presque anéantie ; les nations barbares
» déchaînées contre elle ; l'empire romain en proie à
» ses ennemis. »

C'est ainsi que pour donner de la vigueur au style,
on supprime certains mots que l'esprit peut aisément
suppléer.

L'ellipse convient aux passions vives qui ne permettent pas à celui qui en est agité d'achever son
discours. *Que dire ? que faire ?* Voilà une ellipse.

Le *pléonasme* ajoute par goût, ce que la grammaire rejette comme superflu : *j'ai vu de mes yeux,
j'ai entendu de mes oreilles ; je lui ai dit à lui-
même* :

> Et que *m'a fait à moi* cette Troie où je cours ?
> (RACINE, trag. d'*Iphig.*.)

Par ce tour, on insiste fortement sur une chose, on
inculque sa pensée.

La *syllepse* fait figurer le mot avec l'idée, plutôt
qu'avec le mot auquel il se rapporte.

Mézengui a dit : «Moïse eut recours au Seigneur,
» et lui dit : que ferai-je à ce peuple? bientôt *ils* me
lapideront. »

Dans *Athalie*, le grand-prêtre dit au jeune Joas :

> Entre le *pauvre* et vous, vous prendrez Dieu pour juge ;
> Vous souvenant, mon fils, que caché sous ce lin
> Comme *eux* vous fûtes pauvre et comme *eux* orphelin.

Ces écrivains ont fait rapporter les pronoms *ils*,
eux à leur idée et non aux substantifs singuliers.

L'*hyperbate* transpose l'ordre de la syntaxe ordi-

Pléonasme.

Syllepse.

Hyperbate de mots.

naire. Tantôt elle met le sujet après le verbe, tantôt elle place les régimes avant le sujet et le verbe. Exemple :

« Déjà, pour l'honneur de la France, était entré » dans l'administration des affaires *un homme* plus » grand par son esprit et par ses vertus que par ses » dignités. » (FLÉCHIER, *port. du card. de Richelieu.*)

« *La justice* qui nous est quelquefois refusée par » nos contemporains, la postérité sait nous *la* rendre. » (LA BRUYÈRE.)

« Il *l'*avait bien connu que cette dignité et cette » gloire dont on l'honorait, n'étaient qu'un titre » pour sa sépulture. » (BOSSUET , *orais. fun. de Le Tellier.*)

« Je *n'en* ai reçu que trois de ces lettres aimables » qui me pénètrent le cœur. » (Mad. DE SÉVIGNÉ.) Retranchez le pronom *en*, la pensée sera la même, mais l'expression du sentiment sera affaiblie.

Tous ces tours ont je ne sais quoi de vif, de noble, de hardi, de libre.

Les *hyperbates* de pensées qui consistent dans le dérangement de l'ordre naturel suivant lequel les pensées doivent être présentées, donnent, pour ainsi dire, plus de relief à une idée et la font ressortir davantage. Bossuet a dit : « Alors seulement, et ni » plus tôt ni plus tard, ce que les philosophes n'ont » osé tenter, ce que les prophètes ni le peuple juif, » lorsqu'il a été le plus protégé et le plus fidèle » n'ont pu faire, douze pêcheurs envoyés par J.-C. » et témoins de sa résurrection, l'ont accompli. »

Il nous fait sentir toute la grandeur de l'entreprise avant de parler de ceux qui l'ont accomplie; et le tour qu'il prend doit toute sa beauté à l'adresse

Hyperbates de pensées.

qu'il a de renvoyer les douze pêcheurs et l'accomplissement à la fin de la phrase.

Longin remarque que cette figure est propre à exprimer le trouble des passions; et il cite pour exemple le passage suivant d'Hérodote dans lequel Denys, général des Phocéens, engage les alliés à lui déférer le commandement.

« Nos affaires sont réduites à la dernière extré-
» mité, Ioniens; il faut nécessairement que nous
» soyons libres ou esclaves, et esclaves misérables.
» Si donc vous voulez éviter les malheurs qui vous
» menacent, il faut sans différer embrasser le travail
» et la fatigue, et acheter votre liberté par la dé-
» faite de vos ennemis. » (L. VI.)

S'il eût voulu suivre l'ordre naturel, voici comment il eût parlé : *Ioniens, il est temps d'embrasser le travail et la fatigue, car nos affaires sont réduites à la dernière extrémité*, etc..... Mais, avant de les exhorter au travail, il leur donne la raison qui les y doit porter : *nos affaires*, etc...., afin qu'il ne semble pas que ce soit un discours étudié qu'il leur apporte, mais que c'est la passion qui le force à parler sur-le-champ. (*Traité du Sub.*, ch. 18.)

Veut-on des exemples de *tours énergiques?* Nous les prendrons dans J.-J. Rousseau. Voici comment il s'élève contre le suicide : Exemples de tours éner- giques.

« Tu veux cesser de vivre; mais je voudrais bien
» savoir si tu as commencé. Quoi! fus-tu placé sur
» la terre pour n'y rien faire? Le ciel ne t'imposa-
» t-il pas avec la vie une tâche pour la remplir? Si
» tu as fait ta journée avant le soir, repose-toi le
» reste du jour, tu le peux : mais voyons ton ou-

» vrage. Quelle réponse tiens-tu prête au juge su-
» prême qui te demandera compte de ton temps?
» Malheureux! trouve-moi un juste qui se vante d'a-
» voir assez vécu; que j'apprenne de lui comment
» il faut avoir porté la vie pour être en droit de la
» quitter. »

Tours ingénieux. Il y a des *tours ingénieux.* On entend par ces
tours les bons mots, les traits, les saillies, les pensées fines et délicates. Leur caractère le plus ordinaire est la gaieté. L'expression doit en être fort
simple, parce que la gaieté ne plaît qu'autant qu'elle
est naturelle. Exemple :

« Madame de Brissac avait aujourd'hui la colique.
» Elle était au lit, belle et coiffée à coiffer tout le
» monde. Je voudrais que vous eussiez vu ce qu'elle
» faisait de ces douleurs, et l'usage qu'elle faisait de
» ses yeux, et des cris, et des bras, et des mains
» qui traînaient sur la couverture, et les situations,
» et la compassion qu'elle voulait qu'on eût.... En
» vérité vous êtes une vraie *pitaude* (1), quand je
» songe avec quelle simplicité vous êtes malade. »
(Mad. DE SÉVIGNÉ.)

Ce tableau agréable n'est pas exempt de quelques négligences; mais peut-être plus de correction
le gâterait.

Boileau s'est servi d'un tour ingénieux en parlant
de l'auteur d'un mauvais poëme intitulé *Moïse* :

Et poursuivant Moïse au travers des déserts,
Court avec Pharaon se noyer dans les mers.

(*Art poét.*, ch. I.)

(1) Mot populaire qui veut dire *lourde, grossière.*

Il y a des tours propres aux sentimens.

Une âme qui sent ne cherche pas la précision. *Tours propres au sentiment.*
Elle analyse au contraire jusque dans le moindre
détail. Elle saisit des idées qui échapperaient à tout
autre, et elle aime à s'y arrêter. C'est ainsi que ma- *A l'amour.*
dame de Sévigné développe tout ce que l'amour
qu'elle avait pour sa fille lui faisait éprouver :

« Ah! mon enfant, que je voudrais bien vous
» voir un peu, vous entendre, vous embrasser, vous
» voir passer, si c'est trop que le reste. »

Les détails de tous les effets d'une passion, sont
encore l'expression du sentiment. Hermione dit à
Pyrrhus :

> Je ne t'ai point aimé, cruel! qu'ai-je donc fait?
> J'ai dédaigné pour toi tous les vœux de nos princes ;
> Je t'ai cherché moi-même au fond de tes provinces ;
> J'y suis encor malgré tes infidélités,
> Et malgré tous nos Grecs honteux de mes bontés.
> Je leur ai commandé de cacher mon injure,
> J'attendais en secret le retour d'un parjure.
> J'ai cru que, tôt ou tard à ton devoir rendu,
> Tu me rapporterais un cœur qui m'était dû.
> Je t'aimais inconstant, qu'aurais-je fait fidèle ?
> Et même en ce moment, où ta bouche cruelle
> Vient si tranquillement m'annoncer le trépas,
> Ingrat, je doute encor si je ne t'aime pas.
>
> (RACINE, trag. d'*Androm.*)

L'interrogation contribue à l'expression des sen- *Au reproche.*
timens. Elle paraît être le tour le plus propre aux
reproches. C'est aussi celui que Racine met dans la
bouche de Clytemnestre, lorsqu'elle s'exhale en reproches contre Agamemnon :

> Quoi! l'horreur de souscrire à cet ordre inhumain,
> N'a pas en le traçant arrêté votre main !
> Pourquoi feindre à nos yeux une fausse tristesse?
> Pensez-vous par des pleurs prouver votre tendresse?

Où sont-ils les combats que vous avez rendus ?
Quels flots de sang pour elle avez-vous répandus?
Quel débris parle ici de votre résistance?
Quel champ couvert de morts me condamne au silence?
Voilà par quels témoins il fallait me prouver,
Cruel, que votre amour a voulu la sauver.

(Trag. d'*Iphigénie.*)

A l'étonnement. Souvent le langage du sentiment est rapide. C'est une exclamation qui tient lieu d'une phrase entière. *O vanité !* dit Bossuet, *ó néant ! ó mortels ignorans de leurs destinées !* Il ne dit pas : *Tout n'est que vanité, tout n'est que néant, les mortels sont ignorans de leurs destinées.*

L'exclamation est propre à exprimer les sentimens d'horreur, d'étonnement, etc.

Il faut remarquer que le tour le plus simple est presque toujours celui qui exprime le mieux les sentimens.

Les tours peuvent et doivent être variés à l'infini dans les écrits et dans le discours. C'est surtout l'emploi des tours qui fait le caractère de chaque style. C'est aux tours qu'un écrivain préfère et dont il fait le plus fréquent usage, qu'on reconnaît sa manière, la tournure de son esprit et le genre de son talent.

§ II. *Des mouvemens.*

Ce qu'on entend par mouvement dans le style. Le mot *mouvement* est pris ici dans un sens figuré. Originairement il signifie un changement de place, le transport d'un corps d'un lieu dans un autre par l'effet de l'impulsion. C'est par métaphore qu'on dit les *mouvemens* de l'âme, les *mouvemens* du style.

Il semble en effet que nos affections, nos passions produisent dans notre âme différens mouvemens :

que la joie, l'admiration, l'enthousiasme, l'indignation l'*élèvent;* que le chagrin, la douleur, le découragement, le repentir l'*abattent;* que le désir, l'instance *la portent en avant;* que la répugnance, l'épouvante, la honte et le remords la *fassent reculer sur elle-même;* que l'inquiétude, les irrésolutions la *tirent en divers sens.*

Les mouvemens du style sont l'expression des mouvemens que les passions produisent dans l'âme.

Les mouvemens du style, pour être louables et vrais, doivent donc être analogues à ceux de l'âme. Lucien veut que le style et la chose ne fassent qu'un et se *meuvent* ensemble comme le cheval et le cavalier. Les tours et les mouvemens naissent et se varient d'eux-mêmes dans le style, lorsqu'on est bien pénétré de son sujet, et qu'on s'abandonne à la nature. C'est ainsi qu'ont été produits les suivans.

Démosthène reproche aux Athéniens leur insouciance, qui laisse à Philippe les moyens de s'agrandir et d'asservir la Grèce : Exemples.

« Ne voulez-vous jamais, leur dit-il, faire autre
» chose qu'aller par la ville, vous demandant les uns
» aux autres : Que dit-on de nouveau? Eh! qu'y a-
» t-il de plus nouveau qu'un homme de Macédoine
» qui se rend maître des Athéniens et qui fait la loi à
» toute la Grèce? Philippe est mort, dit l'un. — Non,
» répond l'autre, il n'est que malade. Eh! qu'il soit
» mort ou vivant, que vous importe? puisque, s'il
» n'était plus, votre insouciance et votre légèreté
» vous feraient bientôt un autre Philippe. » (*Première Philippique.*)

Le même orateur veut justifier sa conduite et prouver aux Athéniens qu'ils n'ont point fait une

faute en livrant à Philippe la bataille de **Chéronée.**
Tout à coup, dit Longin (*Trait. du Sub.*, ch. 14),
comme s'il était inspiré d'un dieu, et possédé de l'esprit d'Apollon même, il s'écrie :

« Non, Athéniens, non, vous n'avez point failli
» en bravant tous les dangers pour le salut et la li-
» berté de tous les Grecs. Vous n'avez point failli ;
» j'en jure et par les mânes de vos ancêtres qui ont
» péri dans les champs de Marathon, et par ceux qui
» ont combattu à Platée, à Salamine, à Arthémise ;
» par tous ces grands citoyens dont la Grèce a re-
» cueilli les cendres dans des monumens publics. Elle
» leur accorde à tous la même sépulture et les mêmes
» honneurs ; oui, Eschine, à tous ; car tous avaient
» eu la même vertu, quoique la destinée souveraine
» ne leur eût pas accordé à tous le même succès. »
(*Disc. pour la Couronne.*)

Par ce serment, ajoute Longin, il déifie ces anciens citoyens, et montre qu'il faut regarder tous
ceux qui meurent de la sorte comme autant de dieux
par le nom desquels on doit jurer. Il inspire à ses
juges l'esprit et les sentimens de ces illustres morts,
et leur fait concevoir qu'ils ne doivent pas moins s'estimer de la bataille de Chéronée, qu'ils ont perdue
contre Philippe, que des victoires qu'ils ont rem-
portées à Marathon et à Salamine. Quand on entend
ce serment, dit La Harpe, il semble que toutes les
ombres évoquées tout à l'heure par Eschine (1) vien-

---

(1) Pour rendre son adversaire odieux, Eschine invoque
et assemble pour ainsi dire, autour de la tribune, les ombres des citoyens morts à la bataille de Chéronée.

nent se ranger autour de la tribune de Démosthène, et le prennent sous leur protection. (*Cours de Litt.*, tom. 2.)

Il y a encore un beau mouvement d'éloquence dans le passage suivant du plaidoyer de Cicéron pour Milon.

« Enfin, juges, je vous le demande ; il s'agit de » prononcer sur le meurtre de Clodius. Imaginez-» vous donc, car la pensée peut nous représenter un » moment les objets comme si l'on en voyait la réa-» lité ; imaginez-vous, dis-je, que l'on me promet » d'absoudre Milon, sous la condition que Clodius » revivra !... Vous frémissez tous ! eh quoi ! si cette » seule idée, tout mort qu'il est, vous a frappés d'é-» pouvante, que serait-ce donc s'il était vivant ? » (n. 82.)

L'endroit où J.-J. Rousseau prouve l'immatérialité de l'âme, mérite d'être cité lorsqu'on parle de mou-vemens oratoires.

« Plus je rentre en moi-même, plus je me consulte, et » plus je lis ces mots écrits dans mon âme : *Sois juste,* » *et tu seras heureux.* Il n'en est rien pourtant à consi-» dérer l'état présent des choses : le méchant pros-» père, et le juste reste opprimé. Voyez aussi quelle » indignation s'allume en nous quand cette attente » est frustrée ! La conscience s'élève et murmure » contre son auteur ; elle lui crie en gémissant : *Tu* » *m'as trompé !* Je t'ai trompé, téméraire ! qui te l'a » dit ? Ton âme est-elle anéantie ? as-tu cessé d'exis-» ter ? O Brutus, ô mon fils ! ne souille point ta noble » vie en la finissant : ne laisse point ton espoir et ta » gloire avec ton corps aux champs de Philippes. » Pourquoi dis-tu : *La vertu n'est rien,* quand tu vas

» jouir du prix de la tienne ? Tu vas mourir, penses-
» tu : non, tu vas vivre ; et c'est alors que je tiendrai
» tout ce que je t'ai promis. » (*Émile.*)

Il y a cette différence remarquable entre les simples *tours* et les *mouvemens* du style, que les premiers peuvent et doivent entrer dans toute sorte
d'écrits. Tous les sujets qu'on peut avoir à traiter
admettent, exigent même des tours variés, précis,
nobles, ingénieux, suivant le besoin. Ce qu'on nomme
tours ne peut tendre qu'à exciter et à fixer l'attention du lecteur, en donnant au style plus de netteté
et plus d'agrément.

Les *mouvemens* vont plus loin que les tours. Ils
sont l'expression des sentimens profonds, des passions plus ou moins violentes. Ils appartiennent à la
haute éloquence, au style le plus élevé. Ils conviennent surtout aux ouvrages où l'écrivain traite de
grands intérêts, où il a des motifs de se passionner
et de vouloir passionner son lecteur.

§ III. *Des figures.*

Ce que les rhéteurs ont appelé *figures* n'est autre
chose que ce que nous venons de nommer *tours* et
mouvemens.

Ce qu'on entend par figures. Les Grecs avaient nommé ces figures σχήματα,
expression qui répond au mot latin *habitus.* Ce mot
se dit de l'extérieur des personnes, de leur vêtement,
de leur maintien, etc.

Ainsi, dans l'origine, les rhéteurs ont entendu par
figures, les différentes manières de présenter ses
idées, ses sentimens, et, pour ainsi dire, de les revêtir, de les habiller. Cicéron dit qu'elles sont dans

le discours ce que sont les attitudes dans la peinture et dans la sculpture, *quasi gestus orationis.*

Quelques auteurs ont avancé que les *figures* sont des façons de parler qui s'éloignent de la manière naturelle et ordinaire. Cette opinion est fausse ; car il n'y a rien de si naturel, de si ordinaire, de si commun, que les figures dans le langage des hommes. L'auteur des Tropes observe avec raison, et d'autres en ont fait la remarque avant lui, qu'il se fait, dans un jour de marché à la halle, plus de figures qu'en plusieurs jours d'assemblées académiques.

Elles se trouvent naturellement dans le langage des hommes.

Il n'est pas besoin d'art pour faire des figures de rhétorique. Les discours les plus ordinaires en sont pleins, et en particulier ceux des personnes qui parlent avec le moins d'apprêt et qui suivent le plus simplement les impressions de la nature. C'est ce que Marmontel démontre d'une manière ingénieuse dans une prosopopée qu'il prête à un homme du peuple en dispute avec sa femme. (*Élém. de Litt.*, *art. figures.*)

Les figures, par la manière dont elles expriment la pensée, y ajoutent de la force, de la noblesse, ou de la grâce.

Effet qu'elles produisent.

L'expression simple se borne à présenter la pensée toute nue : les figures lui donnent une espèce de vêtement qui la pare, la rend plus sensible et la fait remarquer, ainsi qu'on remarque un corps dont la forme extérieure paraît plus gracieuse, plus élégante ou mieux décorée qu'une autre. *Vim rebus adjiciunt, et gratiam præstant.* (QUINT., l. IX, c. 1).

Par exemple, cette pensée, *la mort n'est pas un mal*, n'acquiert-t-elle pas une grande force tournée ainsi par un guerrier qui s'encourage au combat ?

Exemples.

usque adeòne mori miserum est? Mourir est-il donc un si grand mal? (VIRGILE; *Ænéid.*).

Si je dis : « Quelques recherches que nous puissions » faire, il nous est aussi impossible de connaître la » nature divine, que d'atteindre la hauteur du ciel, » et de descendre dans la profondeur des abîmes. » Je m'exprime bien simplement. Mais en disant: « Les recherches te conduiront-elles à la connais- » sance de Dieu? peux-tu dévoiler le Tout-Puissant? » c'est la hauteur du ciel, prétends-tu l'atteindre? » c'est la profondeur des abîmes, oseras-tu la péné- » trer? » J'introduis une figure dans la phrase, et je ne rends pas la pensée seulement; je fais naître un sentiment d'étonnement et d'admiration.

Et cette autre pensée triviale et commune, *on ti- rait le canon*, ne s'embellit-elle pas singulièrement ainsi présentée par Fléchier? « Ces foudres de bronze, » que l'enfer a inventés pour la destruction des hom- » mes, tonnaient de toutes parts. » (*Orais. fun. de* TURENNE.)

Quelle aménité, quelle grâce ne donnez-vous pas à votre expression, si, au lieu de dire *la jeunesse* simplement, vous dites *le printemps de la vie;* si, comme La Fontaine, vous appelez un pré, *le séjour du frais, la patrie des zéphirs?*

De cet usage des figures, naît ce qu'on appelle le style figuré. Les figures, en exprimant le sentiment dans celui qui parle, le communiquent à ceux qui écoutent; comme il a été remarqué dans le chapitre des passions; et, par conséquent, elles contribuent infiniment à l'ouvrage de la persuasion qui est le but de l'éloquence : *Affectus nihil magis ducit.* (QUINT., l. IX, c. 1.)

Les rhéteurs distinguent les *figures de mots*, et les *figures de pensées*.

Les *figures de mots* sont celles qui tiennent uniquement aux mots qu'on emploie, tellement que si vous changez le mot, la figure périt.

Les *figures de pensées*, au contraire, subsistent indépendamment des mots qu'on emploie : elles consistent uniquement dans le tour donné à la pensée.

Il y a plusieurs sortes de figures de mots ; nous ne parlerons que des plus importantes, et nous commencerons par celles auxquelles on a donné le nom de *tropes*.

1°. *Des Tropes.*

Les *tropes* sont des figures par lesquelles on transporte les mots de leur signification propre à une signification étrangère pour une plus grande perfection. (QUINT. , l. VIII , c. 6). On les nomme *tropes* du mot grec τρέπω , qui signifie *je tourne*. Les mots ainsi employés sont considérés comme une chose qu'on a tournée pour lui faire présenter une face sous laquelle on ne l'avait pas d'abord envisagée.

Tous les mots inventés pour exprimer nos idées ont *un sens propre*, et *un sens figuré*.

Le *sens propre* est celui pour lequel le mot a d'abord été employé.

Le *sens figuré* est celui auquel on transporte le mot par une espèce de comparaison.

Par exemple, le mot *chaleur* a été établi primitivement pour signifier une propriété du feu ; le mot *rayon*, pour signifier un trait de lumière. Quand on dit *la chaleur du feu, les rayons du soleil*, ces mots sont pris dans leur signification primitive, dans leur sens propre; mais, quand on dit *la chaleur du combat*, *un rayon d'espérance*, leur signification n'est plus la même, et ils sont pris dans le sens figuré.

Quand on transporte ainsi un mot de son sens propre à un sens figuré, il y a un trope.

Ces expressions figurées sont nées en partie de la nécessité. On a imaginé de s'en servir à défaut de mots pris dans le sens propre. Mais elles sont aussi, et plus souvent, le fruit de l'imagination humaine. Nous aimons naturellement à revêtir nos pensées d'images sensibles, et l'on a transporté à des objets métaphysiques et abstraits, ce qui avait été dit d'abord d'objets réels et physiques. C'est par imitation qu'on a dit : *un cri perçant*, *une tête froide*, *un cœur dur*, *un raisonnement clair*, etc.....

Effet des tropes. Les tropes donnent plus d'énergie et ajoutent des ornemens au discours; ils relèvent des idées simples et communes par une expression qui ne l'est pas, et qui a le mérite d'être à la fois juste et brillante; ils servent à déguiser des idées dures, tristes, désagréables, quelquefois même celles que la pudeur empêche d'exprimer trop clairement; ils enrichissent une langue en multipliant l'usage d'un mot, en lui donnant plusieurs significations différentes.

Les changemens qui arrivent dans la signification des mots, sont fondés sur quelque rapport de dépendance, de ressemblance ou d'opposition entre les deux idées dont l'une emprunte le nom de l'autre. Il suit de là qu'on distingue différens tropes. Nous ferons connaître les principaux, c'est-à-dire les plus nécessaires et les plus usités; *necessarios maximè atque in usum receptos*, comme s'exprime Quintilien qui va nous servir de guide. Nous mettons de ce nombre la *métonymie*, la *synecdoque*, l'*antonomase*, la *métaphore*, la *catachrèse* et l'*allégorie*.

Principaux tropes.

La *métonymie* emploie 1°. la cause pour l'effet. Exemple : *lire Cicéron, Virgile*, pour dire les ouvrages de ces auteurs. Les poëtes mettent *Vulcain* pour le feu, *Mars* pour la guerre, etc... Fléchier a dit très-élégamment, en parlant de Judas Machabée : « Cet homme qui réjouissait *Jacob* par ses » vertus et par ses exploits. » Jacob est là pour le peuple juif.

Métonymie.

2°. L'effet pour la cause. Exemples : Ovide dit que le Pélion n'a point d'*ombres*, pour dire qu'il n'a point d'arbres. Virgile place à l'entrée des enfers les *pâles maladies* et la *triste vieillesse*, c'est-à-dire les maladies qui *rendent pâle*, la vieillesse qui *rend triste*.

3°. Le contenant pour le contenu. Exemples : «A ces cris, *Jérusalem* redoubla ses pleurs (FLÉCHIER), » pour dire les habitans de Jérusalem. Il est dit, dans l'Écriture, que *la terre* se tut devant Alexandre, pour signifier que *les habitans de la terre* se soumirent à son empire.

4°. Le nom du lieu où une chose se fait pour la chose même. Exemples : On dit *un sédan, une perse*, pour dire un drap fabriqué à Sédan, une toile faite en Perse. Le mot *Caudebec*, ville de Normandie, où l'on fabriquait des chapeaux renommés, est pris pour un chapeau dans ce vers de Boileau :

Autour d'un *Caudebec*, j'en ai lu la préface.

5°. Le nom du signe pour la chose signifiée. Exemples : l'*épée*, pour la profession militaire ; la

robe, pour la magistrature; l'*olivier*, pour la paix ;
le *laurier*, pour la victoire. Le *sceptre* est pris pour
la royauté dans ce vers de Quinault :

> Dans ma vieillesse languissante ,
> Le *sceptre* que je tiens pèse à ma main tremblante.

6°. Le nom abstrait pour le concret. Exemples :
la vivacité de vos yeux, pour vos *yeux vifs*. Les deux
deux vers suivans sont d'une grande beauté :

> Les vainqueurs ont parlé; *l'esclavage en silence*
> Obéit à leur voix dans cette ville immense.
>
> (VOLTAIRE, *Orph. de la Chine.*)

L'esclavage en silence, peint admirablement bien
tout un peuple esclave qui obéit sans rien dire à ses
vainqueurs.

Synecdoque.

La *synecdoque* emploie 1°. le genre pour l'espèce,
ou l'espèce pour le genre. Exemples :

> Seigneur, dans ta gloire adorable ,
> Quel *mortel* est digne d'entrer !
>
> (ROUSSEAU.)

c'est-à-dire quel *homme*. Les poëtes grecs et latins
se servent du mot *Tempé*, l'un des plus beaux lieux
la Grèce, pour exprimer toutes sortes de belles campagnes; c'est l'espèce pour le genre.

2°. Un nombre pour un autre; comme l'*ennemi*
vient à nous, pour les *ennemis*. Il *nous* semble,
pour il *me* semble. *Nous* employé au lieu de *je*, a
de la dignité. Cicéron a dit, dans une lettre à Brutus: « Nous avons imposé au peuple, et l'on a trouvé
» que nous étions orateurs, » quoiqu'il ne parle que
de lui. Suivant Quintilien, cette manière de s'exprimer est belle dans le style soutenu. (L. VIII, c. 6.)
On dit *les Alexandre, les César, les Cicéron, les*

Démosthène. Ces noms pluriels font concevoir une plus grande idée des choses, que ne le feraient les mêmes noms au singulier. (LONGIN, *Traité du Subl.*, ch. 19.)

3°. Un nombre certain pour un nombre incertain. Dans la *Henriade*, saint Louis dit à Henri IV : Arrête... trop malheureux vainqueur,

> Tu vas abandonner aux flammes, au pillage,
> De *cent* rois, tes aïeux, l'immortel héritage.

de *cent* rois, c'est-à-dire d'un grand nombre de rois.

4°. La partie pour le tout, ou le tout pour la partie. Comme *cent voiles* pour cent vaisseaux.

> Les chrétiens vous devraient une *tête* si chère.
>
> (VOLTAIRE.)

c'est-à-dire un homme.

5°. Le nom de la matière pour la chose qui en est faite. Comme le *fer* pour l'épée; l'*airain* pour les canons ;

> Et par cent bouches horribles,
> L'*airain*, sur ces monts terribles,
> Vomit le fer et la mort.
>
> (BOILEAU.)

Les deux figures dont nous venons de parler « sont d'un usage si familier, qu'il n'y a personne » qui ne s'en serve à tout moment et sans y penser. » Toutes les langues polies leur doivent le plus grand » nombre de leurs beautés de détail. L'éloquence, » et la poésie surtout, y ont continuellement recours » et en tirent les effets les plus frappans et les plus » variés. » (LA HARPE, *Cours de Litt.*, tom. 2.)

Importance de ces deux figures.

Il ne s'ensuit pas de là que l'on puisse employer

Il faut qu'elles soient autorisées par l'usage. indifféremment un nom pour un autre soit par métonymie, soit par synecdoque. Il faut que les ex-
pressions figurées soient autorisées par l'usage, ou
du moins que le sens littéral qu'on veut faire entendre, se présente naturellement à l'esprit sans choquer la raison, sans blesser les oreilles accoutumées
à la pureté du langage. Par exemple, quoiqu'on
puisse dire, *cent voiles* pour cent vaisseaux, on se
rendrait ridicule, si, dans le même sens, on disait
cent mâts ou *cent gouvernails.* C'est ici surtout que
l'usage est l'arbitre du discours :

> . . . . *Si volet usus ,*
> *Quem penes arbitrium est, jus et norma loquendi.*
>
> (HORAT., *de Art. poët.*)

Les changemens de temps et de personnes dans les
verbes sont de vraies synecdoques.

Changement de temps dans les verbes. Les poëtes et les orateurs emploient souvent le
présent pour le passé, et quelquefois même pour
le futur. Voici comment un orateur a décrit l'arrivée de saint Louis en Afrique : « Il part baigné de
» pleurs et comblé de bénédictions de son peuple.
» Déjà gémissent les ondes sous le poids de sa puis-
» sante flotte ; déjà s'offrent à ses yeux les côtes d'A-
» frique ; déjà sont rangées en bataille les innom-
» brables troupes de Sarrasins, etc.... » (*Panég. de
Saint Louis.*) Le présent rend le récit plus vif, et
met la chose, pour ainsi dire, sous les yeux.

Changement de personnes. Les changemens de personnes ne sont pas moins
usités, tantôt c'est la première pour la seconde.
Achille dit à Agamemnon, dans Racine :

> Ah ! ne nous formons point ces indignes obstacles :
> L'honneur parle, il suffit, ce sont là nos oracles.
> Les dieux sont de nos jours les maîtres souverains ;
> Mais, seigneur, notre gloire est dans nos propres mains.

Si ces avertissemens étaient donnés à la seconde personne, on sent que le discours serait dur, haut et désobligeant.

Tantôt c'est la seconde personne pour la troisième. Longin cite pour exemple un vers d'Homère que Boileau a traduit ainsi :

> Vous ne sauriez connaître, au fort de la mêlée,
> Quel parti suit le fils du courageux Tydée.
>
> (Ch. 22.)

La troisième personne employée pour la seconde, a deux effets tout contraires. Quelquefois c'est le témoignage d'un très-grand respect : *Monsieur a-t-il quelque ordre à me donner?* Ce tour est du langage de la conversation, et il ne convient qu'à une politesse servile. Dans d'autres occasions, ce même tour exprime le dédain, et il a lieu dans la fureur et dans l'emportement de la passion. Didon s'en sert à l'égard d'Énée, après qu'il a rebuté ses prières. Elle lui parle d'abord directement :

> Non, tu n'es point le fils de la mère d'Amour ;
> Au sang de Dardanus tu ne dois point le jour.
> N'impute point aux dieux la naissance d'un traître ;
> D'une race divine un monstre n'a pu naître.

Elle change ensuite son tour de phrase :

> Car enfin qui m'arrête ? après *ses* durs refus,
> Après tant de mépris, qu'attendrais-je de plus ?
> Auteur de tous mes maux, a-t-*il* plaint mes alarmes?
> Ai-je pu de *ses* yeux arracher quelques larmes?
> *S'est-il* laissé fléchir à mes cris douloureux ?
> A-t-*il* au moins daigné tourner vers moi les yeux ?
>
> (Trad. de DELILLE.)

L'antonomase consiste à mettre un nom commun pour un nom propre, et un nom propre pour un nom commun.

Antonomase.

L'orateur romain, pour marquer Cicéron; *l'orateur athénien*, pour désigner Démosthène; c'est le nom commun pour le nom propre. Rien n'est plus usité que ces sortes d'expressions dans le style noble. Il y a une sorte d'emphase à substituer un nom commun à un nom propre dont l'usage est plus ordinaire.

Un *Néron*, pour faire entendre un prince cruel; un *Mécène*, ou bien un protecteur des gens de lettres; c'est le nom propre pour le nom commun. Boileau a dit :

Aux Saumaises futurs préparer des tortures (1).

C'est-à-dire aux critiques, aux commentateurs à venir.

Métaphore. La *métaphore* a lieu quand on transporte la signification propre d'un mot à une signification qui ne lui convient qu'en vertu d'une comparaison qui est dans l'esprit, et qu'on supprime dans l'expression. Si je dis d'Achille qui fond sur les Troyens, qu'*il s'élance comme un lion*, je fais une comparaison; mais quand Homère dit : *Ce lion s'élançait*, il fait une métaphore.

Quelques métaphores expliquées donneront une juste idée de toutes les autres.

On dit dans le sens propre, *s'enivrer de quelque liqueur;* l'on dit par métaphore, *s'enivrer de plaisir.*

Ne vous *enivrez* point des éloges flatteurs
Que vous donne un amas de vains admirateurs.
(BOILEAU, *Art poét.*)

_____

(1) Saumaise, célèbre commentateur, du 17ᵉ. siècle.

Donner un frein à ses passions, c'est-à-dire n'en pas suivre tous les mouvemens, les modérer, les retenir comme on retient un cheval avec un frein.

> Celui qui met *un frein* à la fureur des flots
> Sait aussi des méchans arrêter les complots.

On dit qu'un homme est *bouillant de colère*, parce que la colère produit dans l'âme de celui qui s'y livre, une agitation violente qui ressemble beaucoup au bouillonnement d'une liqueur sur le feu.

Les métaphores sont défectueuses, 1°. quand elles sont tirés d'objets bas, dégoûtans. Cicéron reprochait à un orateur de son temps d'avoir appelé son adversaire *stercus curiæ*. « La ressemblance est vraie, » dit-il, mais la pensée en est révoltante. » (*De Orat.*, t. III, n. 164.) On lit dans un poëte : Défauts des métaphores.

> Dieu lava bien la tête à son image.
> (BENSERADE.)

Il pouvait peindre le déluge par une image plus noble.

2°. Quand elles sont forcées, recherchées, affectées, prises de loin, et que le rapport n'est point assez naturel, ni la comparaison assez sensible. Théophile a dit : *Je baignerai mes mains dans les ondes de tes cheveux*. On peut supporter *les ondes des cheveux*, mais *baigner ses mains* dans de pareilles ondes, la métaphore n'a point de ressemblance.

> Ce sang qui tout versé fume encor de courroux,
> De se voir répandu pour d'autres que pour vous.
> (CORNEILLE.)

La vapeur qu'élève un sang répandu est un effet physique qui n'a nul rapport avec les sentimens généreux d'un sujet qui regrette en périssant de ne pas mourir pour le service de son roi. La figure est forcée et fausse.

Il faut que l'esprit saisisse facilement et promptement les rapports qui se trouvent entre l'image et la
pensée qui en est revêtue. « Toute métaphore doit
» être modeste ; il faut qu'elle paraisse avoir été ame-
» née naturellement, ou s'être présentée d'elle-même,
» et non pas avoir été traînée ou s'être jetée de force
» à la place du sens propre qu'elle représente. » (Cic.
de orat. L. III, n°. 165.)

3°. Quand les termes métaphoriques dont l'un est
dit de l'autre, excitent des idées qui ne peuvent être
liées. Dans les premières éditions du Cid, Chimène
disait :

> Malgré des *feux* si beaux qui *rompent* ma colère.

Feux et *rompent* ne vont point ensemble. Il faut
donc se garder de réunir deux métaphores différentes
sur un même objet. Quintilien a soin de nous mettre
en garde contre ce défaut. « Plusieurs, dit-il, après
» avoir fait rouler leurs métaphores sur une tempête,
» finissent par des termes pris d'une ruine ou d'un
» incendie. C'est un manque de jugement, une irré-
» gularité des plus grossières. » (L. VIII, c. 6.)

Il ne faut point les entasser sur le même ob-jet. Il ne faut pas non plus entasser plusieurs métaphores sur un seul objet, lors même que chacune
serait exacte et claire. Horace, pour exprimer les
difficultés que Pollion devait rencontrer en écrivant
l'histoire des guerres civiles, s'exprime ainsi :

> . . . . *Arma*
> *Nondùm expiatis uncta cruoribus,*
> *Periculosæ plenum opus aleæ,*
> *Tractas, et incedis per ignes*
> *Suppositos cineri doloso.*
>
> 　　　　　　　(L. II, Od. 1.)

Il règne dans ce passage une obscurité qui vient

de ce que le poëte a employé trois métaphores pour exprimer la même chose; la première, *tractas arma*, etc; la seconde, *opus plenum aleœ*, enfin, *incedis per ignes*, (*Rhét. de* BLAIR, *lect.* 15.)

Il faut éviter qu'une partie de la même phrase doive être prise dans un sens littéral, et l'autre partie dans un sens métaphorique : il en résulterait une confusion désagréable. Dans la traduction de l'*Odyssée*, par Pope, Pénélope, en gémissant sur le départ précipité de son fils, s'exprime ainsi : « La seconde » colonne de nos états échappe à mes embrassemens » pour affronter les tempêtes. Je n'ai point consenti à » ce funeste départ, je ne lui ai point fait de tendres » adieux. » Télémaque est d'abord une colonne, et puis il redevient un homme qui devait obtenir le consentement de sa mère. C'est écrire avec peu de suite.

Ni joindre dans la même phrase le sens littéral au sens métaphorique.

L'emploi des métaphores est très-fréquent : on en fait usage à tout moment dans le discours soutenu comme dans la simple conversation, dans la prose comme dans les vers. Il est impossible de parler ou d'écrire sans métaphores. Cependant cette figure ne doit pas être trop multipliée. Un des plus grands secrets de l'art d'écrire est de savoir être simple à propos. La simplicité fait ressortir les ornemens lorsqu'ils sont placés d'une manière convenable.

Cette figure doit être employée à propos.

Les métaphores doivent convenir à la nature du sujet. Telle métaphore serait permise, admirable même en poésie, qui en prose paraît déplacée et ridicule : telle autre serait gracieuse dans une harangue, qui produit un fort mauvais effet dans un ouvrage d'histoire ou de philosophie.

Elle doit convenir au sujet.

Les figures en général doivent être moins hardies dans la prose que dans la poésie ; elles doivent s'y

Elle
est plus hardie
dans
la poésie que
dans la prose.

trouver aussi moins souvent. (QUINT., l. VIII, c. 6.) Le style oratoire élevé les admettra plus volontiers que le style simple et familier; cela résulte du précepte général de la convenance. Il arrive aujourd'hui qu'on gâte souvent la prose par un luxe ridicule de figures poétiques, et l'on place des métaphores outrées jusque dans les récits les plus simples. Le lecteur est tenté à tout moment de dire comme Fréport (1) : *Eh! mon ami, conte le fait tout rondement.*

Elle ne dépend
point
de l'usage.

Nous avons dit que la métonymie et la synecdoque dépendent de l'usage : il n'en est pas de même de la métaphore. Plus ce trope est nouveau, plus il plaît, pourvu qu'il ne s'écarte point des règles que nous venons d'indiquer. Lorsqu'il a quelque chose de hardi, on l'adoucit par ces mots : *S'il est permis*

Quand elle est
trop hardie
elle demande un
correctif.

de s'exprimer ainsi, si j'ose le dire, pour ainsi dire, en quelque manière, etc... (CIC. *de Orat.,* l. III, n. 165.) Mais ces correctifs ne sont bons que pour la prose, ils feraient languir la poésie, qui est plus libre et qui aime une noble audace.

Cependant on trouve souvent aussi, dans les grands orateurs, des métaphores qui étonneraient un poëte. Ces figures sont tellement fondues dans le style, qu'elles ne blessent point le goût le plus sévère. Massillon a dit : « Le juste peut avec confiance condamner dans les autres ce qu'il s'interdit à lui-même : ses instructions ne *rougissent* pas de sa conduite. » (*Sermon sur le mélange des bons et des méchans.*)

_____

(1) Personnage de l'*Écossaise*, comédie de Voltaire.

La métaphore sert à donner du corps aux objets les plus spirituels ; et c'est ainsi que tout ce qui appartient à notre âme est exprimé dans le langage commun par des images sensibles. Nous disons la *pénétration* de l'esprit, la *rapidité* de la pensée, la *chaleur* du sentiment, etc..... Non-seulement elle rend sensible ce qui ne l'est pas, mais elle peint un objet sensible sous des traits plus rians et plus énergiques. Quand on dit d'un homme endormi, qu'*il est enseveli dans le sommeil*, on donne plus d'expression à l'idée que si l'on disait qu'*il dort*.

Elle donne du corps aux objets spirituels.

L'éloquence ne saurait exister sans ce langage auxiliaire de l'imagination. Le discours doit frapper également l'esprit et les sens des hommes. Or les sens ne sont émus que par la vérité et la vivacité des images.

Longin appelle *image* les *descriptions* et les *tableaux*. Aristote donne ce nom aux *comparaisons*. Mais, en matière de style, on attache à ce mot une idée beaucoup plus précise. Par *image*, on entend une expression qui, pour rendre une chose sensible si elle ne l'est pas, ou plus sensible si elle ne l'est pas assez, la peint sous les traits d'un objet analogue. Voici sous quelle image La Fontaine peint une mort tranquille :

Ce qu'on entend par image.

On sortait de la vie ainsi que d'un banquet.

La métaphore est la source la plus ordinaire des images. Quelquefois l'image se trouve dans une épithète qui, par les idées qu'elle réveille, tient lieu d'une description détaillée :

Exemples.

. . . . et la rame *inutile*
Fatigue vainement une mer *immobile*.
(RACINE.)

La première épithète *inutile*, peint les efforts inutiles des rameurs, dont on croit voir les mouvemens redoublés et toujours sans succès ; la seconde *immobile*, représente le calme invincible de la mer.

D'autre fois l'*image* n'est que l'expression rapide d'une circonstance.

> *Un poignard à la main*, l'implacable Athalie,
> Au carnage animait ses barbares soldats.
>
> (RACINE.)

Ces mots : *un poignard à la main*, font image.

On ne doit pas pousser trop loin les images. On ne doit pas pousser trop loin les images ; on les rendrait traînantes. Young a dit en parlant de la vieillesse : « Elle devrait marcher pensive le long du rivage » silencieux et solennel de ce vaste océan sur lequel » elle doit bientôt s'embarquer. » Cette image est noble, imposante ; mais elle devient languissante quand l'écrivain ajoute : « Charger son navire de » bonnes œuvres, et attendre le vent qui ne tardera » pas à nous pousser vers des mondes inconnus. »

Il faut en éviter la profusion. Nous rappellerons ici ce que nous avons dit à l'occasion de la métaphore. Il faut éviter la profusion des images et ne les employer qu'à propos. Le moyen d'y parvenir, c'est de ne revêtir les idées que pour les embellir, et de ne jamais embellir que celles qui méritent de l'être. C'est là ce qui fait la beauté du style de Racine et de La Fontaine ; il est riche et non point chargé. C'est l'abondance du génie que le goût ménage et répand.

Allégorie. La métaphore continuée devient *allégorie*. L'allégorie consiste à dire une chose pour en faire entendre une autre. (QUINT., l. VIII, c. 6.) La métaphore ne s'occupe que d'une idée, tandis que l'allégorie en continue le développement complet en pré-

sentant toujours le sens figuré au lieu du sens propre.
Cette figure est d'un très-bel effet dans la poésie et
dans l'éloquence, lorsque le sens en est parfaitement
clair, comme dans ces vers où Catilina dit en parlant
de Cicéron :

> Sur le vaisseau public ce pilote égaré
> Présente à tous les vents un flanc mal assuré ;
> Il s'agite au hasard, à l'orage il s'apprête,
> Sans savoir seulement d'où viendra la tempête.
>
> (VOLTAIRE , Rome sauvée.)

le *vaisseau*, c'est la république ; le *pilote*, c'est le
consul ; les *vents*, ce sont les ennemis de l'état ; la
tempête, c'est la conjuration.

« Les connaissances humaines sont une mer de
» raisonnemens où le philosophe navigue sur quel-
» ques faits, pour n'aborder souvent qu'en des terres
» désertes. » (SERVAN) Peut-on donner une image
plus vive et plus vraie du vague des opinions humaines, quand elles ne portent pas sur des faits, et de
l'ignorance qui en est l'unique fruit ?

La meilleure *allégorie* est celle qui, ramenant sans
effort le lecteur du sens figuré au sens propre et naturel, lui permet de saisir d'un coup d'œil toute la
justesse des rapports qu'on vient d'établir.

Nous allons parler de quelques autres figures qui
ne sont point tropes, mais qui ne produisent pas
moins un grand effet dans le style.

La *périphrase* emploie plusieurs mots pour un, *Périphrase.*
ou plusieurs phrases au lieu d'une. (QUINT.) A quoi
bon, dira-t-on, deux ou trois mots, lorsqu'un seul
suffirait ? Pourquoi plusieurs phrases où le sens n'en
exige qu'une ?

D'abord la *périphrase* ajoute quelquefois au sens *Elle ajoute quelquefois au sens.*

et devient une partie essentielle de la pensée à laquelle elle sert de développement.

« Celui qui règne dans les cieux et de qui relè-
» vent tous les empires, à qui seul appartient la
» la gloire, la majesté, l'indépendance, est aussi ce-
» lui qui fait la loi aux rois, et qui leur donne quand
» il lui plaît de grandes et terribles leçons. » (BOSSUET.
Orais. fun. de la reine d'Angleterre.)

Dans cette phrase d'une éloquence pompeuse, la *périphrase* employée pour désigner *Dieu*, explique comment l'Etre Suprême est *celui qui fait la loi aux rois*, etc.... C'est qu'*il règne lui-même dans les cieux*, c'est que *tous les empires*, etc....

Elle sert à déguiser une idée pénible. Elle sert aussi à déguiser une idée pénible, à la présenter sous une forme moins désagréable. Cicéron après avoir raconté l'événement de la mort de Clodius, ne dit pas : *les esclaves de Milon tuèrent Clodius ;* mais il se sert de cette périphrase : « ils
» firent..... ce que chacun de nous eût voulu que ses
» esclaves fissent en pareille occasion.» (*Pro Milone.*)

Elle n'est souvent qu'un ornement. La périphrase est souvent employée comme simple ornement, pour relever une idée simple et commune par une image qui plaise à l'esprit du lecteur. C'est surtout en poésie qu'on fait cet usage des périphrases. Voyez comme l'idée des *médicamens* est ennoblie dans les vers suivans :

> Ces végétaux puissans qu'en Perse on voit éclore ;
> Bienfaits nés dans les champs de l'astre qu'elle adore.
>   (VOLTAIRE.)

Corneille, dans Polyeucte, dit :

> Ainsi du genre humain l'ennemi vous abuse !

Le mot propre eût été ridicule.

Toutes les fois, dit Voltaire, qu'un mot présente une image ou basse, ou dégoûtante, ou comique, ennoblissez-la par des images accessoires. Mais aussi ne vous piquez pas de vouloir ajouter une grandeur vaine à ce qui est imposant par soi-même. Si vous voulez exprimer que le roi vient, dites : *le roi vient*; et n'imitez pas ce poëte qui, trouvant ces mots trop communs, dit :

Précepte important sur l'emploi de cette figure.

« Ce grand roi roule ici ses pas impérieux. »
(*Dict. phil.*)

En éloquence et en poésie on appelle *épithète* un adjectif sans lequel l'idée principale serait suffisamment exprimée, mais qui lui donne ou plus de grâce ou plus de dignité, ou plus de force, ou quelque chose de plus fin et de plus délicat, ou une couleur plus riante et plus vive. Exemple :

Épithètes.

Et des fleuves français les eaux *ensanglantées*,
Ne portaient que des morts aux mers *épouvantées*.
(VOLTAIRE, *Henriade.*)

Quoique l'image fût déjà terrible, simplement exprimée, ces eaux *ensanglantées*, ces mers *épouvantées*, font une image plus colorée, plus animée, plus touchante.

Un *adjectif* sans lequel l'idée serait incomplète ou vague, et qui ne fait que la décider, la circonscrire, n'est pas une épithète. Ainsi lorsqu'on dit : *l'homme juste est en paix avec lui-même; l'homme sage est libre dans les fers; juste* et *sage* sont des adjectifs, mais ne sont pas des épithètes.

Adjectif.

Le discours sans *épithètes* demeurerait, comme l'observe Quintilien (l. VIII, c. 6), sec, maigre et nu. Il ne faut pas cependant les accumuler sans mesure,

Le même auteur compare ingénieusement le discours trop chargé d'épithètes, à une armée où il y aurait autant de valets que de soldats. Le nombre serait doublé, mais non les forces. C'est en effet la faiblesse et l'indigence qui conduisent l'écrivain à ce vice. Peu riche en idées principales, il appelle à son secours les accessoires.

Qualité
des épithètes.
Il faut que les *épithètes* conviennent au sujet. *L'ambitieux Alexandre entreprit la conquête de l'univers.* L'épithète *ambitieux* va bien avec le projet de conquérir le monde entier. L'à-propos en fait la beauté; leur justesse est relative aux personnes, aux temps, à l'idée, à l'image, au sentiment qu'on exprime, au degré d'intérêt dont on est animé, à l'état de tranquillité ou d'agitation où se trouve l'âme de celui qui parle, ou de ceux qui écoutent.

Apposition.
L'apposition emploie les substantifs comme épithètes :

> C'est dans un faible objet, *imperceptible ouvrage*,
> Que l'art de l'ouvrier me frappe davantage.
> (*Poëm. de la Religion.*)

Imperceptible ouvrage est joint par apposition à faible objet; tour plus hardi et plus vif que si l'auteur eût dit : *Faible objet* qui est un *ouvrage imperceptible.* L'apposition ne convient qu'au style noble et soutenu.

Alliances de
mots.
Les heureuses alliances de mots tiennent de si près aux tropes et aux épithètes, que nous ne pouvons nous dispenser d'en parler ici.

Comme ce n'est point dans une stérile abondance de mots que consiste la beauté d'une langue, mais dans ces tours de phrase, dans ces expressions frappantes qui rendent la pensée avec justesse, avec énergie, les bons écrivains ne cherchent point à inventer des mots nouveaux ; ils étudient l'art de combiner heureusement ceux que l'usage autorise. C'est par une liaison fine et juste des mots déjà connus, qu'ils enrichissent le langage, selon le précepte d'Horace :

Dixeris egregiè notum si callida verbum
Reddiderit junctura novum.
(*De Art poët.*)

Corneille, en unissant ces deux mots, *aspirer* et *descendre*, qui ne semble pas faits l'un pour l'autre, nous montre l'inconstance de l'homme dégoûté des grandeurs qu'il a tant désirées : *Exemples*

Et monté sur le faîte, il aspire à descendre.
(*Cinna.*)

Il dit ailleurs que les trois favoris de Galba, prince fort âgé, *s'empressaient ardemment*,

A qui dévorerait ce règne d'un moment.

Dévorer un règne, quelle force d'expression !

Agamemnon, dans Racine, avoue qu'il s'était laissé trop flatter par la douceur du commandement :

Ces noms de roi des rois, et de chef de la Grèce,
Chatouillaient de mon cœur l'orgueilleuse faiblesse.

Le verbe *chatouiller* est ennobli et rendu digne de la tragédie par la manière dont il est placé. *Orgueilleuse faiblesse*, réunit deux idées qui semblent incohérentes, mais qui, dans la réalité, s'allient avec précision.

Le mot *incurable* n'a encore été enchâssé dans un vers que par l'industrieux Racine :

D'un incurable amour remèdes impuissans.
(*Phèdre.*)

« Sortez du temps et du changement, et aspirez à
» l'éternité. » Cette expression de Bossuet, *sortez du
temps*, pour dire *renoncez aux choses temporelles*,
est aussi belle que hardie. Le temps ne paraît pas une
chose dont on puisse sortir autrement que par la
mort. Mais l'orateur évangélique veut que dès cette
vie même, on devance le jour où le temps doit finir.

2°. *Des figures de pensées.*

Les *figures de pensées* sont celles qui ne tiennent
pas, comme les tropes, au changement ou à l'emploi
des mots, mais qui consistent dans le tour même
donné à la phrase et à la pensée, dans le mouvement suggéré par l'imagination ou par la passion,
en sorte que quels que soient les mots qu'on y emploie, la figure subsiste toujours. *Inter conforma-
tionem verborum et sententiarum hoc interest, quòd
verborum tollitur, si verba mutáris ; sententiarum
permanet quibuscunque verbis uti velis.* (Cic., *De
Orat.*, l. III, n. 201.) La figure de mots dépend d'un
mot, la figure de pensées, d'un tour. Au lieu de
dire *cent voiles*, dites *cent vaisseaux ;* la figure disparaît à cause du changement du mot *voiles.* Au lieu
de dire, *grand Dieu ! que tes œuvres sont belles !*
dites : *les œuvres de Dieu sont belles ;* la figure
périt, parce que vous avez changé le tour de la
phrase.

Comme les figures de pensées consistent uniquement dans la manière de concevoir une pensée, et
les figures de mots dans la manière de l'exprimer, il
s'ensuit que ces deux sortes de figures se trouvent
très-souvent jointes ensemble. Fléchier, voulant par-

ler de l'instruction qui disposa le duc de Montausier
à faire abjuration de l'hérésie, s'exprime en ces termes : « Tombez, tombez voiles imposteurs qui lui
» couvrez la vérité de nos mystères. Et vous prêtres
» de J.-C., prenez le glaive de la parole, et coupez
» sagement jusqu'aux racines de l'erreur que la nais-
» sance et l'éducation avaient fait croître dans son
» âme. » (*Oraison funèbre du duc de Montausier.*)
Outre l'apostrophe, figure de pensée, qui se trouve
dans ces paroles, il y a plusieurs tropes qui en font
l'ornement.

Les figures de pensées sont, suivant Quintilien,
propres à prouver et à émouvoir. « L'utilité, dit-il,
» en est si grande et si générale, qu'il n'y a pas un
» seul genre d'éloquence où elle ne se fasse manifes-
» tement sentir. Quoiqu'il ne semble pas qu'il soit
» fort nécessaire d'avoir recours aux figures dans la
» preuve, cependant elles contribuent beaucoup à
» rendre croyable ce que nous disons; et, à la faveur
» de ces tours extraordinaires et singuliers, on s'in-
» sinue, on se glisse dans l'esprit des juges sans
» qu'ils s'en aperçoivent. » Plus bas il ajoute : « Rien
» ne convient mieux aux sentimens et aux passions;
» car si les yeux, le visage, le geste, font tant d'im-
» pression sur les cœurs, quelle force n'aura pas
» l'air même du discours, quand nous saurons le
» conformer aux effets que nous voulons produire ! »
(L. IX, c. I.)

Mais, pour produire l'effet dont parle Quintilien,
il ne faut pas que les figures soient le fruit d'une
chaleur factice, des élans composés d'un imitateur
maladroit des maîtres de l'art, qui, traçant d'avance
la marche de ses passions, arrange une exclamation

Leur effet dans le discours.

pour cet endroit, pour cet autre une apostrophe ou une prosopopée; rien n'est plus froid ni plus insipide. Elles doivent être le produit de l'inspiration, le langage de l'imagination d'accord avec le cœur. Alors, seulement alors, les figures sont les véritables organes de l'éloquence.

Les figures ou formes de pensées varient à l'infini selon l'esprit et le caractère des écrivains, selon l'intérêt du moment, selon une infinité de circonstances qui influent plus ou moins sur la manière dont nous sommes affectés et disposés. Il s'en faut bien que les rhéteurs aient pu spécifier et déterminer toutes les formes de pensées qui résultent de la combinaison de tant de causes différentes; mais ils en ont du moins saisi les plus remarquables et les plus importantes. Nous n'épuiserons pas la longue liste qu'ils en ont faite; nous nous contenterons de faire connaître les plus énergiques et en même temps les plus usitées.

Division des figures de pensées. Les figures de pensées ont chacune un caractère particulier qui fait que l'une sera admirable où l'autre serait ridicule. C'est en vertu de ce caractère distinctif qu'elles servent, 1°. ou à développer nos pensées; 2°. ou à les présenter avec plus de force, d'adresse, de ménagement, de délicatesse, etc.; 3°. ou à y joindre le sentiment qu'on se propose d'exciter. C'est sous ces trois points de vue différens que nous allons examiner toutes ces figures, faisant observer toutefois qu'une même figure peut être propre à produire plusieurs effets.

*Des figures qui servent plus spécialement à déve-
lopper nos pensées.*

Ces figures sont l'*amplification*, l'*énumération*,
la *comparaison*, la *répétition*, l'*antithèse*, et l'*hypotipose*.

L'*amplification* est une manière de s'exprimer Amplification.
qui agrandit les objets ou qui les diminue.

Il faut observer qu'*agrandir* n'est pas synonyme
d'*exagérer*. On amplifie pour donner aux choses
non une grandeur fictive, mais toute leur grandeur
réelle; ou pour les réduire non au-dessous de ce
qu'elles sont, mais à leur juste valeur. Ainsi, pour
l'orateur, amplifier ce n'est qu'exposer amplement
la vérité ou ce qui lui ressemble, soit pour frapper
plus vivement l'esprit ou l'âme de l'auditeur d'une
impression qui lui est favorable, soit pour y affaiblir ou pour en effacer une impression qui lui est
contraire.

Il y a, selon Quintilien, quatre manières d'am- Manières d'amplifier : *quatuor maximè generibus video constare* plifier.
amplificationem. (L. VIII, ch. 4.)

1°. Par l'explication des détails. A la simple dénomination des objets, on substitue une description;
on décompose une idée pour en présenter toutes les
parties. Le nom seul passerait rapidement, ou ne
ferait qu'une impression trop légère; le développement semble agrandir les objets et les rendre plus
frappans.

Véturie ne se contente pas de prononcer devant
son fils rebelle, le mot de patrie; elle lui rappelle
tout ce que la patrie renferme. « As-tu bien pu, lui

» dit-elle, ravager une terre qui t'a donné le jour,
» qui t'a nourri? Quelque violent que fût ton cour-
» roux, comment ne s'est-il pas éteint sur nos fron-
» tières? A la vue de Rome, tu ne t'es pas dit à toi-
» même : C'est dans ces murs que sont ma maison,
» mes dieux pénates, ma mère, ma femme, mes en-
» fans. » (TIT.-LIVE, l. II, c. 40.)

2°. Par la comparaison de plusieurs objets. Il y a
des idées qui entraînent toujours avec elles une autre idée comme dépendance naturelle. Ainsi, une
délivrance éveille le souvenir d'une captivité; on ne
déplore pas la destruction d'une ville, sans se rappeler son ancienne splendeur, etc....

Ces parallèles, en même temps qu'ils aident au
développement, augmentent l'effet général du discours, parce que l'idée accessoire qu'on prend pour
terme de comparaison, et l'idée première que l'on
compare, étant éclairées l'une par l'autre, laissent
mieux découvrir toute leur force, toute leur richesse.

Darius est résolu à périr, plutôt que de se soumettre. L'expression de ce généreux sentiment va répandre un plus grand éclat, s'il est comparé à
l'opprobre d'une lâcheté servile.

« Jusques à quand serai-je exilé dans mes propres
» états et forcé de fuir devant un prince étranger, un
» aventurier, tandis que je puis encore, en hasardant
» une bataille, ou réparer mes pertes, ou obtenir une
» mort glorieuse? Vaudrait-il mieux attendre ce qu'il
» plaira au vainqueur d'ordonner, et, à l'exemple de
» Mazée et de Mithrènes, recevoir de sa main la per-
» mission précaire de régner sur une seule province,
» et lui donner lieu par là de sacrifier sa colère à sa
» vanité? Non, les dieux ne permettront pas qu'un

» mortel puisse m'arracher ou me laisser à son gré
» ce diadème. Tant que je vivrai, je ne perdrai point
» mon empire, et je ne cesserai de régner qu'en ces-
» sant de vivre. » (QUINTE-CURCE, l. V, c. 8.)

Quelquefois le terme de comparaison est une hypothèse, c'est-à-dire qu'au lieu d'être pris dans le
sujet même, il est imaginé par l'orateur, ou tiré
d'une source étrangère à la cause, comme un trait
d'histoire, un lieu commun de morale, de droit, etc.

Le même Darius doit relever le courage de ses
amis par des témoignages de confiance. Il exprime
d'abord son mépris pour les hommes timides et lâches, et aussitôt il vante la valeur et la constance
de ceux qui l'environnent.

« Si la fortune m'eût associé à des lâches qui fis-
» sent plus de cas de la vie que d'une mort hono-
» rable, j'aimerais mieux me taire que de perdre mes
» paroles ; mais ayant éprouvé plus que je ne l'aurais
» voulu, votre fidélité et votre valeur, je dois faire
» tous mes efforts pour me montrer digne de tels
» amis, loin de douter si vous êtes encore semblables
» à vous-mêmes. De tant de milliers d'hommes qui
» m'obéissaient, vous seuls avez eu le courage de me
» suivre, quoique vaincu deux fois, quoique obligé
» deux fois de prendre la fuite. Il n'y a plus que vo-
» tre fidélité et votre constance qui me laissent croire
» que je suis roi. » (*Ibid.*)

3°. Par induction. L'orateur ne se contente pas de
rapporter ce qui existe ; son œil scrutateur pénètre
dans le fond des âmes, ou dans l'avenir : il dévoile
les intentions cachées, les motifs inconnus, les secrets sentimens ; il prédit les effets et les conséquences de ce qu'on propose, etc.... Dans cette partie,

plus que dans toute autre, l'orateur fait preuve d'esprit et de sagacité.

Les Campaniens demandant du secours au sénat romain contre les Samnites, non-seulement se plaignent de leurs maux, mais ils cherchent à rendre leur ennemi odieux et suspect par son acharnement et son ambition.

« Ce n'est point la vengeance, c'est l'ambition qui
» a mené les Samnites jusque sous nos murs. S'ils
» ne voulaient que se venger, ne leur suffirait-il pas
» d'avoir taillé en pièces nos légions dans deux ba-
» tailles? Le sang de deux armées détruites ne pou-
» vait-il pas éteindre leur colère ? Que dirai-je de la
» dévastation de nos campagnes, du butin qu'ils ont
» enlevé, des prisonniers qu'ils ont emmenés, de nos
» habitations ruinées et réduites en cendres, de notre
» territoire désolé par le fer et le feu ? Tant d'hor-
» reurs ne pouvaient-elles pas assouvir leur ven-
» geance ? Mais il fallait aussi assouvir leur ambition.
» C'est elle qui les a entraînés au siége de Capoue.
» Ils veulent ou détruire ou posséder cette ville su-
» perbe. Romains, régnez-y par vos bienfaits et ne
» souffrez pas qu'ils y règnent par le crime. » (TIT.
LIV., l. VII, c. 30.)

4°. Par un amas de pensées et d'expressions qui tendent toutes au même but.

Cicéron, en défendant Ligarius, reproche à l'accusateur d'avoir été lui-même l'ennemi de César : il multiplie pour ainsi dire son crime en le présentant sous plusieurs formes différentes.

« Car enfin, Tubéron, à qui en voulait votre épée
» nue dans les plaines de Pharsale ? Quel sein brû-
» lait-elle de percer ? Quel était le but de vos armes ?
» Votre courage, vos mains, vos yeux, quel ennemi

» cherchaient-ils ? Que vouliez-vous ? Que préten-
» diez-vous ? »

Quand il s'agit de diminuer les choses, on s'y
prend de la même manière. L'exemple suivant ren-
dra la chose sensible :

> L'âne vint à son tour, et dit : « J'ai souvenance
> « Qu'en un pré de moines passant,
> « La faim, l'occasion, l'herbe tendre, et, je pense,
> « Quelque diable aussi me poussant,
> « Je tondis de ce pré la largeur de ma langue. »
> (La Fontaine.)

L'âne n'oublie aucune des circonstances qui peuvent atténuer la faute dont il s'avoue coupable.

Quintilien et Cicéron regardent l'amplification
comme l'âme du discours, parce que, disent-ils,
toute la force de l'orateur consiste à augmenter ou à
diminuer : *Vis oratoris omnis in augendo minuendo-
que consistit* (Quint.), et que le grand mérite de
l'éloquence est d'amplifier les choses en les ornant :
Summa laus eloquentiæ amplificare rem ornando.
(Cic. de Orat., l. III.) Longin parle de cette figure
comme d'un moyen qui contribue beaucoup à la noblesse et à l'élévation du style (ch. 19). Elle peut
être employée avec succès pour rendre un raisonnement plus convaincant, pour persuader, pour émouvoir l'auditeur ; elle annonce de la force d'imagination, des ressources dans l'esprit de celui qui parle ;
elle prouve qu'il possède bien sa matière, et qu'il est
fortement persuadé lui-même, puisqu'il abonde en
preuves et en moyens de persuasion.

Quoique en général l'amplification emporte l'idée
d'une preuve développée avec une certaine abondance, il ne faut pas croire qu'elle consiste dans la

[note marginale : Effet de l'amplification dans le discours.]

multitude des paroles ; elle est employée pour donner au raisonnement plus de grâce et de force, et pour rendre ainsi la preuve plus capable de faire impression. Si l'orateur a rempli cet objet en peu de mots, il a vraiment et solidement amplifié. Si, au contraire, il a noyé sa pensée dans un déluge de paroles, il a énervé son style et fait toute autre chose qu'amplifier. Craignez et évitez ce verbiage.

Ce qu'il faut éviter en amplifiant.

Dans l'amplification, comme dans les autres figures, on doit éviter la recherche et l'exagération. Peut-être cette figure expose-t-elle plus particulièrement ceux qui l'emploient à des défauts de cette nature. Si elle est démesurée, elle est ridicule ou choquante ; c'est, comme dit Sophocle, *ouvrir une grande bouche pour souffler dans une petite flûte.* Il faut, de plus, que le sujet en soit digne. Si l'amplification est déplacée, elle est froide. Il faut enfin que le fond de l'idée soit solidement établi, car l'amplification qui porte à faux n'est qu'une déclamation vaine.

Énumération.

L'écrivain fait usage de l'*énumération* lorsque, pour établir ou prouver une vérité, il entre dans tous les détails qui y ont rapport, il réunit une foule de circonstances qui concourent au même but. Cette figure, en multipliant ainsi les objets, force les esprits par ses vives attaques, ou leur impose par ses riches développemens.

Exemple.

Tout l'univers est plein de sa magnificence.
Chantons, publions ses bienfaits.

Voilà l'idée totale, les bienfaits de Dieu. En voici le dénombrement :

Il donne aux fleurs leur aimable peinture ;

Il fait naître et mûrir les fruits,
Il leur dispense avec mesure
Et la chaleur des jours et la fraîcheur des nuits.
Le champ qui les reçut les rend avec usure.
Il commande au soleil d'animer la nature,
Et la lumière est un don de ses mains,
Mais sa loi sainte, sa loi pure
Est le plus riche don qu'il ait fait aux humains.

(RACINE, *Athalie*.)

L'énumération détaillée des bienfaits de la bonté divine fait mieux sentir combien nous sommes obligés de les chanter avec reconnaissance.

Bossuet, dans son oraison funèbre de la reine d'Angleterre, prévient ses auditeurs que son discours va leur offrir un de ces exemples redoutables qui étalent aux yeux du monde sa vanité toute entière. Pour le prouver, il fait l'énumération des plus grands événemens qui composent la vie de cette princesse. (*Exorde de cette orais. fun.*)

On peut distinguer deux sortes de *comparaisons* : les unes de simple ornement, les autres de nécessité ou du moins d'utilité, et dont la fonction est d'expliquer, d'éclaircir une idée par le rapprochement d'une idée semblable. On conçoit que les premières sont les plus poétiques, et que les secondes entrent plus ordinairement dans les discours ou les écrits en prose. Comparaison.

Comme nous ne traitons pas ici de la poésie, nous considérerons principalement les *comparaisons* comme servant à mettre les pensées plus en évidence, à les rendre plus palpables.

Il y a des mots consacrés au tour de la comparaison : *de même que..... comme, ainsi, pareillement, tel que*, etc..... Exemple :

Exemples.

« Comme une colonne dont la masse solide paraît
» le plus ferme appui d'un temple ruineux, lorsque ce
» grand édifice qu'elle soutenait fond sur elle sans
» l'abattre; ainsi la reine se montre le ferme soutien
» de l'état, lorsqu'après en avoir long-temps porté le
» faix, elle n'est pas même courbée sous sa chute. »
(BOSSUET, *Orais. fun. de la reine d'Angleterre.*)

Mais on n'emploie pas toujours ces formules usitées. Quelquefois la comparaison marche toute seule,
comme dans l'exemple suivant où un écrivain veut
donner une idée de la vaste science de Bacon qui a
ouvert à ceux qui devaient venir après lui de nouvelles
routes dans toutes les principales branches des connaissances humaines :

« L'ancienne Mythologie, parmi ses divinités, en
» avait une qu'elle représentait avec deux têtes, l'une
» tournée vers les siècles écoulés qu'elle embrassait
» d'un seul regard, l'autre vers les siècles à venir qu'elle
» embrassait aussi quoiqu'ils n'existassent pas encore.
» On dirait que c'est l'image et l'emblème du génie de
» Bacon. » (GARAT, *Leçons aux écoles normales.*)

Souvent on en fait l'application au sujet, en mêlant les idees de la comparaison avec les termes propres de la chose. Exemple :

« J'idée de Sully était pour Henri IV ce que la pen-
» see de l'Être Suprême est pour l'homme juste, un
» frein pour le mal, un encouragement pour le bien. »
(THOMAS, éloge de Sully.)

Sources
des comparai-
sons.

Ordinairement les comparaisons se prennent d'objets physiques, parce qu'ils sont plus sensibles, plus
propres à faire des tableaux ou des images. Voici pourtant une charmante comparaison prise d'une idée
métaphysique :

« La musique de Carril était triste et agréable tout
» à la fois, comme le souvenir de plaisirs passés. »
(OSSIAN.)

Il n'est rien dans la nature qui ne puisse fournir à
l'écrivain des sujets de comparaison ; on en peut prendre même dans les idées abstraites, dans les vérités morales, scientifiques, dans l'histoire, dans la fable, etc. ;
mais le jugement et le goût doivent présider au choix
qu'on en veut faire.

Les comparaisons entrent dans le langage de l'i- *Manière de les introduire dans le discours.*
magination, mais elles ne sont point l'expression des
passions énergiques. Il s'ensuit que la narration tranquille admet des comparaisons fréquentes ; qu'à mesure qu'elle s'anime, elle en veut moins, les veut plus
concises et aperçues de plus près ; que dans le pathétique elles ne doivent être indiquées que par un
trait rapide, et que s'il s'en présente quelqu'une dans
la véhémence de la passion, un seul mot la doit exprimer.

Les règles à observer relativement aux com- *Règles de ces figures.*
paraisons sont : 1º. qu'elles soient claires et qu'elles
rendent plus distincte l'image de l'objet principal ;
2º. qu'elles soient justes, c'est-à-dire qu'il y ait des rapports réels, ou du moins de l'analogie entre l'objet comparé et celui qui lui sert de terme de comparaison ;
3º. qu'elles ne soient pas tirées d'objets rares ou peu
connus, ce qui les rendrait peu intelligibles pour le
grand nombre des lecteurs ; 4º. qu'elles ne soient
point empruntées d'objets bas et ignobles, ni d'objets
devenus pour ainsi dire usés.

Comme toutes les autres figures, les comparai- *Répétition.*
sons ne doivent pas être prodiguées ; il faut les
employer à propos et avec discrétion.

La *répétition* est une figure si naturelle, qu'elle
entre à chaque instant dans le discours familier du
commun des hommes; elle est aussi une des plus
énergiques dans le discours soutenu.

Veut-on insister sur une idée, soutenir une assertion d'une manière ferme, presser quelqu'un par
des témoignages convaincans, on redit plusieurs
fois le nom de la personne ou celui de la chose qu'on
veut faire entrer dans l'esprit de celui qui écoute :
*A verbis geminatis plura acriter et instanter inci-
piunt.* (QUINT., l. IX, c. 3.) Exemple :

Exemples.   Mentor retrouvant Télémaque dans l'île de Chy-
pre, lui dit d'un son de voix terrible : « Fuyez,
» fuyez; hâtez-vous de fuir. » Cette répétition est
très-propre à faire sentir au jeune Télémaque le
danger du pays qu'il habite, et la nécessité de
le quitter promptement. Joad dit de même dans
Athalie :

> Rompez, rompez tout pacte avec l'impiété.

Cette figure sert aussi à peindre la passion : *Verba
geminantur miserandi causâ.* (QUINT., *ibid.*) Toute
passion s'occupe fortement de son sujet, et se plaît
à répéter souvent le mot qui en exprime l'idée. Ainsi
la répétition anime l'expression du sentiment.

Virgile peint de cette manière la douleur d'Or-
phée après la mort d'Eurydice :

> Te *dulcis conjux*, te *solo in littore secum*,
> Te *veniente die*, te *decedente canebat.*
> > (*Georg.*, l. IV.)

> Tendre épouse, c'est *toi* qu'appelait son amour,
> *Toi* qu'il pleurait la nuit, *toi* qu'il pleurait le jour.
> > (Trad. de DELILLE.)

Narbal emploie cette figure pour exprimer sa tendresse, lorsqu'il voit Télémaque sur le point de s'éloigner pour toujours. « Heureux, lui dit-il, » heureux qui pourrait vous suivre jusque dans les » rivages les plus inconnus ! heureux qui pourrait » vivre et mourir avec vous ! »

En un mot, la répétition est le langage de toutes les passions.

L'*antithèse* est un tour de phrase qui emporte à la fois la double opposition de la pensée et de l'expression. Exemple : Antithèse.

« Nous aimons toujours ceux qui nous admirent, » et nous n'aimons pas toujours ceux que nous ad-» mirons. » (LAROCHEFOUCAULT.)

> Églé, belle et poëte, a deux petits travers :
> Elle fait son visage et ne fait pas ses vers.

Des pensées différentes et opposées s'éclaircissent, se font valoir réciproquement lorsqu'on les rapproche les unes des autres. Les contrastes qu'on y aperçoit rendent le style tantôt plus clair, tantôt plus vif, et presque toujours plus agréable. Ces oppositions, qu'on n'aurait pas aperçues de soi-même, causent à l'esprit une surprise qui lui plaît ; elles frappent l'imagination et l'amusent. Ses effets.

Il est nécessaire que l'antithèse soit vraie, ou du moins d'une vérité suffisante, qu'elle soit exempte d'affectation et de recherche, afin qu'elle naisse du sujet : « Ce qui de soi est affectation vaine et puérile, » devient comme naturel sitôt que le sens l'autorise. » (QUINT., l. 9, c. 3.) On est fâché de trouver dans un écrivain comme J.-J. Rousseau ces concetti (1) : Quand elle est vicieuse.

---

(1) Le mot *Concetti*, italien d'origine, se prend dans

« Le repas serait le repos. — Mon maître d'hôtel ne
» me vendrait point au poids de l'or du poison pour
» du poisson. » Ces jeux de mots ne paraissent point
de bon goût. Mais l'antithèse est noble et élevée dans
ces paroles de Bossuet :

« Malgré le mauvais succès de ses armes infortu-
» nées (il parle de Charles Ier., roi d'Angleterre), si
» on a pu le vaincre, on n'a pu le forcer ; et comme
» il n'a jamais refusé ce qui était raisonnable étant
» vainqueur, il a toujours rejeté ce qui était faible et
» injuste étant captif. » Ici cette figure porte sur un
fond vrai et solide.

Opposition. L'antithèse n'est quelquefois que dans la pensée ;
alors elle s'appelle plutôt *opposition*. On emploie
l'opposition simple lorsqu'il s'agit d'exprimer des
sentimens différens. Madame de Sévigné, voulant
faire sentir son amitié pour sa fille, dit :

« Quand j'ai passé sur ces chemins, j'étais comblée
» de joie dans l'espérance de vous voir et de vous
» embrasser ; et en retournant sur mes pas, j'ai une
» tristesse mortelle dans le cœur, et je regarde avec
» envie les sentimens que j'avais en ce temps-là. »

Elle est moins occupée à opposer ses pensées qu'à
dire seulement ce qu'elle sent.

Les *antithèses* ne conviennent point au sentiment,
parce qu'elles donnent toujours un soupçon de recherche ; cependant elles expriment bien ce qui ne
saurait être exprimé autrement. « Quand les choses
» qu'on dit sont naturellement opposées les unes aux
» autres, dit Fénélon, il faut en marquer l'opposition.

---

notre langue en mauvaise part. Il signifie des jeux de mots,
des traits d'esprit faux, des pointes recherchées.

» Ces antithèses-là sont naturelles, et sont sans doute
» une beauté solide : alors c'est la manière la plus
» courte et la plus simple d'exprimer les choses. »
(*Dial. sur l'éloq.*)

Il faut que l'antithèse ne se produise pas trop
souvent; elle déplairait par l'air de recherche et par
l'uniformité qu'elle mettrait dans le style. Sénèque,
Lucain chez les Latins, parmi nous Fléchier, ont été
accusés de trop aimer cette figure.

L'*hypotypose* peint les objets par leurs diverses
circonstances; elle raconte un fait particulier, un
événement, une tempête, un incendie, une bataille, etc..., mais avec tant de feu, avec des couleurs si vives et si animées, qu'on croit voir les
choses mêmes sous ses yeux. *Est proposita quædam
forma rerum ità expressa verbis, ut cerni potiùs
videatur, quàm audiri.* (Quint., l. 9, c. 2.)

Tout ce qui est loin de nous ne nous émeut que
faiblement; ce qu'on ne voit pas, ce qu'on ne sent
pas, produit une impression vague et prompte à
disparaître. Le simple récit d'un grand carnage nous
causerait moins d'horreur que la vue d'un homme
couvert de blessures :

> *Segnius irritant animos demissa per aurem,*
> *Quàm quæ sunt oculis subjecta fidelibus.*
>
> (Horat., *de Art. poet.*)

Aussi l'orateur qui veut persuader ne se contente
point d'indiquer les faits par une narration froidement exacte, mais par le prestige de l'éloquence il
dépeint les objets et les offre à l'esprit de l'auditeur ou du lecteur, comme s'il les avait devant les
yeux. Par ce moyen, il les lui fait plus parfaitement

Hypotipose.

Ses effets.

connaître et comprendre, et produit sur lui une impression vive qui l'émeut et l'entraîne. « C'est un
» merveilleux secret, dit Quintilien, quand nous
» parlons d'une chose, de la savoir exprimer si vi-
» vement, qu'il semble qu'elle se passe sous nos
» yeux; car nos paroles font peu d'effet et ne pren-
» nent point cet empire absolu qu'elles doivent pren-
» dre lorsqu'elles ne frappent que l'oreille, ou lors-
» qu'un juge croit simplement entendre un récit, et
» non pas voir de ses propres yeux le fait dont il s'a-
» git.» (L. VIII, c. 3.) Cette figure, qui est d'un grand
usage dans les débats judiciaires, sert tout à la fois à
prouver et à émouvoir.

La fidélité et la vivacité sont les deux qualités qui
font le mérite de l'hypotypose ; elles consistent à saisir les traits naturels et les vrais caractères des choses, à rapporter les détails les plus intéressans, à
les offrir sous l'aspect le plus frappant et le plus
imposant.

Exemple.   Voici un exemple de cette figure de la main de
Bossuet. Il s'agit des apprêts du combat de Fribourg.
L'orateur commence par attirer l'attention en se demandant à lui même : « Quel objet se présente à mes
yeux ? » Il le peint ensuite avec cette force qui lui
était propre :

    « Ce ne sont pas seulement des hommes à combat-
» tre, ce sont des montagnes inaccessibles, ce sont des
» ravines et des précipices d'un côté; c'est de l'autre
» un bois impénétrable, dont le fond est un marais;
» et derrière, des ruisseaux, de prodigieux retran-
» chemens; ce sont partout des forts élevés et des
» forêts abattues qui traversent de schemins affreux :
» et au dedans c'est Merci avec ses braves Bavarois

» enflés de tant de succès et de la prise de Fri-
» bourg.»

Cette peinture imprime la terreur dans l'âme en
même temps qu'elle relève la gloire du prince de
Condé qui vainquit tous ces obstacles.

On peut joindre à cette figure les tableaux et les
portraits.

Les *tableaux* représentent un ensemble composé
de plusieurs choses ou de plusieurs personnes.

Tableaux.

Les *portraits* peignent l'esprit, le cœur, le caractère, la figure, le port, le maintien d'une personne.
Lorsque c'est une espèce d'hommes que l'on peint,
comme l'avare, le jaloux, l'hypocrite, la prude,
la coquette, etc., ce n'est plus un portrait, c'est un
caractère.

Portraits.

Nous citerons le portrait de Cromwel tracé par Bossuet : « Un homme s'est rencontré d'une profondeur
» d'esprit incroyable ; hypocrite raffiné autant qu'ha-
» bile politique ; capable de tout entreprendre et de
» tout cacher ; également actif et infatigable dans la
» paix et dans la guerre ; qui ne laissait rien à la for-
» tune de ce qu'il pouvait lui ôter par conseil et par
» prévoyance ; mais, au reste, si vigilant et si prêt à
» tout, qu'il n'a jamais manqué les occasions qu'elle
» lui a présentées ; enfin un de ces esprits remuans
» et audacieux qui semblent être nés pour changer
» le monde. »

Exemple.

Dans tous les genres d'éloquence, un portrait peut
être placé : dans la louange et dans le blâme, rien de
plus naturel ; dans la délibération, il importe encore
plus de faire connaître les hommes et par conséquent
de les peindre ; dans le plaidoyer, c'est aussi très-
souvent par les qualités personnelles qu'on peut ju-

ger de l'intention, de la vraisemblance, de la nature même de l'action et du degré d'indulgence ou de rigueur qu'elle mérite.

Contrastes. Mais un des principaux secrets pour donner du lustre ou de la force à toutes ces peintures, c'est l'art des *contrastes*. L'orateur imite par ce moyen la nature qui, entremêlant les plaines et les montagnes, les ruisseaux et les torrens, les campagnes florissantes et les terrains incultes, les rochers sauvages et les coteaux décorés de vignes, rend le spectacle de ses ouvrages plus intéressant et plus admirable par une diversité infinie.

Leur effet. Le propre du contraste est de faire ressortir les objets qui, étant placés en présence les uns des autres, se renvoient comme un jour et une lumière mutuelle; c'est ce que va faire voir l'exemple suivant. Massillon veut y prouver « que l'affabilité est » comme le caractère inséparable et la plus sûre marque de la grandeur. »

Exemple. « Les descendans de ces races illustres et ancien-
» nes, dit-il, auxquelles personne ne dispute la su-
» périorité du nom et l'antiquité de l'origine, ne
» portent point sur leur front l'orgueil de leur nais-
» sance; ils vous la laisseraient ignorer, si elle pou-
» vait être ignorée. Les monumens publics en parlent
» assez, sans qu'ils en parlent eux-mêmes. On ne
» sent leur élévation que par une noble simplicité.
» Ils se rendent encore plus respectables en ne souf-
» frant qu'avec peine le respect qui leur est dû; et
» parmi tant de titres qui les distinguent, la poli-
» tesse et l'affabilité est la seule distinction qu'ils
» affectent. Ceux, au contraire, qui se parent d'une
» antiquité douteuse, et à qui l'on dispute tout bas

» l'éclat et les prééminences de leurs ancêtres, crai-
» gnent toujours qu'on n'ignore la grandeur de leur
» race, l'ont sans cesse dans la bouche, croient en
» assurer la vérité par une affectation d'orgueil et de
» hauteur, mettent la fierté à la place des titres, et en
» exigeant au delà de ce qui leur est dû, ils font qu'on
» leur conteste même ce qu'on devrait leur rendre. »
(*Serm. sur l'hum. des grands envers le peuple.*)

Combien, dans ce morceau, l'orgueil et la fierté
de ceux qui veulent passer pour grands relève la
simplicité noble et l'affabilité de ceux qui le sont
réellement !

*Des figures qui servent plus spécialement à présen-
ter nos idées avec plus de force, d'adresse, de
ménagement, de délicatesse, etc.*

Ces figures sont : la *communication*, la *concession*,
la *permission*, l'*antéoccupation*, la *prétérition*, la
suspension, la *correction*, la *litote*.

Communica-
tion.

La *communication* est une figure par laquelle
l'orateur, plein de confiance en ses raisons, les communique familièrement à ses auditeurs, quelquefois à ses adversaires, s'en rapportant à leur décision :
Ipsos adversarios consulimus. (QUINT., l. IX, c. 2).
Il paraît irrésolu, incertain, il consulte ; mais il ne
consulte ainsi que lorsqu'il est assuré d'une réponse
favorable.

Exemples.

Cicéron emploie ce tour pour justifier C. Rabirius,
accusé de trahison par le tribun Labiénus, pour
avoir, dans une émeute populaire, participé à la
mort d'un factieux nommé Saturninus qui venait de
s'emparer du Capitole.

« Je vous le demande, dit-il, en s'adressant à
» l'accusateur lui-même, qu'eussiez-vous fait dans
» une circonstance aussi délicate, lorsque, d'un côté,
» la fureur de Saturninus vous appelait au Capitole,
» et que, d'un autre, les consuls imploraient votre
» secours pour la défense de la patrie et de la liberté?
» Quelle autorité auriez-vous respectée? quelle voix
» auriez-vous écoutée? quel parti auriez-vous em-
» brassé? aux ordres de qui vous seriez-vous soumis?..
» Pouvez-vous donc faire un crime à Rabirius de
» s'être joint à ceux qu'il ne pouvait ni attaquer
» sans folie, ni abandonner sans déshonneur? »

Concession.

La *concession* consiste à accorder à l'adversaire,
à celui contre qui on raisonne, quelques propositions, pour défendre plus sûrement le reste de sa
cause. L'orateur semble se dépouiller d'une partie
de ses armes et se livrer à ses ennemis; mais c'est

Exemple.

pour les attaquer à l'improviste et leur porter des
coups plus sûrs.

Quand César veut défendre, dans le sénat de
Rome, les complices de Catilina, il avoue l'énormité de leur crime; mais il soutient que la peine
de mort proposée par Silanus est contraire aux lois
existantes.

« Pour moi, P. C., je pense que les plus cruels
» supplices seraient trop doux pour les forfaits que
» vous avez à punir. Mais dans la plupart des hommes,
» ce sont les dernières impressions qui restent, et
» du plus grand des coupables ils oublieront le
» crime, pour ne parler que de sa punition s'ils l'ont
» trouvée un peu trop sévère. Je ne puis donner trop
» d'éloges au courage et à la fermeté de Silanus;
» je suis bien sûr que dans tout ce qu'il a dit, il n'a

» consulté que son zèle pour la république; et, dans
» une décision aussi importante, les haines ou les
» affections personnelles n'ont eu certainement au-
» cune influence; je connais trop la sagesse et l'é-
» quité de son caractère. Toutefois son avis me
» semble, je ne dirai pas cruel, car peut-on l'être en-
» vers de tels hommes, mais étranger à nos institu-
» tions. (SALL., *de Bell, Cat.*, c. 50.)

Cette figure ajoute une grande force au raisonnement. Elle donne une idée avantageuse de la bonté
d'une cause, dans laquelle l'avocat ne profite pas de
de tous ses avantages, et se relâche sur une partie
de ce qu'il pourrait prétendre et soutenir.

On emploie encore la figure dont nous venons de *Permission.*
parler, tantôt pour abandonner à eux-mêmes ceux
qu'on ne peut détourner de leur dessein; tantôt
pour inviter quelqu'un à se porter aux plus grands
excès, et cela afin de le toucher et de lui inspirer
de l'horreur pour ce qu'il a déjà fait ou qu'il veut
faire encore. Alors on l'appelle *permission.*

Thieste, après avoir reconnu le sang de son fils *Exemple.*
dans la coupe qui lui a été présentée par Atrée, lui
parle ainsi :

> Monstre que les enfers ont vomi sur la terre,
> Assouvis la fureur dont ton cœur est épris;
> Joins un malheureux père à son malheureux fils :
> A ses mânes sanglans donne cette victime,
> Et ne t'arrête point au milieu de ton crime.
> Barbare, peux-tu bien m'épargner en des lieux
> D'où tu viens de chasser et le jour et les dieux?
>
> (CRÉBILLON.)

L'antéoccupation, que les rhéteurs nomment aussi *Antéoccup-*
subjection et *prolepse*, est une figure par laquelle *tion.*
on prévient une objection qu'on pourrait nous faire,

22

et on la détruit d'avance. C'est un tour adroit qui élude, qui affaiblit du moins les raisons que l'adversaire ne manquerait pas de présenter avec beaucoup de force. On leur ôte ainsi le mérite et l'effet de la nouveauté.

On en trouve un exemple dans l'exorde du discours de Cicéron pour la défense de Roscius d'Amérie. L'orateur était fort jeune, et c'était son début au barreau.

« Je pense, magistrats, que vous êtes surpris,
» lorsque tant de grands orateurs, tant d'hommes
» illustres sont assis dans cette assemblée, que ce
» soit moi qui me lève et qui prenne la parole, moi,
» qui pour l'âge, pour les talens, pour la gravité,
» ne puis leur être comparé. Ils sont présens dans
» la cause, parce qu'ils sentent qu'une accusation
» aussi criminelle doit être repoussée; mais ils n'o-
» sent la repousser eux-même, parce que la rigueur
» des circonstances les retient : ainsi, ils sont présens
» par devoir; mais ils se taisent par crainte.

» Mais quoi? suis-je donc le seul qui aie du cou-
» rage? Non, sans doute. Suis-je plus zélé que tout
» autre pour m'acquitter d'un devoir sacré? Quel-
» que ambitieux que je puisse être de mériter cet
» éloge, je ne veux point qu'on me l'accorde à moi seul.
» Quel motif a donc pu me déterminer plus que tout
» autre à me charger de la cause Sext. Roscius? etc. »

Au barreau surtout, une objection pressentie et repoussée avec art, est comme un trait déjà émoussé quand l'adversaire veut s'en servir. *Mirè verò in causis valet præsumptio, quæ* προληψις *dicitur, quùm id quod objici potest, occupamus.* (QUINT., *loc. cit.*)

Prétérition.   La *prétérition* est une figure par laquelle on feint

de passer sous silence ou de ne toucher que légèrement, des choses sur lesquelles néanmoins on insiste
avec force. On en fait usage lorsqu'entre plusieurs
choses il y en a de moins importantes sur lesquelles
on glisse pour appuyer sur ce qui intéresse davantage.
Ce tour est vif et rapide.

Bossuet fait un bel usage de cette figure dans *Exemple.*
l'*Oraison funèbre de la duchesse d'Orléans* : « Je
» pourrais vous faire remarquer qu'elle connaisait
» si bien la beauté des ouvrages d'esprit, que l'on
» croyait avoir atteint la perfection, quand on avait
» su plaire à Madame. Je pourrais encore ajouter que
» les plus sages et les plus expérimentés admiraient
» cet esprit vif et perçant qui embrassait sans
» peine les plus grandes affaires et pénétrait avec
» tant de facilité dans les plus secrets intérêts. Mais
» pourquoi m'étendre sur une matière où je puis
» tout dire en un mot? Le roi, dont le jugement est
» une règle toujours sûre, a estimé la capacité de
» cette princesse, et l'a mise, par son estime, au-des-
» sus de tous nos éloges. »

Quelquefois la prétérition est un tour fin par lequel on fait entendre ce qu'on ne veut pas expliquer ouvertement. Elle est fort en usage dans l'éloquence du barreau, qui ne néglige rien qui puisse
être utile à la cause.

Lorsqu'on suspend en quelque sorte l'attention de *Suspension.*
l'auditeur ou du lecteur, par un discours commencé
de manière à lui faire attendre une chute qui le
frappe, qui l'étonne, cela s'appelle *suspension.* Cette
figure ajoute de l'intérêt au style lorsqu'elle est bien
employée.

Bossuet emploie ce tour à la fin de l'*Oraison fu-* *Exemple,*

nèbre de la reine d'Angleterre : « Combien de fois
» a-t-elle remercié Dieu humblement de deux gran-
» des grâces : l'une de l'avoir fait chrétienne; l'au-
» tre..... Messieurs, qu'attendez-vous? Peut-être d'a-
» voir rétabli les affaires du roi son fils? Non, c'est
» de l'avoir faite reine malheureuse. » On sent quelle
force la suspension donne ici au discours, combien
elle rend les auditeurs attentifs, et contribue à faire
naître dans leurs cœurs la surprise et l'admiration.

Dans le genre simple, on connaît la fameuse lettre de madame de Sévigné à M. de Coulanges. « Je
» vais vous marquer la chose du monde la plus
» étonnante, la plus surprenante, la plus merveil-
» leuse, etc. »

Remarquez que la suspension exige toujours après
elle une chute frappante et qui réponde à l'attente
qu'elle a dû exciter. Il serait trop ridicule de la faire
suivre d'une pensée nulle et insignifiante.

Correction. La *correction* est une figure par laquelle on revient
sur ce qu'on a dit, on se reprend, on se corrige soi-
même, on explique ce qu'on vient de dire. Exemple :

Exemple. « Non, après ce que nous venons de voir, la santé
» n'est qu'un nom, la vie n'est qu'un songe, la gloire
» n'est qu'une apparence, les grâces et les plaisirs
» ne sont qu'un dangereux amusement : tout est
» vain en nous excepté le sincère aveu que nous
» faisons devant Dieu de nos vanités, et le jugement
» arrêté qui nous fait mépriser tout ce que nous
» sommes. Mais dis-je là vérité? L'homme, que Dieu
» a fait à son image, n'est-il qu'une ombre? Ce que
» Jésus-Christ est venu chercher du ciel en terre,
» ce qu'il a cru pouvoir sans se ravilir, acheter de
» tout son sang, n'est-ce qu'un rien? Reconnaissons

» notre erreur. » (BOSSUET , *Orais. fun. de la du-chesse d'Orléans.*)

On sent que c'est dans ce mouvement : *mais dis-je la vérité? l'homme, que Dieu,* etc... qu'est la correction. Bossuet corrige, pour ainsi dire, sa première pensée. Ce tour est très-propre à piquer, à réveiller l'attention de l'auditeur.

La *litote* est une figure par laquelle on dit moins pour faire entendre plus.

Litote.

C'est ainsi qu'on dit : *je ne puis vous louer,* c'est-à-dire je blâme votre conduite : *je ne méprise pas vos pensées,* c'est-à-dire j'en fais beaucoup de cas.

Exemples.

Dans le *Cid*, acte III, sc. IV, Chimène dit à Rodrigue, meurtrier de son père : *Va, je ne te hais point!* C'est lui dire, *je t'aime.* Mais, si elle prononçait ces derniers mots, elle insulterait aux mânes de son père ; elle n'aurait plus ni charmes ni pudeur.

La litote est d'un grand usage toutes les fois qu'il s'agit de faire des remontrances, des réprimandes, de donner des avis aux personnes que nous devons ménager. On y a également recours lorsqu'on est obligé d'exprimer des pensées qui pourraient déplaire et blesser les oreilles délicates.

Des figures qui servent plus spécialement à exprimer le sentiment.

Il y a des figures qui supposent dans ceux qui en font usage, des mouvemens violens, des affections auxquelles ils ne peuvent résister, et qui se manifestent par des expressions fortes et animées. Telles sont *l'interrogation,* *l'apostrophe,* *l'exclamation,* la *pro-*

sopopée, la *réticence*, l'*imprécation*, l'*hyperbole*, l'*obsécration* et l'*ironie*.

Interrogation. L'*interrogation*, figure de pensée, n'est point celle par laquelle nous demandons à être instruits de ce que nous ignorons : *Quelle heure est-il? que nous direz-vous de nouveau? d'où venez-vous ?* Ce sont là des expressions simples et unies ; il n'y a point de figure.

Nous parlons de l'*interrogation* qui anime le discours, qui exprime l'indignation, la douleur, la crainte et tous les autres mouvemens de l'âme. *Figuratum est quoties non sciscitandi gratiâ assumitur, sed instandi.* (QUINT., l. IX, c. 2.)

De toutes les figures, l'*interrogation* est la plus prompte, la plus énergique, la plus dominante ; celle qui se présente le plus souvent et dont on se fatigue le moins. (LONGIN, c. 16). Nous pressons un adversaire par des questions entassées dont nous n'avons pas besoin d'attendre la réponse parce qu'elle est inévitable. Par ce moyen, nous le réduisons au silence, et ce silence est une victoire que nous remportons.

Exemples. On connaît ce beau début de Cicéron qui, ne pouvant contenir la vive indignation de son zèle patriotique, s'élance brusquement sur Catilina, et le renverse aussitôt par l'impétuosité de ses interrogations :

« Jusques à quand, Catilina, abuseras-tu de notre » patience? combien de temps serons-nous encore » l'objet de ta fureur? jusqu'où prétends-tu pousser » ton audace criminelle? Quoi donc! ni la garde qui » veille la nuit au mont Palatin, ni celle qu'on fait » continuellement dans la ville, ni la frayeur du

» peuple, ni l'indignation des sénateurs, tout ce que
» tu vois enfin ne t'a pas averti que tes complots
» sont découverts, qu'ils sont exposés au grand jour,
» qu'ils sont enchaînés de toutes parts? Crois-tu que
» quelqu'un de nous ignore ce que tu as fait la nuit
» dernière et celle qui l'a précédée, dans quelle
» maison tu as rassemblé tes conjurés, quelles réso-
» lutions tu as prises?...

L'interrogation ne suppose pas toujours, dans
celui qui l'emploie, une émotion violente. On s'en
sert souvent dans le cours d'une discussion sérieuse
serrée. C'est ce que Boileau fait dans la *Satire de
l'homme.*

> Qu'est-ce que la sagesse? Une égalité d'âme
> Que rien ne peut troubler, qu'aucun désir n'enflamme;
> Qui marche en ses conseils à pas plus mesurés
> Qu'un doyen au palais ne monte les degrés;
> Or, cette égalité dont se forme le sage,
> Qui jamais moins que l'homme en a connu l'usage?
> . . . .
> Ce roi des animaux, combien a-t-il de rois?

Quelquefois celui qui parle s'interroge lui-même
pour réveiller l'attention des auditeurs, et pour les
appliquer à la réponse qui suit.

« De tout ceci, quelle conclusion? Ah! chré- *Exemple.*
» tiens, ne disons donc plus dans l'état de notre pé-
» ché, que nous sommes faibles, et que notre fai-
» blesse est un obstacle insurmontable à notre con-
» version. » (BOURDALOUE, *Sermon sur la grâce.*)

L'interrogation que l'on se fait à soi-même est *Dubitation.*
quelquefois l'expression du *doute* sur le parti qu'on
doit prendre; d'une hésitation qui est l'effet de l'inquiétude, de la douleur. On a fait de ce *doute* ou
dubitation une figure de pensée.

Exemple. Germanicus, haranguant ses soldats révoltés,
s'exprime ainsi : « Quel nom donner à cette foule
» qui m'entoure? Vous appellerai-je soldats, vous
» qui assiégez dans sa tente le fils de votre empe-
» reur? citoyens, vous qui foulez aux pieds avec
» tant de mépris l'autorité du sénat? Des ennemis
» mêmes respecteraient les priviléges des ambassa-
» deurs, les droits des nations; et vous, vous les
» avez violés. » (TAC., *Ann.*, l. I, c. 42.)

Dialogue ora-
toire. Quelquefois l'orateur entre en discussion directement avec son auditeur; il le fait parler et lui répond. Ce tour, qu'on appelle *dialogue*, rompt la monotonie du discours ordinaire, tient les auditeurs en
haleine, éclaircit les idées, résout les objections et
fortifie le raisonnement. En voici un exemple choisi
dans le sermon de Massillon sur le mélange des bons
et des méchans.

Exemple. « Les justes ôtent à l'iniquité toutes ses excuses.
» Direz-vous que vous n'avez fait que suivre les
» exemples établis? Mais les justes qui sont parmi
» vous s'y sont-ils conformés? Vous excuserez-vous
» sur les suites inséparables d'une naissance illustre?
» Vous en connaissez qui, avec un nom encore plus
» distingué que le vôtre, en sanctifient l'éclat.
» Quoi! la vivacité de l'âge, la délicatesse du sexe?
» On vous en montre tous les jours qui, dans une
» jeunesse florissante, et avec tous les talens pro-
» pres au monde, n'ont des pensées que pour le
» ciel. Quoi! la dissipation des emplois? Vous en
» voyez chargés des mêmes soins que vous, et qui,
» cependant, font du salut la principale affaire.
» Votre goût pour le plaisir? Le plaisir est le pre-
» mier penchant de tous les hommes, et il est des

» justes en qui il est encore plus violent, et qui sont
» nés avec des dispositions moins favorables à la
» vertu que vous, etc... Tournez-vous de tous les
» côtés : autant de justes, autant de témoins qui
» déposent contre vous. »

L'*exclamation* est l'expression naturelle de tout
sentiment vif et subit qui saisit l'âme, soit douleur,
soit crainte, soit joie, soit admiration, etc... Elle
éclate d'ordinaire par des interjections.

Exclamation.

C'est ainsi que Cornélie, lorsqu'elle entend vanter
la douleur de César, à la vue de l'urne qui renfermait
les cendres de Pompée, s'écrie :

Exemples.

> O soupirs ! ô respects ! ô qu'il est doux de plaindre
> Le sort d'un ennemi, quand il n'est pas à craindre !

Bossuet, frappé de la mort d'une personne illustre, s'écrie : « O vanité ! ô néant ! ô mortels igno-
» rans de leurs destinées ! » (*Oraison funèbre de la
duchesse d'Orléans.*)

Les rhéteurs ont distingué une espèce particulière d'*exclamation* dont ils font une figure à part
sous le nom grec d'*épiphonème*. C'est une exclamation qui renferme une maxime générale, ou une réflexion profonde, d'un grand sens et exprimée en
peu de paroles, laquelle forme comme le résultat et
la dernière conséquence tirée avec vivacité d'un
récit ou d'une preuve qui précède. *Est epiphonema
rei narratæ vel probatæ summa acclamatio.* (QUINT.,
l. VIII, c. 5.)

Épiphonème.

Virgile nous fournit cet exemple :

Exemples

> . . . . *Adeò in teneris consuescere multùm est !*
> (*Georg.*, l. II.)
>
> Tant de nos premiers ans l'habitude est puissante !
> (Trad. de DELILLE.)

Quelquefois elle est renfermée dans une proposi-tion *sentencieuse*. Massillon, après avoir prouvé assez au long que les malheureux ont droit à la protection des grands, conclut par cette pensée, qui renferme toute la substance de ce qu'il vient d'établir : « En » un mot, les grands et les princes ne sont, pour ainsi dire, que les hommes du peuple. » (*Serm. sur l'hum. des grands.*)

Apostrophe. Par l'*apostrophe*, on s'adresse aux hommes, au ciel, à la terre, aux choses animées ou inanimées, pour les prendre à témoin, pour implorer leur secours, pour leur faire des reproches, etc....

Exemples. Fléchier interrompt le récit et l'éloge des vertus chrétiennes de la reine Marie-Thérèse, par cette vive et véhémente apostrophe :

« Ames tièdes, qui ménagez votre timide et avare » piété, et qui croyez avoir toujours assez fait pour » votre salut ! âmes lâches, à qui le péché coûte » moins que la pénitence, venez ici vous confondre. » Ou plutôt, âmes pures, qui portez le joug du Sei- » gneur, et qui marchez dans les sentiers de ses com- » mandemens et de ses conseils, venez vous exciter ici » par les exemples d'une reine. »

Le même orateur, dans un autre endroit, adresse la parole à des villes, à des provinces :

» Villes, que nos ennemis s'étaient déjà partagées, » vous êtes encore dans l'enceinte de notre empire ; » provinces, qu'ils avaient déjà ravagées dans le désir » et dans la pensée, vous avez encore recueilli vos » moissons. Vous durez encore, places que l'art et » la nature ont fortifiées, et qu'ils avaient dessein de » démolir ; et vous n'avez tremblé que sous des pro- » jets frivoles d'un vainqueur en idée qui comptait

» le nombre de nos soldats, et qui ne songeait pas
» à la sagesse de leur capitaine. » (*Orais. fun. de Turenne.*)

Dans son plaidoyer pour Milon, Cicéron attribue
la mort de Clodius à la vengeance divine irritée par
les crimes de ce furieux. Clodius avaient été tué
près du mont Albain; et, comme dans ce voisinage
il avait abattu des autels et des bois sacrés, pour
se construire à la place une superbe maison de campagne, l'orateur en conclut que les divinités adorées
en ces lieux avaient puni, par sa mort violente, les
sacriléges qu'il avait commis contre elles. Dans l'enthousiasme qui le saisit, il s'adresse à la colline même,
et aux autels qui n'y subsistaient plus. Il s'écrie :
« Je vous implore et je vous atteste, collines sacrées
» d'Albe, bois religieux, que Clodius a détruits et
» profanés; et, vous autels albains, aussi anciens que
» ceux du peuple romain, et associés à leur culte,
» vous que cet impie a renversés dans son aveugle
» fureur, pour élever sur vos ruines des masses de
» constructions insensées, vous avez fait éclater enfin
» votre sainteté et votre puissance; cette sainteté et
» cette puissance qu'il avait bravées par tous ses excès. »

On peut juger par tous ces exemples que l'apostrophe est une des figures les plus propres, à exciter les passions, à remuer, à maîtriser les âmes;
mirè movet. (QUINT.) Mais on peut dire en général
que celle qui adresse le discours aux choses insensibles, est un tour de la plus haute et de la plus
magnifique éloquence, et qu'elle ne convient guère
parmi nous qu'aux discours religieux, sermons, panégyriques des saints, oraisons funèbres. Notre
barreau en connaît peu l'usage.

Observation
sur cette figure.

Prosopopée. La *prosopopée* ou personnification est une figure hardie qui prête du sentiment, de l'action même aux choses inanimées, qui fait parler les présens, les absens, les êtres insensibles ou métaphysiques, quelquefois même les morts, dont elle ouvre les tombeaux.

Il y a plusieurs sortes de *prosopopées*.

Tantôt elle donne aux objets inanimés, les qualités des êtres vivans. La première consiste à attribuer à des objets inanimés les propriétés ou les qualités des créatures vivantes ; comme lorsqu'on dit, une tempête *furieuse*, une maladie *cruelle*.

Rien de plus ordinaire, surtout aux poëtes, que de donner du sentiment aux arbres, aux fleuves, aux animaux, etc...

Exemples. Ici, c'est :

> L'Araxe *mugissant* sous un pont qui l'*outrage*.
> (RACINE, fils.)

> . . . . *Pontem indignatus Araxes.*
> (VIRGILE.)

Là, c'est un arbre qui *s'étonne* de se voir chargé de fruits étrangers :

> *Miraturque novas frondes et non sua poma.*
> (VIRGILE.)

> Et, se couvrant des fruits d'une race étrangère,
> *Admire* ces enfans dont il n'est pas le père.
> (Trad. de DELILLE.)

Cette espèce de *prosopopée* ajoute de la beauté et de la vivacité à une expression. Toutefois elle donne au style si peu de mouvement, qu'elle peut trouver place dans le discours le plus ordinaire. Peut-être ne devrait-on la placer qu'au rang des simples métaphores.

La seconde est lorsqu'on prête aux objets ina- Tantôt elle les fait agir.
nimés des actions que pourraient seuls exécuter des
êtres doués de la vie. La poésie se distingue surtout
par l'emploi de cette figure. Nos bons orateurs sont
pleins aussi de ces grands traits.

Cicéron, en parlant du cas où en tuant un homme, Exemples,
on ne fait qu'user du droit de la légitime défense,
emploie ces expressions : *Aliquando nobis gladius
ad occidendum hominem ab ipsis porrigitur legi-
bus.* « Quelquefois les lois nous présentent elles-
» même le glaive pour frapper notre ennemi. » (*Pro
Mil.*)

On lit dans Fléchier : « A ces cris, Jérusalem re-
» doubla ses pleurs, les voûtes du temple s'ébran-
» lèrent, le Jourdain se troubla, et tous ses rivages
» retentirent du son de ces lugubres paroles : *Com-
» ment est mort cet homme puissant qui sauvait le
» peuple d'Israel !* » (*Orais. fun. de Turenne.*)

> Le flot qui l'*apporta, recule* épouvanté.
> (RACINE.)

> . . . . *Refluitque exterritus amnis.*
> (VIRGILE.)

Une troisième espèce de *prosopopée* consiste à Tantôt elle fait parler ces objets ou des personnes absentes.
faire parler les présens, les absens, les morts, et
même les choses inanimées.

Dans la première catilinaire, la patrie personni-
fiée s'adresse à Cicéron pour lui demander vengeance
des attentats de Catilina.

« Cicéron, que fais-tu ? Quoi ! celui que tu re- Exemples.
» connais pour mon ennemi, celui qui va porter la
» guerre dans mon sein, qu'on attend dans un camp
» de rebelles, l'auteur du crime, le chef de la con-
» juration, le corrupteur des citoyens, tu le laisses

» sortir de Rome! Tu l'envoies prendre les armes
» contre la république! tu ne le fais pas charger de
» fers, traîner à la mort! tu ne le livres pas aux
» plus affreux supplices! Qui t'arrête? etc... »

Fléchier, voulant faire voir à quel point il outra-
gerait la mémoire de Montausier en flattant son portrait, se sert de cette prosopopée :

« Ce tombeau s'ouvrirait, ces ossemens se rejoin-
» draient et se réuniraient pour me dire : Pourquoi
» viens-tu mentir pour moi qui ne mentis jamais
» pour personne! Laisse-moi reposer dans le sein de
» la vérité, et ne viens pas troubler ma paix par
» la flatterie que j'ai toujours haïe, etc.... » Le caractère noble et élevé de celui que l'orateur fait
parler, est fidèlement et vivement exprimé dans ce
morceau.

Observation sur cette figure. Cette figure produit un grand effet : *Mirè tùm
variat orationem , tùm excitat.* (QUINT.) Pour cette
raison, il faut en faire un usage très-sobre dans les
compositions en prose. L'orateur n'a point à cet
égard la liberté du poëte. En outre, elle doit être
inspirée à l'orateur par une passion vive : *Magna
quædam vis eloquentiæ desideratur.* (*Id.*) En effet,
rien n'est plus froid qu'une chaleur factice : et c'est
le défaut où tombe nécessairement l'écrivain lorsqu'il nous laisse entrevoir les efforts qu'il fait, les
peines qu'il se donne pour parler le langage d'une
passion qu'il n'éprouve point, et qu'il ne peut nous
faire éprouver.

Réticence. La *réticence* consiste à interrompre son discours,
et à laisser entendre non-seulement ce qu'on ne dit
pas, mais souvent plus qu'on ne dirait. C'est ce que
fait Agrippine lorsqu'elle s'exprime ainsi :

J'appelai de l'exil, je tirai de l'armée
Et ce même Séneque, et ce même Burrhus,
Qui depuis.... Rome alors estimait leurs vertus.

En voici un autre exemple cité par Quintilien :
An hujus ille legis, quam Clodius à se inventam gloriatur, mentionem facere ausus esset vivo Milone, ne dicam consule? de nostrum enim omnium.... Non audeo totum dicere. « Eut-il jamais
» osé faire mention de cette loi dont Clodius se glo-
» rifie d'être l'auteur, si Milon vivait encore, pour
» ne pas dire s'il était actuellement consul? Car, pour
» nous tous tant que nous sommes, il n'en est, je
» crois, aucun qui...... Je n'ose pas-dire tout ce
» que je pense. »

On se sert de cette figure quand on craint de s'expliquer, quand on aurait trop de choses à dire. Elle est propre à marquer le trouble et l'agitation de l'âme : *Reticentia ostendit affectus.* (QUINT.)

L'imprécation est une figure par laquelle on fait des vœux contre une personne ou même contre un objet inanimé : elle est quelquefois dictée par l'horreur du crime ; telle est celle de Joad dans l'*Athalie* de Racine. Il parle de Joas :

Grand Dieu! Si tu prévois qu'indigne de sa race,
Il doive de David abandonner la trace ;
Qu'il soit comme le fruit en naissant arraché,
Ou qu'un souffle ennemi dans sa tige a séché.
Mais si ce même enfant, à tes ordres docile,
Doit-être à tes desseins un instrument utile,
Fais qu'au juste héritier le sceptre soit remis,
Livre en ses faibles mains ses puissans ennemis ;
Etc. . . . .

Mais l'imprécation est le plus souvent l'expression de la colère et de la fureur. Catilina sortant du sénat pour hâter l'exécution de ses projets, exhale ainsi sa rage contre le consul :

> . . . . Meurs de la mort d'un traître,
> D'un esclave échappé que fait punir son maître.
> Que tes membres sanglans, dans la tribune épars,
> Des inconstans Romains repaissent les regards.
> Voilà ce qu'en partant, ma douleur et ma rage
> Dans ces lieux abhorrés te laissent pour présage;
> C'est le sort qui t'attend et qui va s'accomplir;
> C'est l'espoir qui me reste, et je cours le remplir.
> (VOLTAIRE, *Rome sauvée*, act. IV, sc. VI.)

Obsécration. Les anciens employaient souvent à la fin de leurs discours la figure appelée *déprécation* ou *obsécration*, ce qui signifie prière avec instance, et au nom de ce qui est le plus sacré parmi les hommes. Ils présentaient à ceux qui voulaient fléchir les motifs les plus capables de les attendrir.

Exemple. Ainsi Philoctète supplie Néoptolème de l'emmener avec lui, et de ne pas l'abandonner dans les rochers de l'île de Lemnos :

« O mon fils! je te conjure par les mânes de ton » père, par ta mère, par tout ce que tu as de plus » cher sur la terre, de ne pas me laisser seul dans » les maux que tu vois. Je n'ignore pas combien je » te serai à charge; mais il y aurait de la honte » à m'abandonner. Jette-moi à la proue, à la poupe, » dans la sentine même, partout où je t'incommoderai » le moins. Il n'y a que les grands cœurs qui sa- » chent combien il y a de gloire à être bon. Ne me » laisse point dans ces déserts, où il n'y a aucun » vestige d'hommes, etc..... J'ai recours à toi, ô mon » fils; souviens-toi de la fragilité des choses humai- » nes. Celui qui est dans la prospérité, doit craindre » d'en abuser. » (*Télém.*, l. XV.)

L'hyperbole (1) donne à l'objet dont on parle quelques degrés de plus ou de moins qu'il n'en a dans la réalité. *Virtus ejus ex diverso par augendi atque minuendi.* (QUINT., l. VIII, c. 6.) Elle est l'effet d'une imagination vivement frappée, à qui les expressions ordinaires paraissent trop faibles.

Hyperbole.

Les tours *hyperboliques* sont plus naturels qu'on ne le croirait peut-être. On les emploie très-souvent dans la plus simple conversation. Ne dit-on pas d'un danseur, qu'il est léger *comme une plume;* d'un cheval, qu'il va *plus vite que le vent ?* « Il y a une » raison, dit Quintilien, qui fait que les savans » aussi-bien que les ignorans, les personnes polies » comme les plus grossières, parlent communément » par hyperboles ; c'est que nous sommes tous na- » turellement portés à faire les choses plus grandes » ou plus petites qu'elles ne sont, et que personne » ne se contente du vrai. Mais on nous le pardonne » parce que nous n'affirmons pas. » (*Loc. cit.*)

Elle s'emploie
dans
la simple con-
versation.

Il y a aussi des hyperboles qui sont de pures plaisanteries : *Pervenit hæc res frequentissimè ad risum.* Telles sont celles qu'on attribue aux spiri- tuels habitans des bords de la Garonne. Tels sont aussi quelques traits satiriques, comme celui de Boileau, lorsqu'il veut réduire l'homme à être *le plus sot des animaux.*

Et dans la plai-
santerie.

La plupart des métaphores sont des hyperboles : car, lorsqu'on dit d'un homme qu'il est *bouillant* de désir, *brûlant* de colère, *glacé* de crainte, etc,.... il est évi-

---

(1) Dumarsais met cette figure au rang des tropes ; mais la plupart des auteurs en font une *figure de pensée,* et nous avons adopté cette opinion.

dent qu'il y a dans ces figures de l'exagération.

L'hyperbole embellit une description et surtout une description poétique; car cette figure appartient peut-être plus particulièrement à la poésie, qui est un langage exalté. Le Menteur, en faisant le récit d'une fête qu'il n'a pas donnée, n'y épargne pas les hyperboles. Lorsqu'il en vient au feu d'artifice, il dit :

. . . . Mille et mille fusées
S'élançant dans les airs, ou droites ou croisées,
Firent un nouveau jour, d'où tant de serpenteaux
D'un déluge de flamme attaquèrent les eaux,
Qu'on crut que pour leur faire une plus rude guerre,
Tout l'élément du feu tombait du ciel en terre.

(CORNEILLE.)

Il n'y a guère, dans les poëtes et même dans les orateurs, de descriptions d'orages, de combats, de fêtes, etc.,.... où l'on ne trouve des hyperboles. La haine, le ressentiment emploient cette figure contre un ennemi, et la flatterie en fait encore un usage plus fréquent.

Cette sorte de figure s'emploie aussi dans les situations fortes et violentes; elle entre dans le langage véhément et exalté. C'est une hyperbole dont J.-J. Rousseau fait usage lorsque, voulant faire sentir l'atrocité ridicule des duels, qu'on appelle *au premier sang*, il s'écrie : « Au premier sang, grand » Dieu! et qu'en veux-tu faire de ce sang, bête féroce? veux-tu le boire? »

Fléchier s'en est servi aussi, lorsqu'il a dit : « Au » premier bruit de ce funeste accident, toutes les » villes de Judée furent émues; *des ruisseaux de* » *larmes coulèrent des yeux de tous leurs habi-* » *tans.* » (*Orais. fun. de Turenne.*)

Elle embellit les descriptions.

Elle convient à la passion.

Cicéron s'écrie en s'adressant à César : « Non,
» César, toute la fécondité du génie le plus abon-
» dant, toute l'énergie de l'éloquence, et toute la
» pompe du style, ne pourraient suffire, je ne dirai
» pas à orner, mais à raconter dignement vos ac-
» tions guerrières. » (*Pro Marcel.*, n. 4.)

Il est évident qu'il y a dans tous ces exemples de
l'exagération, de l'excès. Mais cette exagération évidente fait que l'auditeur ou le lecteur ne prend
point à la lettre l'expression hyperbolique; il la réduit à peu près à sa juste valeur. Ainsi les hyperboles *mentent sans tromper*, comme l'a dit Quintilien.

L'hyperbole est un tour qui peut aisément dégé-
nérer en faute ; poussée trop loin, elle mène à l'affectation et au faux. « Toute hyperbole passe la
» croyance; elle ne doit pourtant pas excéder toute
» mesure : et il n'y a point de voie plus certaine
» pour aller à l'enflure. » La preuve de ce que dit
ici Quintilien nous est fournie par Lucain. Virgile,
dans la dédicace de ses admirables Géorgiques, avait
déjà dit à Auguste :

Elle
ne doit point
être exagérée.

> . . . . *Tibi bracchia contrahit ingens*
> *Scorpius , et cœli mediá plus parte reliquit.*

Cette dose d'encens était raisonnable : cependant
elle paraît trop faible à Lucain qui, non content de
mettre son héros dans le ciel, lui recommande de
prendre sa place bien juste au milieu, de peur que
son poids ne fasse incliner l'un ou l'autre pôle :

> *Ætheris immensi partem si presseris unam*
> *Sentiet axis onus. Librati pondera cœli ,*
> *Orbe tene medio.*
>
> (PHARS., lib. I.)

Elle n'est vraisemblable que dans la passion.

Comme l'exagération suppose de la chaleur, de la véhémence dans celui qui l'emploie, rien n'est si déplaisant qu'une hyperbole froide ou déplacée. « Un » remède infaillible, dit Longin, pour empêcher que » ces hardiesses ne choquent, c'est de ne les em- » ployer que dans la passion et aux endroits qui » semblent à peu près les demander; cela est si vrai » que dans le comique on dit des choses absurdes » d'elles-mêmes et qui ne laissent pas toute fois » d'être fort agréables à cause qu'elles émeuvent la » passion, je veux dire qu'elles excitent à rire. Tel est » ce trait d'un poëte comique : *il possédait une terre* » *à la campagne qui n'était pas plus grande qu'une* » *épître de Lacédémonien.* (C. 31.) » Selon Quintilien : « L'hyperbole est une beauté quand la chose dont » nous parlons est véritablement grande, extraordi- » naire, par ce que notre expression ne pouvant » l'égaler, il vaut mieux en dire plus que moins. » (*Loc. cit.*) Si le lecteur n'est point entraîné par les choses mêmes ou par l'art de l'écrivain au point de consen- tir à l'exagération et d'y entrer pour ainsi dire de moitié, il la rejette; il n'en voit plus que la fausseté qui le révolte ou lui fait pitié.

Correctifs dont elle a besoin ordinairement.

Dumarsais, dans son traité des tropes, insiste beau- coup sur les correctifs qu'on doit y mettre quand on veut faire usage de cette figure, par exemple, en ajoutant *pour ainsi dire, si l'on peut parler ainsi, etc.*

Ironie.

L'ironie s'emploie lorsqu'on dit précisément le contraire de ce qu'on pense et de ce qu'on veut faire entendre. In illo schemate contrarium ei quod dici- tur, intelligendum est. (QUINT., l. IX, c. 2.) (1).

_____

(1) Dumarsais place cette figure parmi les tropes; mais

Quelquefois enjouée, légère, elle plaisante avec finesse; elle blâme en louant, ou en admirant elle déprise, etc....

> Oh! oh! l'homme de bien, vous m'en vouliez donner!
> (ORGON à TARTUFE.)

J.-B. Rousseau raille finement les prétendus esprits forts dans son épître à Racine le fils :

> Tous ces objets de la crédulité,
> Dont s'infatue un mystique entêté,
> Pouvaient jadis abuser des Cyrilles,
> Des Augustins, des Léons, des Basiles ;
> Mais quant à vous, grands hommes, grands esprits,
> C'est par un noble et généreux mépris
> Qu'il vous convient d'extirper ces chimères,
> Épouvantails d'enfans, etc....

Cicéron a recours à cette figure pour se moquer de Pison, qui disait que s'il n'avait pas triomphé de la Macédoine, c'était parce qu'il n'avait jamais souhaité les honneurs du triomphe :

« Que Pompée est malheureux de ne pouvoir » profiter de votre conseil! O qu'il a eu tort de n'a- » voir point de goût pour votre philosophie! Il a eu » la folie de triompher trois fois. Je rougis, Crassus, » de votre conduite. Quoi! vous avez brigué une cou- » ronne de laurier avec tant d'empressement! etc... » (*In Pis.*, n. 58.)

Il n'est personne qui ne connaisse et qui n'admire l'ironie qui fait l'exorde du plaidoyer de Cicéron pour Ligarius.

Cette figure n'est pas si exclusivement propre à

Quintilien dit qu'on peut en faire un trope où une figure de pensée. (L. IX , c. 2.)

la gaieté, à l'enjouement, au ton de la société qu'elle soit indigne de la haute éloquence et de la haute poésie, qu'elle n'exprime avec autant de noblesse que d'amertume le mépris ou l'indignation qui se mêle au ressentiment, au dépit, à la colère, à la fureur même. Oreste apprend qu'Hermione n'a pu survivre à Pyrrhus, auquel il vient lui-même de donner la mort. Dans l'excès de son désespoir, il s'écrie :

Exemples.

Grâce au ciel mon malheur passe mon espérance.
Oui, je te loue, ô ciel ! de ta persévérance.
Etc...

Il termine cette affreuse ironie par ce vers qui y met le comble :

Eh bien ! *je suis content*, et mon sort est rempli.

Dans la situation d'Oreste, dit La Harpe, ce mot, *je suis content*, est le sublime de la rage.

Il faut observer que ce contraste entre la pensée et l'expression, entre le ton et le sentiment, cesserait d'être naturel, si on voulait le soutenir trop longtemps. Voilà pourquoi l'orateur ou l'écrivain doit revenir vite au discours ordinaire.

3°. *De quelques autres ornemens du style.*

Après avoir montré quel est l'usage des tours, des mouvemens, des figures, et comment les uns et les autres embellissent et passionnent le style, nous allons dire ici quelque chose des *pensées*, des *sentences* et des *traits*, qui ne sont pas les moindres ornemens des ouvrages de tout genre.

Pensées.

Le mot de *pensée*, pris dans son acception la plus étendue, peut s'appliquer à tout ce qu'on écrit; car tout discours exprime des pensées quelles qu'elles soient. Mais nous restreignons ici le sens de ce mot. Nous ne voulons parler que de ces *pensées remarquables, saillantes, et qui excitent dans l'esprit du lecteur quelque surprise mêlée de plaisir.*

Il serait difficile de rapporter à une classification exacte tous les genres de ces pensées. On conçoit qu'elles peuvent varier à l'infini par la force, par l'élévation, par la grâce, par la finesse, etc...

On a souvent cité, avec l'admiration qu'elles méritent, les belles pensées qui terminent le discours par lequel l'orateur romain demandait à César la conservation de Ligarius :

Exemples.

« Il n'est rien qui charme autant le peuple que la
» bonté : de toutes les vertus qui brillent en vous,
» il n'en est aucune qu'il chérisse, qu'il admire plus
» que votre clémence. Les hommes ne se rappro-
» chent jamais davantage des dieux que lorsqu'ils
» font du bien aux hommes. Ce qu'il y a de plus
» beau dans la fortune où vous êtes, c'est le pouvoir
» de conserver un grand nombre de citoyens; ce
» qu'il y a de meilleur dans votre âme, c'est la vo-
» lonté de le faire. La cause aurait demandé peut-
» être un plus long discours; mais votre bonté aurait
» permis de l'abréger. Ainsi donc, César, persuadé
» que ce que vous vous direz à vous-même sera plus
» utile à Ligarius que tout ce que nous pourrions,
» tous tant que nous sommes, vous représenter en
» sa faveur, je me tais, et je finis par vous déclarer
» que la grâce que vous ferez à Ligarius absent sera
» commune à tous ceux qui sont présens dans cette
» assemblée. »

Les pensées dont nous parlons ici doivent être

revêtues d'une expression heureuse; car ce n'est que par l'expression qu'on peut juger de la pensée.

Sentences. Les *sentences* sont des propositions générales, des pensées morales universellement vraies, même hors du sujet auquel on les applique. (QUINT., l. VIII, c. 5.)

L'épiphonème, dont nous avons parlé, est le plus souvent une sentence; mais il est toujours placé à la fin du morceau auquel il appartient, au lieu que la sentence se place en quelque endroit que ce soit du discours.

Les sentences ne sont pas moins fréquentes dans la prose que dans les vers. Souvent on appuie un raisonnement, un discours tout entier sur une maxime générale.

Exemple. César, parlant au sénat pour la punition à infliger aux complices de Catilina et voulant adoucir les esprits irrités, commence par des maximes générales :

« Lorsqu'il s'agit de délibérer, P. C., sur des af-
» faires douteuses, on doit commencer par dépouil-
» ler toute passion; la haine, l'amitié, le courroux,
» la pitié même. Un esprit prévenu voit difficile-
» ment la vérité; et quiconque se conduit au gré
» de ses passions sert mal ses propres intérêts, etc...»
(SALL., *de Bell. Cat.*)

Moyen de les rendre plus vives. Quintilien dit qu'une maxime générale est plus vive lorsqu'elle devient propre et particulière par l'application que l'on en fait. Ainsi, au lieu de dire en général : *Il est plus aisé de perdre un homme que de le sauver,* Médée s'exprime plus vivement dans Ovide, en disant :

Moi qui l'ai pu sauver, je ne pourrai le perdre?

(*Métamorph.*)

Les sentences, fruit d'une réflexion froide, ne conviennent pas au langage de la passion. Placées à propos et heureusement exprimées, elles sont un grand ornement dans le discours. Elles ont le mérite de se fixer aisément dans la mémoire, d'être souvent citées, enfin de devenir, en quelque sorte, des proverbes.

Mais lorsqu'elles sont trop fréquentes, elles rendent le style haché, décousu comme celui de Sénèque. Il suit de là que l'orateur doit rarement les employer, sous leur forme propre. Il est un art de les enchâsser dans la phrase, et de les rendre moins saillantes. Art de les employer dans le discours.

D'Aguesseau, faisant le portrait d'un magistrat qui, rigide observateur de la justice à l'égard des autres, s'en écarte lorsqu'il se trouve avoir un procès qui l'intéresse lui-même, s'exprime ainsi : « C'est » alors que l'intérêt, *infaillible scrutateur du cœur* » *humain*, vous montre à découvert cette injustice » secrète, que le magistrat cachait peut-être depuis » long-temps dans la profondeur de son cœur, et qui » n'attendait qu'une occasion pour éclore aux yeux » du public. » (*Merc.* 10e.) Il y a dans cette période une sentence, l'*intérêt, infaillible scrutateur du cœur humain*. Mais elle entre dans le tissu du discours, et fait corps avec lui. Exemple.

Il est nécessaire, 1º. que les sentences soient vraies; 2º. qu'elles soient dignes d'attention. Il ne faudrait pas énoncer d'une manière sentencieuse des maximes communes, triviales, des vérités rebattues.

Le mot *trait* est une expression métaphorique qui semble indiquer des pensées qui jaillissent tout d'un coup, et sont lancées, pour ainsi dire, avec la Traits.

rapidité des traits. On les nomme aussi *traits d'esprit ;* et l'on dit familièrement d'un homme ou d'un écrivain *qu'il a du trait*, pour faire entendre ou que sa conversation est piquante ou originale, ou que son style est semé de phrases vives et spirituelles. (M. ANDRIEUX, *de l'acad. franç. Art d'écrire*, ch. 7.)

Ils appartiennent aux genres élevés, Il y à des traits d'un genre élevé : on en trouve dans les orateurs, dans les historiens, etc... « Tel est ce passage du *Traité de l'amitié* où Cicéron vante les prérogatives de cette vertu. « Les amis sont pré-
» sens quoique absens, dans l'abondance quoique in-
» digens, vigoureux quoique faibles, enfin vivans
» même après qu'ils sont morts. »

Chimène dit après que son amant a tué son père :

La moitié de moi-même a mis l'autre au tombeau.
(CORNEILLE, *le Cid.*)

Ces sortes de traits ont quelque chose de piquant qui réveille, qui étonne d'abord, et qui satisfait en même temps l'amour-propre du lecteur en lui donnant lieu de s'applaudir d'avoir deviné.

Mais plus particulièrement aux genres simples. Ce qu'on appelle particulièrement *traits* appartient davantage au genre simple, aux ouvrages légers et plaisans. On en trouve beaucoup d'exemples dans les Mémoires de Grammont par Hamilton : « En ce
» temps-là, il n'en allait pas en France comme à pré-
» sent : de grands hommes commandaient de petites
» armées, et ces armées faisaient de grandes choses...
» La jeunesse, en entrant dans le monde, prenait le
» parti que bon lui semblait. Qui voulait se faisait
» chevalier ; abbé qui pouvait ; j'entends abbé à
» bénéfice..... »

Il faut bien se garder surtout de prendre pour des traits de misérables équivoques, des jeux de mots, des calembours.

L'abus des *pensées ingénieuses* est à craindre. Les multiplier sans mesure, et en semer le discours, serait un très-grand défaut. Quintilien se plaint à cet égard du mauvais goût de son temps : « Il » semble, dit-il, qu'il ne soit plus permis de ter-» miner une période autrement que par une » pensée singulière et recherchée. » Ce judicieux rhéteur ne veut point que l'on exclue absolument les pensées ingénieuses, mais il en proscrit la profusion. « Je pense, dit-il, que ces sortes d'or-» nemens sont comme les yeux du discours. Or, » il ne faut pas que les yeux soient répandus par » tout le corps, de peur que les autres parties ne » fassent plus leurs fonctions. » (L. VIII, c. 5.) En effet, il est des parties du discours, des genres de sujets qui ne demandent que l'élégance, la pré-cision, le vrai simple. La continuité du brillant ne sert souvent qu'à éblouir, et à jeter dans le discours une sorte de difficulté et d'obscurité.

Discrétion nécessaire dans l'usage des pensées in-génieuses.

Réflexions sur les figures et sur l'usage du style figuré.

Il nous eût été facile de multiplier les exem-ples des figures dont nous venons de parler; mais il fallait nous borner. D'ailleurs les morceaux ainsi détachés ne peuvent que perdre de leur mérite; c'est le lieu où ils sont placés qui les fait valoir. Il faut les remarquer dans la lecture des bons auteurs. Des lectures bien faites, et les instructions d'un bon

On doit appren-dre l'usage des figu-res en lisant les bons auteurs.

maître, peuvent seules apprendre aux jeunes gens
à employer avec jugement et avec goût ces figures
dont nous avons donné la définition et quelques
exemples.

Nous devons faire ici sur l'emploi des figures
en général, quelques réflexions qui appartiennent
à l'art d'écrire.

Les figures sont tantôt des ornemens, et tantôt
des expressions de sentimens vifs et de passions
exaltées.

Elles doivent être employées avec mesure.

Il s'ensuit qu'il ne faut pas prodiguer les figures
à tout propos : il y aurait un défaut de goût à sur-
charger une étoffe de broderies. Il faut qu'elles
soient employées avec mesure et discrétion. « Comme
» elles embellissent le discours quand on en fait un
» usage raisonnable, aussi le rendent-elles frivole et
» insupportable multipliées à l'excès.... Un orateur
» judicieux ne prodiguera pas même les plus belles fi-
» gures et les mieux entendues. » (QUINT., l. IX, c. 3.)

Soutenues par le fond des choses.

Secondement, les ornemens doivent toujours être
subordonnés au fond ; et c'est manquer de sens et de
raison que de sacrifier le fond aux ornemens. « Il y a
» des orateurs qui, sans se mettre en peine de la so-
» lidité des choses, s'applaudissent, s'admirent lors-
» qu'ils ont donné un air de singularité à des mots
» qui ne signifient rien. Ils entassent figure sur fi-
» gure, et ne font pas réflexion qu'il est aussi ridi-
» cule d'affecter ces tours sans songer au sens, qu'il
» le serait de chercher un geste, une attitude où il
» n'y aurait point de corps. » (QUINT., *loc. cit.*)
Il s'ensuit donc qu'entre les figures et les pensées il
doit régner un parfait accord.

Il suit encore de là que tous les sujets ne sont pas

également susceptibles d'ornemens, de figures : il en Il est des sujets qui comportent les figures ; il en est qui ne les comportent pas. est qui veulent être traités simplement, gravement ; et d'autres qui peuvent être embellis, pourvu que ce soit sans affectation.

MM. de Port-Royal enseignent d'une manière Règle sûre à ce sujet. nette et précise l'usage qu'on doit faire du style figuré. « Le style figuré signifie ordinairement, avec
» les choses, les mouvemens que nous ressentons
» en les concevant et en parlant. On peut juger
» par-là de l'usage que l'on en doit faire, et quels
» sont les sujets auxquels il est propre.

» Il est visible qu'il est ridicule de s'en servir dans
» les matières purement spéculatives que l'on re-
» garde d'un œil tranquille, et qui ne produisent
» aucun mouvement dans l'esprit. Car puisque les
» figures expriment les mouvemens de notre âme,
» celles que l'on mêle en des sujets où l'âme ne s'é-
» meut pas, sont des mouvemens contre nature, et
» des espèces de convulsions.

» Et au contraire, lorsque la matière que l'on
» traite est telle qu'elle nous doit raisonnablement
» toucher, c'est un défaut d'en parler d'une manière
» sèche, froide, et sans mouvement, parce que c'est
» un défaut de n'être pas touché de ce que l'on doit. »
(*Art de penser*, 1re. part., ch. 13.)

Dumarsais observe que lorsqu'on fait un ouvrage Les figures sont déplacées dans les ouvrages didactiques. purement didactique, où lorsqu'on traite d'objets qui demandent une expression rigoureusement vraie, on a moins d'occasions d'employer les métaphores et les expressions figurées ; qu'il faut même en user so-brement et avec précaution, parce qu'on est obligé alors de parler avec plus d'exactitude, et qu'il est à craindre qu'on ne se fasse pas bien entendre, qu'on n'occasione de la confusion dans l'esprit du lecteur. (Au mot *abstraction.*)

Dans les situa-tions pathétiques. Le luxe des ornemens sera encore déplacé dans une situation pathétique ou violente qui doit absorber toutes les facultés de celui qui parle ou qu'on fait parler, et ne lui pas laisser assez de liberté d'esprit pour soigner ses phrases et rechercher des expressions élégantes. » Lorsqu'il s'agit, dit » Quintilien, d'exciter l'indignation, ou d'atten- » drir, ou de toucher, ne rirait-on pas d'un orateur » qui pour exprimer sa colère, ou ses gémissemens, » ou sa douleur, irait chercher des antithèses et » d'autres afféteries semblables? comme s'il pouvait » ignorer que le soin de l'expression rend la passion » suspecte, et que l'artifice et la vérité se trouvent » difficilement ensemble. » (*Loc. cit.*)

Elles doivent être amenées avec art. Nous ferons observer enfin qu'il faut préparer les figures et les amener avec art, surtout celles qui sont destinées à produire des effets piquans ou de grands mouvemens. « Il n'y a point, au juge- » ment de Longin, de figure plus excellente que celle » qui est tout-à-fait cachée ; or il n'y a point de » remède plus merveilleux pour l'empêcher de » paraître que la beauté des pensées. » (*Trait. du Subl.*, c. 15). Ces deux choses doivent s'aider mutuel- lement ; la figure doit relever la pensée, et la pensée ôter à la figure ce qu'elle paraît avoir d'artificieux et de trompeur. Saint Augustin parle dans le même sens. Il dit qu'un discours pour être persuasif doit être simple, naturel ; que l'art y doit être caché ; et qu'un discours qui paraît trop beau met l'audi- teur en défiance. *Qui sophisticè loquitur, odibilis est.* (*De doct. Christ.*, l. II.)

CHAPITRE III.

Des défauts les plus ordinaires du style.

Avoir indiqué les qualités principales dont se forme un bon style, c'est avoir fait connaître implicitement les défauts d'où il en résulte un mauvais. Les uns sont les contraires des autres. Ainsi, avoir dit que le style doit être *correct*, *clair*, *noble*, *naturel*, *harmonieux*, *convenable au sujet*, *élégant*, etc,..... c'est avoir dit qu'il faut éviter l'*incorrection*, l'*obscurité*, la *bassesse*, l'*affectation*, la *dureté*, l'*inconvenance avec le sujet*, la *négligence*, etc....

Nous pourrions nous dispenser de nous étendre davantage sur cette matière; mais comme elle est un point essentiel de l'art d'écrire, nous croyons devoir y insister, afin de mieux précautionner les élèves contre le mauvais style. Pour éviter les répétitions, qui sont toujours ennuyeuses, nous indiquerons quelques-uns seulement des vices les plus ordinaires du discours, et surtout ceux de ces vices que les jeunes gens sont le plus disposés à imiter.

1°. *Du faux dans les pensées et dans les sentimens.*

Toute pensée a un objet. Cet objet a une nature et des qualités qui lui sont propres, des rapports avec d'autres objets. Que fait l'esprit par la pensée? Il prononce sur la nature et les qualités de cet objet, sur le rapport ou l'opposition qu'il a avec d'autres.

Faux dans la pensée.

Que faut-il pour que la pensée, qui n'est autre chose qu'un jugement (1), ait le caractère du vrai? Il faut qu'elle unisse cet objet à ce qui lui convient, ou qu'elle le sépare de ce qui ne lui convient pas. Le faux dans la pensée consiste donc à lier des idées qui se répugnent, ou à désunir celles qui ont du rapport.

Le style pécherait par la base, s'il s'éloignait de ce *vrai* sans lequel il n'y a point, même en poésie, de beauté réelle, sans lequel le mensonge même ne saurait nous plaire. C'est celui dont Boileau a dit :

> Rien n'est beau que le vrai ; le vrai seul est aimable ;
> Il doit régner partout et même dans la fable.
>
> <div align="right">(<i>Art Poét.</i>, ch. I.)</div>

Exemples. Quintilien se moque avec raison de quelques orateurs qui disaient, « que les grands fleuves étaient » navigables à leur source : et que les bons ar- » bres portaient du fruit en naissant. » (L. VIII, c. 3.) Ces pensées peuvent éblouir d'abord ; mais quand on les examine de près, on en reconnaît le faux.

Dans une églogue de Fontenelle, une bergère qui forme le dessein de rompre avec son amant, dit :

> Quand on a le cœur tendre il ne faut pas qu'on aime.

Cette pensée est fausse. La tendresse n'est autre chose que la sensibilité, et celle-ci est le principe même de l'amour.

> Les muses sont des abeilles volages ;
> Leur goût voltige, il fuit les longs ouvrages ;

---

(1) Voyez ce que nous avons dit sur le jugement. (L. I, art. 2, § I.)

> Et ne prenant que la fleur d'un sujet,
> Volent bientôt sur un nouvel objet.
>
> (GRESSET, *Vert-vert.*)

Les muses qui ont dicté l'*Iliade*, l'*Énéide*, la *Henriade*, *Cinna*, *Athalie*, *Zaïre*, ne peuvent être soupçonnées d'avoir un goût ennemi des longs ouvrages. La pensée de ces vers est donc fausse.

> Du devoir il est beau de ne jamais sortir;
> Mais plus beau d'y rentrer avec le repentir.
>
> (MARMONTEL, trag. d'*Aristomène.*)

N'est-il pas plus beau à un homme de ne jamais manquer de probité, que de se repentir d'en avoir manqué?

> Et cherchez bien de Paris jusqu'à Rome,
> Onc ne verrez sot qui soit honnête homme.
>
> (J.-B. ROUSSEAU, *Épît.*)

Il n'y a rien de plus faux.

« Comment, dit Voltaire (*Poét.*, 1re. part.), un homme d'aussi grand sens que Boileau, s'est-il avisé de faire de l'équivoque, la cause de tous les maux de ce monde? N'est-il pas pitoyable de dire qu'Adam désobéit à Dieu par une équivoque? Voici le passage :

> N'est-ce pas toi, voyant le monde à peine éclos,
> Qui, par l'éclat trompeur d'une funeste pomme,
> Et tes mots ambigus, fis croire au premier homme
> Qu'il allait, en goûtant de ce morceau fatal,
> Comblé de tout savoir, à Dieu se rendre égal?

Sentir, c'est avoir le cœur touché, l'âme émue par quelque objet. Tout sentiment doit être vrai, c'est-à-dire sortir du cœur. S'il est contrefait, il est faux et il ne saurait toucher. Il n'y a que le cœur qui puisse parler au cœur. Lorsqu'un écrivain ou un

Faux dans le sentiment.

24

orateur nous crie sans cesse d'entrer dans des trans-
ports qu'il n'éprouve pas lui-même, il nous ennuie,
et quelquefois même il nous donne de l'humeur.

Si on fait parler un personnage, on doit lui prêter des sentimens convenables à sa situation.

Exemple. Racine, si admirable d'ailleurs par le vrai qui
règne dans ses ouvrages, s'est écarté de cette règle
dans sa tragédie de *Phèdre*, lorsque Théramène,
gouverneur d'Hippolyte, encourage son élève dans
son amour pour Aricie :

> Quels courages Vénus n'a-t-elle pas domptés?
> Vous-même où seriez-vous, vous qui la combattez,
> Si toujours Antiope à ses lois opposée
> D'une pudique ardeur n'eût brûlé pour Thésée?
> (Act. I, sc. I.)

Il est vrai physiquement qu'Hippolyte ne serait pas
venu au monde sans sa mère; mais il n'est pas dans
le vrai des mœurs, dans le caractère d'un gouverneur sage, d'inspirer à son élève de faire l'amour
contre la défense de son père.

On reproche encore au même Théramène de s'être
éloigné du vrai dans le récit qu'il fait à Thésée de la
mort d'Hippolyte. La douleur ne s'exprime pas avec
autant d'art et de pompe. Fénélon trouve *que rien
n'est moins naturel que cette narration.* (*Lett. à
l'Acad. franç.*) Au reste, cette faute, si c'en est une,
a produit un des plus beaux morceaux de la poésie
française.

2°. *Exagération, enflure, style ampoulé.*

*Exagération
dans les pensées.* Ces défauts viennent de ce que l'écrivain présente
des pensées simples et communes sous des expres-

sions pompeuses, ou de ce qu'il veut faire paraître grandes des choses qui n'ont rien de grand par elles-mêmes. Ils naissent ordinairement du trop grand désir de briller, ou de l'excès d'une imagination déréglée.

On a reproché ce défaut à Lucain. Les deux pensées suivantes prouvent que ce n'est pas sans raison : *Exemples.*

. . . . *Romanum nomen et omne*
Imperium Magno est tumuli modus....
. . . . *Omnia Lagi*
Rura tenere potest.

Il n'est pas vrai que le corps de Pompée pût remplir toutes les campagnes de Lagus ; il l'est encore moins que toute l'étendue de l'empire romain fût la mesure du tombeau de ce grand homme.

Longin dit qu'on s'était moqué de Gorgias pour avoir appelé Xerxès, le *Jupiter des Perses ;* et les vautours, des *sépulcres animés.* (*Trait. du Sub.*, ch. 2.)

Corneille n'est pas exempt du défaut dont nous parlons. Son génie, accoutumé à penser des choses sublimes, est guindé dans plusieurs endroits. Il l'est dans le morceau où Émilie exprime le désir qu'elle a de venger la mort de son père :

Impatiens désirs d'une illustre vengeance,
A qui la mort d'un père a donné la naissance;
Enfans impétueux de mon ressentiment,
Que ma douleur séduite embrasse aveuglément.
(*Trag. de Cinna.*)

On trouvera que c'est prendre un essor bien élevé, pour dire une chose fort simple.

Un apothicaire, dit Voltaire, donne avis au public qu'il débite une drogue nouvelle à trois francs la bouteille. Il dit qu'*il a interrogé la nature et qu'il l'a forcée d'obéir à ses lois.*

Un avocat, à propos d'un mur mitoyen, dit que le droit de sa partie *est éclairé du flambeau des présomptions.*

Un historien en décrivant un petit combat, vous dit que *ces vaillans guerriers descendaient dans le tombeau, en y précipitant leurs ennemis victorieux.*

Ces puérilités ampoulées ne devaient pas reparaître après le plaidoyer de maître Petit-Jean dans *les Plaideurs.* (*Dict. phil.*, au mot *français.*)

« En matière d'éloquence, dit Longin, il n'y a
» rien de plus difficile à éviter que l'enflure. Comme
» en toutes choses nous cherchons le grand, et que
» nous craignons surtout d'être accusés de séche-
» resse ou de peu de force, il arrive, je ne sais com-
» ment, que la plupart tombent dans ce vice, fondé
» sur cette maxime commune :

» Dans un noble projet on tombe noblement.

» Il est pourtant certain que l'enflure n'est pas moins
» vicieuse dans le discours que dans le corps. Elle
» n'a que de faux dehors et une apparence trom-
» peuse. Mais au dedans elle est creuse et vide, et
» fait quelquefois un effet tout contraire au grand. »
(Ch. 2.)

Quintilien regarde ce vice du style comme la ressource des petits esprits. Selon lui, « moins on a
» d'esprit, plus on fait d'efforts pour se guinder
» et pour s'étendre, comme ces petits hommes qui
» se dressent sur le bout des pieds pour paraître
» plus grands. Je suis persuadé, ajoute-t-il, que
» l'enflure, le faux brillant, la délicatesse affectée,

» et tous les défauts qui semblent approcher de quel-
» que vertu, marquent la faiblesse d'esprit et non
» pas la force; de même que les visages bouffis sont
» une marque de mauvaise santé et non pas d'em-
» bonpoint. » (L. II, c. 3.)

Si des pensées nous passons aux sentimens, nous
verrons que l'enflure ne gâte pas moins cette partie
de l'éloquence. Écoutez Hécube déplorant en termes
pompeux les malheurs de la famille de Priam :

Exagération
dans
les sentimens.

« La fortune donna-t-elle jamais aux rois super-
» bes de plus éclatantes preuves de leur fragilité ! Elle
» n'est plus cette ville fameuse qui était le rempart
» de la puissante Asie et le glorieux ouvrage des
» dieux. En vain l'on vit arriver à son secours les
» peuples qui boivent les eaux froides du Tanaïs à
» sept embouchures; et ceux qui reçoivent les pre-
» miers rayons du soleil sur les bords du Tigre dont
» l'onde tiède se mêle aux flots d'une mer que rougit
» l'aurore; et ces fières voisines des Scythes, ces
» héroïnes libres des liens de l'hyménée, qui habitent
» les rives de l'Euxin. Elle n'est plus; et Pergame est
» accablée de ses propres ruines. Voilà nos superbes
» remparts qui ne sont plus qu'un amas de décom-
» bres : voilà les flammes qui dévorent le palais des
» rois; la noble maison d'Assaracus, est en cen-
» dres et cet incendie ne peut arrêter les mains
» avides du vainqueur : Troie embrasée est encore sa
» proie, etc.... » (Troad., act. I, sc. I.)

Exemple.

On n'est guère porté à plaindre une personne qui
paraît, comme Hécube, moins touchée de ses malheurs, qu'occupée de nous charmer par son éloquence. Ce n'est point là le langage d'une reine
infortunée qui, après avoir vu périr par le fer et

par le feu, son époux, ses enfans, ses sujets, est elle-même honteusement traînée à la suite du char du vainqueur. C'est avec raison que Boileau a dit au sujet de ces grands mots :

Que devant Troie en flamme Hécube désolée,
Ne vienne pas pousser une plainte ampoulée,
Ni sans raison décrire en quel affreux pays
Par sept bouches l'Euxin reçoit le Tanaïs.
Tous ces pompeux amas d'expressions frivoles
Sont d'un déclamateur amoureux de paroles.
Il faut dans la douleur que vous vous abaissiez.
Pour me tirer des pleurs il faut que vous pleuriez.
Ces grands mots dont alors l'acteur emplit sa bouche,
Ne partent point d'un cœur que sa misère touche.

(*Art poét.*, ch. 3.)

3°. *Affectation, recherche, pointes, jeux de mots.*

Style affecté. L'envie de briller et de dire d'une manière nouvelle ce que les autres ont dit simplement, est la source des expressions et des pensées recherchées.

Voltaire s'est plaint de voir gâter la langue par des expressions et des tours affectés ; et il en cite de nombreux exemples.

Exemples. « On voit, dit-il, dans des livres sérieux et faits » pour instruire, une affectation qui indigne tout » lecteur sensé. »

Il faut mettre sur le compte de l'amour propre, ce qu'on met sur le compte des vertus.

Les éclipses étaient en droit d'effrayer les hommes.

Elle cultiva l'espérance.

Julie, affectée de pitié, élève à son amant ses tendres supplications.

Son amant ne veut pas mesurer ses maximes à

sa toise, et prendre une âme aux livrées de la maison. (*Dict. phil.*, au mot *français.*)

« Voiture cite avec complaisance, dans sa trente-
» cinquième lettre à Costar, *l'atome sonnant de Ma-*
» *rini* (1), *la voix emplumée, le souffle vivant vêtu*
» *de plumes, la plume sonore, le chant ailé, le*
» *petit esprit d'harmonie caché dans de petites en-*
» *trailles;* et tout cela pour dire un rossignol. »
(*Ibid.*, au mot *goût.*)

Que dirait Voltaire aujourd'hui que certains écrivains semblent enchérir encore en ce genre sur les
fautes qu'on faisait de son temps?

L'un dit : *Lorsque ce grand homme sera devenu
le patrimoine de l'histoire*, au lieu de dire tout
simplement, *lorsqu'on écrira l'histoire de ce grand
homme*.

Un autre : *Le nez aquilin du missionnaire, sa
longue barbe, avaient quelque chose de sublime
dans leur quiétude, et comme d'aspirant à la tombe
par leur direction naturelle vers la terre.*

En publiant le premier volume d'un ouvrage et
annonçant les autres, on dit dans le prospectus
que, *cette entreprise ne sera pas livrée à la cupidité
qui rançonne le désir de se compléter.*

Le style affecté produit quelquefois une sorte d'ob- Galimatias ou
phébus.
scurité qu'on appelle *galimatias* ou *phébus*. C'est
lorsqu'on trouve une suite de phrases qui n'ont aucun sens raisonnable et auxquelles on ne comprend
presque rien.

Tel est cet endroit de Costar où il dit, en parlant Exemples.

_____

(1) Poëte italien qui était venu en France avec la reine
Marie de Médicis.

de Voiture : « Il disputait la gloire de bien écrire
» aux illustres des nations étrangères ; et il contrai-
» gnit l'écho du Parnasse en un temps qu'il n'était
» plus que de pierre, d'avoir autant de passion pour
» son rare mérite, qu'il en avait quand il était nym-
» phe pour la beauté du jeune Narcisse. »

Le passage suivant, tiré des lettres de Balzac, est
encore un véritable galimatias. « La gloire n'est
» pas tant une lumière étrangère qui vient de dehors
» aux actions héroïques, qu'une réflexion de la pro-
» pre lumière des actions, et un éclat qui leur est
» renvoyé par les objets qui l'ont reçu. »

Un des moyens de se préserver de l'affectation,
c'est d'éviter ce style figuré, poétique, chargé d'ornemens, de métaphores, d'antithèses, d'épithètes
qu'on appelle, par je ne sais quelle raison, dit d'A-
lembert (*Mél. phil.* et *litt.*), style *académique*. Ce
n'est assurément pas, ajoute-t-il, celui de l'Académie
française. Il ne faut, pour s'en convaincre, que lire
les ouvrages et les discours mêmes des principaux
membres qui la composent.

Pointes, jeux de mots. Les *pointes*, les *jeux de mots*, les *traits d'esprit*
doivent être bannis des ouvrages sérieux. Ces sail-
lies ne peuvent être heureuses que dans un ouvrage
badin ou dans la conversation familière.

Boileau blâme le goût des pointes dans les premiers écrivains de notre langue :

La prose la reçut (*la pointe*) aussi bien que les vers.
L'avocat au palais en hérissa son style ;
Et le docteur en chaire en sema l'Évangile.
La raison outragée, enfin ouvrant les yeux,
La chassa pour jamais des discours sérieux.

(*Art poét.* ch. 2.)

Voici un exemple de ces jeux de mots qu'on ne s'attendrait pas à trouver dans Racine. Il fait dire à Pyrrhus :

> Vaincu, chargé de fers, de regrets consumé,
> *Brûlé de plus de feux que je n'en allumai,*
> Hélas! fus-je jamais si cruel que vous l'êtes?

Feux est pris au figuré dans le premier hémistiche, et au simple dans le second. On peut remarquer qu'il y a bien peu de proportion entre les feux réels dont Troie fut consumée, et les feux de l'amour de Pyrrhus.

Dans la tragédie de la *Toison d'or*, Hypsipyle dit à Médée, en faisant allusion à ses sortiléges :

> Je n'ai que des attraits et vous avez des charmes.

ce jeu de mots est presque risible.

La Mothe, qui traduisit ou plutôt qui abrégea Homère en vers français, crut embellir ce poëte, dont la simplicité fait le caractère, en lui prêtant des ornemens. Il dit au sujet de la réconciliation d'Achille :

> Tout le camp s'écria, dans une joie extrême,
> Que ne vaincra-t-il point? il s'est vaincu lui-même.

S'ensuit-il de ce qu'un homme a vaincu sa colère, qu'il sera vainqueur dans le combat? Toute une armée peut-elle s'accorder par une inspiration soudaine à dire une pointe?

Mascaron pourrait nous fournir plusieurs exemples de pointes. En voici un remarquable. L'orateur parle des maux que souffraient à Alger les esclaves chrétiens :

« Mais il me semble, dit-il, qu'on me répond :
» Attendez que l'invincible Louis prenne lui-même

» entre ses mains les rênes de l'empire. Ce soleil le-
» vant fera disparaître le croissant funeste. »

Ce qu'on entend par esprit dans un ouvrage.

Il y a plusieurs manières de montrer de l'esprit en écrivant : Voltaire va nous les apprendre : « Ce » qu'on appelle esprit, est tantôt une comparaison » nouvelle, tantôt une allusion fine : ici l'abus d'un » mot qu'on présente dans un sens et qu'on laisse » entendre dans un autre ; là, un rapport délicat » entre deux idées peu communes : c'est une méta- » phore singulière ; c'est une recherche de ce qu'un » objet ne présente pas d'abord, mais de ce qui est » en effet dans lui ; c'est l'art, ou de réunir deux » choses éloignées, ou de diviser deux choses qui » paraissent se joindre, ou de les opposer l'une à » l'autre ; c'est celui de ne dire qu'à moitié sa pensée » pour la laisser deviner. » (*Ibid.*, au mot *esprit.*)

Manière de dire les choses avec esprit.

Quand nous disons que *l'esprit* est déplacé dans un ouvrage sérieux et qui doit intéresser, on doit entendre les faux brillans qu'on appelle esprit. Il y a un art de dire les choses avec esprit qu'on doit étudier avec soin. Aristote dit que cet art consiste à ne se pas servir simplement du mot propre qui ne dit rien de nouveau ; mais qu'il faut employer une métaphore, une figure dont le sens soit clair et l'expression énergique. Il en apporte plusieurs exem- ples, et entre autres ce que dit Périclès d'une ba- taille où la plus florissante jeunesse d'Athènes avait péri : *l'année a été dépouillée de son printemps.* (*Rhét.*, l. III, c. 10.)

Ce n'est pas toujours par une métaphore qu'on s'ex- prime spirituellement ; c'est par un tour nouveau qui met la pensée dans un beau jour ; c'est en lais- sant deviner sans peine une partie de sa pensée.

C'est ce qu'on appelle *finesse*, *délicatesse*. Cette manière est d'autant plus agréable qu'elle exerce et qu'elle fait valoir l'esprit des autres.

Le grand point est de savoir jusqu'où cet esprit doit être admis. Il est clair que dans les grands ouvrages on doit l'employer avec sobriété par cela même qu'il est un ornement.

Une pensée fine, ingénieuse, une comparaison juste et fleurie, est un défaut quand la raison seule ou la passion doivent parler, ou bien quand on doit traiter de grands intérêts : c'est alors de l'esprit déplacé. Toute beauté hors de sa place cesse d'être une beauté. Denys d'Halicarnasse a dit avec raison que l'à-propos est l'abrégé de toutes les règles.

4º. *Style froid.*

On dit d'un ouvrage qu'il est *froid*, quand on y désire une expression animée qu'on n'y trouve pas. *Style froid.*

« Dans la poésie et dans l'éloquence, dit Voltaire, » les grands mouvemens des passions deviennent » froids quand ils sont exprimés en termes trop » communs et dénués d'imagination. C'est ce qui fait » que l'amour, qui est si vif dans Racine, est lan- » guissant dans Campistron, son imitateur.

» Les sentimens qui échappent à une âme qui » veut les cacher, demandent au contraire les ex- » pressions les plus simples. Rien n'est si vif que ces » vers du *Cid* : *Va, je ne te hais point*, etc....

» Rien n'est si froid que le style ampoulé. Un » héros dans une tragédie dit qu'il a essuyé une » tempête, qu'il a vu périr son ami dans cet orage. » Il touche, il intéresse s'il parle avec douleur de

» sa perte; s'il est plus occupé de son ami que de
» tout le reste. Il ne touche point, il devient froid
» s'il fait une description de la tempête, s'il parle
» de *source de feu bouillonnant sur les eaux*, de la
» *foudre qui gronde et qui frappe à sillons redou-*
» *blés la terre et l'onde.* » (*Dict. phil.*, au mot *froid.*)

Le style recherché ne l'est pas moins. Longin condamne ces pensées d'écolier qui pour être trop
recherchées deviennent froides. (Ch. 2.)

5°. *Inversions trop hardies , tournures forcées.*

Inversions trop hardies.

En voici des exemples.

Redoutable était Fingal dans la force de la jeu-
nesse ; redoutable est encore son bras dans la vieil-
lesse.

Exemples.

Ainsi par les Anglais fut traitée cette ville infor-
tunée qui s'était abandonnée à eux.

Mais, deux ans après , par la célèbre victoire de
Fontenoy, fut effacé le malheur des armes françaises
dans les champs de Dettingue.

Ces inversions ne sont point dans le génie de la
langue française, qui n'est point une langue à inversions, du moins dans la prose. On trouve, à la vérité, quelques exemples d'inversions hardies dans nos
orateurs, et particulièrement dans Bossuet; mais le
discours oratoire s'élève quelquefois jusqu'à la hauteur de la poésie. Un simple récit n'admet point ces
phrases ambitieuses.

Les Anglais honteux de cette défaite, plusieurs
officiers furent traduits devant une cour martiale.

Le français n'admet pas ces phrases incidentes
qui répondent aux ablatifs absolus des latins. Il

semble qu'il y ait deux sujets dans cette phrase, *les Anglais et plusieurs officiers ;* et l'on peut entendre à la première lecture que *tous ont été traduits devant une cour martiale.*

6°. *Bassesse, trivialité, style négligé, lâche.*

Il ne faut pas que la simplicité, le naturel du style dégénère en *trivialité* et en *bassesse.* Les bons écrivains évitent avec soin l'emploi des expressions populaires et proverbiales : Style bas, trivial.

> *Le général poursuivit sa pointe.* Exemples.
> *Les ennemis furent battus à plate couture.*
> *Les légions vinrent au devant de Drusus par manière d'acquit.*

Rollin blâme avec raison les expressions suivantes qui ne devraient pas se trouver dans une traduction des *Harangues* de Démosthène :

> *Ce que nous demandions tous à cor et à cris.*
> *Le soin qu'ils ont de vous corner aux oreilles.*
> *Ils vous escamoteraient les dix talens.*
> *Que si le cœur vous en dit, je vous cède la tribune.*
> *Mais, tout compté, tout rabattu.*

Les mots bas dégradent les idées les plus nobles. « Ils sont, dans le discours, comme autant de taches » et de marques honteuses qui flétrissent l'expres- » sion. » (LONGIN, ch. 34.)

Il y aurait une négligence impardonnable dans des phrases comme les suivantes : Style négligé.

> *Le plaisir qu'il y a à cacher ses démarches à son rival,* au lieu de dire, *le plaisir de cacher ses démarches,* etc... Exemples.
>
> *Lors de la bataille de Fontenoi,* au lieu de dire, *dans le temps de la bataille,* etc.

Il l'envoya faire faire la revue des troupes, au lieu de dire, *il l'envoya passer les troupes en revue.*

7°. *Néologisme.*

Il ne faut point employer de mots nouveaux sans nécessité. Horace recommande de ne risquer une expression nouvelle qu'avec circonspection : *Dabitur licentia sumta pudenter*, et lorsqu'on y est forcé par le besoin :

> . . . . *Si fortè necesse est*
> *Indiciis monstrare recentibus abdita rerum.*
>
> (*De Art poét.*)

Voltaire se plaint de ce que quelques auteurs qui, dit-il, ont parlé allobroge en français, on dit *élogier*, au lieu de louer ou faire un éloge; *éduquer* pour élever ou donner de l'éducation; *égaliser* les fortunes, pour égaler, etc... (*Dict. phil.*, au mot *français.*)

« Si on continuait ainsi, poursuit-il, la langue des Bossuet, des Racine, des Pascal, des Corneille, des Boileau, des Fénélon, deviendrait bientôt surannée. Pourquoi éviter une expression qui est d'usage, pour en introduire une qui dit précisément la même chose? Un mot nouveau n'est pardonnable que quand il est absolument nécessaire, intelligible et sonore. On est obligé d'en créer en physique. Une nouvelle découverte, une nouvelle machine, exigent un nouveau mot. Mais fait-on de nouvelles découvertes dans le cœur humain? Y a-t-il une autre grandeur que celle de Corneille et de Bossuet? y a-t-il d'autres passions que celles qui ont été ma-

niées par Racine? y a-t-il une autre morale évangélique que celle de Bourdaloue? »

On ne doit point employer les mots reçus dans des Mots employés dans des significations détournées.
significations détournées. Voltaire cite plusieurs
exemples de ce défaut. *Fixer une personne*, au lieu
de dire regarder fixement une personne. *Coupable
vis-à-vis de quelqu'un*, au lieu de dire, coupable
envers quelqu'un. *Faire des citations*, au lieu de
dire citer. *Avoir trait à quelque chose*, au lieu de
dire, avoir rapport à quelque chose. *Être strict*, au
lieu de dire être exact. (*Ibid.*)

« Il me semble, ajoute-t-il, que lorsqu'on a eu dans
un siècle un nombre suffisant de bons auteurs devenus classiques, il n'est plus guère permis d'employer d'autres expressions que les leurs, et qu'il
faut leur donner le même sens, ou bien dans peu de
temps le siècle présent n'entendrait pas le siècle
passé. »

Ce dont il faut se garder encore, ce sont des al- Alliances bizarres.
liances bizarres de mots. Il y a des écrivains qui emploient de ces rapprochemens singuliers, souvent
pour n'exprimer que des idées communes. C'est
ainsi qu'on dit : *C'est une idée heureuse de s'être
emparé des jeunes années de cet illustre guerrier.*
Cela veut dire qu'un poëte a eu l'idée heureuse de
peindre la jeunesse de son héros.

Ils disent aussi quelquefois qu'un homme est *né
de parens peu fortunés*, au lieu de dire de parens
sans fortune.

Un orateur a dit à la tribune qu'il était *fort de sa* Mots heureux répétés.
conscience ; et bientôt on a dit : *fort de ses inten-
tions, fort de ses principes, fort de sa vertu.*

Un poëte s'est servi de ce trope :

Beau d'orgueil et d'amour, il vole à ses amantes ;
(*Georg.* de VIRG. , trad. de DELILLE. *Description du cheval.*)

et l'on a dit en prose : *Belle de douleur, beau de repentir, beau de courroux.*

C'est ainsi qu'une figure hardie qui avait été une fois placée heureusement, s'est trouvée mille fois hors de sa place, parce que l'écrivain, faute de savoir se servir de la langue, a détourné les mots de leur acception véritable.

8°. *Style poétique dans la prose.*

Style poétique dans la prose.

Écoutons sur cet article délicat un auteur qui sait écrire avec un goût également pur en vers et en prose.

Il est, dit-il, très-difficile dans notre langue, et peut-être plus que dans toute autre, de marquer la limite qui sépare la poésie de la prose.

La difficulté ne consiste pas à reconnaître les mots que notre langue, en cela peut-être trop dédaigneuse, exclut de la haute poésie comme trop bas et trop familiers..... Ce qui est moins aisé, c'est de décider quelles expressions, quels tours appartiennent exclusivement à la poésie et ne peuvent jamais entrer dans la prose. La haute éloquence emploie avec succès des inversions hardies , des tours extraordinaires , des mouvemens pathétiques. Bossuet, Buffon s'élèvent quelquefois autant que les poëtes.

Différence qu'il y a entre la poésie et la prose.

Ce qui constitue essentiellement la poésie, c'est le rhythme , l'harmonie; c'est une espèce de chant qui anime et soutient l'essor du poëte, qui échauffe son imagination, et qui fait sur celle des autres une impression vive. Le poëte et son auditoire sont

exaltés et comme entraînés hors d'eux-mêmes......
Dans cet état d'ivresse, il est simple, il est juste,
il est nécessaire que le style ait de la rapidité, de
la chaleur, de la force : les images se présentent en
foule; on sent partout le mouvement et la vie. Les
hardiesses n'étonnent point quand elles sont prépa-
rées ou sauvées par l'ensemble et surtout par l'harmonie....

Mais celui qui écrit en prose ne chante pas; il
parle, et il parle la langue commune. Il n'est point
soutenu par la magie du rhythme, quoique la prose
ait aussi son harmonie. Quelque exalté qu'il soit
ou qu'on le suppose, il n'est pas dans cet état de
fureur divine qui n'appartient qu'au poëte, et qui le
force à quitter la langue des hommes pour en prendre une plus qu'humaine. Si l'écrivain en prose veut
contrefaire le poëte, il y fait de vains efforts; il semble qu'il veuille chanter; mais comme il ne suit point
de rhythme déterminé, on croit entendre ou des cris
jetés avec effort, ou une mauvaise psalmodie qui
n'est ni phrasée ni cadencée, et point de chant. Il
en résulte une disparate choquante et un contraste
ridicule entre l'effet qu'il veut produire et le moyen
qu'il emploie.

Il faut éviter en prose le style poétique, comme L'une n'admet pas le style de l'autre.
il ne faut pas mettre de vers dans la prose.

On a quelquefois voulu écrire en *prose poétique*. Y a-t-il une prose poétique?
L'adjectif est ici en contradiction avec le substantif;
il n'y a point, dans la réalité, ou du moins il ne doit
pas y avoir de prose poétique. Chacun de ces deux
genres, ou plutôt chacune de ces deux langues a ses
limites.

Il n'est pas vrai que le *Télémaque* soit en prose

poétique, il est tout simplement en prose. Cette prose est facile, coulante, harmonieuse ; mais l'auteur n'y emploie pas les licences, le ton exalté et cette espèce de désordre qui sont les fruits du rhythme et les attributs de la poésie. (M. ANDRIEUX de l'Acad. franç., *Art d'écrire*, ch. 8.)

Aristote condamne pareillement le mélange de ces deux sortes de style : « Ceux qui affectent un style » poétique font, dit-il, une chose si choquante, que » tout ce qu'ils disent paraît froid et ridicule : il » arrive même que, pour dire plus qu'il ne faut, ils » deviennent obscurs. » (*Rhét.* l. III, c. 3.)

LIVRE QUATRIÈME.

Après avoir traité de tout ce qui concerne l'art de composer un discours, nous devons nous occuper de l'art de le prononcer en public. Cette partie de l'éloquence n'est ni la moins importante, ni celle à laquelle les grands orateurs attachent moins de prix. Elle comprend la *mémoire* et *l'action*.

CHAPITRE PREMIER.

De la mémoire.

Il n'est pas besoin de prouver combien cette faculté est utile pour tous les usages de la vie. C'est elle qui est la gardienne et la dépositaire de ce que nous voyons, de ce que nous lisons, et de tout ce que les autres ou nos propres réflexions nous apprennent. C'est un trésor domestique où l'homme met en sûreté des richesses sans nombre et d'un prix infini, pour les en tirer ensuite et les employer à sa volonté et suivant les occasions. *Utilité de la mémoire,*

Qui ne voit combien elle est nécessaire à l'orateur? C'est elle qui, après lui avoir suggéré dans le feu de la composition la matière de son discours, lui en conserve toutes les pensées, toutes les expressions et l'ordre des unes et des autres; et, dans le *Pour l'orateur,*

temps de l'action, les lui représente avec une fidélité et une exactitude qui ne laisse rien échapper. *Neque immeritò thesaurus eloquentiæ dicitur.*
(QUINT.) Sans elle l'action n'a plus rien qui intéresse, qui attache. Il n'y a ni mouvement, ni expression dans les mains, dans la tête, dans les yeux
d'un homme qui lit ; sa prononciation même n'est
plus si vive ni si animée. Lire un discours, c'est
lui ôter l'âme et la vie.

Si l'on en excepte les discours d'apparat et ceux
qui sont prononcés dans les académies, tous les autres ont besoin d'être débités de mémoire.

De la chaire.   L'usage de réciter par cœur est généralement
établi dans l'éloquence de la chaire, et l'expérience
a prouvé et les maîtres ont senti qu'il devait être
maintenu. On sait que Massillon étant un jour
pressé d'indiquer celui de ses sermons dont il était
le plus content, répondit : *c'est celui que je sais le*
mieux ; parole d'un grand sens ; et bien propre à
faire sentir à quel point la fidélité de la mémoire
influe sur l'effet du débit et par conséquent sur le
succès de la plus belle production oratoire.

« Si jamais, dit le cardinal Maury, les ministres
» de l'Évangile voulaient se contenter de lire leurs in-
» structions en chaire, ils n'attireraient plus dans
» nos temples une aussi grande influence d'auditeurs,
» et leur mission produirait beaucoup moins de fruit.
» Un débit de mémoire se rapproche quelquefois
» d'une inspiration soudaine ; au lieu que la froide
» lecture d'un manuscrit ne saurait jamais dominer
» une assemblée nombreuse avec autant d'empire. »
(*Essai sur l'éloq. de la chaire*, ch. 78.)

Du barreau.   Au barreau, l'habitude de plaider de mémoire ou

sur de simples notes est devenue générale (1). La
lecture d'un plaidoyer écrit, outre qu'elle nuirait à
la liberté, à la grâce et à la vivacité de l'action, serait sujette à de grands inconvéniens; car si l'adversaire venait à vous interrompre pour établir une
contradiction, ou faire une concession qui coupât
votre plan; si les juges désiraient que vous donnas-
siez plus d'éclaircissemens sur un point, ou que
vous vous abstinssiez d'une discussion superflue,
vous pourriez être fort embarrassé à vous retrouver
dans votre cahier. D'un autre côté, l'orateur ne peut
pas, en lisant, suivre aussi bien sur la figure de
ceux qui l'écoutent, l'impression de ce qu'il dit, et,
selon le besoin, étendre ou resserrer sa discussion;
et il perd les bonnes fortunes des inspirations su-
bites.

La plupart des orateurs de nos chambres lisent *De la tribune.*
à la tribune des discours écrits; aussi leurs argumens perdent-ils beaucoup de leur force, et leurs
mouvemens oratoires beaucoup de leur chaleur.
Ceux même qui écrivent avec éloquence ne sauraient jamais être éloquens. Nous ne nous permet-
trons point de leur donner des leçons sur cette matière; mais nous rappellerons aux jeunes gens destinés à siéger un jour sur les bancs des pairs ou des
députés, celles que d'Aguesseau donne aux orateurs
qui, en parlant en public, se dispensent d'employer

_____

(1) Nous engageons les jeunes gens qui se destinent au
barreau à lire et à méditer, sur la manière de préparer et
de prononcer un plaidoyer, le chapitre 2ᵉ. du livre II de
Quintilien, et le chapitre 2ᵉ. du livre V des Institutions
oratoires de M. de Lamalle.

le secours de la mémoire : « On les voit, dit-il, lec-
» teurs insipides et récitateurs ennuyeux de leurs
» ouvrages, ôter à l'orateur la vie et le mouvement
» en lui ôtant la mémoire et la prononciation. Et
» quelle peut être l'impression d'une éloquence froi-
» de, languissante, inanimée, qui, dans cet état de
» mort où on la réduit, ne conserve plus que l'om-
» bre, ou, si l'on ose le dire, le squelette de la vé-
» ritable éloquence. » (Tome I de ses œuvres.)

Dans l'improvisation.

C'est à la mémoire, dit Quintilien, que nous sommes principalement redevables du talent de parler
sur-le-champ. L'esprit, par une agilité étonnante,
occupé en même temps des preuves, des pensées,
des expressions, de l'arrangement, du geste, de la
prononciation, et allant toujours en avant au delà
de ce qui se dit actuellement, prépare de quoi fournir sans cesse et sans interruption à la parole, et
remet le tout comme en dépôt à la mémoire qui,
d'une main fidèle, le rend à l'orateur à point nommé,
sans prévenir ni retarder ses ordres d'un moment.
(L. II, c. 2.)

La faculté de parler sur-le-champ est le fruit de
longues et solides études, et la digne récompense du
travail qu'elles exigent. Elle suppose une connaissance approfondie des sciences, du cœur humain,
des caractères, des passions, des mœurs des hommes;
une ample provision de pensées, de mots, de tours
de phrase, d'images, de figures de toute espèce; la
facilité de définir les choses, et d'en expliquer les
qualités, les propriétés, les causes, les effets, etc....
Cette partie de l'éloquence semble échapper aux
règles de l'art; cependant Quintilien nous indique
quelques moyens propres à nous guider, lorsque

nous sommes obligés de traiter des questions imprévues.

Il n'admet pas la possibilité d'un discours qu'aucune espèce de préparation n'aurait précédé. Il suppose que l'orateur connaît déjà le fond du sujet sur lequel il est obligé de parler, qu'il l'a médité et envisagé sous toutes les faces, puisqu'il est impossible de traiter une matière qu'on ne connaît pas : *Neque enim quisquam est qui causam quam non didicerit, agat.* (L. X, c. 7.) Le travail de l'improvisation consiste donc à suppléer sur-le-champ à ce qui nous avait échappé dans la méditation préalable du sujet; à résoudre les difficultés, les objections, les incidens imprévus qui naissent soudainement au milieu d'une discussion.

En quoi consiste l'improvisation.

Ce judicieux rhéteur conseille à l'orateur, comme un moyen puissant de faciliter l'improvisation, d'arrêter de tête dans le moment et de fixer dans la mémoire un plan qu'il puisse suivre en parlant; car il marcherait en aveugle s'il ne savait où il doit aller et par où.

Moyens d'y réussir.

De marquer dans ce plan la place qui convient le mieux à chacune des idées principales. Souvent, ajoute-t-il, la suite naturelle des choses est le meilleur guide. Cela est si vrai, que souvent on voit des personnes qui, sans être fort expérimentées dans l'art de parler, gardent facilement un certain ordre dans leurs discours.

De les développer chacune en particulier sans les confondre, évitant d'appuyer l'une par des raisons qui ne conviennent qu'à une autre.

Enfin de se renfermer dans de justes bornes. En effet, par la capacité de parler on ne doit pas entendre celle de coudre des mots les uns aux autres et d'abonder en paroles, ce que le même Quintilien appelle *inanis loquacitas*, *circulatoria volubilitas;* mais celle de bien dire, *aptè dicendi;* ce qui, dans l'improvisation comme dans le discours préparé, doit être entendu de la méthode, de la clarté et de la force.

Manière de s'y exercer. Quintilien, après avoir avoué que le talent de parler sur-le-champ dépend beaucoup de l'exercice, enseigne la manière de s'y exercer. Il conseille de traiter des sujets en présence de personnes dont on soit jaloux de mériter le suffrage; ou bien de les méditer dans le silence du cabinet, et de les traiter mentalement comme si on parlait en soi-même. A ce que dit Quintilien nous pouvons ajouter que la lecture des bons modèles et la composition contribuent merveilleusement à faciliter l'élocution improvisée.

Mais revenons à la mémoire, et parlons de la manière dont on doit s'y prendre pour s'en faire une bonne.

Qualités d'une bonne mémoire. La mémoire est en même temps un présent de la nature et le fruit du travail. Elle doit son origine à l'une, et à l'autre sa perfection. Une mémoire heureuse doit avoir deux vertus : la première, de recevoir promptement et sans peine ce qu'on lui confie; la seconde, de le garder fidèlement. *Memoriæ duplex virtus : facilè percipere et fideliter continere.* (QUINT., l. I, c. 3.)

Moyen de les acquérir. Pour perfectionner ces deux qualités, si elles se trouvent jointes ensemble naturellement, ou pour les accroître et les fortifier si on ne les possède que dans un faible degré, il n'y a rien de mieux que le travail et l'exercice : *Exercitatio et labor.* Il faut apprendre tous les jours, si c'est possible, *si fieri potest, quotidiè*, par cœur et mot à mot quelque morceau intéressant d'un bon auteur, soit en vers, soit en prose. Nous disons *tous les jours*, car cet exercice n'est profitable qu'autant qu'il est soutenu; nous disons *mot à mot*, car il n'est rien qui rende la mémoire plus paresseuse, plus chancelante, plus débile que de lui confier les choses d'une manière vague, incertaine, sans précision et sans exactitude : *Nihil æquè vel augetur curâ, vel negligentiâ intercidit.* A quelque âge que ce soit, lorsqu'on voudra cultiver sa mémoire, on doit se résoudre à dévorer le dégoût de ce premier travail : *Quæcumque ætas operam juvandæ studio memoriæ dabit, devoret initio tædium illud lecta sæpius revolvendi et quasi eumdem cibum remandendi.* (QUINT., l. XI, c. 2.)

Mais il est très-important de s'appliquer de bonne heure à cultiver sa mémoire; aussi, dans les colléges de l'université, oblige-t-on les élèves à apprendre par mémoire les plus beaux endroits des auteurs qui leur ont été expliqués. Quintilien qui recommande cet exercice en fait sentir l'utilité en ces termes : « Les élèves, dit-il, se formeront le goût de bonne » heure; leur mémoire leur fournira sans cesse d'ex- » cellens modèles qu'ils imiteront même sans y pen- » ser; ils se feront une juste idée de l'éloquence, et » ils y rapporteront naturellement tout ce qu'ils » feront. Les expressions, les tours, les figures, » naîtront sous leur plume, et sortiront comme » d'une source cachée qu'ils auront en eux. Pleins » d'une infinité de bons mots, de sentences et de » choses ingénieuses, ils les pourront citer avec » agrément dans la conversation et avec succès dans

Avantage de cultiver a mémoire de bonne heure.

» le discours. » (L. II , c. 7.) Ajoutons à cela que la mémoire ainsi cultivée dès l'enfance se prête volontiers au service que l'on exige d'elle, lorsque, dans un âge plus avancé et dans des fonctions plus sérieuses, on lui impose une tâche plus longue et plus difficile.

Mémoire des mots. Il y a une mémoire des mots , et une mémoire des choses. La première est celle dont nous avons parlé jusqu'ici, et qui consiste à réciter fidèlement et à rendre mot pour mot ce qu'on a appris par cœur. **Mémoire des choses.** L'autre consiste à retenir, non les mots, mais le fond , le sens, la suite des choses qu'on a lues ou entendues, comme d'une histoire, d'un plaidoyer, d'un sermon, etc.... Cette sorte de mémoire n'est pas d'une moindre utilité que la première ; on peut dire même qu'elle est d'un usage plus général.

Méthode pour apprendre facilement un long discours. La mémoire des choses sert de base à celle des mots. Quand on veut apprendre par cœur un long discours, rien n'est plus propre à soulager la mémoire dans ce travail que d'apprendre d'abord l'ordre et la division du discours, les différentes parties et les preuves de chaque partie, en sorte qu'elles s'enchaînent dans notre esprit par l'ordre même et la liaison qu'elles ont entre elles. Telle est la méthode indiquée par Quintilien (*loc. cit.*); et, suivant Cicéron, le fondement de la mémoire est l'ordre. *Ordo est maximè qui memoriæ lumen affert.* (*De Orat.*, l. II, n. 353.)

Nécessité de remédier sur-le-champ dans le débit aux infidélités de la mémoire. Les inconvéniens qui résultent des infidélités ou des hésitations de la mémoire sont très-graves pour un orateur qui prononce publiquement un discours. Lorsqu'on vient à les éprouver, il faut soigneusement y porter remède. Si donc le mot , si la phrase écrits ou préparés n'arrivent pas dans le cours du débit, ne courez point après, mais remplacez-les par d'autres; livrez-vous à l'inspiration du moment; quelquefois vous trouverez mieux que ce que vous aviez préparé. Il est bon même de fixer son discours dans la mémoire, sans pourtant se faire une loi inviolable de n'y pas changer un mot, et sans renoncer aux traits heureux que le moment peut inspirer. Mais surtout point d'hésitation, point de suspension. Le pire de tout serait de rester court.

Qui n'a pas remarqué qu'un orateur dont le débit est pénible, embarrassé, quoique d'ailleurs il dise d'excellentes choses, devient le tourment de son auditoire; tandis qu'au contraire, s'il joint une mémoire aisée aux autres parties de l'action, il est sûr de plaire à tout le monde, en disant même des choses communes et ordinaires. C'est de là qu'il arrive que tant de discours plaisent au débit, qui, à la lecture, sont trouvés médiocres.

CHAPITRE II.

De l'action.

Les anciens ne croyaient pas que l'on pût être éloquent sans l'action. *Actio*, dit Cicéron, *in dicendo una dominatur. Sine hâc summus orator esse in numero nullo potest; mediocris hâc instructus summos sæpè superare.* (De Orat., l. III, n. 212.)

En effet, quand on adresse la parole aux autres, on se propose de produire sur eux quelque impression, de leur communiquer ses pensées, ses sentimens. Le ton de la voix, les regards, les gestes n'ex-

Importance de l'action.

priment-ils pas aussi bien que les mots, nos idées et nos affections? Bien plus, leur effet est quelquefois supérieur. Souvent il arrive qu'un regard expressif, qu'un cri passionné agissent plus fortement, excitent mieux les passions que ne pourrait le faire le discours le plus éloquent. L'expression de nos sentimens par les gestes et les inflexions de la voix a même cet avantage sur les paroles articulées, qu'elle est le véritable langage de la nature, laquelle a donné à tous les hommes ces moyens d'exprimer leurs pensées et les a rendus intelligibles pour tous ; tandis que les mots n'étant que des signes conventionnels et arbitraires de nos idées, doivent, par conséquent, produire une impression bien plus faible.

De là vient, sans doute, cette prééminence accordée à l'action dans le discours ; prééminence consacrée par le mot célèbre de Démosthène qui, interrogé quelle était la première qualité de l'orateur, répondit, *l'action ;* quelle était la seconde, la troisième, répondit toujours, *l'action ;* (Cic.) voulant faire entendre par là que, sans l'action, toutes les autres vertus de l'orateur doivent être comptées pour peu de chose : prééminence établie encore par celui d'Eschine après la lecture qu'il fit aux habitans de Rhodes du discours de Démosthène pour la Couronne. Comme tous les auditeurs se récriaient d'admiration : *Que serait-ce*, dit-il, *si vous l'eussiez entendu lui-même?* Ce mot, ajoute Cicéron qui rapporte ce fait, faisait assez sentir combien il attribuait de force à l'action, puisque le même discours pouvait paraître différent quand ce n'était plus le même homme qui le prononçait. (*De Orat.*, l. III., n. 213.)

Cet effet magique de l'action se vérifie tous les

jours aux représentations dramatiques. Des pièces répréhensibles, sous plus d'un rapport, obtiennent un grand succès par le jeu des acteurs. Il se vérifie au barreau, dans la chaire évangélique, à la tribune, où les auditeurs éprouvent quelquefois une vive impression à entendre des discours qui en font peu à la lecture.

L'action est au discours ce que l'ame est au corps. Sans l'action, le discours est sans vie, les mots perdent leur valeur, et les idées manquent leur effet; l'action donne de la grâce aux paroles, de l'énergie aux sentimens, de la force au raisonnement même; elle excite ou calme les passions : sans elle point d'émotions.

De ce que nous venons de dire sur l'importance de l'action dans l'éloquence, il ne faut pas conclure que le mérite de la composition et du style doive être compté pour peu de chose. Nous devons sentir au contraire combien il est nécessaire d'y donner tous nos soins; car si l'action fait valoir des discours médiocres en eux-mêmes, quelle grâce et quelle force n'ajoutera-t-elle pas à ceux qui sont bien composés et bien écrits! « Supposé, dit Quintilien, » comme on n'en peut douter, que les mots aient » une force considérable par eux-mêmes, que la voix » ait aussi une vertu particulière qu'elle communique » aux choses, et qu'il y ait pareillement dans le » geste et dans les mouvemens du corps une certaine expression, ne faut-il pas convenir que quand » tout cela conspire ensemble, il doit s'en former » quelque chose d'admirable et de parfait. » (L. XI, c. 3.)

Cicéron appelle l'action *une espèce d'éloquence*

Elle
a deux parties,
la voix
et le geste.

du corps, qui se compose de la voix et du geste : *Est actio quasi corporis quædam eloquentia, quùm constet è voce atque motu.* (*Orat.*, n. 54.) De ces deux parties, l'une frappe les oreilles, et l'autre les yeux, deux sens par lesquels nous faisons passer nos sentimens et nos pensées dans l'âme des auditeurs.

Nous suivrons la division établie par Cicéron. Nous traiterons dans un premier article de la voix et de tout ce qui dépend de cet organe ; et, dans un second, du geste qui comprend tous les mouvemens du corps.

ARTICLE PREMIER.

De la voix.

La voix
est le principal
instrument
de l'action.

La voix qui, dans la prononciation du discours, produit les sons, articule les mots, exprime les sentimens par les accens, est le principal instrument de l'action. *Ad actionis usum atque laudem, maximam sine dubio partem vox obtinet.* (Cic., *de Orat.*, l. III, n. 224.)

Le plus beau don que la nature ait pu faire à l'orateur est celui des qualités de la voix les plus propres à remplir les sublimes fonctions de la parole, comme un son gracieux, des intonations moelleuses, un accent affectueux. Si elle nous les a refusées entièrement, il ne dépend pas de nous de les acquérir ; nous devons alors nous abstenir de parler en public. Mais s'il n'y a en nous aucun vice d'organisation, il est en notre pouvoir de cultiver notre voix, d'assouplir nos organes et d'en atténuer les défauts. *Au-*

gentur sìcut omnium ità vocis quoque bona curâ et negligentiâ minuuntur. (QUINT. , l. XI, c. 3.)

Quintilien donne à la prononciation les mêmes qualités qu'à l'élocution. « Comme celle-ci, dit-il, » veut être *correcte*, *claire*, *ornée*, *convenable*, celle-» là veut l'être de même. » (*Loc. cit.*) Cela est parfaitement juste, puisque, indivisibles dans leur objet, le discours et la prononciation ne peuvent atteindre le même but sans les mêmes conditions. Chacun les remplit selon sa nature et par les moyens qui lui sont propres.

La prononciation doit avoir quatre qualités.

Comment la prononciation peut-elle être *correcte*, *claire*, *ornée* et *convenable ?* C'est, d'un côté, par la bonne disposition des organes ; de l'autre par la meilleure exécution possible de toutes les parties de la prononciation. Or ces parties sont au nombre de trois, l'*intonation*, l'*articulation* et l'*accent*.

Comment elle peut les réunir.

Et d'abord, si l'on éprouve des embarras dans les organes de la parole, il faut tâcher de les corriger par le travail et l'exercice. Les moyens que l'on peut employer sont la lecture à haute voix, la déclamation de morceaux de prose et de poésie récités de mémoire dans des lieux vastes, et même en plein air sur les hauteurs. Tout le monde sait les efforts que fit Démosthène pour articuler d'une manière claire et distincte, et les succès prodigieux qu'il obtint.

Moyen de corriger la mauvaise disposition des organes de la parole.

Quand aux diverses parties de la prononciation, voici ce que les maîtres de l'art enseignent sur chacune d'elles.

Des diverses parties de la prononciation.

1°. On appelle *intonation*, dans l'action oratoire, le degré d'élévation de la voix dans la prononciation du discours.

Intonation.

La voix, chez tous les hommes, a trois tons diffé-

Elle a trois tons différens.

rens : le haut, le bas et le moyen. Le haut sert à parler à quelqu'un placé à une certaine distance; le bas sert à causer de très-près; le moyen est celui de la conversation ordinaire. C'est aussi celui qui convient le mieux dans les discours prononcés en public : *Mediis utendum sonis.* (QUINT.) En effet, trop haut, la voix est aigre; trop bas, elle est sourde.

D'ailleurs c'est en tenant le *medium*, qui est le degré le plus agréable et le plus sonore de la voix, qu'on se ménage le moyen de changer de ton sans effort, sans disparate, selon le besoin du discours, qui veut ces changemens pour l'expression de certains sentimens.

L'union de deux qualités opposées en apparence fait, selon Quintilien, toute la beauté de l'intonation : l'*égalité* et la *variété*.

Elle doit être égale et variée.

Par la première, l'orateur soutient sa voix et en règle l'élévation et l'abaissement sur des lois fixes qui l'empêchent d'aller haut et bas au hasard. Par la seconde, il évite un des plus considérables défauts qu'il y ait en matière de prononciation, je veux dire la monotonie, c'est-à-dire la prononciation continue sur le même ton. Source d'ennui et de dégoût, elle tue l'attention en détruisant tout l'intérêt du discours. L'art de varier les inflexions de la voix est le grand secret de la déclamation oratoire. C'est cette diversité d'accens, de mesures, de tons et de demi-tons qui soutient et fait ressortir les mouvemens, les figures et les couleurs du discours. Nous en donnerons des exemples quand nous parlerons de l'accent.

Défauts qu'elle doit éviter.

Un autre défaut non moins considérable qu'il faut éviter, c'est de chanter en prononçant. Ce chant consiste à baisser ou à élever sur le même ton plusieurs membres de phrase, ou plusieurs phrases de suite, en sorte que les mêmes inflexions de voix reviennent fréquemment et presque toujours de la même sorte.

Les intonations fausses, forcées ou disparates ; les ascensions de voix brusques, les éclats déplacés, mal ménagés ou continuels, ôtent à la prononciation toute convenance, à l'action toute gravité, et produisent ces déclamations bizarres et risibles, capables de faire perdre aux meilleures choses tout leur effet.

2°. L'*articulation* consiste dans l'expression nette et distincte, des lettres et des syllabes qui composent les mots. Elle peut être considérée comme la partie principale de la prononciation. Articulation.

La prononciation doit être *claire*, à quoi deux choses contribuent : la première c'est d'articuler distinctement toutes les syllabes des mots, de les prononcer suivant leur véritable quantité, d'une manière nette, pleine, facile et coulante, d'appuyer sur les finales et d'empêcher qu'elles ne soient perdues pour les auditeurs. Elle doit être
claire,

Quelquefois la prononciation est imparfaite parce qu'on néglige de faire sentir les consonnes aux finales suivies d'un mot qui commence par une voyelle, aux lettres doubles qui veulent être exprimées pour donner aux mots leur caractère, comme dans *affreux*, *horreur*, *diffamation* ; les voyelles consécutives qu'on doit faire sonner, à la différence des diphthongues qui ne forment qu'un son mixte, comme dans *vieux*, qui n'a qu'une syllabe, et *pieux*, qui en à deux. Cependant il y a ici, comme en tout, une mesure à

26

garder ; exprimer les consonnes , n'est pas les forcer.
Outrer l'articulation , ce serait tomber dans un autre défaut qui rendrait la prononciation affectée,
dure, désagréable.

La seconde observation est de savoir soutenir et
suspendre la voix par différens repos qui composent
une même phrase, distinguer avec soin les incises et
les membres des périodes.

Et réglée.

La prononciation doit être *réglée*, c'est-à-dire ni
trop rapide ni trop lente. Trop rapide elle ne laisse
pas le temps de saisir ce que dit l'orateur et d'en être
touché : trop lente, elle montre la peine que nous
avons à trouver ce que nous voulons dire, et rend
le discours insipide et fatigant. « Je veux, dit Quin-
» tilien , que la parole soit coulante, sans être préci-
» pitée ; et qu'elle soit toujours réglée sans être ja-
» mais lente. *Promptum sit os non præceps, mode-*
» *ratum non lentum.* (*Loc. cit.*)

Accent.
Il y en a de plu-
sieurs sortes.

3º. On distingue dans la prononciation plusieurs
sortes d'accens : l'*accent national* ou *d'origine* ,
l'*accent grammatical*, et l'*accent oratoire*.

Accent natio-
nal.

L'accent *national* est celui que la nature et l'habitude donnent aux différentes nations , et aux ori-
ginaires de certaines contrées d'un même royaume.

En France, il y a des contrées dont les habitans ont
des intonations particulières qui leur sont propres.
Ces accens divers, tous plus ou moins vicieux, sont un
grand obstacle à la bonne prononciation. Les jeunes
gens doivent travailler sans relâche à s'en défaire.
Pour bien parler, il ne faut point avoir d'accent.
(*Dict. de l'Acad.*, au mot *accent*); c'est-à-dire
qu'il ne faut point avoir l'accent provincial, mais
celui de la bonne compagnie de la capitale. Cepen-

dant qu'on ne s'y trompe pas; cet accent de la bonne compagnie est extrêmement naturel; il bannit l'affectation que lui communiquent souvent les provinciaux sans goût qui veulent se l'approprier.

L'accent *grammatical* est celui qu'on met sur les voyelles pour en faire connaître la prononciation. Il y a trois sortes d'accens : l'*aigu* qui fait élever la voix, comme dans ces mots *bonté*, *charité*; le *grave* qui la fait baisser, comme dans *procès*, *succès*; et le *circonflexe* qui la fait élever et baisser consécutivement sur la même voyelle, comme dans *bâton*, *tête*, etc... Dans le débit oratoire, il faut s'appliquer à prendre les tons syllabiques que la prononciation générale détermine (1).

L'*accent oratoire* ou *pathétique* est l'élévation ou l'abaissement de la voix déterminé par le sentiment dont l'âme est affectée.

On voit quelle est la différence de cet accent avec l'intonation. Celle-ci est l'élévation du ton général

L'accent grammatical.

Accent oratoire

---

(1) Nous ne parlerons pas de l'accent *tonique* qui consiste dans une élévation et un abaissement consécutifs de la voix que la nature place elle-même aux finales des mots de plusieurs syllabes ou après plusieurs monosyllabes, comme un repos des organes qui produit les désinences. Cet *accent* est incompatible avec l'*accent oratoire*, parce qu'il est invariable de sa nature; et que dans le débit oratoire l'orateur doit avoir la liberté de moduler à son gré les syllabes, les mots et les phrases. « Le choix des intonations, dit Marmontel, fait » partie de la prononciation oratoire. S'il y avait dans la » langue un accent tonique déterminé, invariable, le choix » des intonations n'aurait plus lieu, ou serait sans cesse » contrarié par l'accent tonique. » (*Élém. de litt.*, au mot *accent.*)

de la prononciation nécessaire pour que l'orateur
soit entendu; l'accent oratoire est une modulation
du ton de l'orateur, motivée par l'émotion de son
âme.

L'accent oratoire est aussi varié que les sensations.
Il y a, dit Cicéron, une voix pour la colère, une
pour la compassion, une pour la crainte, pour la
souffrance et pour le plaisir.

Chaque.
passion en a un
qui
lui est propre.

Mais comment exprimer toutes ces émotions?
Comment former tous ces accens divers? Dans la
joie, dit Quintilien, la voix est pleine, vive, légère;
dans le combat elle est fière et hardie. Veut-on faire
des reproches, elle est véhémente. Veut-on prier,
supplier, elle est douce et timide. Veut-on conseiller, consoler, promettre, elle est grave et soutenue.
Elle est faible dans la crainte, tendre dans la compassion, entrecoupée dans la plainte. (*Loc. cit.*)

Au reste, le moyen de donner à la prononciation
cette conformité avec les sentimens qu'on exprime,
c'est d'être bien pénétré de son sujet : *Sentir ce que
l'on dit* est le grand principe de la déclamation
oratoire. Sous tous les points de vue, le cœur est le
siége de l'éloquence : *Pectus est quod disertos facit.*
L'accent de l'homme ému retentit au cœur de ses
semblables; l'émotion produit l'émotion. Telle est la
sympathie.

Sa puissance
dans l'action.

L'accent oratoire servant à exprimer, à communiquer les émotions qu'éprouve l'orateur, est donc
un puissant moyen que l'action fournit à l'élocution
pour émouvoir l'auditeur; c'est un des principaux
instrumens de l'éloquence. Quel effet produisit Grac-
chus lorsqu'il prononça ces paroles : « Malheureux
» que je suis, où porterai-je mes pas? Quel asile me

» reste-t-il? le Capitole? il est inondé du sang de
» mon frère. Ma maison? j'y verrais une malheu-
» reuse mère fondre en larmes et mourir de dou-
» leur. » Ses yeux, dit Cicéron, sa physionomie, ses
gestes furent si pathétiques et si touchans, que ses
ennemis eux-mêmes ne purent s'empêcher de verser
des larmes. (*De Orat.*, l. III, n. 214.)

L'orateur doit renforcer sa voix sur une syllabe
d'un mot, pour appeler plus particulièrement l'attention sur ce mot, et en montrer l'importance dans
la phrase. *Quibusdam verbis nisi sua natura red-
ditur, vis omnis aufertur.* (QUINT., *loc. cit.*) Par
exemple, la voix appuie sur la première du mot
cruel, dans l'accent du reproche tendre : *Cruel, que
t'ai-je fait?* et sur la dernière dans l'accent de l'effroi : *Cruel, que dites-vous?*

La force de l'expression dépend du mot sur lequel
porte l'accent; et l'on peut donner deux significations
diverses à la même pensée en appuyant sur tel ou
tel mot. Voyez sous combien de points de vue divers
s'offre cette pensée en appuyant sur un mot ou sur
un autre. *Judas, dit le seigneur, vous trahissez le
fils de l'homme par un baiser? Trahissez*, fait
tomber le reproche sur l'infamie de la trahison :
Le fils de l'homme, indique que Judas méconnaît
le caractère divin du Sauveur : *Par un baiser*, montre l'odieux emploi que fait Judas du symbole de
l'amitié. *Eadem verba, mutatâ pronuntiatione, in-
dicant, affirmant, exprobrant, negant, mirantur,
indignantur, interrogant, irrident, elevant.* (QUINT.,
Loc. cit.)

Après le renforcement de la voix, c'est aux pauses
expressives que l'orateur doit donner son atten-

(note marginale : Il peut donner plusieurs significations dif-ferentes à la même pensée.)

(note marginale : Pauses expressives.)

tion. C'est ainsi que l'on appelle la pause que l'on fait après avoir dit un mot ou une phrase sur laquelle on veut fixer l'attention des auditeurs, et quelquefois même avant de dire ce mot ou cette phrase.

La déclamation oratoire a trois tons différens.

Nous avons dit, en parlant de l'intonation, qu'il y a trois tons bien distincts dans la voix humaine : le *grave*, l'*aigu* et le *moyen*. On distingue pareillement trois sortes de tons dans la déclamation oratoire : Le *ton familier*, le *ton soutenu* et le *ton moyen*.

Le familier,

Le *ton familier* est celui que l'on emploie dans la conversation ordinaire. Il consiste dans des inflexions de voix douces et simples.

Le soutenu,

Le *soutenu* est celui qu'on doit prendre pour la lecture des discours graves. Il faut que la voix soit toujours pleine, les syllabes prononcées avec une sorte de mélodie demi-touchante, les inflexions variées avec dignité, les périodes nombreuses rendues avec une solennité majestueuse.

Le moyen.

Le *moyen* a un peu plus d'apprêt que le familier, un peu moins que le soutenu. C'est celui dont l'usage est le plus fréquent, parce qu'il est rare qu'un ouvrage entier présente ou plutôt admette la familiarité ou l'élévation dans un degré toujours égal.

Ces trois tons doivent se combiner ensemble dans le débit oratoire.

Quintilien, après avoir établi cette division, déclare qu'il n'est pas un discours de quelque étendue, dont le débit n'exige l'emploi de tous les tons, et une continuelle variété dans la prononciation et les inflexions de la voix; et il fait l'application de ce principe à la première phrase de la Milonienne. Voici ses judicieuses réflexions :

Exemples.

« Il y a peut-être de la honte à laisser entrevoir un

» mouvement de crainte, en commençant à parler
» pour le plus courageux des hommes. »

En prononçant ces mots, *pour le plus courageux
des hommes*, Cicéron a bien autrement appuyé
qu'en disant ceux-ci : *il y a peut-être de la honte*, etc.

« Et lorsque Milon est plus alarmé pour la répu-
» blique que pour lui-même; »

A ces mots il a haussé le ton pour marquer la
fermeté de Milon. Dans les suivans, il a pris un ton
de plainte propre à faire sentir qu'il était mécon-
tent de lui-même.

« Je devrais, Romains, apporter à sa cause cette
» intrépidité dont il donne l'exemple. »

Ce qu'il ajoute est un reproche qu'il fait aux
juges; il a dû le faire sentir.

« Cependant, je l'avoue, ce nouvel appareil d'un
» tribunal nouveau effraie mes regards, »

Maintenant il va parler avec assurance.

« Qui, de quelque côté qu'ils se tournent, sont
» frappés d'un spectacle extraordinaire, et ne re-
» trouvent plus les dehors accoutumés du barreau. »

A cet exemple nous en joindrons quelques autres, pour mieux faire sentir aux jeunes gens ce que
c'est que la combinaison des trois tons dont nous
avons parlé.

Prenons le morceau du *Télémaque* où Philoctète
raconte ses malheurs :

« Les Grecs, en partant, me laissèrent quelques
» provisions; mais elles durèrent peu : j'allumai du
» feu avec des cailloux. (*Ton moyen.*) Cette vie,
» toute affreuse qu'elle est, m'eût paru douce loin
» des hommes ingrats et trompeurs, si la douleur
» ne m'eût accablé, et si je n'eusse sans cesse

» repassé dans mon esprit ma triste aventure.
(*Ton plus élevé, mêlé d'une teinte d'amertume et
d'une sensibilité douloureuse.*)

» Quoi! disais-je! tirer un homme de sa patrie
» comme le seul homme qui puisse venger la Grèce,
» et puis l'abandonner dans cette île déserte pendant
» son sommeil! (*Ton soutenu, mais plus pathéti-
» que que véhément.*) Car ce fut pendant mon som-
» meil que les Grecs partirent. (*Ton familier.*)

» Jugez quelle fut ma surprise et combien je ver-
» sai de larmes à mon réveil, quand je vis les vais-
» seaux fendre les ondes. Hélas! cherchant de tous
» côtés dans cette île sauvage et horrible, je n'y
» trouvais que de la douleur. » (*Ton soutenu ; l'accent du désespoir.*)

Examinons encore un morceau de l'*Oraison funèbre de la reine d'Angleterre*, par Bossuet.

« Je veux bien avouer de lui (Charles Ier., roi
» d'Angleterre), ce qu'un auteur célèbre a dit de
» César, qu'il a été clément jusqu'à être obligé de
» s'en repentir. (*Ton moyen.*) Que ce soit donc là,
» si l'on veut, l'illustre défaut de Charles aussi-
» bien que de César. (*Ton simple et presque fami-
» lier.*) Mais que ceux qui veulent croire que tout
» est faible dans les malheureux et dans les vaincus,
» ne pensent pas pour cela nous persuader que la
» force ait manqué à son courage, ni la vigueur à
» ses conseils. (*Ton soutenu, grand, noble, ferme
» et assuré.*) Poursuivi à toute outrance par l'im-
» placable malignité de la fortune, trahi de tous les
» siens, il ne s'est pas manqué à lui-même ; malgré
» les mauvais succès de ses armes infortunées, si on
» a pu le vaincre, on n'a pu le forcer ; et comme il

» n'a jamais refusé ce qui était raisonnable étant
» vainqueur, il a toujours rejeté ce qui était faible et
» injuste étant captif. » (*Ton soutenu, vif, rapide,
en observant de faire ressortir les antithèses qui
remplissent les trois dernières phrases.*)

Selon Quintilien, les différentes parties du discours, l'exorde, la narration, la preuve et la péroraison, se prononcent différemment.

Le ton
de chaque partie
du discours
n'est
pas le même.

Ton propre à
l'exorde,

L'exorde portant nécessairement un caractère de
simplicité et de modération propres à disposer favorablement l'auditeur, demande un ton de voix doux,
modéré, un geste plein de retenue, un regard modeste.
Le ton moyen est alors celui qu'il convient de prendre.

Lorsque l'exorde est brusque et véhément, on
prend le ton soutenu. Le besoin de donner à ce
qu'on dit de la force, de l'énergie et de l'éclat ne
laisse point d'équivoque sur le choix des moyens
propres à y parvenir.

La narration se prononce communément d'un ton
simple et familier, parce qu'alors on dit les faits sans
prétention, sans recherche. La vérité n'a qu'un langage, et il doit être toujours franc, sincère et naïf.
Plus l'orateur mettrait d'affectation dans un récit,
plus il le rendrait suspect, et plus il s'écarterait du
véritable but.

Pour les preuves, la prononciation doit en être
toujours proportionnée au degré d'importance qu'on
y attache, et le ton réglé sur la source où elles ont
été puisées. « Quand on vient à pousser un argu-
» ment, dit Quintilien, le discours devenant alors
» plus subtil, plus pressant et plus vif, il faut y con-
» former son geste en lui donnant de la vitesse et
» de la force tout ensemble. » (L. XI, c. 3.)

Dans l'exposition des preuves, on prendra, suivant les circonstances, le ton simple, familier, moyen ou soutenu pour les exprimer.

À la péroraison. Si la péroraison ne contient qu'une récapitulation des principales choses, elle demande une prononciation rapide et continue. Si l'orateur y accumule tout ce qui peut convaincre, plaire, toucher, elle donne lieu de parcourir et de développer successivement les nuances dont les différens tons sont susceptibles. Alors il faut allier la douceur à l'énergie, la grâce à la véhémence; on s'introduit par tous les chemins possibles dans l'âme, dans l'esprit et dans le cœur de ceux qui nous écoutent. La variété du débit, le moelleux et la délicatesse des inflexions bien ménagées, nous procurent, dans toutes ces facultés, un accès facile et certain.

Ton qui convient aux diverses figures. Les figures que l'on répand dans le discours pour l'animer et l'embellir, ont chacune un caractère particulier qui leur est propre. Les inflexions de la voix doivent éprouver les mêmes modifications. Par exemple :

La *répétition* demande qu'en élevant la voix sur le mot déjà dit, on fasse apercevoir qu'il a été répété avec intention.

La *gradation* exige que l'on fortifie le ton par degrés, jusqu'à ce qu'on arrive au dernier membre de la période qui se prononce avec plus de force encore que les précédens.

La *conjonction* veut qu'on insiste spécialement sur la particule conjonctive ;

La *disjonction*, que l'on marque par un repos aux virgules, que les particules sont supprimées ;

La *métaphore*, qu'on appuie sur les expressions

figurées, pour en faire observer la hardiesse et surtout la justesse.

L'hyperbole exige nécessairement un ton élevé,
tant soit peu outré, suivant que l'exagération est
plus ou moins forte.

L'apostrophe se fait en donnant à la voix un ton
d'assurance, de fermeté, de transport et d'éclat.

L'interrogation demande de la vivacité, de la
force.

La *correction* s'exprime en donnant à la voix
l'inflexion qu'on remarque dans le ton d'un homme
qui veut, en quelque sorte, rétracter ce qu'il vient
de dire.

La *subjection* demande qu'on distingue bien le
ton des objections qu'on se propose à soi-même,
d'avec celui des réponses qu'on y fait.

L'antithèse veut qu'on mette entre les tons la
même opposition qui se trouve entre les pensées ou
les objets que l'orateur fait contraster ensemble.

Et ainsi des autres figures.

CHAPITRE II.

Du geste.

Le geste est l'expression de la pensée par les mouvemens du corps. Les anciens l'avaient porté à une
perfection incroyable. On voit le fameux Roscius
défier Cicéron de rendre ses pensées par le langage
ordinaire, avec plus de justesse et de rapidité, que
lui avec le seul secours du geste. On n'est point surpris
de cette espèce de prodige, si on examine de près,

Le geste
accompagne na-
turellement
la voix.

combien les mouvemens du corps ont du rapport avec ceux de l'âme, et sont propres à les faire éclater au dehors. Les mouvemens du corps sont l'accompagnement naturel de l'organe de la voix. Il n'existe aucune nation, il n'existe peut-être pas une seule personne assez flegmatique pour n'accompagner ses paroles d'aucun geste, surtout en parlant des choses qui l'intéressent vivement. Aussi l'orateur dont l'extérieur reste parfaitement immobile, et qui laisse tomber les mots de sa bouche, sans la moindre chaleur, sans la moindre expression de son geste, n'a l'air de prendre aucune espèce d'intérêt aux affaires qu'il discute, et se place par conséquent hors de la nature.

Le geste suit naturellement la voix et se conforme comme elle aux sentimens de l'âme. *Gestus voci consentit, et animo cum eâ simul paret.* C'est un langage muet, mais éloquent, et qui souvent a plus de force que la parole même. *Pleraque etiam citra verba significat.* (QUINT., l. XI, c. 3.)

Il se compose principalement du mouvement de la tête, des bras et des mains.

Le geste comprend toutes les attitudes et les mouvemens du corps propres à faire mieux sentir la force de la pensée. Néanmoins ses principaux instrumens sont la tête, les bras et les mains.

Mais avant d'examiner les différentes parties dans le mouvement, considérons l'ensemble dans le repos.

Pose du corps dans l'état de repos.

Dans l'état de repos, tout le corps, posé droit et portant d'à-plomb sur les pieds, doit être perpendiculaire, sans projection de la tête ni du buste en avant ni en arrière. *Status erectus et celsus.* (CIC., Orat., n. 60.) Cet état est celui de la gravité sans affectation, du respect sans humilité, de la confiance sans jactance, de la fermeté sans arrogance.

« La pose que nous venons de décrire est celle de

l'orateur à son exorde, lorsque, s'étant levé, il assure sa position, baissant un moment les yeux pour
se recueillir, puis les promenant avec une modeste
assurance sur les auditeurs qu'il a devant lui. C'est
celle qu'il doit reprendre dans tous les repos, et
dans tous les instans où le discours ne comporte
point de mouvement.

Les parties du discours qui en demandent le moins
sont l'exorde et la narration. Celle-ci surtout, car il
n'y a point de raison pour s'agiter en racontant des
faits de la vérité desquels on ne doit pas laisser douter. Le calme est le caractère de la sécurité que la
vérité donne.

C'est dans la discussion des moyens, dans la vivacité de l'argumentation et la chaleur des passions
que l'action se développe et s'anime; c'est alors que
l'âme commande au corps les mouvemens qui expriment ce qu'elle sent et ce qu'elle veut.

Disons maintenant ce qui peut être particulier
aux différentes parties du corps.

« Comme la tête a le premier rang entre les par- Mouvement de
» ties du corps, elle l'a aussi dans l'action, dit Quin- la tête.
» tilien. On doit la tenir droite et dans une assiette
» naturelle. Baissée, elle donne un air bas; haute,
» un air d'orgueil et de suffisance; penchée, elle
» annonce l'indolence; raide et immobile, elle mar-
» que je ne sais quoi de féroce. » (Loc. cit.)

Les divers mouvemens de tête, pourvu qu'ils ne
soient point trop multipliés, expriment merveilleusement les différentes passions. Élevée, elle admire : tournée vers la gauche elle craint ou s'indigne; vers la droite et accompagnée d'un geste de
la main gauche portée dans un sens contraire, elle

refuse, elle rejette et méprise : médiocrement in-
clinée, elle compatit, elle prie, elle conjure, elle
sollicite : ferme et immobile, elle affirme, elle exhorte, elle confond.

Du visage,　　« Mais ce qui domine principalement dans cette
» partie, dit encore Quintilien, c'est le visage. Il n'y
» a sorte de mouvement et de passion qu'il n'exprime.
» (*In ore sunt omnia*, Cic.) Il menace, il caresse, il
» supplie, il est triste, il est gai, il est fier, il est
» humble, il témoigne aux uns de l'amitié, aux au-
» tres de l'aversion. Il fait entendre une infinité de
» choses ; et souvent il en dit plus que n'en pourrait
» dire le discours le plus éloquent. »

Des yeux.　　« Mais le visage, c'est toujours Quintilien qui
» parle, a lui-même une partie dominante : Ce sont
» les yeux. (*In ore autem ipso dominatus est ocu-*
» *lorum*, Cic.) C'est par eux surtout que notre âme
» se manifeste. Sans même qu'on les remue, la joie
» les rend plus vifs, et la tristesse les couvre comme
» d'un nuage. Ajoutez que la nature leur a donné les
» larmes, ces fidèles interprètes de nos sentimens,
» qui s'ouvrent impétueusement un passage dans la
» douleur, et coulent doucement dans la joie. S'ils
» ont tant de pouvoir lorsqu'ils ne sont qu'immobiles,
» ils en ont bien davantage lorsqu'ils sont en mou-
» vement. » (*Loc. cit.*) C'est alors qu'ils peignent
d'une manière admirable toutes les passions de l'âme.
Vous les voyez ardens et enflammés dans la colère,
terribles dans la menace, sévères dans les reproches,
impétueux dans l'indignation, égarés dans la frayeur,
élevés dans l'admiration, baissés et comme obscurcis
dans la honte, etc... *Oculos natura nobis, ut equo*
et leoni setas, caudam, aures, ad motus animorum

déclarandos dedit. (Cic., *de Orat.*, l. III, n. 222.)

Quintilien, décrivant toutes les parties du visage, leurs fonctions, leurs vertus et leurs vices, recommande de ne pas avoir les yeux effarés ou contraints, languissans ou endormis, fixés ou continuellement agités ; de ne pas froncer ou remuer sans cesse les sourcils ; de ne point passer la langue sur les lèvres, ou se la mordre ; de ne point agiter les narines, y fourrer ses doigts', etc...

Les mouvemens les plus fréquens et les plus significatifs dans l'action de parler sont ceux des bras et des mains.

Cette partie du corps par laquelle l'homme exé- cute toutes ses œuvres, réalise toutes ses conceptions, est l'associée inséparable, l'interprète naturel de ses pensées et de ses sentimens. « A peine y a-t-il un » mot, dit Quintilien, que les mains ne soient quel- » quefois jalouses d'exprimer. Les autres parties du » corps aident et contribuent à la parole ; mais on » peut presque dire que celles-ci parlent elles-mêmes » et se font entendre. » (*Loc. cit.*)

Enseignerons-nous quels gestes il convient de faire dans tel cas, ou en tel temps et selon les circonstances ? Quand il est bien d'élever, d'étendre ou de ramener les bras ? Ce sont là des leçons qui ne se peuvent donner par écrit, et auxquelles il faut joindre l'application et l'exemple.

D'ailleurs, il n'est pas possible de donner sur cette matière des règles fixes et certaines : telle chose, comme le remarque Quintilien, convenant à l'un qui siérait mal à un autre, sans qu'on puisse trop quelquefois en rendre raison. Ainsi chacun pour former son action, ne doit pas seulement consulter les règles générales, mais encore étudier avec soin son naturel propre, ses qualités personnelles.

Tout ce qu'on peut recommander à l'orateur, c'est de se souvenir 1°. que les mains ne doivent jamais se porter plus haut que les yeux, ni descendre plus bas que la ceinture quand on parle debout ;

2°. Que les bras doivent être détachés du corps, et que c'est par le mouvement du coude que doit commencer le geste;

3°. Qu'il est défendu de frapper des mains, de fermer les poings et de les présenter à son auditoire;

4°. Que le geste doit suivre de lui-même le mouvement de l'âme et celui du discours : *Voci consentit et animo paret*; Que, dans la prononciation d'une période, il commence, se soutient et finit avec elle, sans précéder ni demeurer en arrière;

5°. Qu'il faut être ménager du geste, ne pas gesticuler sans règle, sans mesure, d'une manière désordonnée, ne pas faire des gestes insignifians qui ne sont qu'un mouvement machinal, étranger au discours, non plus que de ces gestes alternatifs qui ressemblent à ceux d'une figure à ressort. Un jeune orateur qui craindrait de s'exposer à perdre l'avantage d'une action naturelle, ne doit hasarder d'abord, que fort peu de gestes. La multiplicité des mouvemens est un écueil que les débutans ne sauraient éviter avec assez de soin.

Du corps en gé-néral. Il reste peu de chose à dire sur les mouvemens du corps, qui suivent naturellement ceux de la tête et des bras. « Les flancs et les reins, dit Quintilien, » doivent s'accorder avec le geste. Il y a un cer- » tain mouvement de tout le corps qui contri- » bue beaucoup à l'action, et qui, au jugement de

» Cicéron, y a plus de part que les mains mêmes. »
(*Loc. cit.*)

Observations sur l'action en général.

Le précepte le plus important de tous, soit pour la voix, soit pour le geste, c'est d'étudier la nature. Ici, aussi bien que dans tout le reste, elle est le meilleur maître et le plus sûr guide qu'on puisse suivre. La perfection de l'art consiste à l'imiter. Seulement, à la manière des peintres, il faut tâcher de l'embellir un peu et de l'orner, mais sans jamais s'écarter de la ressemblance.

L'action doit imiter la nature.

Les études les plus instructives qu'on puisse faire en ce genre consistent à observer la société. Le ton de la conversation est la base du débit oratoire; les intonations, les inflexions de la voix doivent être formées en public, comme elles le sont dans un entretien particulier un peu animé, avec cette différence seulement qu'elles se reproduisent avec plus de noblesse et d'éclat dans l'action oratoire. Ici l'intonation est plus élevée, plus forte, plus continue; l'articulation plus marquée, plus expressive; l'accent plus soutenu, plus varié, plus animé.

L'orateur, pour s'en faire une bonne, doit observer la société,

La même règle est applicable au geste. Examinez quels regards, quels mouvemens accompagnent dans la conversation ordinaire l'expression de l'animosité, de l'indignation, de la compassion, et prenez-les pour modèles. Mais si on sait observer la société on se convaincra facilement qu'on y déclame peu et qu'on y gesticule encore moins.

Il est ridicule de croire que dès que l'on monte à la tribune, en chaire, ou qu'on paraît au barreau, il faille quitter le ton sur lequel on s'exprime habituellement, pour en adopter un autre tout différent. Voilà ce qui donne au débit en général un air si forcé, si fatigant, si monotone. Que l'orateur se mette donc en garde contre cette erreur dangereuse. Que ce soit devant une assemblée nombreuse, que ce soit dans une société privée, ce dont il s'agit c'est de parler; suivez donc la nature. Observez comment elle vous porte à exprimer le sentiment qui remplit votre cœur; sur quel ton, avec quelles inflexions de voix elle veut que vous disiez les choses sur lesquelles vous souhaitez arrêter l'attention des auditeurs, et portez à la tribune, dans la chaire, au barreau cette manière, ces tons, ces inflexions. Ne cherchez point d'autre méthode; il n'en est pas de plus sûre pour rendre le débit agréable et persuasif.

Et sentir ce qu'il dit.

Sentir ce que l'on dit, c'est encore le principe d'où il faut partir pour donner à toutes les parties de l'action une beauté naturelle. Pénétrez-vous de votre sujet, et livrez-vous ensuite à votre ardeur et à votre enthousiasme.

Il doit éviter l'affectation et la recherche.

Rien n'est plus nuisible au débit oratoire que des mouvemens étudiés, recherchés, affectés, qui conviennent à la légèreté d'un comédien plutôt qu'à la gravité de l'orateur. *Abesse plurimùm à saltatore debet orator.* (QUINT.) Le théâtre n'est point pour l'orateur une bonne école de gestes. La scène exige

L'action d'un comédien ne lui convient pas.

ou du moins comporte une charge, une exaltation et des mouvemens que la tribune, la chaire ni le barreau ne sauraient admettre.

« Je me souviens, dit le cardinal Maury, d'avoir » entendu Le Kain lire d'une manière déplorable l'O-

» raison funèbre du grand Condé, en présence d'une
» société choisie qui s'était promis un très-grand
» plaisir de son premier essai en ce genre. Il défi-
» gurait totalement Bossuet, dont les morceaux les
» plus sublimes, exagérés avec emphase, étonnaient
» plus qu'ils ne plaisaient dans sa bouche. Le Kain
» s'en aperçut bientôt. Il voulut qu'un homme du
» métier lût devant lui quelques pages de ce chef-
» d'œuvre qu'il était si loin de faire valoir : et repre-
» nant ensuite la lecture mieux raisonnée du même
» discours, il y fit entrevoir quelques lueurs de son
» talent.... Il reconnut qu'un orateur ne devait pas,
» dit-il, *jouer* comme un comédien. » (*Essai sur
l'éloquence de la chaire*, ch. 78.)

Nous devons faire remarquer que nous n'adoptons
pas tout-à-fait l'idée que les anciens se faisaient de
l'action oratoire. Ils pensaient que l'éloquence emprunte d'elle toute sa force. L'action, selon eux, est
la principale partie de l'orateur; elle est presque la
seule nécessaire. En effet, quand on parle comme
eux devant une multitude que divers intérêts agitent,
il ne faut qu'émouvoir. C'était par le moyen d'une
action véhémente, que les orateurs remuaient le peuple d'Athènes et de Rome. Dans leurs célèbres harangues sur la paix, sur la guerre, sur les troubles
domestiques, sur les accusations capitales, l'action
était comme un vent impétueux qui soufflait le feu
de la parole sur cette multitude passionnée, et em-
brasait toutes les âmes.

Chez nous où la multitude n'a point de part aux
actes du gouvernement, où les orateurs parlent au
milieu d'assemblées qui se composent d'hommes
éclairés et qui raisonnent de sang-froid, les passions

*L'action des an-
ciens était différente
de la nôtre.*

ne trouvent pas ce libre essor et cette vaste carrière. Les grands mouvemens paraîtraient des convulsions. Aussi nos meilleurs orateurs se les permettent-ils rarement. Ils s'attachent plus particulièrement à l'éloquence du discours, et modèrent beaucoup leur geste. Ils parlent à des hommes qui blâmeraient une action forte et véhémente, parce que l'usage du monde la leur interdit à eux-mêmes.

Appendice sur les moyens de se former à l'éloquence et à l'art d'écrire.

Nous avons traité des différens genres de discours, de leur composition et de leur débit. Avant de quitter ce sujet, nous croyons qu'il ne sera pas inutile d'indiquer quelques moyens dont la pratique peut être avantageuse aux jeunes gens pour faire des progrès dans l'art de parler et d'écrire.

Un art ne s'apprend pas comme une science. Dans une science, on peut tout apprendre du maître. Dans les arts, les préceptes sont presque la moindre partie; tout ce qu'ils peuvent faire, c'est d'éclairer le goût et d'indiquer au génie la route dont il ne peut s'écarter sans risque de s'égarer. Les exemples font plus que les préceptes; mais c'est la pratique qui est le point important; c'est elle qui développe et fortifie le talent, c'est elle qui achève l'artiste. « Les préceptes sur l'éloquence sont nécessaires à » savoir; mais ils ne sauraient nous rendre vraiment » éloquens si nous ne nous faisons l'heureuse habi- » tude de les mettre en pratique. » (QUINT., l. 10, c. 1.)

Trois moyens, selon Cicéron et Quintilien, con-

tribuent à former l'écrivain et l'orateur : la lecture
des bons modèles, la composition et l'imitation.

§ I. *De la lecture des bons modèles.*

« L'orateur, dit Quintilien, a besoin d'acquérir un
» certain fonds dont il puisse faire usage quand l'oc-
» casion s'en présente. Ce fonds consiste en une grande
» abondance de choses et de mots. » (*Loc. cit.*)
Pour acquérir ce fonds, il faut d'abord s'instruire par
des lectures variées et faites non pas rapidement et
pour passer le temps, mais sérieusement et pour en
tirer du fruit.

« Il faut, dit Cicéron, lire les poëtes, connaître
» l'histoire, avoir continuellement dans les mains les
» auteurs qui ont écrit sur la philosophie, les arts et
» les lettres. Il faut les expliquer, les soumettre à
» l'examen, les louer ou les critiquer, etc... Ajoutez
» la science du droit civil, l'étude des lois, la con-
» naissance de l'antiquité, des usages du sénat, de la
» discipline romaine, des droits des alliés, des trai-
» tés, des conventions, des divers intérêts de l'em-
» pire. (*De Orat.*, l. I, n. 158, 159.)

On doit recommander aux jeunes gens de choisir
d'abord leurs lectures, ou de suivre dans ce choix
les conseils d'hommes éclairés. Il ne faut lire que
l'excellent, jusqu'à ce qu'on ait le goût sain et sûr,
de manière à ne plus craindre qu'il puisse être gâté
par des modèles imparfaits. *Ac diù non nisi optimus
quisque, et qui credentem sibi minimè fallat, le-
gendus est.* (QUINT., *loc. cit.*)

Mais comment doit-on lire les auteurs dont on fait

choix? Lisez peu à la fois; les objets se fixeront plus
aisément dans votre esprit. Lire au delà de certaines
bornes, c'est presque toujours se fatiguer sans fruit.
L'esprit s'affaisse sous le poids dont on le charge.
*Il faut beaucoup lire, mais non beaucoup de cho-
ses : Multùm legendum, non multa.* (*Plin. Jun.*,
l. VII, ep. 9.)

« Après avoir lu un livre, il faut le reprendre de
» nouveau, pour voir si toutes les parties en sont
» bien liées, bien suivies; surtout quand il est ques-
» tion d'un discours, dont souvent l'art se cache à
» dessein. Car un orateur prépare les esprits à ce qui
» doit suivre, il couvre sa marche, il ruse, il dit
» dans la première partie des choses qui n'auront
» peut-être leur utilité que dans la dernière. Ainsi,
» elles nous plaisent moins à leur place, parce que
» nous ne savons pas encore pourquoi elles y sont.
» Voilà pourquoi après avoir tout considéré, tout
» connu, il faut y revenir. » (Quint., *loc. cit.*)

A-t-on lu un bon ouvrage ou quelque morceau
important de philosophie, de littérature; il sera très-
utile de s'en rendre compte à soi-même, la plume à
la main; d'en faire une analyse qui contienne la
substance et le plan de l'ouvrage; d'examiner l'enchaînement et la progression des idées et des sentimens; d'étudier l'accord des choses avec les mots,
avec les phrases, avec les figures, avec les tours,
avec tous les ornemens du discours.

Utilité
de la lecture des
poëtes,

La lecture des poëtes est utile à l'orateur pour
apprendre à bien exprimer ses pensées. Pétrone voulait que les jeunes gens qui se destinent à la haute
éloquence se nourrissent de bonne heure de la lecture des poëtes, et surtout de celle d'Homère.

. . . . *Det primos versibus annos*
Mæoniumque bibat felici pectore fontem.

Quintilien et Cicéron ont pensé de même. Le premier dit que « c'est dans les poëtes qu'on doit cher-
» cher le feu des pensées, le sublime des expres-
» sions, la force et la vérité des sentimens et la
» bienséance des caractères; et que c'est surtout par
» l'agrément répandu dans leurs ouvrages que l'es-
» prit qui se dessèche par un exercice journalier de
» la plaidoirie, répare ses pertes et se renouvelle. »
(*Loc. cit.*)

Les jeunes gens trouveront aussi un grand avan- *Et de la traduc-*
tage à faire des traductions. Obligés de chercher *tion.*
des expressions et des tours qui puissent rendre
leur original, ils apprendront à comparer le génie
différent de chaque langue; ils se familiariseront
avec les formes, les ressources et les beautés de leur
langue maternelle; ils prendront des bons auteurs
de l'antiquité la manière d'exprimer la pensée, et
s'approprieront, en quelque sorte, leurs couleurs et
leurs pinceaux : Cicéron, par la bouche de Crassus
(*De Orat.*, l. I, n. 155), recommande cet exercice.
On sait qu'il l'avait lui-même mis en pratique, et
qu'il avait traduit en latin plusieurs ouvrages de Platon, et les deux célèbres harangues d'Eschine et de
Démosthène au sujet de la couronne.

§ II. *De la composition.*

On fera bien de s'exercer à composer soi-même, *La composition.*
en traitant des matières analogues à ses travaux ha-
bituels, à ses connaissances acquises, ou des sujets

pour lesquels on se sentira quelque attrait et une sorte d'inspiration. *La plume*, dit Cicéron, *est le meilleur maître d'éloquence : Stylus optimus et præstantissimus dicendi effector ac magister.* (*De Orat.*, l. I, n. 150.)

Dans leurs premiers essais, les jeunes gens doivent revenir plusieurs fois sur leurs compositions, pour en examiner et en corriger les constructions, les liaisons, les tours, les figures, les expressions et les mots qui présenteraient quelque chose d'impropre, d'incorrect, d'irrégulier. « Je prescris la lenteur » et une sorte de sollicitude en composant, à ceux » qui commencent, dit Quintilien; l'essentiel est » d'abord d'écrire aussi bien qu'il est possible, la » vitesse naîtra de l'habitude..... en écrivant vite, on » n'apprend jamais à bien écrire; mais en écrivant » bien, on apprend enfin à écrire vite. » (L. X, c. 3.)

Ce qui serait surtout heureux pour les jeunes gens, ce qu'ils devraient regarder comme un précieux avantage, ce serait de trouver quelque homme éclairé qui voulût bien s'intéresser à leurs travaux, les aider de ses conseils et leur faire part de ses lumières. On peut leur promettre qu'ils trouveront un pareil guide, s'ils désirent sincèrement de le trouver.

§ III. *De l'imitation.*

On a mis l'imitation au nombre des moyens de se former un bon style : de tout temps ce moyen a été permis et conseillé. Virgile a marché sur les traces d'Homère, Cicéron sur celles de Démosthène, Horace sur celles de Pindare. Les meilleurs orateurs et les meilleurs poëtes modernes ont imité les poëtes et les orateurs grecs et romains. Les grands modèles nous inspirent, dit Longin (*du Subl.* ch. 2.), comme Apollon inspirait sa prêtresse. « Si l'on veut réussir, dit » Cicéron, il est nécessaire de trouver d'abord un » excellent modèle, et de s'étudier ensuite à imiter » ce qu'il a de plus parfait. » (*De Orat.*, l. II, n. 92.)

Mais quelle est la vraie manière d'imiter? Quin- tilien va nous l'apprendre. « Il faut, dit-il, consi- Manière d'imi-
ter.
» dérer quelle dignité ces grands hommes ont mise
» dans les personnes et dans les choses, leur dessin,
» l'ordre et la disposition de tout l'ouvrage ; comme
» ce qu'ils semblent n'avoir dit que pour plaire tend
» néanmoins au bien de la cause ; quel but ils ont
» dans l'exorde, avec quel art et quelle variété ils
» ont narré ; avec quelle solidité ils prouvent et ils
» réfutent ; avec quelle adresse ils font naître toute
» sorte de sentimens et de passions. Quand nous au-
» rons bien approfondi tout cela, c'est alors que
» nous serons véritablement savans dans l'art d'imi-
» ter. » (L. X , c. 2.)

Il est visible, d'après ce que dit Quintilien, qu'i-miter n'est pas copier. En méditant les modèles, c'est leur esprit et leur goût que nous devons faire passer en nous-mêmes, de manière qu'en traitant des sujets tout différens de ceux qui ont passé par leurs mains, nous représentions leur manière, sans emprunter ni leurs expressions, ni leurs pensées. Longin veut que, quand nous travaillons à un ouvrage qui de-mande du grand, nous fassions cette réflexion, *Comment est-ce qu'Homère aurait dit cela? que penserait Démosthène de ce que je dis, s'il m'é-coutait?* (ch. 12) persuadé que les écrits de ces grands hommes, si nous avons eu soin d'en nourrir notre esprit, nous servent comme de flambeau, et nous élèvent l'âme presque aussi haut que l'idée que nous avons conçue de leur génie.

Choix des modèles. Le choix des modèles dont on se propose l'imitation est d'une haute importance; et en les supposant aussi bons qu'il est possible, encore faut-il se garder d'une admiration aveugle et sans bornes. Ceux qui sont les plus accomplis ont toujours quelque chose qu'il ne faut point imiter. Cherchons à bien connaître les véritables beautés et n'imitons que cela. Pour éviter les inconvéniens d'une imitation fautive, ne nous attachons pas exclusivement à un seul modèle; tâchons au contraire de prendre tout ce qu'un grand nombre de bons auteurs nous offrent de plus parfait.

Imitation servile. Mais prenons garde que l'imitation ne produise dans nos écrits la gêne et la contrainte. Il est bon que chacun en écrivant garde son caractère, sa physionomie, sa manière propre de sentir et de s'exprimer. L'imitation servile éteint le génie, ou plutôt elle annonce qu'il n'existe pas. Sénèque, qui est un de ceux qui ont conseillé de chercher à ressembler à quelque bon auteur, ajoute qu'il n'entend point par-là qu'il faille copier servilement son modèle : *Je veux*, dit-il ingénieusement, *que vous lui ressembliez comme son fils et non comme son portrait.* (*Epist.* 84.)

Différence qu'il y a entre le discours prononcé et le discours écrit. Il est une importante observation à faire : lorsque, dans un discours, on veut imiter un modèle, c'est qu'il faut mettre une grande différence entre les discours faits pour être prononcés, et les discours faits pour être lus. C'est Aristote qui le remarque (*Rhét.*,

l. III, c. 12), et il ajoute que les premiers paraissent plats quand on les lit, et les autres secs quand on les récite. En effet, ce sont deux manières tout-à-fait différentes de communiquer ses idées.

Dans un discours fait pour être lu, il faut viser à la correction et à la précision; il faut élaguer toute redondance, éviter les répétitions, et n'employer que le langage le plus pur et le plus poli. Le discours prononcé admet un style plus libre, plus abondant, moins châtié. Les répétitions y sont quelquefois nécessaires; la même pensée s'y peut représenter sous deux points de vue différens, parce que l'auditeur n'a pour la saisir, que le temps nécessaire à son expression, et ne peut comme le lecteur jouir de l'avantage d'y revenir à loisir et de s'y arrêter jusqu'à ce qu'il l'ait parfaitement comprise.

Ainsi le style des meilleurs écrivains paraîtrait raide, affecté, quelquefois même obscur, si un imitateur trop servile le transportait dans un discours prononcé en public.

Nous ferons observer enfin que l'imitation ne doit pas mener au plagiat. C'est ainsi qu'on nomme l'action d'un écrivain qui dérobe le travail d'un autre et se l'attribue comme son travail propre. Rien n'est plus révoltant ni plus digne de mépris. *Du plagiat.*

Néanmoins, l'on a distingué l'auteur qui s'enrichit aux dépens des anciens de celui qui se revêt des dépouilles des modernes. On a dit que prendre sur ceux-ci, c'était larcin; mais que prendre sur ceux-là, c'était conquête. Sur quoi on cite ce passage ingénieux d'un auteur français : « Prendre des anciens » et faire son profit de ce qu'ils ont écrit, c'est » comme pirater au delà de la ligne : mais voler

» ceux de son siècle en s'appropriant leurs pensées
» et leurs productions, c'est tirer la laine au coin
» des rues, c'est ôter les manteaux sur le Pont-
» Neuf. » (LAMOTHE-LE-VAYER.)

FIN.

TABLE.

LIVRE SECOND.

LIVRE TROISIÈME.

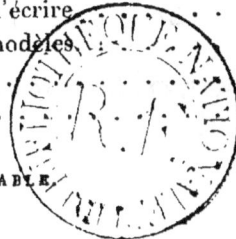

FIN DE LA TABLE.

ERRATA.

Page 13, ligne 29, lisez à la suite :

Le sens de ces paroles de Cicéron et de Quintilien est que pour trouver ce qu'on doit dire ou écrire sur un sujet donné, il faut d'abord avoir des connaissances générales sur la matière à laquelle le sujet appartient ; ensuite étudier le sujet en lui-même pour découvrir tout ce qu'on en peut tirer d'utile ou d'avantageux aux vérités qu'on se propose d'établir. On ne saurait y réfléchir trop sérieusement ; il faut l'analyser, l'examiner, pour ainsi dire, partie par partie, n'en rien laisser échapper. On ne doit pas craindre de le posséder trop bien et trop complétement ; mais on se mettrait en danger d'y faire des fautes, si l'on n'en prenait qu'une connaissance légère et superficielle.

Page 30, ligne 9 : lisez ατεχνους, au lieu de ατεχνους.

Page 47, à la marge, 1er. titre : lisez définition *du*, au lieu de définition *de*.

Page 66, ligne 10 : lisez *haine*, au lieu de *chaîne*.

Page 162, ligne 31 : lisez *exciter*, au lieu d'*exécuter*.

Page 197, ligne 28 : lisez *concevable*, au lieu de *convevable*.

Page 234, ligne 27 : lisez *le dire*, au lieu de *redire*.

Page 238, ligne 15 : lisez *affici*, ou lieu de *offici*.

Page 239, ligne 9 : lisez qui *siéent*, au lieu de *soient*.

Page 341, ligne 12 : lisez *vos présents*, au lieu de *vos pensées*.

Page 425, ligne 10 : lisez *ont mis*, au lieu de *ont mise*.

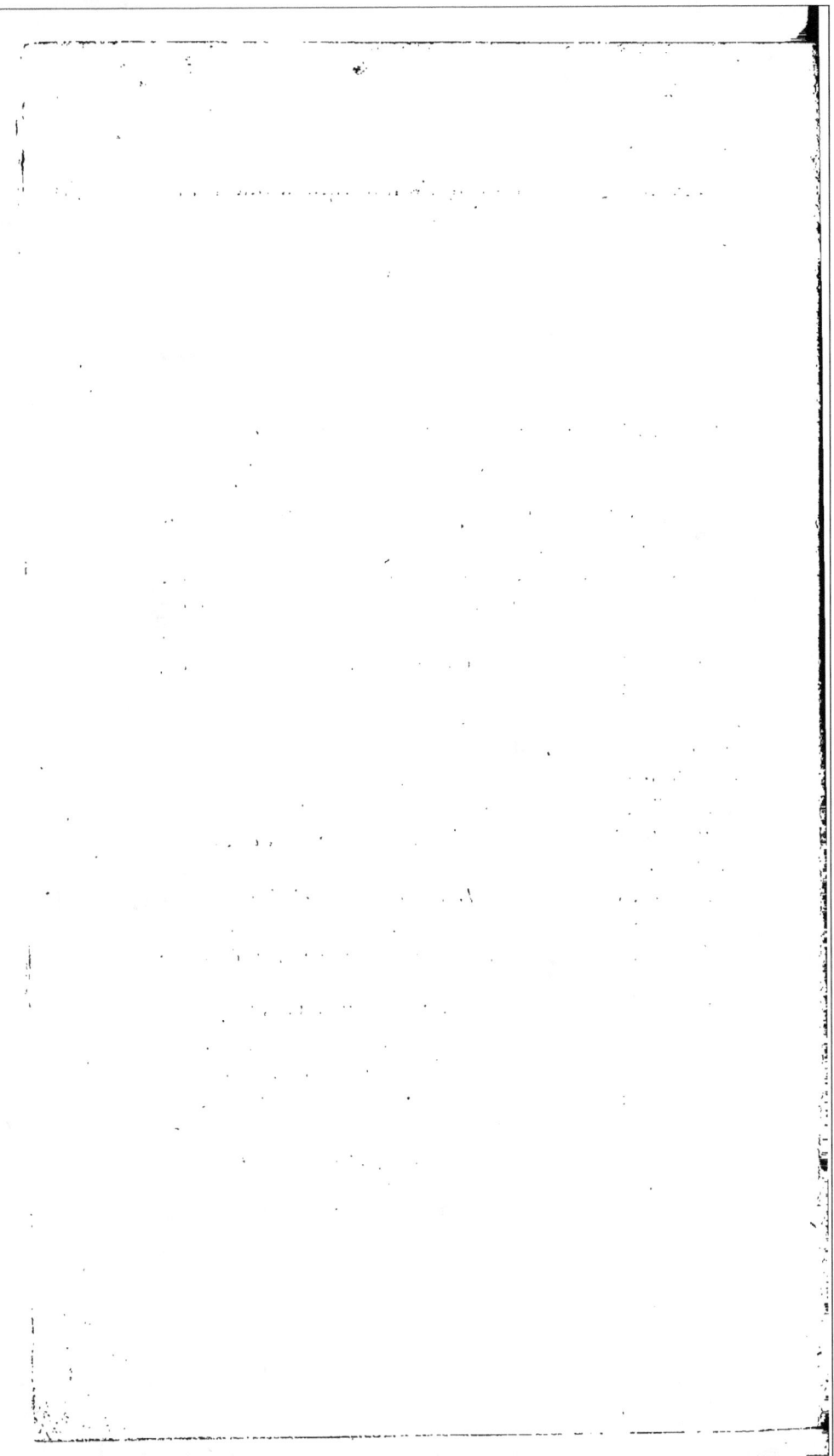

www.ingramcontent.com/pod-product-compliance
Lightning Source LLC
Chambersburg PA
CBHW070714280326
41926CB00087B/2081